U0523646

中国社会科学院学部委员专题文集
ZHONGGUOSHEHUIKEXUEYUAN XUEBUWEIYUAN ZHUANTI WENJI

中国近代史基本问题研究

张海鹏 ◎ 著

中国社会科学出版社

图书在版编目(CIP)数据

中国近代史基本问题研究／张海鹏著．—北京：中国社会科学出版社，2013.1

（中国社会科学院学部委员专题文集）

ISBN 978-7-5161-2078-1

Ⅰ.①中… Ⅱ.①张… Ⅲ.①中国历史—近代史—文集 Ⅳ.①K250.7-53

中国版本图书馆 CIP 数据核字（2013）第 015488 号

出 版 人	赵剑英
出版策划	曹宏举
责任编辑	郭沂纹
责任校对	刘 俊
责任印制	戴 宽
出 版	中国社会科学出版社
社 址	北京鼓楼西大街甲 158 号（邮编 100720）
网 址	http://www.csspw.cn
	中文域名：中国社科网 010-64070619
发 行 部	010-84083685
门 市 部	010-84029450
经 销	新华书店及其他书店
印刷装订	环球印刷（北京）有限公司
版 次	2013 年 1 月第 1 版
印 次	2013 年 1 月第 1 次印刷
开 本	710×1000 1/16
印 张	26.25
插 页	2
字 数	416 千字
定 价	76.00 元

凡购买中国社会科学出版社图书，如有质量问题请与本社联系调换
电话：010-64009791

版权所有 侵权必究

《中国社会科学院学部委员专题文集》编辑委员会

主任 王伟光

委员 （按姓氏笔画排序）

王伟光　刘庆柱　江蓝生　李　扬

李培林　张蕴岭　陈佳贵　卓新平

郝时远　赵剑英　晋保平　程恩富

蔡　昉

统筹 郝时远

助理 曹宏举　薛增朝

编务 田　文　黄　英

前　言

哲学社会科学是人们认识世界、改造世界的重要工具，是推动历史发展和社会进步的重要力量。哲学社会科学的研究能力和成果是综合国力的重要组成部分。在全面建设小康社会、开创中国特色社会主义事业新局面、实现中华民族伟大复兴的历史进程中，哲学社会科学具有不可替代的作用。繁荣发展哲学社会科学事关党和国家事业发展的全局，对建设和形成有中国特色、中国风格、中国气派的哲学社会科学事业，具有重大的现实意义和深远的历史意义。

中国社会科学院在贯彻落实党中央《关于进一步繁荣发展哲学社会科学的意见》的进程中，根据党中央关于把中国社会科学院建设成为马克思主义的坚强阵地、中国哲学社会科学最高殿堂、党中央和国务院重要的思想库和智囊团的职能定位，努力推进学术研究制度、科研管理体制的改革和创新，2006年建立的中国社会科学院学部即是践行"三个定位"、改革创新的产物。

中国社会科学院学部是一项学术制度，是在中国社会科学院党组领导下依据《中国社会科学院学部章程》运行的高端学术组织，常设领导机构为学部主席团，设立文哲、历史、经济、国际研究、社会政法、马克思主义研究学部。学部委员是中国社会科学院的最高学术称号，为终生荣誉。2010年中国社会科学院学部主席团主持进行了学部委员增选、荣誉学部委员增补，现有学部委员57名（含已故）、荣誉学部委员133名（含已故），均为中国社会科学院学养深厚、贡献突出、成就卓著的学者。编辑出版《中国社会科学院学部委员专题文集》，即是从一个侧面展示这些学者治学之道的重要举措。

《中国社会科学院学部委员专题文集》（下称《专题文集》），是中国社会科学院学部主席团主持编辑的学术论著汇集,作者均为中国社会科学院学部委员、荣誉学部委员,内容集中反映学部委员、荣誉学部委员在相关学科、专业方向中的专题性研究成果。《专题文集》体现了著作者在科学研究实践中长期关注的某一专业方向或研究主题,历时动态地展现了著作者在这一专题中不断深化的研究路径和学术心得,从中不难体味治学道路之铢积寸累、循序渐进、与时俱进、未有穷期的孜孜以求,感知学问有道之修养理论、注重实证、坚持真理、服务社会的学者责任。

2011年,中国社会科学院启动了哲学社会科学创新工程,中国社会科学院学部作为实施创新工程的重要学术平台,需要在聚集高端人才、发挥精英才智、推出优质成果、引领学术风尚等方面起到强化创新意识、激发创新动力、推进创新实践的作用。因此,中国社会科学院学部主席团编辑出版这套《专题文集》,不仅在于展示"过去",更重要的是面对现实和展望未来。

这套《专题文集》列为中国社会科学院创新工程学术出版资助项目,体现了中国社会科学院对学部工作的高度重视和对这套《专题文集》给予的学术评价。在这套《专题文集》付梓之际,我们感谢各位学部委员、荣誉学部委员对《专题文集》征集给予的支持,感谢学部工作局及相关同志为此所做的组织协调工作,特别要感谢中国社会科学出版社为这套《专题文集》的面世做出的努力。

《中国社会科学院学部委员专题文集》编辑委员会
2012年8月

目　　录

关于中国近代史若干重大热点问题的讨论 …………………………（1）

近代中国历史发展的特点与转折 …………………………………（27）

孙中山民生主义的现代意义 …………………………………………（60）

当代中国历史科学鸟瞰 ………………………………………………（66）

试论胡绳的中国近代史研究 …………………………………………（80）

论牟安世先生的中国近代史研究 …………………………………（126）

中国近代爱国主义理性提升的历程 ………………………………（141）

中华人民共和国成立的伟大历史意义 ……………………………（148）

60 年来中国近代史学科的确立与发展 …………………………（160）

近代中国历史发展选择了社会主义道路 …………………………（169）

60 年来中国近代史研究领域有关理论与方法问题的讨论 ………（186）

中日关系的现实与中日关系史研究 ………………………………（205）

如何认识近代中国的反侵略问题
　　——与一些流行的观点商榷 …………………………………（227）

试论罗尔纲史学研究的新生命
　　——《罗尔纲全集》出版前言 ………………………………（251）

认识台湾历史的特点与对台工作的复杂性 ………………………（265）

海峡两岸关系发展趋势蠡测 ………………………………………（284）

辛亥革命为中国的进步打开了闸门 ………………………………（295）

试论刘大年的中国近代史研究 ……………………………………（303）

19 世纪中日两国早期现代化比较研究 …………………………（342）

大国兴衰给中国提供什么样的历史教训 ……………………（356）
深入钻研马列主义，提高宏观史学研究水平
　　——张海鹏研究员访谈录 ……………………………（381）
后记 ……………………………………………………………（409）

关于中国近代史若干重大热点问题的讨论

有关中国近代史的学术研究，正在学术界广泛、深入地进行。近代中国的历史又是社会各方面所关注的对象。对中国近代史发表见解的人，许多并不是专业的历史研究者。他们的意见通过报纸书刊、电视剧在各种媒体上传播，其影响往往比专业历史研究者的研究成果要大得多。本文不是专门对中国近代史研究领域的学术综述和评论，而是对若干在社会上产生广泛影响的观点（包括专业和非专业的人士所发表的），加以介绍和评论。

改革开放以后，中国近代史研究领域思想活跃，异彩纷呈，这当然是好现象。但是有一些人士由于对改革开放政策和社会发展方向的不正确的理解，也产生了一些对中国近代历史现象的不大正确的看法，引起了讨论。也有一些是学术界的正常讨论，其讨论情况对理解中国近代的历史是有意义的。

关于近代中国"开关"的讨论

20年前，有文章讨论所谓"开关"问题，认为英国以资本主义文明打开了中国的大门，如果中国不抵抗，中国早已现代化了。这篇文章说，鸦片战争打开了中国的大门，"资本主义终于打入了封建主义禁锢着的神圣王国"，是好事，应当大恨其晚，如果来得早一点，"我们中国就远不是如此的面貌了"。这种观点还认为："科学是无国界的，文明是无国籍的。难道为了'抗拒'外国，宁肯让我们中华民族退到刀耕火种不成？"它似乎要告诉人们：由于资本主义文明是先进的，资本主义列强侵略落后的封建中国时，中国只能敞开大门让其侵略，绝不能反抗，多出几个林则徐似的民族英雄也无济于事，不过延缓接受资本主义文明的时间罢了。① 这样提出问题，不仅涉及怎样看待资本帝国主义侵略对中国社会历史发展的作用，而且涉及中国人民要不要抵抗外国侵略的问题。这当然是一个极为严肃的问题。这是我所见改革开放以后最早提出的近代中国不要抵抗侵略的见解。

这篇文章的发表，引起了当时中国社会科学院院长胡绳的注意。近代史研究所曾为此文召开过一次座谈会，当时近代史研究所的《中国近代史学术动态》刊载了这次座谈会的纪要。② 座谈会后，我本人曾撰写一篇商讨文章，题为《也谈外国侵略与近代中国的"开关"》，发表于1987年《红旗》杂志第6期。③

这篇鼓吹对外国侵略不要抵抗的文章，显然是把资本主义文明的传播与侵略混为一谈了，是把改革开放以后引进西方资本主义的生产技术和管理方式与一百多年前清政府被迫引进资本主义文明混为一谈了。今天的开放政策，是在马克思主义指导下为建设具有中国特色的社会主义而提出的，是在"一个中心，两个基本点"的前提下，为了实现社会主义的四个现代化而采取的主动行动，它同清末在资本帝国主义侵略下，腐败的清政府被迫实行开关不能同日而语。因而在探讨近代史上的"开关"问题时，必须注意区分不同历史时期两种"开关"的不同出发点（或历史前提）和后果，不能有意无意地把它们混淆起来。

早在1847年，在欧洲资本主义发展的上升期，在马克思、恩格斯合著的《共产党宣言》里，马克思主义的创始人不仅预言了资本主义的必然灭亡，共产主义的必然实现，而且高度评价了资本主义在历史发展进程中的积极作用，指出了资本主义正在世界各地推广它的制度。但是，马克思、恩格斯从来没有批评或者剥夺落后国家抵抗资本主义文明侵略的任何

---

① 吕兴光：《应当如何认识近代史上的"开关"》，《北方论丛》1986年第3期。
② 《怎样看待资本—帝国主义侵略对中国社会历史发展的作用——学术座谈会纪要》，《中国近代史学术动态》1986年第2期。
③ 该文收入中国社会科学院科研局编《在理论战线上坚持马克思主义》，中国社会科学出版社1990年版；又收入沙健孙、龚书铎主编《走什么路?》，山东人民出版社1997年版；又见中国海关史学会编《中国海关史论文集》，1997年10月。

手段，而是高度称赞这种抵抗侵略的正义性。他们是把资本主义生产方式的进步性和殖民主义侵略的野蛮性区分开来看待的。

资本主义生产力创造的物质财富比封建主义社会长期积累的财富还要多，这是事实。这就是说资本主义生产方式比封建主义生产方式进步。这是历史发展的辩证法。虽然近代中国的先进分子在逐步认清这一点后，努力学习资本主义的生产方式和社会政治学说，但是，用大炮和鸦片来打开中国的大门，不能看作是一种文明的行为。即使是一种最好的制度也不能用武力形式强迫别人接受，就好像今天美国用最先进的武器在中东推行美国式民主，受到世界广泛质疑和反对一样。况且，美国式民主是不是具有普世价值，也是遭到广泛质疑的。英国用非法的鸦片走私和军舰、大炮强行打开中国的大门，以便进行野蛮的掠夺。这是中国被迫开关的直接原因。鸦片贸易是赤裸裸的掠夺，不带有任何传播资本主义文明的性质。西方有些学者把鸦片战争称之为"争取平等通商权利的战争"，而讳言鸦片对中国人民的侵略和毒害，是出于对殖民主义侵略的辩护，是对可耻的鸦片贸易的美化。在这里，武力打关、鸦片走私和侵略几乎是同一含义。它给中国带来了什么后果呢？除了《南京条约》成为此后资本帝国主义侵略中国并与中国签订一系列不平等条约的范本，使中国走上半殖民地半封建的道路，因而从一个重要方面规定了此后中国历史发展的方向外，并没有立即给中国带来资本主义。英国那时开始工业革命还不到一个世纪，它的经济实力还不允许它向中国大量输出资本主义的生产技术，它所关心的主要是通过超经济的办法实现其对华掠夺。就贸易关系而言，这期间进口的棉布和棉纱较之鸦片战争前，有的只略有上升，有的甚至减少了。列强对华进行经济掠夺最得心应手的手段仍然是鸦片贸易。鸦片在中国的进口贸易中仍占第一位，由于从非法转到公开，进口数量成倍增长。资本帝国主义入侵中国，绝不是要把落后的中国变成先进的中国，而是要变成它们的半殖民地或殖民地。中国资本主义之不能迅速发展和自给自足的封建经济不能迅速解体，是与帝国主义在华的政治经济利益相合拍的。资本帝国主义的侵入，并没有给中国带来资本主义大发展的前景。

所谓鸦片战争，是英国发动的侵略中国的战争。清政府反击英国的侵略是正义的，虽然这种反击失败了。广东等各地人民在得不到政府支持下主动起来抵抗英国军队的进攻，无疑是正义的。林则徐作为钦差大臣发动广东民众抵抗侵略，无疑是爱国主义的行为，应该得到后人的尊敬，轻蔑地耻笑林则徐的行为，是无知的，也是不尊重历史的表现。

说中国早点"开关"，中国就远不是如此的面貌了，就早已现代化了，也是一种无知的妄想。资本帝国主义强行进入中国那种"开关"，无论早晚，情形都差不多，早的话情况甚至可能更坏一些。印度是最有力的例证。早在16、17世纪期间，印度的门户就被打开，在18世纪中叶，印度成为英国的殖民地，其开关可谓早矣。印度的面貌如何呢？是不是比中国的情形更好些，比中国少受一些屈辱？稍有历史知识的人都知道，印度的情形显然不是那样。在征服印度的过程中，以及变印度为殖民地的整个18世纪内，英国在印度进行了赤裸裸的暴力掠夺，其攫夺所得，大大超过了贸易所得。印度殖民地的存在，构成了18世纪英国原始积累的重要来源。不仅如此，在把印度变成自己的商品销售市场和原料产地的过程中，英国还有意保存和利用了当地的封建土地关系，野蛮地剥削和掠夺印度农民，使那里土地荒芜，农业衰落，饥荒频仍，尸骨枕藉。印度人民不仅没有享受资本主义文明带来的幸福，反而比以往受封建统治更痛苦，陷入更赤贫的境地。历史事实就是这样：在西欧与封建主义做过殊死搏斗的资本主义文明，到了亚洲又同落后的封建主义携起手来；欧洲文明的资产阶级在亚洲干出了很不文明的事情。英国侵略印度的结果，何曾给印度人民带来什么好处？！还有，数百万印第安人被屠杀，成千万黑人奴隶被贩卖，成百万华人"猪仔"运往世界各地，这不都是欧洲资本原始积累时期、资本主义发展上升时期创造的"奇迹"吗？可见，主动开关与被动开关，情况是绝不相同的。主动开关，主权在我；被动开关，主权为人所制。事实上，近代以来，资本主义各国包括那些口称自由贸易的先进资本主义国家，都从本国的利益出发，实行着贸易保护政策，即时而开关，时而闭关，在一些贸易上开关，在另一些贸易上闭关的政策。中国在鸦片战争后被动开关，被迫协定关税，一个主权国家的起码的权利为列强所夺，中国人甚至不能主持本国管理海关的行政机关。中国的"关"是开了，可是这个"关"丝毫不能起到保护中国工、农、商业的利益，中国能从这个开关中得到什么好处呢？还不说从《南京条约》开始，中国几乎被迫同当时所有帝国主义国家签订了一系列不平等条约，单是赔款一项，仅从《南京条约》、《北京条约》、《马关条约》、《辽南条约》、《辛丑条约》的字面规定上略加统计，就达7亿1千多万两白银；至于涉及政治、经济、军事、文化方面的所谓条约权利和领土的损失，就不是这里所能道其万一的了。我们评价中国近代开关的好与坏，绝不能撇开这些客观存在的历史事实，而凭着主观设想来发议论。

关于太平天国性质的讨论

太平天国是中国进入近代以后爆发的一次伟大的农民战争，也是中国历史上规模最为巨大的农民战争之一，又是一次带有新的时代特点，与历史上的农民战争有区别的农民战争。太平天国农民战争推动历史进步的作用是明显的。1949年新中国建立以后，我国学术界对太平天国历史的研究不断掀起高潮，同时对太平天国的评价也有拔高的现象，尤其在"文化大革命"中，这种拔高现象更为明显，这样在太平天国历史的研究中就出现了违背历史事实的现象。"文化大革命"结束以后，历史学界拨乱反正，逐渐纠正了太平天国研究中不正确地拔高太平天国的不良学风。同时，太平天国的研究，也逐渐走向退潮。这本来也是学术发展的正常现象。

20世纪80年代末，又出现了极力贬低太平天国的情况。北京大学哲学系著名教授冯友兰出版《中国哲学史新编》第六卷，把太平天国贬为"神权政治"，认为这种"神权政治"是历史的反动和倒退；认为太平天国如果成功，中国将会退到中世纪的黑暗时代，曾国藩率领湘军打败了太平天国，避免了中国倒退到"神权政治"的黑暗时代，是挽救了中国的命运。中国社会科学院近代史研究所朱东安研究员曾著文反驳。[①] 近年来，否定太平天国地位和历史作用的声音又有升高。2000年百花文艺出版社出版的复旦大学中文系教授潘旭澜著《太平杂说》，2001年史式发表的《让太平天国恢复本来面目》，这一书一文是一个标志。《太平杂说》指斥洪秀全是"暴君"、"邪教主"，认为洪秀全"披着基督教外衣，打着天父上

---

① 朱东安：《"神权政治说"质疑》，《历史研究》1990年第5期。

帝的幌子,以中国奴隶主和封建帝王的腐朽思想、条规,对他控制下的军民实行极其残酷的剥夺与统治,实际上是一种极端利己主义的政治性邪教"①。还说洪秀全"为了当天王而造反,他的邪说和暴政,造成了一场旷日持久的大劫难,就应当恰如其分地称之为邪教主和暴君"②。史式则拿当今评价"邪教"的标准与太平天国相比附,认为"太平天国正是不折不扣的邪教"③。这是拿现实政治中某些现象与历史上类似的现象相比附的结果,而这种比附是不恰当的。把太平天国看作邪教,正是太平天国的敌手当时的看法。奉曾国藩之命编纂的《贼情汇纂》就说:"从来叛逆多借邪教倡乱,而粤匪为尤甚也。"④

对于这种彻底否定太平天国的见解,学术界许多人发表了不同意见。南京大学历史系教授、太平天国历史学会会长方之光提出的观点具有一定代表性。方之光认为,应当坚持马克思主义关于人民群众是历史创造者的唯物史观,从史实与史观结合的大历史范畴,实事求是地评价农民战争中的平均主义、宗教观,分析中国封建社会中推动历史前进的动力。他还指出:对造成"中华民族史无前例大灾难"的,究竟是帝国主义和封建主义还是人民的反侵略反封建起义和革命是一个大是大非问题,在这个问题上也应当坚持人民群众是历史创造者的唯物史观,批判帝王将相创造历史的唯心史观。作者认为,太平天国农民起义者所奉行的天道观与封建皇帝的天道观是对立的。清王朝和曾国藩等的天道观,是要保卫封建专制制度的纲常名教,洪秀全等农民起义领袖的天道观是要打破维护帝制的纲常名教,实行"天下为公"的"公平正直之世"。作者认为,否定太平天国,为曾国藩翻案,实质上就是为阻碍中国历史发展的清朝统治者翻案。⑤

中国社会科学院研究员夏春涛在新著《天国的陨落——太平天国宗教再研究》中,以八章篇幅研究了太平天国上帝教的兴起、传播及其陨落

---

① 转引自夏春涛《天国的陨落——太平天国宗教再研究》,中国人民大学出版社2006年版,第446页。又见潘旭澜《洪秀全的政治性邪教》,《江汉论坛》2006年第3期。
② 潘旭澜:《关于洪秀全答"商榷者"》,《学术争鸣》2005年第9期。
③ 史式:《让太平天国恢复本来面目》,《开放时代》2001年1月号。
④ 张德坚:《贼情汇纂》第9卷,载《太平天国》第3册,神州国光社1952年版,第251页。
⑤ 方之光、毛晓玲:《太平天国"引发了中华民族史无前例的大灾难"吗?——与潘旭澜教授商榷》,《探索与争鸣》2005年第9期。

后，又以一章（最后一章结束语）篇幅回应了有关太平天国"邪教"的见解，他的结束语题名为《太平天国宗教"邪教"说辩正》。作者研究了中国历史上有关"邪教"定义的渊源，认为宗教上的正邪之争自古有之，大约在唐宋时期便形成"邪教"概念，"邪教"成为官方贬斥民间宗教的代名词。民间宗教所以被指斥为"邪教"，主要有宗教与政治两方面的因素，而以政治因素为主。历代封建王朝将民间宗教视为"邪教"，纯粹出于维护自身统治的政治需要。民间宗教是社会矛盾日益激化的产物，本质上反映了封建时代被压迫者的意识形态和社会组织。封建暴政是酝酿民间宗教的温床，民间宗教的兴起又是对封建暴政的无声的抗议和挑战。夏春涛认为，尽管民间宗教是一种落后的斗争武器，带有与生俱来的封建色彩，无力或无法最终超越封建统治秩序，建立起一个真正公平合理的社会，但它反抗封建暴政斗争的正义性与合理性是不容否认的。因此对于历史上民间教门反社会、反政府的行为，既不能一概肯定，也不能一概否定，必须做出具体分析。民间宗教也是一种宗教，它与传统宗教并无所谓正与邪之分。这与当今冒着宗教名义建立的祸国殃民的非法组织是不同的。① 至于太平天国的上帝教，夏春涛认为，它是一种典型的民间宗教组织，这种组织在西方基督教的渗透下，又具有与以往迥然不同的特点。与基督教相比，上帝教具有鲜明的形而下色彩，它从属于世俗的政治斗争，是太平天国的指导思想和理论基础，其主旨并不是追求个人的精神超脱、灵魂不朽，或实现无区分的人类博爱，而是以斩邪留正、营建人间天堂为己任。太平天国政权与西方中世纪的神权政治也不可相提并论。洪秀全所代表的太平天国与曾国藩所代表的清朝统治阶级之间的战争，绝不是什么神权与人权之争，而是两个对立的政权、两个对立的阶级之间的殊死决战。太平天国颁布的《天朝田亩制度》，描绘了一个"有田同耕，有饭同食，有衣同穿，有钱同使，无处不均匀，无人不饱暖"的理想前景，无疑是封建社会里农民所能萌发的最为美好的公平社会。② 实际上，太平天国

---

① 参见夏春涛《天国的陨落——太平天国宗教再研究》，中国人民大学出版社2006年版，第439—444页。

② 同上书，第446—448页。

所要破坏的是一个人压迫人、人剥削人的旧社会，所要建立的是一个没有压迫、剥削的公平正直的新社会。这与所谓反社会、反人类是根本不同的。忽略了这一点，就是忽略了肯定太平天国的历史前提。

关于第二次鸦片战争和义和团反侵略问题的讨论

鸦片战争以后的近代中国，存在一个资本—帝国主义侵略中国和中国人民、中国政府反侵略的事实。这是近代中国历史上的一个基本事实。中国的近代史学界，也在努力通过学术的研究，以大量的历史资料，从史学的规范上论证这一事实，恢复这一历史事实的本来面目。这是众所周知的。其实，不仅1949年以后中华人民共和国的历史书是这样写的，1949年以前很长时间里，许多历史著作也都是这样写的。就是今天西方国家的历史学家，在研究中国的近代历史的时候，也都承认近代中国的这一基本历史事实。已故著名的美国历史学家费正清主编的《晚清中国史》，也大体上如实记载了这个历史事实。

关于第二次鸦片战争和义和团的反侵略问题，中国近代史学界的认识并无根本分歧。2006年1月，有一位客串中国近代史研究的教授在《中国青年报》"冰点"栏目发表《现代化与历史教科书》，集中评论中国近代史上的反侵略问题，引起广泛关注。这篇文章不仅对义和团反帝斗争大张挞伐，而且对第二次鸦片战争时期的反侵略问题也发出了质疑，问题提得似乎振振有词，对一些缺乏近代史知识的青年读者产生误导。

这篇文章名义上针对我国中学历史教科书，实际上是针对我国学术界研究中国近代史所取得的基本结论。我尊重作者发表见解的权利，但我不能赞同作者的见解。为此，我曾在2006年3月1日的《中国青年报》"冰点"栏目发表《反帝反封建是近代中国的历史主题》一文，对上述文章加以评论。按照《现代化与历史教科书》那篇文章的说法，如果清政府好好与英法等有关国家谈判，遵守条约规定好好与外国谈判修约，不要在广州搞什么反入城斗争，不要在大沽口反抗英法军舰的侵略，不要指定英法代表进京换约的路线，火烧圆明园的事就不会发生了，第二次鸦片战争就打不起来了。作者说："1858年，大沽被占，英法侵略者兵临天津城下，英法俄美等国先后迫使清政府签订了《天津条约》。虽然丧失了不少权利，问题总算有个着落，双方还议定翌年在北京互换批准书，彻底完成法定程序。如果照双方的协议办理，导致火烧圆明园的英法联军再一次入侵是有可能避免的。""从后果看，这一仗显然打错了。……如果不打，不是对中国更有利吗？"① 其实，第二次鸦片战争的发生，主要不是修约和广州入城问题，而是侵略和反侵略问题。入城问题和修约问题只是两条表面原因，不是根本原因。根本原因是资本主义侵略者的利益最大化未能得到满足！《南京条约》等一系列不平等条约签订后，西方列强虽然从中国取得了许多特权，但它们还要取得更多的特权。它们还要求在中国实现鸦片贸易合法化，要求在中国全境通商，要求在北京设立使馆。谋求在华的全面经济与政治利益，这是它们的根本利益所在。这个根本利益拿不到手，新的一场侵略战争迟早是要爆发的，问题只在发动战争的时机和借口而已。所谓"马神甫事件"、"亚罗号事件"就是这样的借口。

要求修约，是西方列强企图从中国拿到更多权益的策略手段，换句话说，是进一步扩大对华侵略成果的策略手段。早在1853年，英国就利用最惠国待遇和中美《望厦条约》第34款有关12年后贸易及海面各款稍可变更的规定向中方提出修约要求。这年5月，英国政府训令驻华公使文翰提出修订《南京条约》问题，要他向中方提出：中国应毫无保留地给英国人开放全部城市和港口，英国人走遍全中国不受任何限制。其实，研究帝国主义侵华历史的学者早已指出，英国要求修订《南京条约》是没有任何根据的，因为《南京条约》是一项政治条约，不是商约，没有修订的规定；而修约本身不能包括在最惠国待遇之内。英国利用中国当局不了解欧洲的国际关系知识，加以蒙哄和欺诈，清政府只有被牵着鼻子走了。1855年，美国任命传教士伯驾为驻华公使，给伯驾的任务，是要他从清政府取得公使驻京、无限制扩大贸易以及取消对个人自由的任何限制等三项主要权利。伯驾在来华前，遍访了伦敦和巴黎外交部，取得了一致意见。英国驻华公使包令说："用孤单的行动而不伴以强大的军事压力，就没有希望

---

① 参见袁伟时《现代化与历史教科书》，《中国青年报·冰点》2006年1月11日。

从中国取得任何重要的让步。"① 这就是说，用战争手段，达到逼迫清政府同意修约的目的，这已经是既定决策。第二次鸦片战争就是在这样的历史背景下发生的。把清政府拒绝修约作为第二次鸦片战争发生的根本原因，是不妥的。

20世纪初法国的研究者研究了资料后指出：包令"要向中国启衅，不愁找不到合法的借口；如果需要的话，他还有本领找到比劫持'亚罗'号更好的借口"②。这就是说，马神甫事件、亚罗号事件，只不过是英、法发动侵华战争的借口，发动战争是为了取得在谈判桌上拿不到的修约权利，而取得修约权利，则是为了在中国得到更大的政治、经济利益。这些利益，通过《天津条约》和《北京条约》都拿到了。清政府当时即使不懂得欧洲人的国际法知识，但是依据《黄埔条约》的文字，不同意修约，实际上含有反侵略的意义，即使在今天的角度，也是应该加以肯定的。

外人入城问题，在当时是一个相当复杂的问题，绝不是像今天这样看起来是小事一桩。《南京条约》第二款规定："自今以后，大皇帝恩准英国人民带同所属家眷，寄居大清沿海之广州、福州、厦门、宁波、上海等五处港口，贸易通商无碍；且大英国君主派设领事、管事等官，驻该五处城邑。"这就是说，一般英国人（包括商人、传教士、旅行者及其家属）可以居住在港口，英国女王任命的外交官则可以住在城邑。中方认为，按中文字义，城邑不一定指城内，条约未给英国人入城的权利。《南京条约》英文本把中文本中的"港口"和"城邑"通通翻译成 Cities and Towns。英方认为 Cities and Towns 就可以指城内，因此，英国外交官和一般英国人都可以入城。中英双方在条约约文的理解上，发生了歧义。按照欧洲人的国际法，《南京条约》的两种文本（当时没有第三种文本）具有同等的法律效力。条约签字时未声明以哪种文本为准，在文本的解释发生歧义时，应允许各方各执己见。事实上，这两个文本都是英国提供的。英国人提供的中文约本，把港口和城邑区别对待，说明港口和城邑不是一处地方。这就

---

① 马士：《中华帝国对外关系史》第一卷，英文本，第687页。
② H. Cordier: *L'Expedition de Chine de* 1857—1858, Paris, 1905. pp. 51—52. 转引自中国近代史资料丛刊《第二次鸦片战争》，第六册，第54页。

造成了入城和反入城的同一法律来源的不同解释。在中方看来，英人要求全面履行条约的理由不充分。其实中国官方在英国的压力下，已经同意英国人可以入城。但是广州城厢内外社团、士绅坚决不同意英国人入城，甚至不惜开战，官方只得以"民情未协"为由，推迟入城的时间。有学者认为，入城并不能给英国人带来多少实际利益，英国人更多侧重于心理方面。在英国人看来，他们是"高等民族"，拒绝入城是对他们的侮辱，他们企图用入城的手段来击垮清政府力图保持的"天朝"颜面。因此，从历史的角度看，广州民众的仇外情绪当时有其存在的合理性，广州民众反入城斗争当时有其发生的条件。[1] 这个评论是客观、公允的。从今天的角度看，如果发生类似入城问题，完全可以拿到谈判桌上加以讨论，或者签订补充协议，加以明确规定，用不着使用战争手段。但在当时英国的炮舰政策下，修约也好，要求入城也好，都是一种侵略手段。

前述文章指责义和团的行为是"敌视现代文明和盲目排斥外国人以及外来文化的极端愚昧的行为"，说义和团犯了反文明、反人类的错误，"这些罪恶行径给国家和人民带来莫大的灾难"，是中国人不能忘记的国耻。对义和团的这种看法，显然不是历史主义的，对义和团的历史评价显然是不公平的。义和团以"扶清灭洋"为基本的口号，表现了反对帝国主义侵略的精神和反帝斗争的原始形式，表现了中国人民朴素的爱国主义，是中国人民民主主义革命的先驱。1955年12月，周恩来总理在北京各界欢迎德意志民主共和国政府代表团大会上讲话，特别指出："1900年的义和团运动正是中国人民顽强地反抗帝国主义侵略的表现。他们的英勇斗争是50年后中国人民伟大胜利的奠基石之一。"[2] 这个评价，是符合近百年来近代中国历史进程的实际的。当然，义和团的"灭洋"具有不可否认的笼统排外主义的倾向。所谓"灭洋"，是对洋人、洋教、洋货、洋机器，采取一概排斥的态度。为什么一概排斥？农民看到了鸦片战争以后，一系列不平等条约的签订，加给中国的危害。义和团的传单说："只因四十余年内，

---

[1] 参看茅海建《近代的尺度——两次鸦片战争军事与外交》，上海三联书店1998年版，第106、114页。

[2] 周恩来讲话，见1956年12月12日《人民日报》。

中国洋人到处行。三月之中都杀尽，中原不准有洋人。余者逐回外国去，免被割据逞奇能。"① 他们表示："最恨和约，误国殃民。"② 这些认识，表明农民已经认识到了帝国主义侵略的严重后果，同时也反映了那时的中国人对外国侵略的认识水平。那时的中国人（不仅是农民）还不能了解资本主义在世界历史上的作用，不了解资本主义生产方式比较封建主义生产方式先进，他们把侵略中国的洋人，与洋机器等同起来。对西方资本主义和资本—帝国主义侵略者有比较正确的认识，需要等到五四运动以后。因此，在看待义和团的历史作用的时候，要小心谨慎地加以分析，不要在倒洗澡水的时候，把婴儿也一起倒掉了。这就是说，在义和团的斗争中，反映了农民落后、愚昧的一面，这是脏水，可以倒掉；但是义和团的斗争所反映出来的反对外国侵略精神的一面，是应该肯定的，如果把这一点也否定了，就等于是泼洗澡水，连同婴儿一起泼掉了。我们总结历史经验的时候，千万不要犯这样的错误。其实，这个问题，不仅农民如此，西方早期工人阶级也有这种情况。工人不能认识自己遭受剥削的原因，就痛恨机器，把机器砸了，也是常事。马克思、恩格斯指出过这种现象：工人阶级"不仅仅攻击资产阶级的生产关系，而且攻击生产工具本身；他们毁坏那些来竞争的外国商品，捣毁机器，烧毁工厂，力图恢复已经失去的中世纪工人的地位"③。这是工人运动的初级阶段。列宁评论说："这是工人运动的最初的、开始的形式，这在当时也是必要的。"④ 我们总不能说欧洲的工人阶级也是反对现代文明的吧。我们在这里是要阐述义和团的历史作用，不赞成无原则地为义和团辩护，也不赞成无原则地把义和团骂倒。我们只是说明在一定的历史条件下，会发生一定的历史事件；认识历史事件都要以一定的时间、地点为转移。

前述"冰点"栏目上的那篇文章说："义和团烧杀抢掠、敌视和肆意摧毁现代文明在前，八国联军进军在后，这个次序是历史事实，无法也不

---

① 佐原笃介：《拳乱纪闻》，载中国史学会主编《义和团》（一），上海人民出版社1957年版，第120页。
② 同上书，第112页。
③ 《共产党宣言》，《马克思恩格斯文集》第2卷，人出版社2009年版，第39页。
④ 列宁：《社会民主党纲领草案及其说明》，《列宁全集》第二版，第2卷，第86页。

应修改。"我们要问，作者在这里所说的这个次序，究竟是不是历史事实呢？我看不是历史事实。在义和团起事以前，列强在华瓜分势力范围、抢夺租借地，中华大地正面临被瓜分的危机。这是全世界都看到的事实，也是那时的中国人所忧心忡忡的事实。这个事实在前，义和团起事在后。难道这个次序不是客观事实吗？[①]

以农民为主体组成的松散组织义和团，其本身愚昧、落后，有许多缺点，没有先进阶级的指导，带有时代和阶级的局限性。但是必须指出，义和团的笼统排外主义实质上是农民阶级有历史局限性的民族革命思想，也是中国人民反抗帝国主义侵略的原始形式。它反映了中国人民反帝斗争初期的共同特点，义和团运动不过是它的典型代表和集中表现。我们今天肯定义和团的历史作用，是肯定基本的历史事实，是肯定历史事实中的积极因素，不是要宣扬、提倡义和团的组织形式和思想倾向中那些愚昧、落后的方面。这是不容置疑的。因之，对义和团的排外主义，不应采取简单回避或全盘否定的态度，而是需要进行科学的阶级分析和历史考察，对它作出合情合理的解释。

关于走向共和问题的讨论

《走向共和》，是2003年5—6月在中央电视台黄金时间热播的一部长达59集的电视连续剧。由于在中央电视台第一频道的黄金时间播放，加上播放前、播放中的强力推荐，声称它是历史正剧，在SARS流行的时候，吸引了大批观众，获得了创纪录的收视率。

《走向共和》的编导们发表过一些意见。该剧的一位编剧说："这部电视剧中所提到的中国经历的几大历史事件都是绝对真实的，毫无虚构。……所以这部电视剧才可以被人叫做历史正剧。最初策划这部电视剧时定的调子就是'找出路'，不论是在野的在朝的，当时的人无论出于什

---

① 限于篇幅，这里不详加论证。具体论证可参考张海鹏《反帝反封建是近代中国的历史主题》，《中国青年报》2006年3月1日。

么目的，都是在为中国找出路。"① 该剧的总策划说："不仅仅是李鸿章，包括慈禧、袁世凯的定位，都是严肃的挑战。我们从一开始就要求自己，以历史唯物主义为指导，以史学成果为依据，特别重视近20年的新成果、新结论。"这位总策划还说，为什么要"走向共和"，实际上直到现在为止我们仍在大步走向共和。你问《走向共和》好在哪，我想第一，把这个戏的主题点出来了。第二，把戏的主线贯穿起来了。第三，它是"现在完成进行时"，我们一直走到现在，还在走，人们在读"走向共和"这四个字的时候，就是想我们现在是不是在走向共和。虽然我们不主张历史剧干预现实，实际上以史为鉴是有意义的。我把它叫做"探讨历史，观照现实"②。导演坦言："《走向共和》是一部观点戏，为观众提供一种看历史的新的角度，观点抓住了，就一定引起争论。我们对那个时期主要历史人物新的诠释，对大的历史事件的重新评价都会带来冲击。但我们的理解都是有史料支撑的。"③

这部电视剧号称历史正剧，实际上是编导们在随意玩弄拼接历史的"七巧板"，反映他们想象中的近代历史，试图牵着观众的鼻子走，不仅歪曲了近代的历史，也严重误导了观众，是历史唯心主义在影视创作上的反映。

"走向共和"是从清末到民国时期一个十分重要的历史题材，如果尊重历史，尊重历史唯物主义，本可以拍出一部对观众很有教育意义的历史巨片。但是编导偏要挑战历史教科书，要"决胜"历史观，打出"人性"旗号，全面为近代历史翻案，不可避免地引起了观众的注意和批评。有的网民评论：该剧在廓清历史真相的旗帜下，灌输错误的历史知识，其负面影响比公开申明是"戏说"的肥皂剧更甚。有的认为该剧隐喻了中华民族的前途和命运，在于它的现实意义。有人认为该剧用现代化史观代替了革命史观；有人指出它是基于洋务立场的解读，与阶级斗争史观针锋相对。这些评论在一定程度上指出了这部电视剧创作的问题所在。

---

① 佟奉燕：《走向共和为反面人物翻案 将历史教材重写？》，《北京晨报》2003年5月8日。
② 总策划郑佳明：《〈走向共和〉是一部民族大戏》，《新民周刊》2003年5月4日。
③ 杨文杰：《〈走向共和〉是部观点戏》，《北京青年报》2003年4月29日。

在这部电视连续剧播放过程中以及之后，一些历史学者发表了评论意见。主流评论意见是：这部电视连续剧存在着歪曲历史事实，是以唯心史观指导的，冲击唯物史观的文艺代表作。我写过评论文章，对这部电视剧所反映的历史观做过分析。① 事后，中国史学会和教育部高等学校社会科学发展研究中心召开了讨论会，会后出版了文集。② 这里再从中国近代史的角度作些评论。

《走向共和》从洋务运动开篇，是告诉人们，从洋务运动开始，中国就在走向共和了。命题似乎很新，但是这样的认识是不正确的。在历史学界，对洋务运动的研究，评价分歧很大。对洋务运动引进了西方的生产方式，为此后中国的社会进步客观上打下了一定的物质基础，大家的认识是相近的。但是对洋务运动的性质却评价各异。分歧最大的有两种：一种认为洋务运动带有资本主义的性质，是进步的运动；一种认为洋务运动是地主阶级的自救运动，它所寻找的出路是避免清朝统治的灭亡。带有资本主义的性质是比较激进的认识，即使这种认识也只是从经济运动的角度着眼，完全没有上升到政治制度的层面。19世纪70—90年代的早期改良主义思想家批评洋务派，恰恰是他们不注意引进西方的政治制度，只注意"西艺"的皮毛。认为走向共和从洋务运动开始，是电视剧编导者的想象。

电视剧的一位编剧说："如果这部电视剧定位是'一部带有崇高悲剧意味的英雄史诗'，那么我们的先辈就是史诗中的悲剧英雄！在中华民族走向共和的漫漫长途上，每一个探索者都值得我们永远尊敬和怀念。我在给主要人物如李鸿章、慈禧、光绪、张之洞、袁世凯、孙中山他们定位时，脑海里浮现的是一个个有血有肉的鲜活形象。"这就是编剧给《走向共和》定下的基调。这一基调完全抛弃了最起码的阶级分析，把主张共和的革命派与反对共和的统治阶级混为一谈，认为他们都是探索者，大家都在走向共和。在这样完全错误的历史认识指导下，编导者给慈禧、李鸿

---

① 参见张海鹏《电视剧〈走向共和〉引起观众历史知识的错乱》，《中国社会科学院要报》第40期（总2584期），2003年5月28日；《是一部历史政论剧，而不是历史正剧》，《高校理论战线》2003年第6期；《历史电视剧〈走向共和〉宣扬什么历史观》，《马克思主义研究》2003年第5期。

② 参见李文海、龚书铎、梁柱主编《近代中国是怎样走向共和的？——大型电视剧〈走向共和〉引发的思考》，华龄出版社2003年版。

章、袁世凯套上了"悲剧英雄"的光环，给予他们舞台的中心地位，加以歌颂；反过来却把真正主张并且努力实行共和的英雄孙中山等人进行了丑化。这是完全不符合历史事实的。

电视剧凭空捏造了一些情节，试图说明孙中山等革命派与清朝统治阶级的大人物共商"共和"大计。最突出的是安排了孙中山会见李鸿章和宋教仁会见袁世凯。历史事实是：孙中山1894年夏游历天津，曾上书北洋大臣、直隶总督李鸿章，建议模仿西方国家，改良政治，发展工农业生产，认为这才是治国之大本，如果专搞"船坚炮利"，就是"舍本而图末"。孙中山希望通过清政府中最有权势的官僚，采取一些资本主义的改良措施，达到国家富强的目的。但是他根本没有得到李鸿章接见，他的建议也根本不为李鸿章理睬。通过这次上书的挫折，以及对北京官场政治腐败的观察，孙中山才理解了改良这条路是走不通的，才下了推翻清政府、根本改造社会的决心。他1894年11月在夏威夷创建了以推翻清政府为目的的中国早期资产阶级革命小团体兴中会。在《兴中会章程》里，孙中山第一次提出了"振兴中华"的口号。随后又在会员誓词中明确提出"驱除鞑虏，恢复中华，创立合众政府"的主张，已经表明了革命的志向。电视剧却设计了李鸿章在家里接待孙中山并侃侃而谈革命的情节，以烘托孙中山与李鸿章共倡共和的气氛。这是在捏造事实，误导观众。

1909年皇族内阁成立后，袁世凯被逐出京城，在河南安阳洹上村养"足疾"，这是事实，但是电视剧设计了同盟会的重要干部宋教仁到洹上村拜访袁世凯，劝袁世凯反正革命，卿卿我我，感情甚笃，好像是过从甚密的老朋友，这是没有任何历史根据的。我们知道宋教仁长期在日本从事反清革命活动，大约1909年回到东北调查所谓"间岛问题"，写出了有关"间岛问题"的长篇报告，送交清政府。此事曾不为内外所理解，革命派内部认为他为清政府服务，日本认为他是奸细。此后他又返回日本，直到1911年1月回到上海，建立同盟会中部总会，主持《民立报》，开展革命宣传活动。历史上不曾有过宋教仁到洹上去拜访袁世凯这样的事情。

电视剧还安排了1912年孙中山到北京，专门去皇宫朝拜已经下台的皇帝的母亲隆裕太后的情节，只是在参与审片的有关学者的坚决主张下被删去。这个情节设计，与孙中山拜访李鸿章、宋教仁拜访袁世凯一起，意在说明在朝的、在野的，都在寻求共和的出路。这是根本违背历史真实的，这是历史上未曾发生、也根本不可能发生的情节。艺术创作允许虚构，但应是符合历史发展逻辑的，是虽无记载但却可能发生的，是一种合理的推导。违背历史逻辑的虚构，是不合理的，是违背历史真实的。

这部电视剧违背历史事实的地方很多，尤其是在为了歌颂李鸿章而设计的一些重大情节上，这里不再一一列举。为了编导者们心中的历史，肆意编造和剪裁，哪里有一点历史唯物主义的影子呢？

在半殖民地半封建的中国社会，帝国主义的侵略和封建制度所造成的腐败与落后，是中国社会难以进步的基本原因。这不仅是史学界的共识，也是整个社会的共识，这种共识尤其为旧民主主义革命到新民主主义革命的全部历程所证明。如果说近代中国走向共和是一部英雄史诗，那是对的，因为从旧民主主义革命到新民主主义革命，人民群众在先进阶级领导下反对帝国主义侵略，反对封建腐败统治的斗争历程的确是一部英雄史诗。在近代中国，人民群众、代表人民群众最大利益的政治势力创造的是走向共和的历史，帝国主义者、封建统治者创造的是维护半殖民地半封建秩序、反对共和的历史。这是两种不同性质的历史。换一个说法，近代中国不同的阶级和集团是在寻找不同的出路，而不是一个共同的出路。如果认为不论在野的在朝的都在为中国找出路，把"找出路"认为是所有的人都在寻找一个共同的出路，那是很大的错误。这是对历史发展完全错误的理解。实际上，代表中国资产阶级利益的孙中山等革命派寻找的是推翻专制、建立"共和"的出路；中国资产阶级的另一翼代表康、梁等寻找的是建立君主立宪那样的出路；封建统治者包括李鸿章、慈禧、光绪、袁世凯等人寻找的是如何维护统治又能有所改进那样的出路（即使在1905年开始的所谓预备立宪，统治者追求的也是在"皇位永固"前提下的立宪）；帝国主义者并不同意在中国建立共和制度，实行资本主义制度，也不愿意中国继续在颟顸的统治者底下维持统治，而是要在半殖民地半封建秩序下，允许资本主义生产力有一定引进，以满足帝国主义列强共同统治中国的需要。北洋军阀以及袁世凯的帝制行为是这种需要的反映。难道袁世凯的帝制自为与军阀混战和孙中山的护国、护法斗争都是在为中国寻找共同的出路吗？如果以这种逻辑推论，大革命失败后，中国的两大政党国民党和共产党寻找的都是共同的出路吗？不对的，他们寻找的是不同的出路。以蒋介石为代表的中国国民党所寻找的中国出路，绝对不是以毛泽东为代表的中国共产党所寻找的中国出路。这难道还有什么可以怀疑的吗？

策划者不仅把共和作为贯穿全剧的主线，而且认为共和是现在完成进行式，一直走到现在，我们还在走向共和。这就是说，我们现在还没有完成共和。这叫做"探讨历史，观照现实"。显然，这是把共和政治作为中国的唯一选择、唯一出路，也是中国唯一追求的政治方向。中国共产党在新民主主义革命时期形成了以毛泽东的名字命名的新民主主义革命理论。这个理论告诉我们，孙中山是中国革命的先行者，他所开创的是资产阶级的共和国。这在中国历史上是空前进步的。这个共和国虽然以"三民主义"、"五权宪法"相标榜，实际上遵循的仍旧是资产阶级的三权分立原则。新民主主义革命所追求的不是这个资产阶级共和国，这个共和国已经过时了。新民主主义共和国不同于资产阶级共和国，其前途是社会主义共和国。经过五十多年，我国已经建立了以人民代表大会制度为根本标志的社会主义共和国，这个共和国的经济制度是社会主义市场经济。我们的经济制度还需要改革，我们的政治制度还需要完善，但是我们绝对不是在走向资产阶级的共和国。笼统地说，我们今天还在走向共和，要用共和来观照现实，透露出仍旧在把资产阶级共和国作为理想，思想还停留在辛亥革命那个时代。如果这个分析是准确的，那么，编导者、策划者究竟要通过电视剧把观众引到哪里去呢？究竟要观照什么样的现实呢？

就《走向共和》这部电视剧而言，它试图反映清末民初重大的历史事件，刻画一系列处在当时政治高层的最主要的历史人物。为了这一点，首先应该把握这个时期的历史本质。这个时期的历史本质或者历史发展的总趋势，就是在帝国主义和封建主义统治下，人民中间积累起来的反对帝国主义侵略和反对封建专制主义的思想和力量逐渐增长，终于在甲午战败以后，迅速产生了两种改造中国社会的主张：一种是以康有为、梁启超为首的改良思潮以及在这种思潮指导下的政治行动，"公车上书"是其发端，戊戌变法的失败是其终结；另一种是以孙中山、黄兴为首的革命思潮以及在这种思潮指导下的政治行动，形成资产阶级政党（包括早期的兴中会、华兴会和光复会以及在此基础上产生的中国同盟会在内）为其发端，武昌起义、中华民国南京临时政府成立和清朝专制帝制结束为其结果。这两种政治思潮和政治行动几乎是同时起步，并先后登台演出过一出出历史活剧的。清朝专制政府（包括慈禧太后、李鸿章、袁世凯等要人在内）对这两种政治思潮和政治行动是坚决反对的，是镇压的。这是这段历史的基本线索，也是这段历史的本质。表现这段历史的文艺作品可以有各种不同的创作思路和表现手法，既然以历史正剧相标榜，就不应该违背这个历史本质。

从反映历史本质来说，电视剧《走向共和》作为历史正剧是不成功的。任何历史著作或者文艺作品，不可能原样复原历史过程的每一个细节。我们可以做到的是根据经过鉴别的史料复原历史过程的本质特点。如果撇开历史过程的本质特点，去反映人的人性的一面，反映作为女人或者男人的一面，这对于后人认识历史、从历史经验中吸取有益的东西，有什么帮助呢？这个电视剧调动一切艺术手段，塑造慈禧、李鸿章、袁世凯人性的光辉的一面，反过来却揭露康有为、梁启超、孙中山人性的另一面，尤其对孙中山，把他刻画成一个小丑、疯子、骗子，完全与历史本质相违背，与我们对20世纪中国历史的三个伟大人物的认识相反。按照《走向共和》的字面看，主角应该是孙中山，实际上孙中山变成了丑角，主角让位于孙中山等革命派革命的对象。这种艺术形象的颠倒，已经引起了观众历史知识的错乱，使得一些观众怀疑历史教科书的准确性。

《走向共和》是为了表达某种历史观点的政论剧。它是编导者们心目中的近代史，而不是真实存在的近代史，它是唯心史观影响下的文艺作品。为了坚持先进文化的前进方向，繁荣社会主义文艺创作，解剖《走向共和》的创作思路，分析近代中国历史的本质，坚持历史唯物主义精神，是我们需要做的工作。

关于近代社会性质问题的讨论

近代中国社会是半殖民地半封建社会，这是指导研究中国近代史的根本观点，或者说，正确认识近代中国社会的性质是研究中国近代史的出发点。中国的旧民主主义革命，不能取得成功，不能正确认识中国社会性质是原因之一。中国新民主主义革命的战略任务的提出和实现，就是建立在对近代中国社会性质的基本分析之上的。

关于中国的社会性质，早在1912年和1919年间，列宁曾在自己的文章中分别提到中国是半封建国家和半殖民地国家，他是从过渡阶段的社会这样的角度分别提到这两个"半"的，但未作论证。中国人接受这样的观点，是在中国共产党成立之后。1922年7月，在中共"二大"通过的《关于"国际帝国主义与中国和中国共产党"的决议案》和《关于议会行动的决案》中，已经开始出现"半殖民地"概念。同年9月，蔡和森在《统一、借债与国民党》和《武力统一与联省自治——军阀专政与军阀割据》等文章中，明确地使用了"半殖民地"、"半封建"概念来说明中国社会的性质。在此前后，陈独秀、蔡和森、邓中夏、萧楚女、李大钊、罗亦农等人均明确认识到中国是半殖民地社会。1926年，蔡和森在《中国共产党史的发展（提纲）》中提到"半殖民地和半封建的中国"、"半封建半殖民地的国家"，是目前所能查考到的最早将两"半"概念联结起来的完整表述。中共中央在自己的文件中正式提出完整的半殖民地半封建概念，是在1929年2月的《中央通告第二十八号——农民运动的策略》中，那是在中共"六大"以后。① 与此同时，中国的思想理论界还爆发了一场关于中国社会性质问题的大论战。中国共产党人在马克思列宁主义指导下，对中国社会性质和革命性质问题进行了严肃思考和理论创造。1939年底和1940年初，毛泽东连续发表《中国革命和中国共产党》、《新民主主义论》等指导性论著，系统地、科学地、正确地解决了中国的社会性质问题。他指出："自从一八四〇年的鸦片战争以后，中国一步一步地变成了一个半殖民地半封建的社会。""帝国主义列强侵略中国，在一方面促使中国封建社会解体，促使中国发生了资本主义因素，把一个封建社会变成一个半封建社会；但是在另一方面，它们又残酷地统治了中国，把一个独立

---

① 参见陈金龙《"半殖民地半封建"概念形成过程考析》，载《近代史研究》1996年第4期；陶季邑：《关于"半殖民地半封建"概念的首次使用问题》，载《近代史研究》1998年第6期；李洪岩：《半殖民地半封建理论的来龙去脉》，《中国社会科学院近代史研究所青年学术论坛》2003年卷，社会科学文献出版社2005年版。

的中国变成了一个半殖民地和殖民地的中国。"①这是对于近代中国社会性质最经典的表述。毛泽东不止一次强调指出：只有认清中国社会的性质，才能认清中国革命的对象、中国革命的任务、中国革命的动力、中国革命的性质、中国革命的前途和转变。总之，认清中国的社会性质问题，才能解决近代中国历史发展的基本规律问题。从此以后，中国共产党的理论工作者，以及在中国革命成功的推动下愿意接受马克思主义指导的史学工作者，在中国的社会性质问题上，都认同了近代中国是半殖民地半封建社会的观点。

对这个认识，近些年有人提出质疑和挑战。有的文章认为，帝国主义"破坏了中国的国家主权和领土完整，但没有也不可能改变中国的社会性质"，因而辛亥革命之前的中国仍是封建社会，辛亥革命以后的中国是半封建或半资本主义社会（也有文章认为是资本主义社会），辛亥革命之前和之后，无论如何都不是半殖民地半封建社会，因此要求对半殖民地半封建社会"这个说法究竟是否恰当，似有必要重新加以研究"。还有人对"两半论"提出了直接的质疑和驳难，认为"两半论"是"失误"，"延误了我们反封建历史任务的完成"②。有记者采访某研究员，问："您的意思是不是说，应该否定'半殖民地半封建'这一理论概括，提出新的概括，以突破现存的近代史的框架，探索新的架构呢？"某答："显然有这样的意图，确切地说，重新检讨'半殖民地半封建'这一提法，是要为设计新的近代史构架寻找理论基点。"③ 这里已经把问题提到相当尖锐的程度了。

质疑者说"要为设计新的近代史构架寻找理论基点"。质疑者要设计的新的近代史构架是什么，支持这一构架的理论基点找到了没有，始终未见下文。但是，我们对论者所谓"半殖民地半封建"理论，"延误了""反封建历史任务的完成"却百思不得其解。前已指出在革命中，认清了中国社会的性质，就认清了中国革命的任务、革命的对象。中国革命的任务就是反帝反封建，这是由半殖民地半封建社会性质本身所规定了的。所

---

① 《中国革命与中国共产党》，《毛泽东选集》第二卷，人民出版社1991年版，第626、630页。
② 记者：《中国近代社会性质的再认识》，《学术研究》（广州）1988年第6期。这篇报道用的第一个标题就是"毛泽东'两半'论的权威面临挑战"。
③ 《关于近代中国社会性质问题答记者问》，《学术研究》（广州）1988年第6期。

谓"推翻三座大山",不就是指完成了反帝反封建的革命任务吗?我们倒是要问,如果否定"半殖民地半封建"这一理论概括,在中国近代史研究中,能够正确坚持反帝反封建的观点吗?

以上质疑,在研究者中是有影响的。一篇文章认为:"以新民主主义的理论原原本本地指导通史性的近代史研究,……值得推敲。"推敲之后,作者提出"半殖民地半封建的道路从本质上说是一条中国式的,或大体适合中国国情的资本主义道路"①。作者在这里把半殖民地半封建社会性质,改成为半殖民地半封建道路,把一种社会性质的事实认定,改成为"中国式的、大体适合中国国情的资本主义道路"这样一种带有感情色彩的价值判断。这样一来,这种所谓"半殖民地半封建道路",又是中国式的,又是适合中国国情的,又是符合发展资本主义要求的,这不是很好吗?这里还能够引出反帝反封建的革命任务吗?

关于中国近代史研究模式的讨论

中国近代史作为20世纪中国历史学的一个重要分支学科,是中国近代社会转型和学术转型的产物。在几代学者探索、争鸣的基础上,确立了以半殖民地半封建社会大约110年的中国历史作为中国近代史学科的研究对象。这种认识,是在马克思主义基本原理指导下得出的,是以对近代中国的社会经济形态与近代中国的社会性质的考察为出发点的,是符合近代中国历史进程的科学的学科体系。运用现代化理论研究近代中国的历史,具有一定的积极意义,但简单地以现代化范式替代革命史范式,未必是正确的思考方向。

1842—1860年间,通过两次鸦片战争,以《南京条约》和《北京条约》为标志,中国被迫签订了一系列不平等条约,形成了束缚中国发展进步的不平等条约体系。正是这个条约体系,使中国由一个独立的封建社会逐步"沉沦"为半殖民地半封建社会。1895年的《马关条约》和1901年的《辛丑和约》,完全形成了中国的半殖民地半封建社会。在近代中国

---

① 《中国近代史需要理论的突破》,《史学理论研究》1993年第1期。

110年的历史进程中，由中国的革命政党推动的包括旧民主主义革命和新民主主义革命，组成了近代中国社会发展进步的主旋律。这个革命主要是反对帝国主义侵略，以谋求民族独立；反对封建专制，以谋求国家的民主进程。在基本上完成了这个任务后，在人民掌握了国家的主权后，国家的现代化事业才能够比较顺利地进行。这是积110年及其后56年的历史经验所证明了的。凡是尊重历史的人，无不尊重这样的历史经验。

有一种认识，以为今天已经全面引进资本主义生产方式和管理技术了，已经加入世界贸易组织了，已经和国际接轨了，已经在走向全球化了，我们看待历史，就不要再讲侵略反侵略了。所以，在中国近代史研究领域，有一种观点很流行，叫做现代化史观。他们主张用现代化史观取代中国近代史研究中长期形成的所谓"革命史观"，用现代化史观统率近代史研究。

有的学者已经明确提出现代化是中国近现代历史发展的主题。[①] 有的学者认为用现代化史观考察鸦片战争以来的历史进程，不仅包纳了百年的反帝反封建的革命斗争，而且涵盖了像戊戌变法这样的改革运动和其他众多的社会变迁，这就比革命史观广泛得多，也较接近历史的真实。[②] 显然，这位作者是希望，在考察近代中国历史时，用现代化史观取代革命史观。

主张用现代化范式取代革命史范式，《重新认识百年中国》体现了这种趋势。该书主张"一百年来的中国近代史其实是一场现代化史"，试图用这种观点重新解释近代中国的历史进程。在这种范式下，洋务运动变成为"近代中国的第一次现代化运动"[③]，戊戌维新运动的失败与变法派人士所做出的激进主义政治选择的失误有关，[④] 义和团运动"貌似爱国，实属误国、祸国"[⑤]，辛亥革命的前提条件不足以成立，"完全是近代中国特殊历史条件下革命志士鼓吹、争取的结果"[⑥]，等等。这些用现代化范式重

[①] 陈勤、李刚、齐佩芳：《中国现代化史纲》上册，广西人民出版社1998年版，第6页。
[②] 李喜所：《戊戌变法百年再审视》，《历史教学》1998年第7期。
[③] 冯林主编：《重新认识百年中国——近代史热点问题研究与争鸣》上册，改革出版社1998年版，第3页。
[④] 同上书，第53页。
[⑤] 同上书，第81页。
[⑥] 同上书，第171页。

新审视过的观点是否符合历史的真实,已经有学者提出了讨论。① 这里要指出:用现代化范式替代革命史范式,其结果,对近代中国历史进程的基本面貌的解释,与人们通常熟知的中国近代史知识完全相反,不能认为是正确的替代。一个主张研究中国近代的现代化进程的美国著名资产阶级学者费正清在他的《观察中国》一书中指出,"帝国主义的侵略使中国人民蒙受了耻辱,正是这种耻辱唤起了中国的民族主义并激发了二十世纪的中国革命","革命是近代中国的基调,美国人要想了解这一点,必须首先要懂得中国的历史"。② 这是一个符合基本历史事实的观察,因而是一个正确的观察。费正清是一个生活在最先提出现代化理论的国家的学者,而且并不反对采用现代化的研究方法研究中国近代史,他的结论何以与我们主张现代化范式的学者相差如此之远? 是现代化范式出了问题,还是我们主张此一范式的学者在运用中过于标新立异、不求甚解,值得检讨?

以现代化为主题来叙述历史,近代中国的历史主题不再是反帝反封建了,而是现代化了,不要再去讲什么阶级斗争了,不要再去讲什么革命甚至改革了,当然也不再去讲帝国主义侵略和人民的反侵略了。在这种史观下,近代中国的地主阶级和农民阶级不见了,资产阶级和无产阶级不见了,皇帝和官僚不见了,打倒列强不见了,革命也告别了,让慈禧太后去搞她的现代化,让慈禧太后、李鸿章去走向共和,什么旧民主主义革命、新民主主义革命,都可以变得子虚乌有了;在这种史观下,强调的是第一家外资怎样进入的,第一个电灯何时安装的,第一条马路何时修的,第一条铁路何时建的,第一家银行何时开的……

总之,在现代化史观下,我们所了解的近代中国,中外史家基本上认同的以革命为基调的中国,面目全非了。

人类的历史进程是客观存在,历史学家的责任,是对这一客观存在的历史进程作出研究,正确地复原、描述并且解释历史,把握历史发展的主题,照顾历史发展主题周围的方方面面,在尽可能准确地复原历史进程的同时,总结历史过程的经验教训,给后来的人以必要的启迪。

---

① 参见吴剑杰《关于中国近代史"新范式"的若干思考》,《近代史研究》2001年第2期。
② 费正清:《观察中国》,四川人民出版社1992年版,第13、96页。

我认为，所谓革命史观，所谓现代化史观，都不是指导历史研究的正确史观。指导历史研究的正确史观，是马克思主义的唯物史观。按照唯物史观考察近代中国历史，应该认识，反帝反封建是近代中国的历史主题，旧民主主义革命和新民主主义革命是贯穿近代中国历史的真正的主线，现代化进程在近代中国虽然在缓慢地进行，却从来没有居于主导地位。在近代中国，革命和改革是历史发展的主调，但如果认为近代中国历史上只有革命和改革也是不完全的认识，近代中国还有现代化进程的萌发，资本主义的社会政治学说和生产力因素已经传入，马克思主义的社会政治学说已经传入，无产阶级政党已经组成，现代化学说里主张的现代性的增长，传统社会因素的剥落，正在发生。主导中国两千年的儒家学说面对西方传入的思想政治学说（包括资产阶级学说和无产阶级学说），并无招架之力。但是，现代化进程没有成为社会发展的主流。因此，现代化史观把现代化进程作为历史发展的主流，是不妥当的。按照唯物史观，现代化进程在中国社会发展中成为主流，是在1949年10月中华人民共和国成立之后，特别是在国家政权巩固、社会经济全面恢复并有所发展之后，现代化进程实际进入中国社会生活领域。在这个时候，现代化进程是主导方向，阶级斗争是次要方向。在这个时候，把阶级斗争当成主要方向，提出"以阶级斗争为纲"是错误的。这就是"文化大革命"错误的基本的理论说明。在1956—1976年的20年中，国家社会经济有了飞速的发展，社会主义的经济基础基本奠定，但是政治运动不断，而且是在"以阶级斗争为纲"指导下进行的，这就冲击了现代化进程，影响了现代化进程，延缓了国家社会经济发展的速度。这是一个教训。1978年以后，国家政权把现代化进程作为社会发展的主导方向，以经济建设为中心，才取得了举世瞩目的发展程度。

从西方传来一种说法：一切历史都是当代史。如果说一切历史都是当代有思想的人写出的，上述说法有一定的意义。但是，这种说法会给人以误导，以为历史是依当代人的愿望随意改写的，从中可以嗅出唯心史观的味道来。

写历史，是写过去的政治、过去的经济、过去的文化，不是写今天的政治、今天的经济、今天的文化。因此，过去的政治、过去的经济、过去的文化不等于今天的政治、今天的经济、今天的文化。这是历史与现实的基本区别。司马光著《资治通鉴》，是要让最高统治者借鉴历史上的经验。从借鉴历史经验的角度说，历史对于现实的意义，今天仍是这样的。但是历史对于现实，仅止于借鉴，提出更多的要求是不合适的。历史为现实服务，不是说为现实政治作简单的服务，所谓服务，是从借鉴历史经验的意义上说的。

另外，写历史也不能用现实的需要改铸历史。今天我们在搞现代化，用现代化的框架改写历史是不行的。今天我们以经济建设为中心，放弃了"阶级斗争为纲"的路线，不能说历史上就不存在阶级和阶级斗争。今天党中央提出建设和谐社会，我们在历史书上也去构建一个和谐社会的形象，这是历史书吗？为了集中精力发展经济，我们今天强调社会稳定，难道我们要在历史书上也强调社会的稳定吗？

历史上从来没有两个完全相同的人物，也没有两个完全相同的事件。如果有类似的历史人物、类似的历史事件，也是在不同的历史时代，不同的时间和地点发生的，因而它在历史上所造成的影响也是完全不同的。简单地类比也是很危险的。

研究和解读历史，是非常严肃的事情。把研究和解读所得用通俗的文字介绍给广大读者，更应该对社会、对读者抱着非常负责的态度。有人或许以为，历史不过是过去的事情，可以随人俯仰，公说公有理，婆说婆有理而已。这种态度显然是不对的。历史过程、历史规律是怎么样就怎么样，历史事实是怎么样就怎么样，并不能由人作任意的解释，这才是历史唯物主义的态度。同时，历史进程充满矛盾的运动，复杂的事件是由各种各样具体的事件组成的，我们在分析、研究历史事件时不能把握尽可能多的史料，不能把事物提到一定的历史范围内，不能抓住历史过程的本质方面，不能对历史现象作出阶级的、辩证的分析，我们就不能从纷纭的历史现象中理出头绪，把握历史过程的基本规律。如果不尊重历史事实，对历史事实、历史过程作任意的裁剪与解释，那就是历史唯心主义。

（本文是为中国社会科学院经济学家何秉孟组织的哲学社会科学领域热点问题课题约稿撰写的，原载何秉孟、高翔主编《理论热点 12 题》，社会科学文献出版社 2007 年版）

近代中国历史发展的特点与转折

一 中国近代史的时限及其分期

中国历史学者今天所说的中国近代史，指的是 1840—1949 年之间的中国历史。这 109 年的历史，是有史以来中国社会变化最剧烈的时期，是中国落后挨打并逐步走向半殖民地半封建社会的时期，是中国人民在民族危亡面前不断觉醒，为了国家独立、民主和社会现代化而奋起反抗帝国主义侵略和封建统治者的时期，是中国社会由旧民主主义革命转向新民主主义革命的时期，是旧中国走向新中国的关键时期。

中国近代史包括了两个不同的历史发展阶段：一个是 1840—1911 年 12 月的晚清历史，另一个是 1912—1949 年的中华民国历史。

历史分期问题，在我看来，是一个马克思主义的概念。以往的历史学者，往往把历史写成了帝王将相、英雄人物的家谱。他们往往以王朝更迭作为历史叙述的先后秩序。中国的马克思主义者在研究中国历史的时候，往往认为中国历史可以依据其不同时期发展的特点，比如按照生产方式（生产力和生产关系的结合）、或者按照历史上阶级斗争的不同表现、或者按照人民群众在不同历史时期的不同作用，将历史发展划分为若干个段落，以此来观察中国历史发展的规律和特点，以次来阐释历史发展的方向。最早主张遵循唯物史观指导中国近代史撰写的历史学者李鼎声在《中国近代史·序论》中，认为历史学不再单纯的是一种记载的科学，"它不仅要记述人类在与自然斗争及创造自己的历史过程中的种种活动，而且要说明此活动历史的条件与原因，解释历史上各种重大事变的因果关系以及指出在何种情况之下一种旧的社会为新的社会所代替"；历史学任务的改变，决定了传统的"以帝王、圣贤、英雄为中心，专门记载朝代兴亡治乱的历史体系和那种偏重于人类文化生活的记载，而不能说明文化兴衰递嬗的全过程的历史编制，不能合理地存在了"；"中国历史是全人类历史的一部分"，研究中国历史的主要任务，"乃是要考察中国社会在全人类历史之一般的进程中，特有的发展路线，同时要解释中国历史上许多重大事变，如民族的分合斗争、社会形态的转变、交替，各阶级的分化战斗，各种文化制度与意识形态的递嬗变化等等发生的原因与其成果，说明中国文化与世界文化的交会影响。只有这样，中国史才能成为人类一般历史的一个支流，才能帮助我们了解中国民族的内在变化与外在关系，而变成我们一种有用的智识的工具"。[①]

从这里出发，就产生了中国近代史的时限及其分期问题。

近代史一词，来自于欧洲的 Modern History。欧洲学者所谓 Modern History，大体上是指公元1500年以来的历史，这种认识是从欧洲历史发展道路出发的，它实际上包括了我们今天所说的近代史、现代史甚至当代史。日本用汉字近代史翻译 Modern History，含义与西文相同。中国自古就有近代、近世的说法，其含义比较含混，似乎没有确定的时间概念。

中国近代史这门学科在20世纪初开始萌芽、发展。20世纪中叶以前，中国学者所撰写的中国近代史书，对中国近代史的时限范围没有明确的概念。那时候的近代史书，往往命名为：中国近世史、中国最近世史、中国近代史、中国现代史、中国近百年史，没有统一的称呼。这些著作的时限范围，也很不一致。大多是从清朝道光年间写起，也有一些从明末清初写起；中国近代史终止于何时，也没有明确的说法，大多写到著作完成的前几年。

1933年李鼎声出版《中国近代史》以后，1935年上海商务印书馆出版陈恭禄撰写的《中国近代史》（两卷本），1938年在长沙艺文社发表蒋廷黻著《中国近代史》，1941年郭廷以在重庆出版《近代中国史》，1947年华北新华书店出版范文澜著《中国近代史》上编第一分册，华岗在1949年出版《中国近代史》，中国近代史作为一本书名，或者作为一个学

[①] 李鼎声：《中国近代史》，光明书局1933年版，第1—2页。

科的名称，大体上确定了下来。

第一次提出中国近代史的时限范围，是著名的历史学家范文澜。范文澜在华北解放区出版的《中国近代史》上编第一分册，第一次给出了中国近代史的时限范围。范文澜的著作把上编的鸦片战争到五四运动定为旧民主主义革命时期，把下编的五四运动以后定为新民主主义革命时期。这就是说中国近代史包括了旧民主主义革命时期和新民主主义革命时期。根据这样的时限范围和分期，华北大学历史研究室为全国初级中学编写的《中国近代史》教材，1949年4月在北平出版。这本教材的编辑说明指出："本书为初级中学中国近代史课本。全书分二编：上编叙述旧民主主义革命时代（1840—1919）；下编叙述新民主主义革命时代（1919—1945）。"①这本课本是一个完整的《中国近代史上编》，它不仅为新中国建立之初迫切需要的初中历史教材解了燃眉之急，而且是对1949年以前中国近代史编纂体系的一个良好的总结，也为新中国建立以后的中国近代史研究指出了基本的方向。

作为学科名称，中国近代史和中国现代史，在1949年以前的作者，没有明确的区分。典型的例子是李鼎声的书，1933年在上海出版的名为《中国近代史》，1940年在香港出版的名为《中国现代史初编》；曹伯韩的书，1939年出版的名为《中国现代史常识》，1946年出版的名为《中国近代史十讲》，1947年出版的名为《中国现代史读本》，以上这几本书的开端，大体上都是从鸦片战争写起。可见，他们并不认为中国近代史、中国现代史，有什么本质的差别。

1949年10月以后，也就是中华人民共和国建立以后，在中国史学界，对中国近代史、中国现代史概念的认识，长期以来存在着不同看法。1954年在《历史研究》创刊号上，胡绳先生发表了《中国近代历史的分期问题》一文，引起了近代史学者的强烈关注和热烈讨论。1957年，《历史研究》编辑部汇集了三年来学者讨论文章予以出版。这次讨论，对于中国近代史学界学习马克思主义基本理论，学习唯物史观，认识近代中国历史的基本线索问题，起到了很大的推动作用。但是，这次讨论的主题是中国近

---

① 华北大学历史研究室编著：《中国近代史》上编，编辑说明，新华书店1949年版。

代历史的分期问题,所谓中国近代史,非常明确地局限在1840—1919年之间,无形之中,这次讨论把中国近代史的时限范围,限制为1840—1919年间的历史。从这时开始,中国历史学界出现了中国近代史和中国现代史的明确分界,分界线就是1919年发生的五四运动。此后,学术界往往把1919年五四运动以后的历史称作中国现代史,而把1919年上溯到1840年鸦片战争的历史称作中国近代史。有关中国近代史的出版物,包括学术著作和教科书以及通俗读物,大多数也都以1919年五四运动为下限;有关中国现代史的出版物,绝大多数以1919年为上限,有的则起于辛亥革命(台湾有关中国现代史的出版物,大多以辛亥革命为上限)。换一句话说,把旧民主主义革命时期的历史称作中国近代史,而把新民主主义革命时期的历史称作中国现代史。在这样的认识氛围下,范文澜在1955年出版的《中国近代史》"九版说明"中特别指出:"《中国近代史》上册,是1945年我在延安时写的,当时原想把旧民主主义革命时代和新民主主义革命时代的历史一气写下来,将旧民主主义革命时代划归上编,新民主主义革命时代划归下编,本书则是上编的第一分册。现在因为近代史与现代史已有明确的分期,故将此书改称为《中国近代史》上册。"[1]这一次改动,对以后中国近代史书的编纂影响甚大,中国近代史的时限概念几乎就定在1840—1919年。可以这样说,1999年前出版的中国近代史书,其时限都是如此。

尽管中国近代史学界的主流认识如此,但实际上,许多研究者并不赞成。如中国人民大学教员林敦奎1956年6月4日在中国人民大学第六次科学讨论会上提出,中国近代史的下限应延长至1949年;中国科学院近代史研究所研究员荣孟源在1956年第8期《科学通报》上发表《关于中国近代史分期问题的讨论》文章,主张中国近代史断限在1949年9月;中国科学院近代史研究所所长范文澜在1956年7月为政协全国委员会中国近代史讲座所做的报告,也主张中国近代史的下限在1949年;中国科

---

[1] 范文澜:《中国近代史》上册,九版说明,人民出版社1955年版。

学院近代史研究所副所长刘大年1959年在《中国近代史研究中的几个问题》①一文中以及1964年在向外国历史学者介绍新中国的历史科学时,也持这种观点。

进入20世纪70年代末以后,历史发展到了一个新的阶段,人们的认识也在发生变化。中国社会科学院近代史研究所自1977年恢复研究工作起,即明确1840—1949年间的中国近代史都是它的研究对象,该所的出版物和主办的刊物都以此为准。附带介绍一下,中国社会科学院近代史研究所的前身即中国科学院近代史研究所。中国科学院近代史研究所的前身就是华北大学历史研究室。华大历史研究室的主任是范文澜,副主任是刘大年。范文澜、刘大年也是中国科学院近代史研究所的所长、副所长。这就是说,从华大历史研究室,到中国科学院近代史研究所,再到中国社会科学院近代史研究所,其主要负责人都主张中国近代史的下限在1949年。随着时间的推移,人们对近代中国的认识不断加深,越来越多的学者认为以1919年作为中国近代史的下限,对历史认识和学科建设都没有好处,主张将1840—1949年的历史打通来研究。胡绳早在1981年所著《从鸦片战争到五四运动》序言中就说道:"在中华人民共和国成立已经超过30周年的时候,按社会性质来划分中国近代史和中国现代史,看来是更加适当的。"②此后,把近代中国110年作为一个完整的历史时期的主张就更多了,"所谓完整的历史时期,就是说这个110年不同于秦汉以来任何一个历史时期,而是一个特殊的历史社会形态,即封建社会崩溃中被卷入资本主义世界的半殖民地半封建社会"③。1997年胡绳在祝贺《近代史研究》创刊100期时,重提"把1919年以前的八十年和这以后的三十年,视为一个整体,总称之为'中国近代史'是比较合适的。这样,中国近代史就成为一部完整的半殖民地半封建中国的历史,有头有尾。1949年中华人民共和国成立以后的历史可称之为'中国现代史',不需要再说到1840—1949年的历史称之为'中国近现代史'"。我本人在1998年先后在《光明

---

① 原载《历史研究》1959年第10期,转引自《刘大年史学论文选集》,人民出版社1987年版,第247页。
② 胡绳:《从鸦片战争到五四运动》序言,人民出版社1981年版,第1页。
③ 陈旭麓:《关于中国近代史线索的思考》,《历史研究》1988年第3期。

日报》和《近代史研究》发表文章，继续阐释胡绳有关中国近代史分期的意见并且讨论与中国近代史分期有关的问题。①经过这一次讨论，大体上统一了中国近代史学界的认识。1999年，我主编的第一部以1840—1949年为断限的《中国近代史》在群众出版社出版，这是为中国的警察写的一本简明的中国近代史。2007年初，我主编的《中国近代通史》十卷本在江苏人民出版社出版。这是第一部写出了1840—1949年间中国近代历史的大部头的通史性著作。

关于中国近代史内部的分期，我在1998年发表的文章中，提出了见解，后来又作了修订如下：

1. 1840—1864年，是中国初步沦为半殖民地半封建社会的时期，也是中国社会的积极力量对中国社会面临的急遽变化作出初步反应的时期；

2. 1865—1895年，是中国早期现代化的尝试与失败时期，也是中国半殖民地半封建社会的成型期，和中国朝野酝酿变法和改良的时期；

3. 1896—1901年，从戊戌维新到义和团的发生和失败，八国联军的侵华导致《辛丑条约》的签订，是中国半殖民地半封建社会的确立期，也是中国社会中的积极力量对所处环境作出强烈反应的时期，说明了社会各阶级对国家命运的回答的深度和强度；

4. 1901—1912年，中国半殖民地半封建社会向下沉沦到谷底的时期，在这一时期里，帝国主义放弃了瓜分中国的政策，清政府企图自救而失败，民族资产阶级的经济实力在成长，其政治代表人物发动辛亥革命推翻清朝统治、谋求中国的新出路而失败，袁世凯取得政权，并在体制上部分回到清朝统治的局面；

5. 1912—1923年，包括北洋军阀统治和军阀割据战争的大部分时期，是中国社会从"沉沦"到"谷底"并转趋上升的时期。中国社会内部发展开始呈现上升趋势，资产阶级及其政治代表的力量、无产阶级及其政治代表的力量迅速成长，并终于取代旧势力开始成为主导社会发展力量的

---

① 参见张海鹏《中国近代史的分期问题》，《光明日报》1998年2月3日；《关于中国近代史的分期及其"沉沦"与"上升"诸问题》，《近代史研究》1998年第2期。《光明日报》发表的这篇文章，曾译载于韩国中国学研究中心《中国学志》1998年第4期。

时期;

6. 1924—1927 年,从国民党第一次全国代表大会的召开到国民党"分共"、大革命的失败前,是国内两个政权对立的时期,国共合作发动国民大革命,轰轰烈烈的工人运动和农民运动,国民革命的高潮和北伐战争的胜利进展,北洋各派系的争权夺利以及军阀政府的垮台,明显地标志了中国社会的上升趋势;

7. 1927—1937 年,国民党南京政府的建立和中共苏维埃政权的出现,是中国再次呈现两个政权对立的标志。日本实施大陆政策,施展局部侵略中国的政策,打破了中国实施现代化进程的努力,也改变了"兄弟阋于墙"的局面,十年内战时期的政争结构发生了重大变化,西安事变是一个关键因素;

8. 1937—1945 年,日本全面侵华,中国人民发动全面抗日战争,并终于取得近代中国第一次反抗外敌侵略胜利的时期;

9. 1945—1949 年,是中国两大政治势力为决定中国发展方向而决战的时期。中华人民共和国的成立标志着近代以来中国人受侵略、受欺侮的时代一去不复返了。这同时也标志着中国近代史的结束,中国现代史的开端。

《中国近代通史》就是根据这样的见解进行编纂的。

这就是说,1840—1949 年的中国历史称作中国近代史,1949 年以后的中国历史称作中国现代史。这种看法,在中国近代史学界,现在大体上已经取得统一。

二 "沉沦"与上升:近代中国的 U 字形历史进程

通过对中国近代史的研究和观察,中国近代史的发展轨迹明显地出现了"沉沦"和"上升"的发展阶段,所谓"沉沦"和"上升"有它自己的运行规律。

长期以来,研究近代中国历史的学者对中国近代史的总的概括是:近代中国的历史是屈辱的历史。从鸦片战争中清政府失败时候起,中国社会便逐渐陷入了半殖民地半封建社会的深渊。近代中国由封建社会向半殖民地半封建社会的转变,便是近代中国历史的"沉沦",不是时代的进步。半殖民地和半封建是一个统一的历史过程,是不可分割的。半封建是在半殖民地前提下的半封建,半殖民地是晚清封建社会腐朽落后丧失部分独立主权而形成的,这种半封建不等于半资本主义。近代中国的苦难,是一个完整的过程。在这个过程里,"沉沦"是基本的特征。这是历史学家对中国近代史的一种总的解说。

二十多年前,有学者发表论文,提出近代中国不仅有"沉沦",还有"上升",认为近代中国社会"从发展趋势看,存在着两个互相矛盾、而又互相连接、互相制约的过程,一个是从独立国变为半殖民地(半独立)并向殖民地演化的过程,一个是从封建社会变为半封建(半资本主义)并向资本主义演化的过程。这两个过程存在着某种关联,但本质上不是互相结合,而是互相排斥。前者是个向下沉沦的过程,后者则是个向上发展的过程"[①]。所谓半殖民地半封建社会,半殖民地是对独立国家而言的,半封建是对半资本主义而言的。半殖民地地位的确立并不等于半封建社会的形成,二者并非同一取向,半殖民地半封建并非不能分割。向半殖民地的沉沦主要由于帝国主义的侵略,而向半封建的发展主要有与中国资本主义的发生和发展。中国由封建社会变为半封建社会是社会的进步,而不是"历史的沉沦"[②]。半资本主义的存在,就是"上升"。所以,半殖民地半封建社会不仅有"沉沦",而且有"上升"。这种"沉沦"和"上升"是同时并存的。这是历史学家对近代中国历史的又一种解说。

说近代中国"沉沦",是有道理的,因为它看到了帝国主义侵略、中国社会发展的落后和政府的腐败给中国社会带来的严重后果,中国社会不能按正常发展,沦为半殖民地半封建社会,主权沦丧、战争频仍、人民受苦,这还不是"沉沦"吗?但是,仅止于此,却不能很好地解释为什么近代中国以后有积极的、向上的发展。说近代中国的"沉沦"中有"上升",也有它合理的地方,因为它看到了在沉沦、屈辱的中国,仍然存在

---

① 李时岳:《近代史新论》,汕头大学出版社1993年版,第21页。原文题为《中国近代史主要线索及其标志之我见》,发表于《历史研究》1984年第4期。收入文集时作了修改。

② 参见李时岳《关于"半殖民地半封建"的几点思考》,《历史研究》1988年第1期。

着上升的因素。但说在"沉沦"的过程中始终"包含着向上的因素","沉沦"与"上升"同时并存,也不能解释整个中国近代史。

怎样解释才符合历史发展的真实呢?

帝国主义侵略确实使中国社会发生"沉沦",使独立的中国社会变为半殖民地,独立主权、领土完整受到严重损伤。但是,由于中国人民在"沉沦"和屈辱中不断反省和觉悟,反抗力度逐渐加大;也由于在资本帝国主义侵略的刺激下逐渐生长了资本主义特别是民族资本主义因素,产生了新的阶级力量,因此,在中国社会的发展中增加了"上升"的成分,"沉沦"不是中国社会的唯一标志,换句话说,近代中国社会也不是永远沉沦下去。即使是"陷入半殖民地半封建社会的深渊",这个"深渊"也应该有一个底。这个底就是"沉沦"和"上升"的转折点。

这个深渊的"底"在哪里?底就在20世纪的头20年,就在《辛丑条约》签订以后至北洋军阀统治时期。因为是"谷底",所以是中国社会最困难的时候:《辛丑条约》给中国带来了最大的打击,帝国主义侵略中国更加重了,西有英国对西藏的大规模武装侵略,东有日俄在东北为瓜分中国势力范围进行的武装厮杀,北有俄国支持下外蒙古的独立运动,南有日本、英国、法国在台湾、九龙租借地和广州湾租借地的统治;到1915年以后,又有日本强行向中国提出的企图灭亡中国的21条、辛亥革命以后又有袁世凯称帝、张勋复辟、日本出兵青岛和山东以及军阀混战,民不聊生至于极点。看起来中国社会变得极为黑暗、极为混乱,毫无秩序、毫无前途。这正是"沉沦"到谷底的一些表征。但是,正像黑暗过了是光明一样,中国历史发展在谷底时期出现了向上的转机。19世纪60—70年代从西方引进的资本主义生产方式,慢慢在中国社会落地生根,在19世纪末到20世纪初开始有了较大生长,中国的民族资产阶级在封建主义和帝国主义双重压迫下成长起来,并逐渐发出经济和政治的呼声。与此同时,中国无产阶级的力量也开始成长和集结。中国社会内部增长着的资产阶级改革派开始组织起来,向清政府要求政治权利,发动了一系列对内对外的政治、经济诉求。与此同时,资产阶级革命派力量壮大起来,并导演了辛亥革命推翻清朝封建专制的伟大历史事件。这个革命的结果,资产阶级革命派未能掌握国家政权,社会政治、经济未能按照革命派的设计沿着资产阶级共和国的方向发展，甚至更加黑暗，中国人重新考虑出路。于是，新文化运动发生了，五四爱国运动发生了，马克思主义大规模传入并被人们接受也在这时候发生了。孙中山领导的中国国民党从这时改弦更张，重新奋斗。中国共产党在这时成立并提出反帝反封建的明确主张。我们可以看出，从这时候起，中国社会内部发展明显呈现上升趋势，中国人民民族觉醒和阶级觉醒的步伐明显加快了。在这以前，中国社会也有不自觉的反帝反封建斗争，也有改革派的主张和呐喊，但相对于社会的主要发展趋势而言，不占优势；在这以后，帝国主义的侵略还有加重的趋势（如日本侵华），但人民的觉醒，革命力量的奋斗，已经可以扭转"沉沦"，中国社会的积极向上一面已经成为社会发展的主要趋势了。

近代中国社会的发展轨迹像一个元宝形，开始是下降，降到谷底，然后上升，升出一片光明。这就是说，鸦片战争以后，中国陷入半殖民地半封建社会深渊，直到20世纪初期，包括《辛丑条约》签订以后到北洋军阀统治的大部分时期，中国社会的"沉沦"到了谷底。在谷底及其以前的时期，对于中国社会的发展来说，面临的主要是"沉沦"，虽然中国在经济、政治、思想、文化诸方面，实际上存在着积极的、向上的因素，但这种因素的发展是渐进的、缓慢的，相对于社会"沉沦"主流来说，它是弱小的；北伐完成，标志着半殖民地半封建社会中国开始走出谷底，随着新的经济因素不断成长、壮大，随着新的社会阶级的出现，随着人民群众、社会精英民族意识和阶级意识的日渐觉醒，社会向上的、积极的因素逐渐发展成为社会的主流因素，影响着社会向好的方面发展，虽然消极的、"沉沦"的因素仍然严重地存在，其对中国社会的压迫，甚至不比北洋军阀时期以前弱。但是由于有新的阶级、新的政党、新的经济力量、人民群众的普遍觉醒这样的上升因素在起作用，终于制止了帝国主义使中国滑向殖民地的企图。从另一个角度来说，中国近代史不仅是屈辱的历史，也是中国人民为了民族独立、国家富强而不屈不挠奋斗的历史。所谓屈辱主要体现在历史的"沉沦"时期，所谓奋斗，主要体现在历史的"上升"时期。这不是说历史的"沉沦"时期没有奋斗，那个时期中国人民有过不少次的奋斗，但是，由于觉醒程度不够，物质力量不够，斗争经验不够，那时候中国人民的奋斗还不足以制止中国社会的"沉沦"；在历史的上升时期，不是没有屈辱，日本帝国主义对中国的侵略，甚至比以往历次帝国主义侵略给中国造成的损害还要严重，但由于中国人民空前的民族觉醒和空前的艰苦奋斗，中国社会不仅避免了继续"沉沦"，而且赢来了反侵略战争的彻底胜利，从而避免了给中国社会带来新的屈辱，实现了国家的独立和主权完整，为中国的现代化造就了基础条件。

"沉沦"和"上升"，中国社会走出了一条U字形路线，经过了110年的艰苦奋斗，终于凤凰涅槃，浴火重生，结束了半殖民地半封建的中国，诞生了人民的新中国。

三 近代中国历史进程中的若干转折

近代中国历史发展的路径或者方向不是一成不变的。在一定历史条件下，历史可能循着某种路径发展，历史条件改变了，发展的路径也可能改变，这就是历史发展的转折。近代中国历史在多数情况下，是暴风骤雨似的，是急剧变化着的，我们可以从中观察到多次历史转折。研究近代中国历史发展的转折，对于我们认识中国近代历史发展的曲折性、艰巨性、历史发展道路的可选择性以及历史发展的规律性，是有帮助的。观察中国近代史，应该注意这种转折，应该研究这种转折。

我们已经研究了近代中国历史发展的U字形进程，发现在近代中国历史的前期，其基本特征是"沉沦"，近代中国历史的后期，其基本特征是"上升"，在"沉沦"和"上升"中间有一个过渡期，就是"沉沦"的谷底时期，也就是"上升"的起始时期。这是近代中国历史发展的大转折。我们可以运用这种理论，来观察近代中国历史，还可以发现各个不同的历史转折。正是这些不同的历史发展转折，构成了中国近代历史从"沉沦"到"上升"的基本过程和特点。

从鸦片战争开始的晚清时期，基本上是近代中国的"沉沦"期。众所周知，1840年抵抗英国侵略中国的鸦片战争，揭开了中国近代史的序幕。鸦片战争的结果，外国资本主义列强用鸦片和炮舰迫使中国接受了东方世界并不熟悉的带有西方殖民色彩的条约体系。清王朝时期的中国，开始从独立发展的封建的中国，逐渐演变为半殖民地半封建的中国，从此以后，清王朝在对外战争中,在对待强大的资本主义入侵者的过程中,捉襟见肘,步步退让,逐步加深了半殖民地半封建社会的印记。由不平等条约为基础所构成的条约体系,是中国历史从来所未见的。鸦片战争形成了中国近代史的开端,形成了晚清中国历史的重大转折,严重影响了此后中国近代史的发展方向。这一点,不是马克思主义者的发明,20 世纪初以来大多数中国近代史书的作者都注意到了,已经是多数学者观察中国近代史的共识。

对鸦片战争以后的中国社会发起挑战的,是 1851 年爆发的太平天国农民起义。客观上说,太平天国农民起义是对鸦片战争以后中国社会发展方向的一次严重挑战。太平天国农民起义是中国农民起义历史上的大事,是近代中国历史发展进程中的大事。从历史时代的特点来观察,它发生在中国因为鸦片战争后形成的不平等条约体系初步建立、中国开始进入半殖民地半封建社会的时候,它的矛头所向,虽然主要是从清朝皇帝到各级地主官僚在内的"阎罗妖",同时它不可避免地要面对因为第二次鸦片战争发生而深入内地的西方殖民主义侵略者。从这个意义上来说,它不完全是像陈胜、吴广以来的那样单纯的农民战争,当然它也不同于 1927 年以后中国共产党领导的农民战争。以太平天国为旗帜的这场农民战争迫使外国侵略者重新认识中国,认识中国的统治者和农民之间的关系,调整对华政策,明确了支持清朝统治者的政策方向;这场战争又迫使清朝统治者认识到农民造反是"心腹之患",外国侵略是"肢体之患",从而调整了对待农民起义和外国侵略之间的政策,因了这种大政策的调整,就影响到国内政治结构的转变,中央权力下移,汉人督抚当权,经制之兵无能而湘淮军兴起。这些转变不仅直接影响了此后政局的发展,影响了中外关系发展的格局,也影响了此后国内经济发展的形势。太平天国农民起义形成鸦片战争以后近代历史发展的第二个转折。

洋务新政的兴起客观上标志着近代中国历史发展的第三次转折。由于洋务新政的复杂性和自洋务新政发生以来评论家和历史研究者对洋务新政认识的极大分歧,对这个转折要多做些分析。洋务新政是第二次鸦片战争结束后,地主阶级当权派切实体验到西方列强的坚船利炮,面对太平天国、捻军等农民起义的汹涌潮流而发起的,号称"自强新政",实质上是地主阶级当权派的自救运动。洋务新政首先抓军用工业,造枪造炮,主要是为了镇压农民起义,保证政权稳定,随着农民起义的逐渐平复,当然也有保卫国防、对付外国侵略(所谓"勤远略")的动机。甲午战争败于日本,原先设计的所谓"自强",所谓"勤远略"均化为泡影。评论家所谓洋务运动破产,主要是就这一点说的。有研究者指出,洋务运动虽然是从清政府办军用工业开始的,但办军用工业还不能说是追求现代化,只有在70年代开始创办"求富"性质的民用工业后,才意味着清政府开始追求发展生产力,追求现代化。[①] 官督商办的民用工业发展起来,西方资本主义的生产方式被引进中国,中国出现了工人阶级,也逐渐成长起来资产阶级(这里主要指民族资产阶级),这是中国原有的封建社会不曾有过的新的社会阶级;与此相适应,一批西方社会科学书籍被翻译过来,一批洋务人才被培养出来。评论家或者认为这是中国工业化的开始,或者认为这是中国早期现代化的起点。资本主义的意识形态,资本主义的生产方式,虽然并未成为中国社会的主流,却是中国社会的新生事物,是推动此后改良派、革命派成长的物质基础和思想基础。这个物质基础和思想基础,是推动中国社会转型的动力。戊戌维新运动就是在这个基础上发动起来的。说洋务活动的兴起客观上标志着近代中国历史发展的第三次转折,主要指此而言。

但是,洋务新政也有它的局限性。如果把洋务新政的开展与稍晚些时候日本进行的明治维新相比较,这种局限性就更明显了。这种局限性主要表现在它不是由朝廷统一部署的在全国推行的运动,而是由部分中央的和地方的大臣经朝廷同意而推动的运动,守旧的、保守的、反对的势力很大很普遍,难以取得明治维新那样的效果;官办或者官督商办的办企业模式,在推动中国早期现代化方面也起过一定作用,但对民间企业家的发展却起到了很大的约束作用,与日本明治政府主动提倡、推动民间企业的发展大不相同,因此成效差异很大;由地方督抚大员推动的官办或者官督商办企业,形成了相关地方权力的物质基础,这种基础与军事权力相结合,

---

[①] 参见严立贤《从洋务运动的官商矛盾看中国近代早期两种现代化模式的滥觞》,《中国社会科学院近代史研究所青年学术论坛》2000年卷,社会科学文献出版社2001年版,第112页。

为此后地方割据势力的形成埋下了伏笔。由于以上的原因，延缓了中国近代工业的发展速度，延缓了中国早期现代化的进程，丧失了许多发展的机会。甲午战败表明，中国由地方官员推动的洋务新政大大落后于日本明治政府推动的改革、维新运动。而且洋务新政所涉及的"御外侮"的目标完全未能达成。从这个角度说，甲午战争的结果标志着洋务新政的失败，是有道理的。中央政府不能主动转变观念和提出措施，是甲午战争前后30年间丧失许多发展机会的基本原因，也是洋务新政与明治维新效果大相差异的基本原因，当然也是中国早期现代化迟滞的基本原因。

洋务活动的局限性还表现在，发动洋务活动的奕䜣、曾国藩、李鸿章等洋务派都是清政府的廷臣疆吏，是统治阶级的一个政治派别。他们同统治阶级中的另一翼顽固派一起，共同决定、执行着清政府对内镇压、对外投降的基本国策。位居政权顶端实行折中控制的是掌握皇权的慈禧太后。引进西方资本主义的生产技术是必要的，这种引进在客观上引起了中国社会内部结构和思想意识形态的缓慢演变，对于动摇封建专制统治的基础是有进步意义的，但引进的直接目的是为了镇压国内人民的反抗，维护摇摇欲坠的封建统治。这个目的，顽固派是可以接受的。洋务派在办洋务企业时，虽也有"御外侮"、"收利权"等对外的动机和表态，但那不是根本的目的，而且难免有掩饰之嫌。洋务派不可能发动全民族的力量来对付帝国主义侵略者。李鸿章只准自己办洋务，却限制民族资本主义得到发展。对外国的侵略，他们并不想真正抵抗，掌握在他们手中的近代先进武器，形成不了保卫祖国的干城。北洋舰队在当时不是落后的武器装备，至少与日本海军相比，在某些方面还是先进的，但是为了"避战保船"，匍匐港内，造成被动挨打的局面，成了日本的战利品。不是武器不如人，而是精神状态不如人。随着帝国主义侵略步步加深，掌握国家权力的洋务派官僚们总是一次比一次更严重地把民族、国家的利益出卖给外国侵略者。所谓"御外侮"云云，就越来越失去其应有的积极意义。中外关系并不如他们所期望的那样"相安无事"，中国正急速地面临殖民地化的深渊。那种把洋务派的经济活动和政治、外交活动分开来评价的意见是说不通的，事实上是分不开的。说洋务活动是近代中国历史发展的第三次转折，是指其客观效果而言。洋务活动发展的结果，在客观上起到了促进中国资本主义发生的作用，有一定的进步意义。从思想倾向来说，洋务派比较务实，比较能够接受西方先进的东西，在这一点上显然比顽固派更为开明，更能够应对时局的发展。如果完全按照顽固派的那一套搞，中国社会还将继续停滞下去。以往有的研究者把洋务活动的负面作用说得绝对了，也是不能很好地理解历史进程的。

义和团运动和八国联军侵略中国，是晚清历史发展的第四次转折。甲午战争以后，列强纷纷在中国抢占港口、瓜分势力范围，打算把这个"躺在死亡之榻"上的清帝国彻底瓜分。义和团的强烈反抗使帝国主义者看到了中国昂扬的民气，不得不改变"瓜分"政策，实行"保全"清帝国的政策，同时也要求清帝国实行若干改革。1901年的新政于是发生。新政名义上放松了对政治、经济和思想的控制，但社会上的阶级矛盾一个也没有减少。经济政策的放松，鼓励了民族资本主义的发展，这就加强了代表资产阶级的立宪派和革命派向清朝统治阶级要求政治权利的物质基础，造成了革命派和立宪派活动的空间；废除科举、鼓励海外留学，造就了大批接受西方社会政治思想的新型知识分子，从中形成了一批封建专制主义和皇权统治的掘墓者；新政举措需要大量的资金，加上《辛丑条约》规定的巨大赔款，大大加重了人民群众的负担，加剧了本来就很紧张的统治者与被统治者之间的关系，民众反抗此起彼伏；由于社会上产生了新型阶级力量，从经济上、政治上反抗帝国主义列强侵略和收回利权的斗争逐年高涨；新式军队的编练和皇族内阁的组成，加剧了上层统治阶级内部满汉之间和利益集团之间的冲突。辛亥革命就在这些矛盾的基础上发生了。

把"沉沦"和"上升"的观点运用到民国历史时期，我们可以看到，民国历史时期，基本上是近代中国的上升期。1901年到20世纪20年代，是近代中国"沉沦"到谷底的时期。这个谷底时期，是黑暗到黎明的转折期，是"沉沦"到"上升"的转折期。表现"沉沦"的阶级力量还很顽强，表现"上升"的阶级力量又不够强大。这种顽强和不够强大，体现为"沉沦"与"上升"的交替表演。其中，1911年武昌起义胜利导致1912年中华民国的建立，标志着近代中国上升期的起点，它又是民国历史的起点。它是"谷底"时期"沉沦"与"上升"交替表演的第一个回合。接着，袁世凯掌握北京政权，孙中山、黄兴等革命派失去政权，形成交替表演的又一个回合。1913年宋教仁被刺,孙中山、黄兴发起"二次革命",袁世凯镇压"二次革命",宣布就任民国正式大总统,是这时期交替表演的第三个回合。1915年底袁世凯称帝,蔡锷等在云南发动"护国战争",袁世凯从称帝到气急而亡不过五个月,这是交替表演的第四个回合。黎元洪任大总统后,发生张勋复辟和段祺瑞"再造共和"那样的政治局面,那实际是专制与共和斗争的一个表现形式;接着孙中山在广州组织护法军政府,号召维护《临时约法》;接着发生北京学生的五四运动和上海工人的六三运动,掀起了前所未见的反帝反封建斗争,这是谷底时期交替表演的第五个回合。我们看到从辛亥革命表现出来的民国历史的起点,也就是中国近代史"上升"时期的起点,到五四运动表现为新民主主义革命的起点,"上升"时期的阶级力量在明显地成长、壮大中,"沉沦"的阶级力量在逐渐消退。辛亥革命所造成的那样大的革命声势下,革命派为什么不能执掌国家政权?我们现在可以回答,辛亥革命所处的那个时期,正是近代中国历史发展"沉沦"到谷底的时期,是"沉沦"到"上升"的转折期,也是专制和共和的转折期。因为资产阶级的经济力量、物质基础还不够强大,制约着资产阶级的政治力量也就相对软弱。这是"谷底"时期的表现。总之,这个时期出现了民国历史的第一个转折期。这个转折值得认真研究。应该说,这个转折,对近代中国历史发展进程的意义,至今的研究都很不够。

1921年中国共产党成立,1924年中国国民党召开第一次全国代表大会,形成了第一次国共合作,这一合作导致了工农运动的高涨,导致了人民群众民主意识的高涨,最终导致了北洋军阀的垮台。这是民国历史的第二个转折。对于这个转折,当时的人们是没有看得很清楚的。对于中国共产党的成立,对于中国国民党在1924年发动的重大改革,对于国共合作反对北洋军阀的政治动向,在最初并没有引起北方军阀的注意和重视,也没有引起当时北方社会舆论的深切关注,甚至也没有引起列强的严重注意。换句话说,当时北方各军阀并没有把南方改组后的国民党和新成立的国民政府放在眼里。北京、天津、上海等大城市的新闻媒体和社会舆论关注的重心,仍是北方政局的发展变化。对南方国民党的革新,对于国共合作,认为它不过是跟着苏联"赤化"而已。甚至到南方国民革命军誓师北伐,北方各军阀仍未把北伐军当成对自己的一个重大威胁,或者认为蒋介石也会像过去孙中山的几次北伐一样,不过虚张声势而已。盘踞北京政府的张作霖,以及号称拥有七八省的人力物力的吴佩孚,与北伐军在湖南战场交锋,虽然遭遇不利,但他仍然充满自信,自以为扼守湖北咸宁汀泗桥这一天险,北伐军莫可奈何。未料吴佩孚的部队在数日之间,一败于汀泗桥,再败于贺胜桥,不仅出乎吴佩孚意外,社会舆论也一度大哗。汀泗桥、贺胜桥一战,使睥睨一世的吴佩孚威名扫地。从此以后,北伐军的声威震动全国。南方的革命军和革命政府也从此成为全国舆论关注的焦点。这个转折标志着近代中国"上升"时期的政治力量的形成。

1927年国共合作破裂和南京国民政府的成立,是民国历史的第三个转折。这个转折埋下了国共两党长期不和、长期斗争的根苗,影响了国家的发展,影响了整个社会文化、思想发展的走向,影响了社会制度选择的方向。北洋军阀的垮台,南京国民政府的建立,标志着社会发展的"上升";而代表"上升"时期的政治力量的分裂,尤其是国共合作的破裂,又严重阻碍了社会"上升"的力度。

1936年12月西安事变,1937年卢沟桥事变,形成了民国历史的第四次转折。中国共产党及其武装力量,经过十年内战的损失和挫折,已经变得很弱小了。在日本军国主义侵华步伐加快的形势下,中华民族与日本军国主义侵略者之间的民族矛盾急剧增长,爆发了张学良、杨虎城发动的西安事变。共产党看到了西安事变并非张、杨的个人行为,看到了1931年以来的民族救亡的民众运动在反蒋的政治力量中的反映,看到了日本侵华导致了中国与日本帝国主义之间民族矛盾的骤然上升,于是紧紧抓住了抗日的旗帜,这个旗帜,代表了中国大多数人的民族心理和要求,以此为据,促成了国共的再次合作。这次合作,不仅最终取得了抗日战争的胜利,而且初步改变了中国在国际社会的形象,废除了列强在华治外法权以及由于签订1901年条约,列强强加在中国身上的沉重负担。在国共合作进行抗日战争的八年中,国共之间有许多矛盾和摩擦,特别是皖南事变使这种矛盾和摩擦达到了高潮,都因为民族矛盾超过了阶级矛盾而化解了,没有造成国共合作的再次破裂。由于国共合作共同抗日,空前调动了全民族的救亡意识、民主意识,正是这种意识,标志着近代中国"上升"趋势的形成。从这时候起,"沉沦"那样一种社会发展趋势,就退居次要地位而不复严重影响中国历史进程了。

抗战胜利后国共重庆和谈签订的协议和政协会议的决议的不能履行，1946年6月内战的开始，是民国历史的第五次转折。这次转折所用的时间不长，但是却完成了近代中国历史发展的选择模式，完成了自辛亥革命开始以来的"上升"趋势，完成了从旧中国到新中国的转变。从这时候起，"沉沦"趋势就不复见于中国历史。这个转折，不仅完成了"沉沦"到"上升"的历史性转变，完成了旧中国到新中国的历史性转变，完成了半殖民地半封建中国到社会主义中国的历史性转变，也原则上完成了从革命的中国到建设的中国的转变，完成了以争取独立民主为主要任务到建设现代化的中国为主要任务的历史性转变。

民国历史经历了38年，是近代中国历史发展最值得重视、最需要认真研究的一个历史阶段。但是历史现象复杂纷纭，错综曲折，起伏跌宕，如果研究者陷入具体琐碎的考证，缺乏宏观的把握，就难以取得重大的研究成果。抓住了上述五个转折点，深入研究和思考，就等于抓住了这段历史的基本线索，复杂纷纭的历史现象就可以像顺藤摸瓜那样，梳理得清清楚楚了。

四 近代中国社会发展方向的选择：资本主义发展的趋向与社会主义的前途

从社会发展的历史进程来看，由于西方资本—帝国主义列强的侵略，中国历史到了近代的时候，没有顺理成章地从封建社会迈入资本主义社会，而是发生了严重变形，拐进了变态的半殖民地半封建社会。当然，这并不是说中国历史上就没有资本主义；恰恰相反，近代中国资本主义的产生与发展，资产阶级与无产阶级的形成及其阶级力量的壮大，为反帝反封建的新、旧民主主义革命准备了充分的物质条件和阶级基础，也因此而充分地预示其光明的社会主义前途到来的历史必然性。

学术界已有的研究成果充分证明，早在明代中后期，苏州、杭州等江南地区的手工业经济领域，已经出现资本主义生产关系的萌芽。这种萌芽一经在封建社会的母体里形成，便有逐渐孳生蔓延之势，如果没有外力的摧折，便会随着中国社会经济发展的特点引导中国社会进入具有中国特色的资本主义社会。正如毛泽东所说："中国封建社会内的商品经济的发展，已经孕育着资本主义的萌芽，如果没有外国资本主义的影响，中国也将缓慢地发展到资本主义社会。"① 这种观点高度概括了20世纪30—40年代以后密切观察近代中国社会发展历程的人们，尤其是用唯物史观观察近代中国历史的人们的看法。由于鸦片战争打断了中国社会经济发展的正常秩序，使近代中国历史偏离了本应向资本主义社会发展的轨道，而逐渐沦入半殖民地半封建社会的异途。外国资本主义的入侵，在摧残中国社会内部原有的资本主义萌芽的同时，又加速了封建社会经济结构的分解。"一方面，破坏了中国自给自足的自然经济的基础，破坏了城市的手工业和农民的家庭手工业；又一方面，则促进了中国城乡商品经济的发展。这些情形，不仅对中国封建经济的基础起了解体作用，同时又给中国资本主义生产的发展造成了某些客观的条件和可能。因为自然经济的破坏，给资本主义造成了商品的市场，而大量农民和手工业的破产，又给资本主义造成了劳动力的市场。"②正是在中国封建社会自然经济解体的基础上，在帝国主义与封建主义的夹缝中，产生了近代中国资本主义。

近代中国资本主义的发展历程大致可以分为四个阶段：

第一阶段：1840—1894年，从鸦片战争到甲午战争，主要是洋务运动时期，为近代中国资本主义的兴起阶段。1840年是近代史学界比较公认的中国近代史的开端，但并不是近代中国资本主义产生的确切年代。由于近代中国半殖民地半封建社会性质这样特殊的历史条件，使得最早在中国建立近代资本主义企业的并不是中国自己的民族资本，而是外国资本，如英国人1843年在香港创办的墨海书馆和1845年在广州建立的柯拜船坞，是中国最早的近代印刷机构和近代船舶修造工厂。中国民族资本主义的产生则与洋务活动密不可分。19世纪60年代，清政府内部一批洋务派官僚如奕䜣、文祥、曾国藩、李鸿章等人，在"求强"、"求富"的口号下，开始

---

① 毛泽东：《中国革命和中国共产党》，《毛泽东选集》第二卷，人民出版社1991年版，第626页。

② 同上书，第626—627页。

了洋务活动。他们先后创办了一批近代军事工业和民用工业企业。这些企业虽然在资金来源、产品销售以及经营管理等方面都还难免有浓厚的封建性，但由于采用了现代机器并与之相联系的产业工人进行生产，因此在一定程度上采用了资本主义的生产方式，带有一定的资本主义性质，从其与国家政权的关系方面来看，可谓国家官僚资本主义的初始形态。随着一批与外国资本主义有关系并且积聚了一定资本的买办，以及一些官僚、地主、商人投资近代企业，从而产生了近代中国的民族资本主义工业。近代中国民族资本主义自产生之日起，就受到外国资本主义和本国封建主义、官僚资本主义的压制和排挤，因而发展极其艰难、缓慢，力量相当弱小。据统计，到1894年，中国产业资本的总额约8952.6万元，其中外国资本5433.5万元，占60.7%，本国官僚资本2796.6万元，占31.2%，民族资本722.5万元，占8.1%。[①]

第二阶段：1895—1911年，从甲午战争到辛亥革命，尤其是清末新政时期，为近代中国资本主义的初步发展阶段。甲午战争的失败，标志着清政府以"自强"为目标的洋务活动的破产，但是，这并不是说所有洋务企业一夜之间便都销声匿迹了，事实上也并没有阻止中国民族资本主义的发展。相反，由于外国资本取得在内地投资办厂的条约特权对民族工业的刺激，更由于清政府实业政策的调整，尤其是清末新政时期政府对发展民族工商业实行鼓励政策，因而掀起了一个民族资本投资持续发展的高潮。据统计，1858—1911年，中国产业资本共设立创办资本额在1万元以上的工矿企业953家，创办资本总额20380.5万元，其中1895—1911年有804家，占总数的84.2%，创办资本额16757.1万元，占总数的82.2%，分别是前此1858—1894年的5.4倍和4.6倍。[②]这一时期民族资本主义的初步发展，为民族资产阶级的维新变法运动和民主革命运动提供了物资条件和阶级基础。

第三阶段：1912—1927年，北洋政府时期，是近代中国资本主义进一步发展阶段，其中在第一次世界大战前后，为其"黄金时代"。辛亥革命

[①] 参见吴承明《中国资本主义的发展述略》，《中国资本主义与国内市场》，中国社会科学出版社1985年版，第114页。

[②] 参见杜恂诚《民族资本主义与旧中国政府（1840—1937）》，上海社会科学院出版社1991年版，第29—31页。

推翻了清王朝的封建专制统治，建立了中国历史上第一个资产阶级民主共和国——中华民国，以孙中山为首的南京临时政府颁布了一系列振兴民族工商业的政策法令，燃起了民族资本家振兴实业的热情，为民族资本主义的进一步发展提供了历史契机。虽然从政治上来说，刚刚诞生的革命政权很快落入以袁世凯为首的北洋军阀手中，连年军阀混战，兵连祸结，政治黑暗腐朽，近代中国历史沉沦到半殖民地半封建社会的谷底。但是在经济发展上，中国民族资本主义经济却经历了一个"经济奇迹"。究其原因，一方面，由于第一次世界大战的爆发，暂时缓解了西方列强侵略的压力，进口贸易大为衰落，出口贸易急剧增长，为中国民族资本主义的发展提供了一个千载难逢的机会；另一方面，由于中国民族资本投资潜力与国内市场的扩大，以及生产技术、设备与经营管理方式的改进，加上民族资本家在反对军阀内战和抵制外货运动中激发的民族热情高涨等因素，这些都有利于促进中国民族资本主义的进一步发展。[①]据统计，在1912—1927年的16年中，中国历年所设创办资本额在1万元以上的工矿企业共有1984家，创办资本总额约45895.5万元，无论创办企业家数还是创办资本总额，均为前此1858—1911年53年的一倍以上。[②]这一时期，近代中国民族资本主义的发展进入了它的"黄金时代"。因此，尽管军阀政治混乱不堪，却发生了五四爱国民主运动，产生了中国共产党，从而使近代中国历史开始从黑暗的谷底上升，并渐渐透露出一缕光明。

第四阶段：1927—1949年，国民党政府时期，近代中国资本主义发展成为国家垄断资本主义，特别是抗日战争及战后，达到最高峰。北伐战争以后，国民党政府实现了政治上的基本统一，便开始对全国经济进行控制。以蒋介石为首的国民党政权实行国家垄断资本主义政策，其垄断势力从金融业开始，逐渐渗透到重工业、轻工业各产业部门。抗战时期，蒋宋孔陈四大家族利用战争的机会，紧紧控制了全国的金融、交通、能源、制造、矿冶及其他产业部门等经济命脉。据统计，在全国近代产业资本（包

[①] 详细分析参见［法］白吉尔《中国资产阶级的黄金时代（1911—1937）》，张富强、许世芬译，上海人民出版社1994年版，第78—84页；杜恂诚：《民族资本主义与旧中国政府（1840—1937）》，第137—159页。

[②] 参见杜恂诚《民族资本主义与旧中国政府（1840—1937）》，第106、107页。

括近代工业和交通运输业资本，含外资）结构中，官僚资本所占的比重，1894年为39.14%，1911年为26.76%，1920年为25.96%，1936年为35.87%，1947/1948年为64.13%；在全国金融业资本（含外资）结构中，官僚资本所占的比重，1894年为0，1911年为6.32%，1920年为16.04%，1936年为58.89%，1947/1948年为88.85%。①显然，抗战以后，国民党政权对全国经济命脉的垄断达到登峰造极的地步。国家垄断资本主义的形成，桎梏了自由资本主义的正常发展，改变了近代中国资本主义发展的道路，以至于中国社会再也不能继续沿着资本主义方向前进，因而转向社会主义道路便成为历史的必然趋势。毛泽东在1947年分析当前的形势时认为："蒋宋孔陈四大家族，在他们当权的二十年中，已经集中了价值达一百万万至二百万万美元的巨大财产，垄断了全国的经济命脉。这个垄断资本，和国家政权结合在一起，成为国家垄断资本主义。这个垄断资本主义，同外国帝国主义、本国地主阶级和旧式富农密切地结合着，成为买办的封建的国家垄断资本主义。这就是蒋介石反动政权的经济基础。这个国家垄断资本主义，不但压迫工人农民，而且压迫城市小资产阶级，损害中等资产阶级。这个国家垄断资本主义，在抗日战争期间和日本投降以后，达到了最高峰，它替新民主主义革命准备了充分的物质条件。"②以蒋介石为首的国民党政权的国家垄断资本主义即官僚资本主义，与帝国主义、封建主义一样，是中国共产党领导的新民主主义革命的对象。中国的社会主义现代化建设事业，正是在新民主主义革命胜利以后，通过没收官僚资本的基础上起步的。正如列宁所说："国家垄断资本主义是社会主义的最完备的物资准备，是社会主义的入口，是历史阶梯上的一级，从这一级就上升到叫做社会主义的那一级，没有任何中间级。"③历史充分证明了列宁的这个论断。

社会主义是近代中国几代仁人志士孜孜追求的政治理想。如果说洪秀全领导的太平天国农民运动颁布的《天朝田亩制度》所构建的"天国"

---

① 参见许涤新、吴承明主编《中国资本主义发展史》第3卷《新民主主义时期的中国资本主义》，人民出版社1993年版，第726、736页。
② 毛泽东：《目前形势和我们的任务》，《毛泽东选集》第四卷，第1253—1254页。
③ 列宁：《大难临头，出路何在？》，《列宁全集》第二版，第32卷，第218—219页。

世界秩序，尚只是具有浓厚的乌托邦色彩的农业社会主义理想蓝图而已，那么，孙中山的民生主义则是当时形形色色社会主义流派中最接近科学社会主义的一种空想社会主义政治理想。

1903年，孙中山在致友人书中提出了"民生主义"思想，这一次，他是用"社会主义"①一词来表述"民生主义"思想的。这是自1894年兴中会成立以来，孙中山第一次提出有关中国社会未来发展的框架设计。此后20多年中，孙中山反复说明并完善他的民生主义思想。学者们认为，民生主义一直到1924年孙中山正式公开讲演三民主义时才定型。在许多场合里，他都用"社会主义"的概念来表述他的民生主义。但是，正式的表述，或者说，孙中山乐于使用的词汇还是民生主义。民生主义是孙中山三民主义的归宿，是三民主义思想中最具特色的部分。在孙中山看来，民生主义就是社会主义，他经过反复斟酌，认为还是把由日本传来的西方词汇社会主义 Socialism 译为民生主义更为允当。孙中山钟情于民生主义，并为在中国实现民生主义而奋斗终生。

关于民生主义—社会主义思想的来源，虽然孙中山经常强调它源于中国古代乃至近代的思想资料，但实际上，是受19世纪末以来西方自由资本主义发展为帝国主义以后，欧美各国广泛掀起的社会主义运动的影响。孙中山在阐发民生主义—社会主义思想的时候，经常回顾西方国家资本主义发展的历史，引用并分析西方社会主义思想流派的著作。

民生主义—社会主义思想的形成与发展，几乎贯穿了孙中山革命活动的全过程。孙中山是在19世纪末期开始观察并研究欧美、资本主义社会模式的。这时的欧美社会，正是通常所说自由资本主义发展到垄断资本主义的时候。工业革命以后，实业的迅速发展所带来的社会流弊，日甚一日。由此引起劳资关系紧张，工人罢工频仍，社会革命其将不远。面对欧美社会现实，孙中山不能不对中国如何实施资本主义的发展战略做出认真的思索。孙中山认识到，在那时的时代潮流之下，中国不可避免地要走上资本主义道路。"近世资本主义之天然演进，对于劳动者常与以不平之待

---

① 孙中山《复某友人函》，中国社会科学院近代史研究所中华民国史研究室等编《孙中山全集》第1卷，中华书局1981年版，第228页。

遇",这是欧美社会已经发生的事实。如果不加控制,任其发展,中国在十年以后,必至有十万人以上之资本家,那时,中国必然重陷欧美社会的老路。中国又要发展资本主义,又要避免资本家垄断社会财富、压制人民群众,办法在哪里?鉴于中国实业发展未久,大资本家还未出现,也还没有资本家垄断社会经济的现象,这就为孙中山设计中国式的资本主义发展战略提供了合适的客观环境。孙中山认为,只要实行以土地国有和节制资本为主要内容的一系列民生主义政策,就能够避免出现大资本家,就能防止社会财富集中于少数人手中,就能防止资本家专制。可见,民生主义的出发点,是防止垄断性的大资本家出现,反对大资本家垄断社会财富。当然,没有资本家的社会不是资本主义社会。反对大资本家不是不要资本家。孙中山所要建立的,不是没有资本家的社会,而是不要大资本家、不要垄断资本家的资本主义社会。

在孙中山看来,实行土地国有、节制资本、发达国家资本的民生主义政策,就能防止大资本家为祸社会,也能刺激中等资本家——中产阶级的活力。于是,他呼吁、企盼中国社会产生中产阶级,认为这是实施民生主义、避免社会弊病的阶级基础。可以说,民生主义所要代表的是正在发展中的、受到严重压抑的、政治经济势力都很软弱的、渴望同官僚垄断势力和外国资产阶级争取平等地位的中国民族资产阶级的利益。民生主义的归结点,是社会和平协调发展,永远消弭劳资间的阶级斗争,永远防止无产阶级为向资产阶级争取政治、经济平等权益而发动的"社会革命",或曰"第二次革命"。在他看来,做到"举政治革命、社会革命毕其功于一役",甚至使民族、民权、民生革命一次完成,一劳永逸,就可保证中国社会永臻大同之域。

孙中山认为,只有实行民生主义,经济生活上人人平等,共同富裕,才能保证中国永远不再革命。从早年到晚年,孙中山都十分关心工人、农民的生活。因此,他赞成"得社会主义真髓"的亨氏土地公有、麦氏资本公有办法,就是希望造成"所得的利益归人民大家所有",又"和资本家不相冲突"[①]那样的社会局面。这就是他理想中的民生主义——社会主义社会

[①] 孙中山:《民生主义第二讲》,《孙中山全集》第9卷,第393页。

模式。陈义高尚,理想圣洁,无可批评。当然,孙中山追求的社会主义,是他常加称赞的德国俾士麦的国家社会主义,是"不能够马上推翻"[①]资本制度的社会主义,是劳资和平协调发展而不致引起社会主义革命的社会主义。这种社会主义,不是马克思主义学说中经过社会主义革命的社会主义。结合孙中山的学说精神,可以姑且称之为民生社会主义。[②]

这种民生社会主义,实际上是孙中山设计的一种有中国特色的资本主义发展模式。这种模式的特点,一是以国家资本为社会的主要经济构成,不允许大资本垄断社会经济现象的存在;二是以中产阶级为社会发展的阶级基础,社会发展目标由代表中产阶级的阶级利益的政治代表所掌握;三是融入了社会主义的分配办法,力求全社会和平协调发展,全民都得到富裕,防患社会革命于未然;四是在政治方向和社会发展目标上,公开声称与马克思主义的社会主义、共产主义理想不相冲突,而且是好朋友。

民生社会主义的上述特点,反映了孙中山的个人特色,且其主要方面,已为中国国民党第一次全国代表大会宣言所接受。如果国家统一,政治稳定,政策得力,官吏清廉,在国家发展中取得一定成效是很有可能的。

但是,孙中山在确立自己的社会理想时,对国情的估计尚有若干不足。

其一,自鸦片战争以来,外国资本主义—帝国主义的政治、经济甚至军事势力控制了中国,中国几乎国将不国,它们不能容许孙中山在这块土地上试验自己的理想。这方面,自1912年初南京临时政府成立以来,孙中山已经有了许多切身体会,并且已经认识到:"我们要解决民生问题,如果专从经济范围来着手,一定是解决不通的。要民生问题能够解决得通,便要先从政治上来着手,打破一切不平等的条约,收回外人管理的海

---

① 孙中山:《民生主义第二讲》,《孙中山全集》第9卷,第410页。
② 张海鹏:《试论孙中山民生主义的真谛》,《中国社会科学院研究生院学报》1996年第5期,又见《孫中山〈民生主義〉の真義についての試論》,《孫文研究》,神户,21期,1997年1月。此文在说明孙中山的民生主义—社会主义思想时,首先使用了民生社会主义这一概念。吴雁南等主编《中国近代社会思潮》第二卷第六编第一章,论述了民生社会主义的发展,也使用了这样的提法,但未专门对此做出定义。见湖南教育出版社1998年版。

关，我们才可以自由加税，实行保护政策。"①国家、民族不能独立，一切仁人志士要想实践自己的理想都是不成功的。要建国必须先救国。只有驱逐帝国主义出中国，建国的目标才有可能实现。在帝国主义和封建军阀统治中国局面不改变的情况下，建国蓝图越具体，就越具有空想性。当1924年9月18日，孙中山代表中国国民党发表北伐宣言，明确宣布，辛亥革命以后之国内战祸，"直接受自军阀，间接受自帝国主义"，"此战之目的不仅在推倒军阀，尤在推倒军阀所赖以生存之帝国主义"。②只有如此，中国才能脱离次殖民地之地位，以造成自由独立之国家，才具有实现三民主义的条件。到这时，孙中山的认识才得到了校正。

其二，孙中山强调中国只有大贫和小贫，意在模糊中国社会的阶级差异。他没有深刻认识到中国农民对土地的渴望，没有体察到农民和地主阶级之间阶级斗争的存在。他虽以"洪秀全第二"自居，却没有认识到太平天国起义正是19世纪50年代农民和地主阶级斗争激化的表现。尤其是19世纪70年代以来，中国社会里资本主义生产关系正在成长，民族资产阶级（孙中山所企望的中产阶级）的经济势力到19世纪末、20世纪初，已经在中国社会的经济、政治生活中有相当影响，官办企业也有了可观的发展，外国资本主义的独资企业已经控制了中国经济的走向。这些资本主义的生产、金融、交通企业对中国传统社会的冲击力是很大的。现代工业企业中的劳资关系已经存在。对这些估计不足而设计民生社会主义的美丽图景，颇有些单向度思考的意味。试想，在中国的现实情况下，土地公有、资本公有能否实现？实现以后能否防止垄断性的大资本家产生？如何保证社会全体成员公平分配、人人幸福？是否能避免劳资间阶级斗争的产生？怎么能做到工人和资本家不发生冲突、农民得益，地主不受损失？这都是些未可肯定答复的问题。孙中山以为阶级斗争是社会发展的病态，是可以人为地加以医治的。殊不知阶级斗争是社会经济发展过程中，由于阶级利益差异之驱使必然产生的客观存在，人们不可主观上想象去消灭它的。阶级斗争有时激化，有时缓和，在根本的阶级利益差异消失前是不可消灭

---

① 孙中山：《民生主义第四讲》，《孙中山全集》第9卷，第424页。
② 孙中山：《中国国民党北伐宣言》，《孙中山全集》第11卷，第76页。

的。有远见的政治家、政党可以引导社会阶级斗争的发展方向，却不可能像外科医生一样，把阶级斗争这个毒瘤从社会病体上割去。按照马克思主义的观点，在资本主义发展到一定阶段时，社会主义革命的到来不可避免。设想避免阶级斗争，避免社会革命，政治革命与社会革命毕其功于一役，作一劳永逸之计，是主观的、空想的、幼稚的。虽然对于孙中山的毕生奋斗来说，这是一种很崇高的理想。但是作为观察孙中山提出民生主义以来中国社会发展的历史研究者来说，对孙中山设计民生主义蓝图的不足之处，不能不指出来。

　　孙中山去世后，对如何执行他的三民主义学说，尤其是他的民生主义—社会主义思想，几乎成为全部中国政治生活的重要议题。国民党人、共产党人都声称自己是孙中山革命思想和革命事业的继承人。国民党内胡汉民、戴季陶、周佛海、蒋中正等人，都撰写过论述三民主义的著作，反映了国民党内各派系的观点，就民生主义—社会主义思想而言，其要义不外尽量阐发孙中山思想中符合资产阶级需要的方面，阐发不利于中国革命事业发展的消极、保守方面，说什么共产主义不符合中国国情，民生主义包含共产主义，只要一个主义（三民主义）一个党（国民党）就行了，马克思主义是民生主义的仇敌，等等。共产党与此不同。毛泽东在1940年发表《新民主主义论》，高度评价了孙中山革命三民主义的积极意义，精辟地解说了新三民主义与共产主义的联系和区别。毛泽东指出："中国的经济，一定要走'节制资本'和'平均地权'的路，决不能是'少数人所得而私'，决不能让少数资本家少数地主'操纵国民生计'，决不能建立欧美式的资本主义社会，也决不能还是旧的半封建社会。"[①]很明显，在这里毛泽东极其准确地概括了孙中山在民生主义演说中的基本思想。说到共产主义与民生主义的联系，那是极其明显的。中国的共产主义者并不是要用阶级斗争的手段在中国硬造一个社会主义革命，不是一开始就要在中国实施社会主义革命。毛泽东说，中国革命必须分两步走，第一步是要变半殖民地半封建的社会形态为民主主义的社会。走这一步，共产主义者的纲领和政策与孙中山的民生主义—社会主义理想是基本一致的，所以孙

---

① 毛泽东：《新民主主义论》，《毛泽东选集》第二卷，第678—679页。

中山一再强调，民生主义就是社会主义，就是共产主义，共产主义是民生主义的好朋友。区别在于，中国革命还必须走第二步，即完成社会主义革命，建立社会主义社会。孙中山以为他的民生主义就是一个最美好的社会，不需要再进行社会主义革命。中国社会最终要进入共产主义，又是孙中山与共产主义者完全相同的。

在中国人民选择社会主义道路的历史途程中，孙中山是先知先觉者。他的高倡社会主义，早在中国共产党成立之前。在这个问题上，他是共产党人的先生。共产党人把孙中山称作革命的先行者，是有充足理由的。孙中山虽然不是马克思主义者，不是科学社会主义论者，但他是一位真心实意要在中国推行社会主义的理想家、革命家，他的思想为中国人开启了一条既要发展大工业实现国家工业化，又要避免西方资本主义的新的思维方式，预示着马克思主义的科学社会主义必将在中国代之而起，必将在中国主观的、空想的社会主义破产的基础上开辟胜利的道路。

近代中国人寻求马克思主义的科学社会主义，经历了一个相当长的艰难的探索历程。早在清末民初，马克思主义学说已被零星地译介进来。这是近代中国历史背景下西学东渐的产物。无论是外国传教士，还是资产阶级维新—改良派、革命派，以及一般留日学生，甚至一批无政府主义者，他们在译介近代西方社会政治思想学说的行文著述中提到马克思、恩格斯的名字，介绍马克思主义学说的某些观点，[①]一般都是就近代西方各种社会

[①] 传教士的出版机关广学会1898年出版《泰西民法志》（李提摩泰委托胡贻谷译，柯卡普原著，题名《社会主义史》，1892年版），是最早介绍马克思、恩格斯及其学说的一部译著。1899年2月至5月，《万国公报》第121—124册连载李提摩泰节言、蔡尔康撰文的《大同学》，在中文刊物上较早提到马克思、恩格斯。1902年10月，维新—改良派旗手梁启超在《新民丛报》第18号上发表《进化论革命者颉德之学说》，介绍"社会主义之泰斗"麦喀士（马克思）。革命派领袖孙中山1896—1897年伦敦被难时期就可能接触以马克思学说，1905年他又亲自访问了第二国际。同盟会的机关报《民报》是宣传社会主义的重要阵地，朱执信于1906年初在《民报》第2、3号上发表《德意志社会革命家小传》，介绍了马克思、恩格斯、拉萨尔、倍倍尔等人的生平及其学说，尤其是概述了马克思主义的经典著作《共产党宣言》、《资本论》和《资本史》（《剩余价值学说史》）的基本思想。1903年，留日学生翻译了《近世社会主义》（福井准造著，赵必振译）和《社会主义神髓》（幸德秋水著，中国达记译社译）等日本社会主义者的重要著作。1907—1910年，中国无政府主义者的机关报刊东京《天义报》和巴黎《新世纪》，在宣传无政府主义的同时，也自然较多地涉及了马克思主义与其他社会主义思想。关于清末民初马克思主义学说在中国传播的详细论述，参见皮明庥《近代中国社会主义思潮觅踪》，吉林文史出版社1991年版，第1—145页。

主义思想流派混杂而言，明显地缺乏理性与科学的认知。当然，这是由当时中国的社会历史条件所决定的，任何人的思想认识水平都不可能超越其所处的时代。

五四前后，马克思主义在与各种非马克思主义的论战中脱颖而出。1917年俄国十月革命胜利，建立了世界上第一个社会主义国家，也给邻近的中国送来了马克思主义。在新文化运动中，一些激进的革命民主主义者如李大钊、陈独秀、毛泽东、周恩来、恽代英等人，开始转变为共产主义者，成为宣传马克思主义和科学社会主义的领袖人物。这些早期马克思主义者，在与实用主义者胡适的"问题与主义之争"，与研究系梁启超、张东荪关于社会主义的论战，以及反对无政府主义者的斗争过程中，进一步明确了要不要社会主义、要不要马克思主义；中国应走资本主义道路还是社会主义道路；是要基尔特社会主义还是科学社会主义的问题，划清了马克思主义与无政府主义的界限，[①]更加坚定了马克思主义的信仰，进一步宣传了科学社会主义，为中国共产党的建立奠定了科学的思想理论基础；也在思想界和青年知识分子中，从而在社会上产生了广泛的影响。

中国共产党成立以后，马克思主义开始中国化——毛泽东新民主主义革命理论的形成与发展。1921年，中共"一大"明确地提出了要走俄国式的苏维埃革命道路，要通过阶级斗争的方式，用无产阶级革命军队推翻资产阶级，实行无产阶级专政。1922年，中共"二大"进一步提出了中国革命的最高纲领和最低纲领。最高纲领是党的最终奋斗目标，就是要通过无产阶级专政实现共产主义；最低纲领是党的近期奋斗目标，就是要进行反帝反封建的民主革命，建立完全独立、统一的真正民主的共和国。其实，这是要将中国革命分两步走：第一步是要"援助民主主义革命运动"，第二步是要"实行'与贫苦农民联合的无产阶级专政'"。正如"二大"宣言所称："民主主义革命成功了，无产阶级不过得着一些自由与权利，还是不能完全解放。而且民主主义成功，幼稚的资产阶级便会迅速发展，与无产阶级处于对抗地位。因此无产阶级便须对付资产阶级，实行'与贫苦农民联合的无产阶级专政'的第二步奋斗。如果无产阶级的组织力和战

---

① 参见陈旭麓主编《五四以来政派及其思想》，上海人民出版社1987年版，第100—169页。

斗力强固,这第二步奋斗是能够跟着民主主义革命胜利以后即刻成功的。"①这个中国革命分两步走的思想,是马克思主义的普遍真理与中国革命具体实践相结合的产物,表明中国共产党人已经初步认识到中国革命需要经历民主主义革命和社会主义革命两个阶段这样重要的理论问题。

"二大"以后,尤其是1927年"大革命"失败以后,通过与国民党反动派的艰苦斗争,以及党内多次路线斗争,中国共产党在困境与挫折中逐渐走向成熟,其新民主主义革命理论体系也进一步完善和系统化。1939年底至1940年初,毛泽东先后写出了《〈共产党人〉发刊词》、《中国革命和中国共产党》、《新民主主义论》等光辉篇章,对新民主主义理论进行了全面系统的阐述。

毛泽东充分论证了近代中国半殖民地半封建社会的性质,在此基础上,他具体阐述了中国革命的对象、任务和动力,继而详细分析了中国革命的性质及其基本规律。毛泽东明确指出,中国革命包括资产阶级民主主义革命和无产阶级社会主义革命这样两个不同性质的革命阶段,中国革命必须分为两个步骤。他说:"中国现时社会的性质,既然是殖民地、半殖民地、半封建的性质,它就决定了中国革命必须分为两个步骤。第一步,改变这个殖民地、半殖民地、半封建的社会形态,使之变成一个独立的民主主义的社会。第二步,使革命向前发展,建立一个社会主义的社会。"②第一阶段只能是资产阶级民主主义革命,即新民主主义革命。"既然中国社会还是一个殖民地、半殖民地、半封建的社会,既然中国革命的敌人主要的还是帝国主义和封建势力,既然中国革命的任务是为了推翻这两个主要敌人的民族革命和民主革命,而推翻这两个敌人的革命,有时还有资产阶级参加,即使大资产阶级背叛革命而成了革命的敌人,革命的锋芒也不是向着一般的资本主义和资本主义的私有财产,而是向着帝国主义和封建主义,既然如此,所以,现阶段中国革命的性质,不是无产阶级社会主义的,而是资产阶级民主主义的。但是,现时

---

① 《中国共产党第二次全国大会宣言》,《"二大"和"三大":中国共产党第二、第三次代表大会资料选编》,中国社会科学出版社1985年版,第104、105页。
② 毛泽东:《新民主主义论》,《毛泽东选集》第二卷,第666页。

中国的资产阶级民主主义的革命,已不是旧式的一般的资产阶级民主主义的革命,这种革命已经过时了,而是新式的特殊的资产阶级民主主义的革命。这种革命正在中国和一切殖民地半殖民地国家发展起来,我们称这种革命为新民主主义的革命。"所谓新民主主义革命,是无产阶级领导之下的人民大众的反帝反封建的革命。这个革命,既是走向社会主义社会的过渡阶段,也是走向社会主义社会的必经阶段。"中国现时的革命阶段,是为了终结殖民地、半殖民地、半封建社会和建立社会主义社会之间的一个过渡的阶段,是一个新民主主义革命过程。""中国的社会必须经过这个革命,才能进一步发展到社会主义的社会去,否则是不可能的。"①也就是说,第一阶段的新民主主义革命必然导致第二阶段的社会主义革命。"这个革命的第一步、第一阶段,决不是也不能建立中国资产阶级专政的资本主义的社会,而是要建立以中国无产阶级为首领的中国各个革命阶级联合专政的新民主主义的社会,以完结其第一阶段。然后,再使之发展到第二阶段,以建立中国社会主义的社会。"②他认为,中国革命的最终前途绝不是资本主义,而是社会主义和共产主义。"中国共产党领导的整个中国革命运动,是包括民主主义革命和社会主义革命两个阶段在内的全部革命运动;这是两个性质不同的革命过程,只有完成了前一个革命过程才有可能去完成后一个革命过程。民主主义革命是社会主义革命的必要准备,社会主义革命是民主主义革命的必然趋势。而一切共产主义者的最后目的,则是在于力争社会主义社会和共产主义社会的最后的完成。只有认清民主主义革命和社会主义革命的区别,同时又认清二者的联系,才能正确地领导中国革命。"③这既是中国共产党的光荣的历史使命,又是近代中国历史发展的必然趋势。

近代中国社会必将发展到社会主义社会,而不是资本主义社会,这是中国共产党人的理想和奋斗目标。这个社会发展方向,中国共产党的领导者们是清楚的。但是,长期以来,中国国民党反对这样的主张,虽然中国

---

① 毛泽东:《中国革命和中国共产党》,《毛泽东选集》第二卷,第646—647页。
② 毛泽东:《新民主主义论》,同上书,第672页。
③ 毛泽东:《中国革命和中国共产党》,同上书,第651—652页。

国民党的创始者孙中山提出过非资本主义发展方向的主张,但是实际上,孙中山所希望建立的,是不要大资本家的资本主义社会。他的后继者却背离三民主义的真义,虽然也打出"节制资本"的口号,但始终强调反对共产主义,强调"资本国家化"①,实际上是在中国发展国家官僚垄断资本主义。一些中间派的知识分子,或者主张在经济上实行社会主义,在政治上采用美国的民主政治。究竟中国社会的航船驶向哪里,许多人是不清楚的。在社会实践中,决定性的东西还是这种社会和政治主张背后的物质力量。

这种物质力量正在共产党人和人民的革命奋斗中被创造出来。在国际反法西斯战线已经取得根本性的胜利,中国抗战局面虽然还很严峻,但抗日战争的最后胜利已经可以预期的时候,中国共产党领导的武装力量在对日寇作战中空前地成长壮大起来。1945年春,全国已经有18个解放区,总面积已达95万平方公里,人口9550余万,八路军、新四军及其他人民军队发展到91万人,民兵220万人。② 正是在这样的物质基础上,1944年9月,林伯渠在重庆召开的第三届第三次国民参政会上,代表中国共产党正式提出了结束国民党一党统治,召开国事会议,组织各抗日党派联合政府的建议。1945年4月,抗战胜利在即,毛泽东在中共第七次全国代表大会上作了《论联合政府》的政治报告,明确提出了要废除国民党一党专政、建立民主的联合政府的政治主张。他说:"为着彻底消灭日本侵略者,必须在全国范围内实行民主改革。而要这样做,不废止国民党的一党专政,建立民主的联合政府,是不可能的。""我们主张在彻底打败日本侵略者之后,建立一个以全国绝对大多数人民为基础而在工人阶级领导之下的统一战线的民主联盟的国家制度,我们把这样的国家制度称之为新民主主义的国家制度。"③ 联合政府口号的提出,标志着中共开始将争取怎样一个抗战结果的问题提上议程,"是中共在经历了十余年的武装割据之后,第

---

① 蒋介石:《中国之命运》,正中书局1943年版,第142页。
② 引自中共中央党史研究室《1921—1949 中国共产党历史》,第一卷下册,中共党史出版社2002年版,第802页。
③ 毛泽东:《论联合政府》,《毛泽东选集》第三卷,第1066、1056页。

一次向国民党提出中央政府权力再分配的政治要求"①。但是，抗战胜利后，国民党不愿意放弃一党专政，不愿意与各种民主势力建立联合政府，并悍然撕毁双十协定、政协决议和停战协定，发动反共内战，企图消灭中国共产党及其武装力量。三年内战的结果，国民党反共反人民的独裁势力在中国大陆被消灭，加快了将新民主主义革命推向社会主义革命的历史进程。1949年10月建立的中华人民共和国政府，是一个排除了国民党，而以中国共产党为核心、各民主党派参加的联合政府。排除了国民党，就是排除了在中国发展官僚资本主义的政治势力，中国由新民主主义进入社会主义的发展阶段就变成确定无疑的社会现实了。

（2007年10月，我应邀访问韩国首尔大学东亚文化研究所。在该所做了"近代中国历史发展的特点与转折"的学术报告。本文是在那次学术报告的基础上写成的，原载首尔大学东亚文化研究所《东亚文化》第45辑，2007年12月；转载于金东吉主编《张海鹏先生七秩初度纪念文集》，社会科学文献出版社2008年版）

---

① 邓野：《联合政府与一党训政：1944—1946年间的国共政争》，社会科学文献出版社2003年版，第29页。本书从近代中国政治发展规律的角度探讨1944—1946年间的中国政治，透过国共和第三方面的政争，透过苏联和美国势力的介入，研究联合政府主张的提出，议论横生，多有独到见解，是不可多得的民国史佳作。缺点是纯粹讨论政治，没有指出国共两党不同的政治主张表示着不同的中国发展方向的巨大差别。

孙中山民生主义的现代意义

中国民主革命的先行者孙中山具有非常丰富的社会改革思想。三民主义是他的社会改革思想的核心。三民主义由民族主义、民权主义和民生主义组成。同盟会时期的三民主义和中国国民党一大时期的三民主义,在内涵上是有发展的,有不同的历史背景和历史内容。照孙中山看来,民生主义是三民主义的归宿。在孙中山的一生中,民族主义、民权主义,或者部分地、局部地得以实现,唯有民生主义是他终生奋斗的目标。

在三民主义的整个体系中,民生主义最为人们所误解

在孙中山的心目中,所谓民生主义就是社会主义,就是英文 Socialism 的对译。他经过反复斟酌,认为把由日本传来的西方词汇社会主义译为民生主义更为允当。但是,在三民主义的整个体系中,正是民生主义最为引起人们的误解和批评。孙中山不得不花去许多精力,去解释和阐发他的民生主义。

人们的误解不是没有根据的。孙中山在阐释民生主义的过程中,说了许多批评资本家和资本主义制度的话。从这些话中,人们不难得出民生主义是要反对资本家的看法。所以孙中山一再解释,民生主义并不是要反对资本、反对资本家,只是要反对少数人对社会财富的垄断,防止资本家垄断所产生的社会流弊。从孙中山的解说中,我们看到民生主义就是社会主义,或是国家社会主义、集产主义,或是共产主义;民生主义不反对资本、资本家,而是防资本家之专制,有时又说是排斥少数资本家,是平民反对资本家,或是对资本家打不平的;有时说民生主义即贫富均等,要把全国的贫富都打到平等;有时说均贫富是误会;有时说民生主义是不用革

命手段，以消弭社会革命于未然，或消灭阶级战争；有时说民生主义是享受生活上幸福平等，是社会财富公平分配。民生主义究竟是什么？孙中山并未给我们下一个准确的不变的定义，他的一些说法有时是前后矛盾的。由于民生主义学说中蕴涵有若干与社会主义相近的设想，民生主义往往被评价为社会主义。有人说，"民生主义是介于社会主义与资本主义之间的主义"，"它可以显现社会主义的特性，也可以显现资本主义的特性"。还有人说，"最大限度地发展国家资本主义"才是孙中山社会主义经济思想的实质。有人主张民生主义是资本主义的。还有人认为，民生主义所主张的国有社会主义，是"将资本主义生产与社会主义分配相结合"。

1924年8月，在中国国民党一大召开以后，孙中山在广州演讲民生主义时，讲到民生主义定义，有三处值得注意。在民生主义第一讲中，孙中山说："什么叫做民生主义呢？……我今天就拿这个名词来下一个定义，可说民生就是人民的生活——社会的生存、国民的生计、群众的生命便是。"又说，"民生就是政治的中心，就是经济的中心和种种历史活动的中心"。

在《民生主义第二讲》中，孙中山说："共产主义是民生的理想，民生主义是共产的实行；所以两种主义没有什么分别，要分别的还是在方法。"又说，"这种把以后涨高的地价收归众人公有的办法，才是国民党所主张的平均地权，才是民生主义。这种民生主义就是共产主义。……因为三民主义之中的民生主义，大目的就是要众人能够共产"。"人民对于国家不只是共产，一切事权都要共的。这才是真正的民生主义。"

在民生主义第三讲中，孙中山说："我们要实行民生主义，还要注重分配问题。我们注重的分配方法，目标不是在赚钱，是要供给大家公众来使用。"又说："我们的民生主义，目的是要打破资本制度。……所以民生主义和资本主义根本上不同的地方，就是资本主义是以赚钱为目的，民生主义是以养民为目的。"

孙中山所要建立的，不是没有资本家的社会，而是不要大资本家的资本主义社会，这就是他的民生主义的真谛

民生主义的真谛究竟是什么？换句话说，民生主义的内容如何？中国

究竟应该建设成一个怎样的社会？

　　孙中山认识到，在那时的时代潮流之下，中国不可避免地要走上资本主义道路，"建立有助于资本成长与流通的新实业"。中国要发展资本主义，又要避免资本家垄断社会财富、压制人民群众，办法在哪里？鉴于中国实业发展未久，大资本家还未出现，也还没有资本家垄断社会经济的现象，这就为孙中山设计中国式的资本主义发展战略提供了合适的客观环境。孙中山认为，只要实行以土地国有和节制资本为主要内容的一系列民生主义政策，就能够避免出现大资本家，就能防止社会财富集中于少数人手中，就能防止资本家专制。民生主义的出发点，是防止垄断性的大资本家出现，反对大资本家垄断社会财富。孙中山在革命之初制定的革命方略中就严正指出："敢有垄断以制国民之生命者，与众弃之"，即是为此。可见，孙中山所要建立的，不是没有资本家的社会，而是不要大资本家的资本主义社会。

　　民生主义主张通过平均地权实现土地国有，是要限制大地主、大资本家对土地权的垄断。平均地权，通过地主自报地价、国家按价收税、按价收买以及涨价归公的办法来实现。这种设计在实施过程中，必然遇到许多困难。在广大农村、山区，地价不可能很快增长，国家不可能从地主手中按价尽收土地，地主仍将相当牢固地控制着土地所有权。这种土地制度是事实上有限制的地主土地所有制，换一个角度，是不完全的土地国有制。尽管如此，平均地权仍是对封建地主土地所有制的严重冲击，其最大实效，可能正是造成农民和土地的分离，造成游离于土地之外的农村无产者，为正在发展中的现代工业企业准备产业后备军。

　　实现平均地权，照孙中山看来，就算完成了民生主义的一半。完成另一半，就要靠发达资本。他说："要解决民生问题，一定要发达资本，振兴实业。"振兴实业的办法，无非是发展铁路等交通事业、发展矿业、发展机器工业。发展的办法，就靠节制资本。节制资本，并不是节制资本主义生产，而是节制私人资本的发展。如果任由中国私人或者外国商人来经营，将来的结果也不过是私人资本发达起来，也要生出大富、大贫等阶级的不平。仅仅节制资本，也不是解决民生问题的唯一办法。"中国不单是节制资本，还要发达国家资本"，"由国家管理资本"，全国人民便享资本的利,不受资本的害。

实行土地国有、节制资本、发达国家资本的政策,能防止大资本家为祸社会,也能刺激中等资本家——中产阶级的活力。孙中山正是呼吁、企盼中国社会产生中产阶级。正在成长中的中产阶级,是孙中山所渴望的,是实施民生主义、避免社会弊病的阶级基础。可以说,民生主义所要代表的是正在发展中的、受到严重压抑的、政治经济势力都很软弱的、渴望同官僚垄断势力和外国资产阶级争取平等地位的中国民族资产阶级的利益。

孙中山的民生社会主义,在社会发展目标上,公开声称与马克思主义的社会主义、共产主义不相冲突,而且是好朋友

孙中山对中国劳动大众充满了深切同情,一辈子为社会平等而奋斗。他深恶痛绝欧美社会里出现的劳资间的阶级斗争,不希望这种"社会病态"在中国出现。民生主义的归结点,是社会和平协调发展,永远消弭劳资间的阶级斗争。他认为,中国社会应未雨绸缪,设计新的发展战略,预防"西方国家劳资间的不协调以及劳工大众所处的困境"那样的局面。要"建设一个极和平、极自由、极平等的国家",方才可以实现没有阶级冲突、阶级竞争的社会图景,从而可以永远不再革命。这种设想,准确地反映了中产阶级要求在和平、稳定、协调的社会环境中发展资本主义的愿望。

孙中山认为,只有实行民生主义,经济生活上人人平等,共同富裕,才能保证中国永远不再革命。"仆之素志在提倡实业,实行民生主义,而以社会主义为归宿,俾全国之人,无一贫者,同享安乐之幸福。"从早年到晚年,孙中山都十分关心工人、农民的生活。他说:"我希望看到人民大众的生活状况获得改善,而不愿帮助少数人去增殖他们的势力,直至成为财阀。"因此,他赞成土地公有、资本公有办法,就是希望造成"所得的利益归人民大家所有",又"和资本家不相冲突"那样的社会局面。这就是他理想中的民生主义—社会主义模式。当然,孙中山追求的社会主义,是他常加称赞的德国俾士麦的国家社会主义,是"不能够马上推翻"资本制度的社会主义,是劳资和平协调发展而不致引起社会主义革命的社

会主义。这种社会主义，不是马克思主义学说中经过社会主义革命的社会主义。我在自己的研究论文中把孙中山的这种民生主义或者社会主义，姑且称之为民生社会主义。

这种民生社会主义，实际上是孙中山设计的一种有中国特色的资本主义发展模式。这种模式的特点：一是以国家资本为社会的主要经济构成，不允许大资本垄断社会经济现象的存在；二是以中产阶级为支撑社会发展的阶级基础，社会发展目标由代表中产阶级利益的政治代表所掌握；三是融入了社会主义的分配办法，力求全社会和平协调发展，全民都得到富裕，防患社会革命于未然；四是在政治方向和社会发展目标上，公开声称与马克思主义的社会主义、共产主义理想不相冲突，而且是好朋友。

民生主义中有一些与社会主义的原则相近的东西，对建设中国特色社会主义有一定借鉴意义

从以上历史事实来看，孙中山设计民生—社会主义的美丽图景，是令人敬佩的。但是，这一美丽图景在那个时代是无法实现的。但是，中国的社会现实不能容许孙中山在这块土地上试验自己的理想。他也没有深刻认识到中国农民对土地的渴望，没有体察到农民和地主阶级之间阶级斗争的存在。中国社会里资本主义生产关系正在成长，民族资产阶级的经济势力已有一定实力，官办企业在发展，外国资本的独资企业已经控制了中国经济的走向。现代工业企业中的劳资关系已经存在。对这些客观存在估计不足而设计民生社会主义的美丽图景，是一种单向度思考。试想，在中国的现实情况下，土地公有、资本公有能否实现？实现以后能否防止垄断性的大资本家产生？如何保证社会全体成员公平分配、人人幸福？是否能避免劳资间阶级斗争的产生？怎么能做到工人和资本家不发生冲突、农民得益，地主不受损失？这些都是难以提出肯定答案的问题。孙中山以为阶级斗争是社会发展的病态，是可以人为地加以医治的。殊不知阶级斗争是社会经济发展过程中，由于阶级利益差异之驱使必然产生的客观存在，人们不可主观上想象去消灭它的。按照马克思主义的观点，在资本主义发展到一定阶段时，社会主义革命的到来不可避免。设想避免阶级斗争，避免社

会革命，政治革命与社会革命毕其功于一役，作一劳永逸之计，是主观的、空想的、幼稚的。

尽管如此，从思想史的角度看，由于孙中山民生主义思想中有一些与社会主义的原则相近的东西，在我们今天建设中国特色社会主义的时候，对我们还是有借鉴意义的。

孙中山民生主义学说中，关于发展生产力的思想，关于发达国家资本、节制私人资本的思想，关于缩小贫富差别的思想，关于正确处理劳资关系的思想，关于全社会和平协调发展的思想，关于共同富裕的思想，明确体现了重视民生、福利民生、和谐社会的旨趣，是值得我们今天借鉴的。党的十七大明确肯定了中国特色社会主义道路，坚持发展的两个毫不动摇，坚持又好又快地发展生产力，坚持科学发展观，采取得力措施缩小贫富差别，下大力气解决三农问题，扶持弱势群体，让全体人民都能享受到改革开放的成果。这些都体现了以人为本的原则，体现了和谐发展的原则，体现了共同富裕的原则，体现了重视民生的原则。孙中山的民生主义学说，是可以为我们建设和谐社会带来一定的启示意义的。

（本文是应北京日报理论部邀请撰写的，原载《北京日报》理论周刊·文史，2008年1月7日。收入这本专题文集时恢复了报纸因篇幅有限删去的文字）

当代中国历史科学鸟瞰

30年前《光明日报》发表《实践是检验真理的唯一标准》，其社会影响远远超出了哲学、马克思主义哲学，乃至整个学术范围。这篇文章澄清了马克思主义哲学命题中一个被弄混乱了的问题，在"文化大革命"结束不久的中国特殊背景下，引起了思想界、理论界乃至社会各界的强烈震动，破除了"四人帮"在对待马克思主义理论、毛泽东思想上强加的"精神枷锁"，极大地推动了思想解放的步伐。这篇文章的发表及其争论，对于十一届三中全会的召开和国家改革开放方针的确定，形成了重要的思想理论背景。

真理标准问题的讨论，促进了思想的大解放，促进了党的十一届三中全会的召开，也促进了全党和全国人民对什么是社会主义、怎样建设社会主义的认识。随后，党和国家就确定了"一个中心，两个基本点"的总方针。这个总方针规定了发展社会主义生产力是国家建设的中心，发展社会主义生产力既要坚持改革开放，也要坚持四项基本原则。改革开放成为国家和社会发展进步的总的要求。

纪念真理标准讨论和改革开放30年来国家和社会的巨大变化，回顾30年来中国历史学的发展，是有意义的。当代中国历史学的发展，就是在这样的理论背景和社会政治背景下展开的。

反思并检讨历史学领域的"左"的影响
促进唯物史观的正确理解与运用

历史学领域是"四人帮"极"左"思潮的重灾区。所谓"儒法斗争"贯穿中国历史，所谓"对资产阶级要立足于批"，批判所谓"叛徒哲学"

等谬论，肆虐于史学领域，显然是对阶级斗争学说的教条化理解和标签化运用。加上那时提倡的"儒法斗争"、"评法批儒"实际上是"四人帮"进行政治斗争的工具，不仅引起了人民群众对现实的普遍不满，也引起了知识界、史学界对影射史学的反感。这时候有关真理标准的讨论，十一届三中全会后的思想解放运动，推动了史学界对于教条化的运用马克思主义阶级斗争理论、唯物史观的反思，对于史学领域一系列错误观点的拨乱反正起到了直接的推动作用。

检验真理的实践标准，对于历史研究来说，就是必须珍重基本的历史事实。通过反思，史学界认识到：阶级斗争学说的确是马克思主义理论宝库中的基本理论。运用阶级斗争理论对历史上的阶级社会、阶级斗争作出必要的分析，是正确的、必须的，运用阶级分析的方法，将会使我们更能看出历史发展的本质，认清历史前进的规律。但是，把阶级斗争作为标签到处乱贴，把任何历史现象都与阶级斗争相联系，则犯了教条化、简单化、扩大化、标签化的错误，会对历史上纷繁的社会现象作出非历史主义的结论。这种现象的出现，恰恰违反了历史的真实，违反了阶级斗争与历史主义相统一的认识方法和分析方法，因而也违反了马克思主义的基本原理。违反了基本的历史真实，所得出的认识与结论，就不是科学的认识与结论。

对于唯物史观和人类历史发展基本规律的认识，史学界在解放思想的情况下，也作了大量的探讨和分析。例如，如何认识中国历史发展的规律，如何认识五种生产方式在中国历史上的适用问题，如何认识中国封建社会长期延续的问题，如何认识资本主义萌芽问题，如何认识历史创造者问题，如何认识历史发展的动力问题，讨论都很热烈，很深入，虽然不易得出学界公认的一致意见，但是这种争论是在百家争鸣的氛围下进行的，没有发生打棍子、扣帽子的情形。像这样结合中国历史实际，深入探讨唯物史观的基本理论，探讨中国历史发展的基本规律，在对马克思主义进行教条化理解的氛围下，是难以进行的。当然，像这样复杂的重大历史研究课题，有分歧或者有重大分歧是正常的，讨论还需要长期深入地进行下去。重要的是正确掌握和领会马克思主义的基本理论，结合中国历史实际，开展长期的研究和探讨，才能推进若干重大历史和理论问题的认识与进步。

如何对几千年的中国历史进行分期,一向是中国历史学者十分关注的问题。以上古、中古、近古的概念来分期,中国古已有之,这种分法失之笼统,难以显示历史发展的实质。许多历史学家都主张运用马克思主义的社会经济形态理论作为中国历史分期的理论根据。关于运用马克思主义的社会经济形态学说考察中国历史问题,近年来有各种讨论和质疑,聚讼纷纭。林甘泉考察了马克思、恩格斯、列宁和斯大林有关社会经济形态学说的演变,认为斯大林比较完整地提出了五种生产方式的演进这种表达方式。斯大林的表达简明扼要,但容易产生简单化和公式化的毛病,但如果据此认为五种生产方式是斯大林制造出来的公式,并不符合马克思主义学说史的真实。林甘泉认为,社会形态的发展是一种自然历史过程,用社会经济形态来划分历史的不同阶段,能够比较全面而深刻地解释不同时代的本质特征。他指出:"主张用马克思社会经济形态理论作指导来划分历史发展阶段,揭示不同历史阶段的基本特征,并不意味着要把丰富多彩的历史剪裁成社会发展史的公式。"[1]

中国历史上是否存在过奴隶社会,是一个很大的问题。著名的历史学家郭沫若主张存在奴隶社会,但是近年来有学者提出了质疑和挑战。作为一个学术问题,我们主张在仔细研究历史文献和考古实物资料的基础上,继续展开讨论。中国存在着长期的封建社会,一向是中国历史学家的基本看法。近年来也有不同的讨论。有的学者认为,中国早期历史文献中有"封邦建国"的记载,那才是中国历史上的"封建",它与欧洲中世纪的封建制度是不同的,中国历史不要套用封建社会的名称。其实,中国历史上封邦建国的"封建"只是当时一种政治制度,多数学者主张的封建制度或者封建社会,是一种社会经济形态,是指封建的生产方式,是指领主制或地主制那样的生产关系。如果只认为封邦建国的"封建"才是"封建",中国历史就很难讲得通了。

近代中国长期处在内外战争环境中,革命势力的成长、革命事业的开

---

[1] 林甘泉:《世纪之交的中国古代史研究的几个热点问题》,《林甘泉文集》,上海辞书出版社 2005 年版,第 421 页。

展，成为这段历史的基调。学者们以往在处理近代中国的历史时，往往强调革命史，对于历史的丰富内容则照顾不够。最近30年来，学术界作了许多探讨。有的学者提出了现代化范式的概念，主张在中国近代史研究中，用所谓现代化范式代替所谓革命史范式。在近代中国，革命是那个时候社会的基调，革命的目的是为了谋求国家的独立和富强。独立就是要反帝反封建，富强就是要现代化。但是近代中国110年历史，现代化未能成为时代的基调。还有一种意见，提出现代化史观和革命史史观的区别。学者认为，对于这种区别，不要简单地采取否定或者肯定的态度，应该依据唯物史观的基本观点，实事求是地看待历史的过程，既要看到革命史在近代中国历史发展中的基本作用，也要看到现代化进程在近代中国也有一定程度的表现。著名历史学家刘大年主张，革命和现代化都是近代中国的历史主题。总之，采用现代化视角观察近代中国历史是可取的，代替说并不合适，研究和叙述历史不能简单化。

在对外开放的大背景下吸收、研究、借鉴国外史学理论

在这个大背景下，最近30年来，中国历史学家与世界各主要国家和地区的历史学家之间建立了广泛的学术联系。中国学者到各国留学、讲学、出席各种与历史学相关的学术会议，足迹几乎遍及全世界。从国际历史学会在1980年召开的第15届国际历史科学大会起，中国史学会组织的代表团都积极参加了历次讨论会。各国历史学家有关世界历史、地区史、考古学、中国古代史、中国近代史、史学理论方面的著作，中国学者都大量翻译成中文，在中国广泛流行。各国学者研究中的积极成果，正在被中国学者采用。

历史学领域各学科的建设，除了继续坚持唯物史观的基本理论指导之外，大量翻译、引进了西方国家历史学领域的理论研究成果，在中国历史学研究中借鉴了国外的史学理论，开展了对西方史学理论的学术研究和评论。所谓新康德主义、新黑格尔主义、西方马克思主义、自由主义、生命派的历史理论、分析的历史哲学等，所谓文化形态史观、现代化史观、全

球化史观、环境生态史观，所谓实证主义史学、年鉴学派史学、社会经济学、历史人类学、比较史学、计量史学、心理史学、社会史学，以及以系统论为代表的自然科学研究方法在史学研究上的应用，乃至后现代史学等。这种引进和借鉴，是改革开放方针在历史学领域的实现。这些西方史学流派和研究方法的引进，对于中国史学家开阔眼界，进一步认识历史的复杂性，开展多面向的史学研究是有帮助的。也有学者指出，现在历史学的学位论文、学术论文和专著，动辄引用西方学者（哪怕是二三流学者）的论点而展开自己的论述，不再引用马克思主义经典著作的论点，是新时期的一个特点，几乎形成了新的教条主义。不管是对马克思主义的教条，还是对西方新史学理论的洋教条，都是教条，都有值得改进的地方。中国历史学家在新的历史时期，应该在马克思主义基本理论的指导下，广泛吸取中国传统史学理论和来自西方的史学理论，在新的时代条件下，有所创新，形成有中国气派的史学理论、史学概念和史学体系。这是我们在回顾历史时，所应期望于未来的历史学家的。

突破政治史、革命史的单线条式叙述，极大地拓宽研究领域

我国进入到大规模的社会主义现代化建设事业，这样一种空前规模的社会改造，也影响着历史学者们的眼界和观察历史的方法。社会历史是十分丰富复杂的，今天的社会现实也是十分丰富复杂的。以往的历史研究，突出了革命史、政治史，是时代的需要。但是，如果写历史只写革命史、政治史，就会蒙蔽人们的眼光，限制人们认识历史的丰富内容。研究文化史、社会史、经济史、思想史、中外关系史、民族史、边疆史，与研究政治史、革命史同等重要不可偏废。历史研究以政治外交、经济的历史为主干，可以带动文化史、社会史、思想史、民族史、边疆史的研究。政治史、革命史的研究也要克服简单化的毛病，在全面占有史料的基础上深化认识。30年来，有关文化史、社会史、经济史、思想史、中外关系史、民族史、边疆历史以及历史地理学的研究等方面，甚至人口史、灾荒史等都有了很大的进展。这对于我们深化对中国历史发展道路的认识，是极其重

要的。

大规模现代化建设带动了大规模的考古工作。都城考古、文化遗址考古、古墓考古，取得了极其丰硕的成果；甲骨文、金文、简帛资料的大量发现，吐鲁番、敦煌文书以及徽州文书等史料的发现，晚清与民国史料的整理与研究、社会经济史料的编纂与整理、近代革命史料和中共党史资料的编纂与整理，都在推动着中国历史学研究的深入，不仅大大地改变了我们对《史记》等古代记载提供的中国上古史的知识，也大大丰富了我们对战国直到魏晋乃至宋元明清历史的知识，加深了对近代中国历史的认识。在中国古代史研究领域，学者们对中国几千年的历史做了大量深入的实证研究，通过这些实证研究，对古代中国的历史的认识有了许多前进。如有关人类起源问题、有关中国农业起源问题、有关中国文明起源和国家起源问题等。

关于人类的起源，自从1871年达尔文发表《人类起源和性的选择》以来，关于人类起源和起源地问题各执一词，但大多数学者认为人类起源于非洲特别是中非的肯尼亚。中国考古学的成就证明，现代人单一起源的说法得不到中国考古学的支持。中国考古学家已发掘的几个点：如北京人、元谋人、繁昌人，人类活动都在200万年左右，至少可以证明，人类起源不一定是单一起源，应该是多源的。

关于中国农业的起源，中国考古学家和历史学家在研究了大量古代遗址中的植物遗迹后，已经得出大体接近的认识：1万年前，中国的栽培稻出现；8000—9000年前稻作农业形成；距今6000—7000年前，稻作开始在以长江流域为中心的地区普及，稻作农业经济的代表遗址在距今6000年左右的河姆渡遗址。距今7500—8000年的遗存中，粟、黍已在华北广泛栽培了，距今6000—7000年前的仰韶文化时期，华北旱作农业建立。考古资料证明，我国极有可能是世界上粟、稻、黍等几种主要农作物的起源地，至少是起源地之一。这一认识也有别于欧洲学者中国农产品西来说的早期认识，也推进了中国学者此前的认识。

关于中国文明的起源，20世纪中叶以前，欧美学者坚持中国文明西来说，赞成者众多。随着20世纪下半叶以后中国考古发掘提供的大量实物资料，中国学者开始依据地下发掘的实物资料并结合历史文献，实事求是地研究中国文明的起源。近20年来，大量的考古发现，以及据此展开的学术研究，使中国文明起源与早期发展的多元一体进程在国内学术界得到了相当程度的共识：即中国文明起源是多元的，各地都有自己的文明社会迈进的过程（即"文明化进程"）；中华文明的形成是一体的，即各个地区的文化相互竞争、碰撞、融合，最终形成了中华文明。有的学者把这种认识概括为"多元起源，中原核心，一体结构"。这一概括，得到了多数学者的认同。[1] 在文明起源和国家起源的讨论中，国内学者以往根据恩格斯的理论，认为中国也经历了部落联盟转变为国家的模式。20世纪80年代引进国外有关"酋邦"的理论后，对上述见解产生了质疑。林甘泉研究了中国古文献以后认为，说中国前国家时期的政治组织是酋邦而否定有部落联盟，还缺乏足够的根据。[2]

为了推动对中国早期历史的研究，"夏商周断代工程"联系了自然科学和社会科学各方面学者攻关，对中国文明史初期的年代学大体已得出共识：夏的年代在公元前2070年至前1600年，这是在研究基础上得出的结论。

为了团结全国以及国外的研究力量，深入开展中国古代文明起源的研究，中国社会科学院、北京大学、上海大学、河南省、山西省等地成立了"古代文明研究中心"。2002年春季，中国社会科学院还正式启动了"中华文明探源工程预研究"课题，并且被列入"十五"计划国家重点科技攻关项目，研究工作正在顺利进行之中。该项目将研究的地域范围放在河南中西部和山西南部，时间范围定在距今4500年至3600年之间，相当于古史传说的尧舜禹时期到夏代末年。这项研究将为全面开展中华文明探源工程奠定基础，摸索经验，并提出一个切实可行的中华文明探源工程实施方案。

为了推动中国历史上最后一个封建朝代——清朝历史的研究，国家组织了国家清史编纂工程，计划用十年左右时间，组织一千数百位清史学

---

[1] 林甘泉：《世纪之交的中国古代史研究的几个热点问题》，《林甘泉文集》，上海辞书出版社2005年版，第409页。

[2] 同上书，第413—414页。

者,以世界历史的广阔视野,创造性地继承中国修史传统,开展全面的清史研究,计划完成100卷大约3000万字的清史工程。这一计划目前正在积极实施中。

为了推动历史学研究,学术界组织了大型史料编纂工作。为了对先秦以至辛亥革命以前的传统文化典籍进行一次全面的、科学的、系统的分类整理,国家还推动了极大型类书《中华大典》的编纂。这一极大型类书,在《古今图书集成》分类体例的基础上,融入了现代的科学体系和分类学知识,有所创新,有所前进。这一计划正在积极地实施中。

中国近代史,与中国古代史学科相比,它是在20世纪初产生、20世纪下半叶发展起来的新兴学科。近代中国的历史,是中国与西方列强猛烈冲撞的历史,也是中国的政治结构、经济结构、社会文化结构发生剧烈变化的历史。换句话说,是中国人反对帝国主义、反对封建主义,探索中国独立、救亡和富强道路的历史。在这个一百多年中,中国人在不同时期从欧洲学来了各种社会政治学说,也学来了马克思主义,用这些学说和主义做理论武器,反对帝国主义,反对封建主义,最终赢得了民族的独立,走上了社会主义道路。

改革开放以来,特别是最近十年以来,关于中国近代史、中国现代史的学科概念发生了根本变化。中国历史学界对中国近代史的时间范围做过长时间的学术讨论。30年前,中国学术界大多把1919年发生的五四运动作为中国近代史和中国现代史的分界点。最近这些年,许多学者认为这样的分期是不科学的。因为,以社会经济形态作为划分历史时期的标准,1840—1949年之间都是半殖民地半封建社会,同一个社会形态分成两个不同的历史时期,显然是不妥当的。学术界的基本认识是:应该按照马克思主义关于社会形态的学说,把半殖民地半封建社会时期的中国历史作为中国的近代史,也即是以1840—1949年的中国历史作为中国近代史。1997年,担任中国社会科学院院长的著名中国近代史研究大家胡绳先生明确提出:"把1919年以前的八十年和这以后的三十年,视为一个整体,总称之为'中国近代史',是比较合适的。这样,中国近代史就成为一部完整的半殖民地半封建中国的历史,有头有尾。1949年中华人民共和国成立以后的历史可以称为'中国现代史',不需要在说到1840—1949年的历史时称之为'中国近现代历史'。"① 我本人也多次在报刊发表论文和文章，阐明胡绳先生的建议。② 现在这一认识，已经成为中国近代史学界的共识，几乎无人质疑。

第一本以1840—1949年的中国历史作为学科对象的《中国近代史》，由张海鹏主持，在1999年出版。张海鹏代表中国社会科学院近代史研究所组织编纂的大型中国近代史《中国近代通史》十卷本，也在2007年年初出版。这本近代通史，就是包括了1840—1949年间110年的中国历史。

最重要的变化来自《中国近现代史纲要》的编撰和出版。这本书作为马克思主义理论研究与建设工程首批重点教材经过中央批准，已经进入全国大学生的政治理论课课堂。本书开篇的话第一句就是："中国的近现代史，是指1840年以来中国的历史。其中从1840年鸦片战争爆发到1949年中华人民共和国成立前夕的历史，是中国的近代史；1949年中华人民共和国成立以来的历史，是中国的现代史。"③ 这句话极其重要，它定义了中国近代史和中国现代史的学科范围。这说明，中国近现代史学界长期讨论，并已取得基本共识的中国近代史、中国现代史学科对象问题，已经固定下来。

全球化背景下的时代需要，推动了我国世界史学科的发展与繁荣

中国的世界历史研究，作为一门学科也是后起的，1949年以前，中国的历史学界还谈不上世界史的研究，直到20世纪下半叶才逐渐兴盛起来。中国学者对世界历史经历了先介绍外国学者的研究成果，再独立进行研究的过程。中国学者用中国人的眼光观察世界历史的发展进程，对世界历史研究中的"西欧中心论"保持着质疑的态度，并且一直在探讨中国学者主张的世界史理论体系。武汉大学历史系吴于廑教授对世界史学科的对象、

---

① 胡绳题词，见《近代史研究》1997年第4期（100期纪念号）。
② 见张海鹏《中国近代史的分期问题》，《光明日报》1998年2月3日史林版；又见《关于中国近代史的分期及"沉沦"与"上升"诸问题》，《近代史研究》1998年第2期。
③ 本书编写组：《中国近现代史纲要》，开篇的话，高等教育出版社2007年版，第1页。

范围、主题、途径、主线和研究方法提出了一系列看法,他认为:世界历史在前资本主义时代是孤立发展的,只是经历了15、16世纪以来的一系列重大转折之后,才形成整体的世界史。吴于廑先生在他撰写的《中国大百科全书》"世界历史"条目中指出,世界历史的纵向发展"是指人类物质生产史上不同生产方式的演变和由此引起的不同社会形态的更迭",而横向发展"是指历史由各地区间的相互闭塞到逐步开放,由彼此分散到逐步联系密切,终于发展成为整体的世界历史这一客观过程而言的","研究世界历史就必须以世界为全局,考察它怎样由相互闭塞发展为密切联系,由分散演变为整体的全部历程,这个全部历程就是世界历史"。① 这个看法的核心是如何从全局上说明历史怎样发展为世界历史,可以把它称之为整体世界史观。这种世界史理论体系,希望突破西欧中心论,写出真正意义上的世界史。北京大学历史系教授罗荣渠提出了以现代化的世界进程作为世界历史理论体系和架构的观点,并且为此做了大量的研究。他主张:"新的现代化理论应该以马克思主义关于生产力与生产关系的理论、基础与上层建筑的理论为纲,从经济史入手,加强对原始积累、商业资本、工业资本一直到垄断资本的更深入的全面研究。"② 这一理论模式,在中国世界史学界有相当影响。是否以现代化作为世界近现代史学科新体系的主题,学者间一直存在争论。最新的争论出现在最近出版的《历史研究》杂志上。这期杂志上有学者坚定主张以现代化为主题构建世界近现代史新的学科体系,③ 也有学者反对这一主张,认为"不应该抛弃社会形态从低级向高级发展的主线另起炉灶"④。还有学者坚持整个社会形态的交替构成了人类历史进程的基本内容和主要线索,认为"没有一种其他的历史理论和学说比马克思主义的历史理论更加关注人类整体的历史,马克思主义的历史理论对人类社会及其发展变化的阐述所具有的系统性和完备性是任何已

---

① 吴于廑:"世界历史"条目,《中国大百科全书·外国历史卷》卷1,中国大百科全书出版社1990年版,第5、15页。
② 罗荣渠:《有关开创世界史研究新局面的几个问题》,载北京大学历史系世界史专业编《北京大学百年校庆世界史文集》,北京大学出版社1998年版,第217页。
③ 钱乘旦:《现代化与中国的世界近现代史研究》,《历史研究》2008年第2期。
④ 李世安:《现代化能否作为世界近现代史学科新体系的主线》,《历史研究》2008年第2期。

知的其他理论无法相比的。从这一意义上说，我们在构建世界历史体系的工作中也应该坚持以唯物史观为指导"①。

在世界史研究和撰写体系中，突破西欧中心论，是否意味着世界历史就是各国历史的总和呢？有的世界史学者认为，我国编写的各种世界史教材（包括通史和各种断代史），都是按照社会发展形态进行历史分期，逐一叙述各地区、各国和各民族的历史。这实际上是一种分阶段的各国历史汇编。学者认为，这样一种历史叙述方式不能总揽世界全局，不能从全局考察人类社会的演变过程，不可能成为反映客观历史过程的科学著作。我国学术界应该以一种开放的、包容的、多元的态度，努力构建中国的世界史体系，有鉴别地吸取当代国际史学及社会科学一切新理论和新方法，考察人类文明形成与发展的整体轨迹，考察人类社会历史的整体发展。由此，有的学者提出了"全球史观"这样的概念，认为"全球史观"这样的概念可以避免用国别史范畴的概念去说明世界史的运行特点和规律的弊病，更加科学地发现和说明整个世界的发展状况及发展规律。

近年来，我国世界史学者就全球化和全球史，进行了热烈的讨论。有的学者认为，全球史观是一种借用历史哲学和历史学已有成果的新提法，不是解释历史的新方法，更不是一种博大周密的新体系。有的学者认为，全球史观不是不需要历史中心，而是要建构新的中心。也有的学者认为，全球化史观的影响力有限，尽管全球化史观已经问世近半个世纪，但西方人文社会科学的基础基本上还是建立在"欧洲中心论"的历史解读之上。还有的学者认为，全球化史观还存在诸多理论缺陷，最明显的是忽视社会内部的发展。有学者认为，就如同不存在"文化全球化"一样，也不存在"全球化"的全球史。每个国家和民族都有自己心灵中的全球史。②

在我看来，在讨论世界史体系、质疑"西欧中心论"的时候，不能犯简单化的毛病。已经有学者指出，"西方中心论"是否成立，并不取决于主张这种理论逻辑的研究者是否站在西方的立场上，而是取决于世界历史的客观进程中是否发生过西方作为支配性的力量崛起于世界的历史事实。

---

① 俞金尧：《什么是"世界历史"及如何构建世界史体系》，《历史研究》2008年第2期。
② 参见于沛主编《全球化与全球史》，社会科学文献出版社2007年版。

客观来看，从曾经影响世界历史进程的角度说，在 15 世纪以前，世界历史上不止存在过一个中心。资本主义兴起和发展以后，世界历史的中心变成以西欧为主。无论是向世界各地传播资本主义，还是向世界各地同时传播殖民主义，欧洲都曾经严重影响了世界历史的进程。但是世界历史的中心也不止一个。在很长的时期里，东方社会以中国为代表也还是一个中心。当然这个中心在 19 世纪中叶起，其地位慢慢削减以至于消灭。世界无产阶级革命兴起，俄国十月革命以后，世界逐渐形成社会主义阵营和资本主义阵营，社会主义阵营就有苏联一个中心，资本主义阵营有美国一个中心。第二次世界大战中，难道不是世界历史上的多中心吗？我们不能否认，在一段时间里，在欧洲发动战争的德国是一个中心，在亚洲发动战争的日本也是一个中心。历史进程还在发展之中，第二次世界大战后，反殖民主义及民族独立运动在世界范围内兴起，世界历史的中心也在发生变化。今天的美国是世界历史上的一个中心，但是不能说今天的世界只有一个中心。世界历史的推进从来都是在不止一个中心存在的情况下，两个或者多个中心进行博弈的结果。因此，在处理世界历史进程的中心问题上不可以太过于简单化。质疑"西欧中心论"或者"西方中心论"，是质疑西欧或者西方作为观察世界历史发展的中心的观点，不是否定在世界历史发展的某一个时期，西欧或者西方曾经起过历史中心的作用，是质疑在这种观点下，无视世界历史的其他地区如广大的亚洲、非洲、拉丁美洲各国人民推动历史发展、创造历史契机的主动能力和实践。

  按照历史唯物主义的原则，按照实事求是的精神，如何准确把握住影响世界历史进程中的重大事件，从这些重大事件与世界的联系中来总体把握世界历史发展的全局，是世界史研究者的责任。中国的和平崛起，中国与世界的越来越广泛的多种联系，要求发展中国历史学中的世界历史研究，建立包含面更大的世界史学科。这是时代向中国的世界史研究学者提出的任务。

  近年来，我国历史学的代表性著作，以通史而论，有中国社会科学院近代史研究所范文澜、蔡美彪的《中国通史》十卷本，中国社会科学院历史研究所尹达主持的《中国史稿》七卷本，北京师范大学白寿彝教授主编的《中国通史》十二卷本，林甘泉等主编的《中国经济通史》九卷本，赵德馨主编的《中国经济通史》十卷本，北京师范大学龚书铎教授主编的《中国社会通史》八卷本，郑师渠教授主编的《中国文化通史》十卷本，许涤新、吴承明主编的《中国资本主义发展史》三卷本，胡绳著的《从鸦片战争到五四运动》，刘大年主编的《中国近代史稿》三册，李新、陈铁健总主编的《中国新民主革命通史》十二卷本，龚育之、金冲及、郑惠、张海鹏主编的《中国二十世纪通鉴（1901—2000）》五卷本，中国社会科学院近代史研究所张海鹏主编的《中国近代通史》十卷本，吴于廑、齐世荣主编的《世界通史》六卷本，王绳祖主编的《国际关系史》十卷本，中国社会科学院世界历史研究所朱贵生、王振德、张椿年等著的《第二次世界大战史》，军事科学院编撰的《第二次世界大战史》，陈之骅等主编的《苏联兴亡史》，齐世荣、廖学盛主编的《20世纪的历史巨变》，北京大学马克垚主编的《世界文明史》，何芳川等主编的《非洲通史》三卷本，刘祖熙著《波兰通史》，彭树智主编的《中东国家通史》十三卷本，刘绪贻、杨生茂主编的《美国通史》六卷本，等等，都是我国历史学的积极成果。

  此外，历史学研究领域各种专门史著作甚多，不胜枚举。

  中国历史编纂学在近代输入西方史学方法后，形成近代实证史学的传统。1949年后，中国马克思主义史学逐渐由边缘走向主流，成为影响中国历史学发展和中国历史学家的主要思想倾向。近年来，随着中国社会经济结构的深刻变化，思想意识形态领域的多元倾向开始形成，对马克思主义史学的挑战随之发生。有学者明确表示了对唯物史观的质疑态度。有人撰文表示不赞成唯物史观作为中国历史学的指导理论。有学者热衷于传播诸如后现代史学那样的来自于西方的史学理论，借以解构马克思主义史学的传统。有人一味吹捧所谓蓝色文明，贬低、否定所谓黄色文明，借以否定、贬低中国的传统文化，消解中华民族的爱国主义传统。有人著书立说，贬低、否定中国近代的革命历史和革命精神，美其名曰"告别革命"，对近代中国特别是中国共产党领导下的革命历史采取了虚无主义的态度。在纪念真理标准讨论30周年和改革开放30周年的时候，需要更多关注中国历史学的发展趋势和前景。迄今为止，所有的历史事实，都未能证明对人类社会历史的唯心主义解释是符合客观历史事实的。所有的历史理论都不能取代历史唯物主义的人类社会历史的认识。我们当然应该注意吸取能够正确解释历史客观事实的历史学理论，但是，在中国历史学界，坚持马克思主义，坚持唯物史观的指导，坚持学术上百家争鸣的方针，中国历史学的发展才能更为平稳、扎实和繁荣。只有这样，中国的历史学研究才能为中国和世界的读者提供更为全面、更为扎实、更为深入、更为准确和真实的中国历史和世界历史的著述，为人类的现在和未来服务。只有这样，中国的历史学研究才能为建设中国特色社会主义服务，才能为丰富中国特色社会主义理论作出自己的贡献。

（本文原载张海鹏主编《中国历史学 30 年》，中国社会科学出版社 2008 年版。2008 年初，中国史学会会长会议决定组织国内历史学者总结改革开放以来中国历史学的发展情况，责成我来推动其事。我组织了各方面学者约 30 人，从中国历史学的各个角度，包括考古学、中国古代史、中国近代史、世界史、中国科技史各领域撰写了总结文章。编辑这些文章，题名为《中国历史学 30 年》。正好中国社会科学出版社正在组织学者撰写哲学社会科学各领域的总结文章，于是《中国历史学 30 年》便纳入中国社会科学院文库·中国哲学社会科学 30 年丛书之中。本文是《中国历史学 30 年》的第一篇）

试论胡绳的中国近代史研究

2000年11月，胡绳先生去世后的当月，中国社会科学院等单位召开追思会，张海鹏在会上做了简短发言，题为《追思胡绳同志在建树中国近代史学科中的功绩》。① 谨此胡绳先生90冥诞之际，在上文的基础上，再做延伸，深入讨论胡绳先生的中国近代史研究，作为纪念。

投身新民主主义革命，以中国近代史作为以史论政的工具

1936年5月10日，胡绳发表《〈中国近代史〉评介》一文时，年仅18岁。一年前，他从北京大学哲学系一年级肄业，回到上海刻苦自学。他已阅读了马克思主义的一些著作，初步接受了辩证唯物主义和历史唯物主义的基本观点，在上海从事中国共产党领导的文化活动和抗日救亡运动，为《读书生活》等刊物撰稿，参加《新学识》的编辑工作，已然在思想界崭露头角。在这篇文章中，他尝试以唯物史观为准绳，来评价最早用马克思主义观点系统研究中国近代史的专著——李鼎声所著《中国近代史》。他指出，"这本书的作者是很正确地把握到现代中国社会发展的本质的，而且在他这本书中间是负起了应负的任务的"。在他看来，李著《中国近代史》相对于其他史学著作的优越之处在于：第一，处处顾到中国历史的世界背景。第二，对于中国近代史中间许多常被误解或歪曲的重要事变都有很有力的说明。同时，他也毫不客气地指出这本书的缺点：内容过于简略，尤其对于"国际资本主义侵入中国以来中国经济上的变化"解说得还

---

① 此文收入张海鹏《东厂论史录——中国近代史研究的评论与思考》，广东人民出版社2005年版，第718—720页。

欠周到；他认为，在解释历史事实时，不可"忘了当时的社会经济背景"。而且，"国际资本、中国民族资本、封建势力这几方面微妙的复杂的关系，是不能只用几句概念式的话就算表过的"。①重视社会经济在社会发展中的决定作用，重视社会阶级势力消长的分析，这些都体现了青年胡绳已然接受了唯物史观的基本内核。

1937年5月5日，抗战爆发前夕，胡绳发表《"五四"运动论》。他既充分肯定五四运动激烈的反帝反封建思想，又明确指出，五四时代思想的最大弱点是"只有热情的口号，只有杂乱的思想介绍，而没有对于宇宙、社会、人生全面的、一贯的、深刻的理解作理论基础"。正因为这些弱点始终不曾被克服，"于是在客观的形势稍一变动的时候，有些起初以英勇姿态而出现的战士便一败涂地向后退了，而且退得那样地迅速，那样地毫不迟疑"。五四运动对群众的发动极为有限，"它只唤醒了一小部分人的'人'的自觉，它仍然把大部分的在多重的压迫下挣扎生存的人这忘了"。胡绳指出，必须"要给民主与科学建立起与历史的发展过程配合，与当前的救亡运动的实践配合的坚实的理论基础"②，这个基础就是唯物论与辩证法。唯其如此，才能彻底肃清帝国主义、封建主义势力。撰写此文时，国共联合抗日局面已初步形成，全国上下一心，统一于抗日救亡的旗帜之下，中共和一些有识之士呼吁国民党实行民主，发动人民群众的力量，实行全面抗战。胡绳通过论述五四运动，吸取历史经验教训。他指出，救亡无疑需要民主和科学，但更为重要的是确立马克思主义唯物论与辩证法的指导地位，这才是解决问题的根本。

抗日战争爆发后，胡绳转至武汉，于1938年加入中国共产党。此后，他在武汉、襄樊、重庆等地参与党的文化领导机构和统一战线工作。由于投身中国共产党领导人民求解放的宏伟革命实践，他对五四运动的伟大历史意义看得更清楚了。解放战争胜利前夕，胡绳在1949年5月4日《进步青年》创刊号发表《五四运动的历史意义》。文章指出，五四以前，农民大众的"血虽然向外国侵略者表明了中国人民是不可轻侮的，但是他们

---

① 《胡绳全书》第7卷，人民出版社2003年版，第353、355页。
② 《胡绳全书》第1卷（上），人民出版社1998年版，第40、41页。

究竟并不能对民族的新生有多少积极的贡献";资产阶级和小资产阶级的革命热情"往往只表现为脱离广大群众的个人主义的搏斗。他们朦胧地想望着资本主义的中国,实际上却随时准备着与帝国主义者和封建势力的妥协"。五四后,"由于中国工人阶级之作为独立的、领导的政治力量的出现",由于无产阶级政党——中国共产党的出现,中国人民的革命有了确定不移的目标,中国革命呈现出了焕然一新的面貌,"百年间中国人民所抗议和反对的旧中国就不能不一天天走向死亡,合于最大多数的人民大众意愿的新中国也就一定能涌现到地平线上来"①。文章的结论:五四运动成为中国近代历史的分水岭。在《帝国主义与中国政治》一书中,他这样评价五四运动:十月革命的影响,马克思主义思想在中国的传播,人民的进一步觉醒,巴黎和会外交的失败,终于引发了五四运动。五四运动在中国历史上具有划时代的意义,使帝国主义不得不承认"中国人民的团结和行动的力量,的确是一个相当重的砝码"。"从五四运动开始,我们可以看到,具有彻底地反帝国主义性质的人民爱国运动在无产阶级领导下展开了。"中国革命成为社会主义的世界革命的一部分,"中国人民的反帝国主义斗争就不能不展开新的面貌"②。

严格说来,写于 1939 年 12 月 25 日的《论鸦片战争——中国历史转变点的研究》是胡绳的第一篇关于中国近代史的学术论文。在这篇文章中,他运用马克思主义阶级分析方法,通过丰富的史料,展现了鸦片战争前中国社会矛盾日趋激化、下层民众的反抗斗争此起彼伏、清朝专制统治由兴盛而渐趋衰落的历史图景,对"在鸦片战争中各种社会力量的动态和鸦片战争的发生与结果在中国社会中引起了怎样的阶级关系的变化"做了具体、深刻的阐述。鸦片战争一方面加速了小农经济的解体,造成了封建社会的崩溃;另一方面,"在这腐烂的过程中生长出了在中国历史上从来未有过的新的对立阶级,新的斗争与发展"。在这篇长约两万字的文章中,胡绳充分体现了他高屋建瓴的理论思维、游刃有余的史料驾驭能力,做出了许多新颖而富有卓识的论述。比如,对于清王朝采取的闭关锁国政策,

---

① 《胡绳全书》第 2 卷,人民出版社 1998 年版,第 4、7 页。
② 《胡绳全书》第 5 卷,人民出版社 1998 年版,第 319、322 页。

前人大多持否定态度。他通过辩证分析指出："假如在18世纪，中国的锁国政策，还是出发于封建社会中传统的自大心理与对任何外来新势力的畏惧与排斥，那么到了19世纪初叶这一政策有了积极的自卫意义。"清朝统治者的颟顸愚昧固然应该批判，但绝不能因之而为万恶的鸦片贸易开脱罪责。胡绳通过雄辩的历史事实论证了鸦片贸易给英帝国主义带来的巨大收益，给中国造成的深刻的社会灾难，"英国在以大炮轰破中国的大门之前，已经靠着鸦片那种奇怪的商品给予了闭关自守的中国比炮弹更要激烈的打击了"①。闭关只是清王朝在面对帝国主义入侵时的一种无奈的选择，如果对帝国主义侵略与扩张的本质认识不清，对英帝国欲打开中国这个海外市场，以挽救日益逼近的工业危机这个鸦片战争的内在根源视而不见，而归咎于闭关锁国政策，则可以说是倒果为因、颠倒黑白。应该注意到，此文写作时抗日战争已进入相持阶段，国民党对日方针由初期的积极抵抗转向消极妥协。鸦片战争中的统治阶级依违于和战之间，对于英国侵略者时而大张挞伐，时而委曲求和，最终使局面不可收拾，这样的历史教训不啻提供给国民党当局的前车之鉴。

胡绳关于闭关的观点在1949年所写的《帝国主义掠夺中国的前奏》一文中有了进一步的发挥。他通过翔实的史料证明，"中国当时所拒绝的并不是什么和平的国际贸易。如果中国曾经只能听任西方海盗商人自由行动，那就等不到鸦片战争，先来的冒险家们早已会把中国蹂躏成和非洲、澳洲、印度、印度尼西亚一样了"。胡绳进一步分析，"封建统治者企图关紧大门，永远保持封建统治秩序"②，但他们所采用的这种单纯防御的方法，也不能逃脱破产的历史命运。也有论者指责清廷不知利用国际关系以制英，胡绳认为，"固然当时英美、英法的矛盾是可以利用的，但清廷即使能利用国际关系，而在国内矛盾日趋锐化的情形下，欲避免自身的危机也是不可能的。在国内执行着一切退步政策的封建统治者是领导不起来一个胜利的全民抗战的"③。由于有辩证唯物主义作为有力的分析工具，胡绳

---

① 《胡绳全书》第1卷（上），第406、387、390页。
② 《胡绳全书》第2卷，第19、20页。
③ 《胡绳全书》第1卷（上），第401页。

的这些论述既迭出新意,又有理有据。在这几篇文章中所采用的分析方法和观点,对此后中国近代史研究有相当的影响。而且,他洗练流畅、雅俗共赏的行文风格也有助于吸引更多读者。

1942年,胡绳从香港回到重庆,在新华日报编辑部工作。他在工作之余用大部分精力学习中国历史,阅读了许多历史书籍,并于1944—1945年间,根据学习笔记写了一本通俗读物《二千年间》,寄给叶圣陶编辑的《中学生》杂志发表。① 写作此书时,胡绳只是将它当作自己学习历史的笔记,并未想借此对现实有所讽喻。但作为一个有强烈历史责任感与时代使命感的热血青年,面对使人焦虑的国内政局,"由这些客观形势引起的感触不可能不流露到笔端上来"②。这本书结构独特,从纵的方面写官僚机构、军队、农民革命、上层改革等。在第六节"大地下的撼动"中,胡绳对农民战争给予了极高的评价,农民起义虽然"无法违抗失败的命运",然而"在这一次接一次的斗争中,毕竟是把封建社会推向前去"。尤其对最后一次最大规模的农民战争——太平天国,胡绳认为它"一面总结了封建时代的农民战争,一面又下启了近代的民族民主的革命斗争"。他进一步指出:"只有在现代的民族民主革命中,才能真正解决农民问题,不会重蹈农民战争的历史覆辙",但无论如何,中国革命必须发动农民才能获取成功,"表面上显得似乎是凝滞不动的广大农村中,有着无限的力量,一旦撼动起来,就能创造出一切奇迹"③。对于戊戌变法,胡绳认为不能高估其历史意义,它不能算改革,而只是改良,是从统治者立场上提出的改良政策,"把对于下层人民的剥削方法和统治政策作某些改变,以求达到稳定既存的统治秩序,维持和巩固统治者地位的目的"。在内忧外患中,为了挽救危局,统治集团中自动提出的改革办法,最高限度"只是这种改良政策"。而且"纵使是这种改良政策,他们也不敢认真执行"。最后,统治阶级只能一切守旧,坐以待毙。尤为可贵的是,胡绳在此时已特别意识到反封建任务的艰巨性。他强调,"封建专制时代经历那样长的期间,

---

① 据胡绳回忆,1949年前后,中学里没有历史教科书,就拿《二千年间》当教科书。《笔耕于欷歔当年》,《胡绳全书》第7卷,第165页。
② 《第五卷引言》(1996年),《胡绳全书》第5卷,第2页。
③ 《二千年间》,《胡绳全书》第5卷,第90、91页。

积蓄了那样深厚的传统,要把它整个埋葬掉,并不是很容易的事。一个人死了,固然并不会有鬼魂,但一个历史时代死了,它的鬼魂却还会继续活着,给新的时代以骚扰破坏的。这'鬼魂'却并不是不可捉摸的精灵,而是实际社会中的存在"①。直至今日,我们依然不能不佩服胡绳这些话里所蕴涵的真知灼见。

1946年解放战争爆发,中华民族面临着两种截然不同的命运的抉择。胡绳先是在上海,1947年3月转赴香港,直至1948年10月。"这段时间在中国大地上发生了翻天覆地、惊心动魄的变化。革命胜利的形势排山倒海地到来,使人有应接不暇之感。"② 这是胡绳写作最为丰产的时期,"写的数量大,当然是面临着千年不遇的变化,但也和身处香港有关"③。为了让民众认清蒋介石独裁统治的真面目,从而坚定地跟中共走上民主共和的道路,他在这个时期写了相当多的时政评论。由于国民党的文化专制日趋严酷,"起先大多用现实的政治题目,但这样的题目的文章渐渐地发表不出来了。于是就试用中国近代史的题材写一些文章以代替政论。"④ 这些文章以史论政,"试图通过讲历史说服当时许多尚处于观望状态的知识分子与中国共产党合作,教育广大青年吸取历史教训投奔到革命洪流中去"。这些"史事评论"文章主要包括《辛亥革命前知识分子和群众的结合》(1946年),《辛亥革命旧事》(1946、1947年),《康有为与戊戌维新》(1948年),《梁启超及其保皇自由主义》(1948年),《洪秀全与冯云山》(1948年),《马克思主义与近代中国社会思想发展概观》(1948年),《太平天国和资本主义外国的关系》(1949年)等。

对于辛亥革命倾覆清王朝的伟绩,胡绳认为,不能孤立地归功于一次次革命者孤注一掷的暗杀行动,一次次规模有限的军事起义,而更应该看到先进知识分子在群众中所做的长期宣传教育和组织工作,奠定了一定的群众基础,从而爆发出无比的革命伟力。他征引丰富的史料,雄辩地论证

---

① 《二千年间》,《胡绳全书》第5卷,第132、133、134、140页。
② 《香港杂忆》,《胡绳全书》第7卷,第190页。
③ 《笔耕丰歉说当年》,《胡绳全书》第7卷,第170页。
④ 《〈胡绳全书〉第六卷(上)序言》(1980年),人民出版社1998年版,第23页。

了"知识分子和群众结合的密切程度,是革命成熟程度的决定因素"①。辛亥革命前群众运动并不充分,知识分子在主观上还没有真正把自己完全和群众打成一片的决心,这就决定了辛亥革命成果是很脆弱的。文章的现实指向性是很强的:观望中的知识分子,应该以史为鉴,为了新民主主义革命的胜利,积极投身到发动和组织群众的伟大事业中去。

在《康有为与戊戌维新》、《梁启超及其保皇自由主义》二文中,胡绳对改良主义进行了深入论述。他认为,戊戌维新不可逃脱失败的命运。首先,康有为等维新志士只想"从国主、贵臣、缙绅、士大夫中去找求保国的力量",结果自然不堪反动势力的一击。虽然他们在从"上面"碰了钉子后,也曾想到过"下面"的"国民",但"他们所能想到的国民,终究是脱不出官僚士绅的范围的"。康有为等对于下层人民革命的极端恐惧,决定了他们不可能真正发动广大民众起而抗争。其次,他们"只想通过统治集团来进行渐进的改革,对于既存的统治秩序从来不敢设想基本的变化"。在中国革命力量还未崭露头角时,他们是使守旧的专制者震动的改良主义者;但是后来随着革命形势的迅猛发展,他们的"政治思想也就失掉了改良主义的意义,而把反革命的实质极端地表现出来了"②。应该看到,胡绳写作此文时,新民主主义革命已经即将迎来胜利的曙光,现实政治斗争中,改良主义的斗争锋芒并非指向旧势力,而是指向革命。毋庸讳言,这两篇文章中,胡绳对于康、梁的改良思想多所苛求,对于康、梁前期的维新思想与活动缺乏必要的肯定,评价偏低,这种趋向在他后来的著述中得到校正。

在《洪秀全和冯云山》、《太平天国和资本主义外国的关系》两文中,胡绳叙述了洪秀全等农民领袖对太平天国运动筚路蓝缕的开创之功,对洪秀全改造西方的天主教、向西方国家寻找真理给予了较高的评价。《劝世良言》仅仅是一本拙劣的基督教宣传品,但洪秀全在其间发现了革命的内容,从某种意义而言并非偶然,"因为在古罗马社会中,基督教最早建立的时候,奴隶大众正是拿这样的宗教思想当作他们的斗争武器的"。在洪

---

① 《辛亥革命前知识分子和群众的结合》,《胡绳全书》第1卷(上),第417页。
② 《康有为与戊戌维新》,《胡绳全书》第1卷(上),第436、433、438、442页。

秀全个人身上,"古代欧洲被压迫人民曾经用来宣泄他们的反抗情绪的宗教思想","和中国农民大众的革命要求结合起来了",从而成为中国近代第一次巨大的人民革命运动的触媒。宗教信仰的一致,曾经让洪秀全等一度对帝国主义充满幻想,力图以避免冲突的方法争取到列强的友好态度,但是,"资产阶级侵略者,虽然满口人道博爱,但是他们的实际利益是和中国的代表最腐败落后的社会势力的专制统治者紧紧结合在一起的"①,中国革命的人民决不能和外国侵略者站在同一个"上帝"的下面。

《马克思主义与近代中国社会思想发展概观》是为纪念《共产党宣言》发表一百周年而作。文章对近代以来中国社会思想的激烈变化做了系统梳理与论述。西方资本主义的大炮冲破了封建中国的藩篱,也惊醒了"天朝上国"的迷梦,鸦片这种精神麻醉剂反而成了中国农民大众中革命思想的触媒。洪秀全的空想社会主义思想,表现出封建压迫下农民大众求解放的朦胧希望,但它"给了预约,却不能实现"。对于洋务运动,胡绳认为不能将其视为近代中国民族的自我觉醒运动的一页,"因为这实际是封建的官僚统治集团争取买办化的一个运动"。洋务思想"是反动的,是在窒息了农民革命后继续起着阻止历史进步的作用的"。随之出现的地主阶级中的反对派的改良主义思想,则提出了政治改良的要求,他们"确是不自觉地为刚在萌芽的城市工商业者做了代言人"。他们已并不满足于甲午战前的改良派卑微的存在状态,企求取得政权力量来大行其志。戊戌维新是改良主义思想发展的最高点,但它"恰恰表现了改良主义思想的软弱性","戊戌维新的失败为这种改良主义思想的历史进步性敲起了丧钟"。在此以后,中国民族危机空前迫切,革命浪潮风起云涌,改良主义者就"已从官僚统治集团的反对派,变为人民革命力量的反对派",他们的"历史进步性也就断绝了"。对于改良主义为革命前驱的功绩,胡绳并未忽视,他指出,正是从改良主义中分化出了革命主义。客观形势的发展"推进着人们的思想认识,不能不越出改良主义所划定的藩篱,而走向革命的水平"②。胡绳在这里对改良主义的分析充满了辩证法的思想,同他晚年的

---

① 《太平天国和资本主义外国的关系》,《胡绳全书》第2卷,第27、37页。
② 以上引文详见《胡绳全书》第1卷(上),第480—490页。

论述并无本质的区别。美国著名学者费正清也认为，正是戊戌维新的失败，使得"没有别的事件能比这更有效地证明：通过自上而下逐步改良的办法来使中国现代化，是绝无希望的"。"从那时起，政治革命就和立宪维新形成两股齐头并进的力量了。"①

对于革命派思想的弱点，胡绳并未予以粉饰。他们狭隘的排满观念，对帝国主义不切实际的幻想，对革命艰巨性的盲目乐观，所谓"毕其功于一役"，实则把最为迫切的反封建问题，反而轻轻放过。这些都反映了资产阶级、小资产阶级思想的贫弱，不可能领导革命取得彻底胜利。辛亥革命后的六七年间，中国思想界混乱无主，资产阶级的革命理想日趋暗淡，这些思想都曾在一定历史时期起过进步作用，但"都在急速发展的历史舞台上被推向后面去了"，时代呼唤新的思想，这种思想"能够组织起追求进步与解放的群众，能够明确指明中国的前途和如何达到这前途的路径"②。事实上，只有马克思主义思想才能担负起这样的历史使命。

这篇文章通过梳理近代中国社会思想的演变脉络，有力地论证了中国人民接受马克思主义、走上社会主义道路的历史必然性，发挥了引导民众的巨大功用。此文写于解放战争即将胜利之际，当时不少属于中间势力的人们对于社会主义道路还心存疑虑，这篇文章无疑有助于这些人打消疑虑，认识到只有以马克思主义武装的共产党才能将中国引上一条光明之路，社会主义是中国历史的必然选择，从而坚定地拥护中国共产党的领导。

胡绳1948年10月写的两篇杂文，也带有以史论政的性质。在《当一个朝代覆灭时》一文中，他由清末史实总结出一条规律：一个专制王朝越到衰微时，就越是巴结、依靠帝国主义主人，以为可以永保尊荣。历史事实证明，"结与国之欢心"，而不顾人民的死活，也就预示着这个专制王朝无法逃避覆灭的命运。文章的现实针对性是非常鲜明的，垂死挣扎的蒋家王朝不就是腐朽清王朝的历史再版吗？在《中国非袁不可吗》一文中，更是将人们对袁世凯的衣钵传人蒋介石的幻想打得粉碎，中国不是"非蒋不

---

① 费正清：《美国与中国》，世界知识出版社2002年版，第190页。
② 《胡绳全书》第1卷（上），第495页。

可",而是"非去蒋不可"。这两篇文章都采用历史类比的方法,简单的历史比附并非一种好的方法,但是我们联系当时的时代背景,以史论政是一种曲折委婉的时评,是一种不得已的选择,对于这些文章在现实中所发挥的巨大的战斗作用,无疑是应该予以肯定的。

走向系统阐述中国近代历史的代表作
《帝国主义与中国政治》

如果说上述以史论政的文章在学术性方面有所减损的话,胡绳第一本系统论述近代中国历史的代表作《帝国主义与中国政治》,则体现了革命性与学术性的结合。本书初稿1947年写于香港,当时的香港并非置身于时代漩涡之外,而是"沸腾的时代所引起的各种思潮集中反映的地方,既为政论作者提供了丰富资料,也不能不激起他们写作的激情"①,而且也为胡绳提供了比较从容地进行观察和思考的便利条件。胡绳后来说,《帝国主义与中国政治》讲述的虽然"是一百多年前到几十年前的帝国主义侵略中国的故事,但所要解答的问题,是同写书时的现实政治斗争密切相关的。它的初稿的一部分曾经交给当时坚持在上海工作的朋友们办的进步刊物,作为政论文章而发表。在国民党法西斯统治下的上海,这可能是发表政论文章的惟一形式"②。

这本书缘起于现实中的一个关键问题,在推翻蒋介石统治的革命斗争很快就将取得胜利之时,美国"会采取什么手段来对付中国革命"③。从中国近代历史事实出发,说明"只有彻底地从帝国主义的统治和压迫下解放出来,只有彻底打倒作为帝国主义的工具的中国反动阶级,中国才能有真正的国家的统一、人民的民主和民族经济发展,为了警惕帝国主义会用这样那样的方法来破坏中国人民的革命,为了指出中国的民族独立只有依靠无产阶级的领导而不能依靠资产阶级的领导来实现",④ "反映出当时的

---

① 《笔耕丰歉说当年》,《胡绳全书》第7卷,第170页。
② 《〈帝国主义与中国政治〉北京六版序言》(1977年),《胡绳全书》第5卷,第147页。
③ 《笔耕丰歉说当年》,《胡绳全书》第7卷,第172页。
④ 《〈帝国主义与中国政治〉北京六版序言》(1977年),《胡绳全书》第5卷,第147、148页。

中国政治生活中的一些根本的问题,企图表明在中国人民大众中反对帝国主义侵略的革命传统"①,这种强烈的政治动机"并不妨碍作者严格地从历史的真实出发来写自己的书",相反,作者坚信"越是深入揭露历史事实中的本质的、规律性的东西,越是能说明问题"②。作为一个马克思主义者,胡绳深信科学性和革命性并不冲突,而是能够内在地、不可分割地结合在一起,正像马克思所说"科学愈是毫无顾忌和大公无私,它就愈加符合于工人的利益和愿望"③。

《帝国主义与中国政治》的研究对象是"近代中国政治史与革命史中的若干基本问题中的一个:从鸦片战争到1925—1927年的大革命的前夜的帝国主义列强与半殖民地中国之间的政治关系"。这本著作不是一般地叙述帝国主义影响、操纵中国政治的一件件事实,而是着重说明"帝国主义侵略者怎样在中国寻找和制造他们的政治工具,他们从中国统治者与中国人民中遇到了怎样的不同待遇,以及一切政治改良主义者对于帝国主义者的幻想曾怎样地损害了中国人民的革命事业"④。从这一研究目的出发,胡绳所构建的是一个政治史的分析框架,贯穿全书的主线是毛泽东的"两个过程论"。胡绳指出:"有许多研究中国近代史的著作有意无意地造成了一种错觉。他们把帝国主义侵略中国的政策描写得这样单纯,以致把清政权写成是不断地受着帝国主义国家欺凌侮辱的可怜的存在,这种描写是不合于历史事实的"。因此,胡绳在这部著作中详尽分析了帝国主义如何一步一步地与中国反动势力相勾结,中国反动势力又是如何由起初的排斥一步一步投降帝国主义,并最终沦为帝国主义的侵华工具;中国人民又如何由沉睡而惊醒,在反抗外来侵略中逐渐成长起来。因此,胡绳的研究视角可以视为一种广义的"冲击—反应"模式,中西畸形政治关系的演变是这本著作的主线。在这样一个研究框架的统摄之下,近代中国繁多的重大历史事件都变得清晰可解,一些被唯心主义史学家歪曲的历史认识得以澄清。

---

① 《〈帝国主义与中国政治〉北京四版序言》(1954年),《胡绳全书》第5卷,第149页。
② 《〈帝国主义与中国政治〉北京六版序言》,《胡绳全书》第5卷,第148页。
③ 《马克思恩格斯选集》第4卷,人民出版社1972年版,第254页。
④ 《〈帝国主义与中国政治〉香港初版序言》(1948年),《胡绳全书》第5卷,第151页。

胡绳依据鸦片战争以来帝国主义与中国政治的关系演变进程，将全书分为六章，逐章展开，提出了自己的论点。

在第一章《新关系的建立》中，胡绳认为，在帝国主义侵略势力的打击下，清朝统治者由"排外"变为"媚外"，并且与帝国主义建立"互相信托"的关系，形成了绞杀中国人民革命的军事合作。鸦片战争成为一个关键：帝国主义奴役中国人民以此为起点，人民与专制统治者的对立又增添了新的因素而加强。胡绳进一步对鸦片战争后官、民、夷三者之间的关系作了深入分析：清朝当局的原则是苟安目前，洋人的威胁迫在眉睫之时，即逆民而顺"夷"；而"看到洋人似乎'安抚'下来，人民中的反抗情绪日渐高涨时，便又觉得为统治政权的利益打算，仍须多容纳一点民意，对洋人要求也就不能不违逆一点了"。因此，"官"是自居于"调停"立场，在"民""夷"之间操纵运用。事实证明，这种苟且企图也只是幼稚的幻想。这些分析，鞭辟入里，迭见新意，体现了马克思主义的思辨力量。

对于太平天国运动，西方列强最初持所谓"中立"态度，企图以此获得要价的筹码。等到发觉太平天国是争取中国人民自由平等的民族民主的革命斗争，"有着进步改革的趋向，为清政府所远不及"，于是，他们对太平天国也就由拉变成打了。在清政府所谓"借师助剿"的名义下，中外反动势力进行了肮脏的合流，"使得从《南京条约》以来在中外关系上所形成的新的结合达到了最高峰"①。1864年，在列强的帮助下，太平天国革命运动终于被清廷绞杀。

胡绳指出：从1840年到1864年的历史表明，毛泽东所说"帝国主义侵略中国，反对中国独立，反对中国发展资本主义的历史，就是中国的近代史。历来中国革命的失败，都是被帝国主义绞杀的，无数革命的先烈，为此而抱终天之恨"②。中国近代史中这样的主题已全部形成。

在第二章《"中兴"和媚外（1864—1894）》中，胡绳分析了所谓的"同治中兴"。他指出，统治者内部分化为极端顽固的守旧派和以李鸿章为

---

① 《胡绳全书》第5卷，第189、164、167、184页。
② 毛泽东：《新民主主义论》，《毛泽东选集》第2卷，人民出版社1991年版，第679页。

代表的洋务派。洋务官僚举办"洋务","不过是想以资本主义的皮毛来维持旧社会秩序、旧统治秩序的实质；他们只是在当时列强侵略者所允许、所给予的范围内学习资本主义的某些东西,只是尽着为侵略者开辟道路的任务而已"。中国的封建经济被破坏之后,必然要出现资本主义的因素,但帝国主义决不愿意看到中国的资本主义正常发展,不愿意看到中国成为强国。"帝国主义者又要求中国处在一个对外极端软弱无能而对内有力量'维持秩序'的政府的统治下面,从而使中国永不可能成为独立的国家。李鸿章这种'洋务'正是符合于帝国主义的要求,因而是为帝国主义所赞助的。"①所谓的"自强、求富",则永远只是一句空话,"整个社会的封建生产关系既没有根本的改变,在腐败的专制主义、官僚主义的基础上面,一切发展工业的计划和建设近代国防军的计划都只能是沙上建塔一样而已"。在人民的觉醒和帝国主义贪欲的冲击下,"中兴"的泡影迅速幻灭。

在第三章《洋人的朝廷（1894—1911）》中,胡绳分析了甲午战争以后帝国主义与中国政治的关系,指出：列强在中国掀起了瓜分中国的狂潮,美国则借"门户开放"实现了"利益均沾",实质无异于"列强互相保证共管中国"。1900年,列强借庚子事变之机组成八国联军侵华,以"保全之名"使清政府"忠顺不贰地做列强的孝子贤孙",实现"以华制华"的目的；列强成为"清政府的监护人",各国使团"成为中国实际上的太上政府,凌驾于'禁城'中的朝廷之上"。清朝统治者在甲午战败后,更加仰赖列强,1898年残酷镇压了戊戌变法,1900年利用义和团以泄私愤,兵败后"结与国之欢心",彻底沦为列强统治中国的工具。

在评价甲午战后上层士大夫的改良主义政治思潮的时候,胡绳对于戊戌变法做出了较高的评价,称之为"士大夫层中的救亡运动","强烈地表现着爱国主义的性质",并形成"带有若干群众性的政治运动"。胡绳指出了戊戌变法的局限,"他们并不指望广大的人民力量。他们的政治主张在基本上没有超出改良主义的范围"。这些维新志士在当时对于民族危

---

① 《胡绳全书》第5卷,第185、213、216、217页。

机是有着敏锐的感觉的，但是，他们的认识存在着相当的缺陷：第一，他们未能意识到，"中国的'弱昧'与'乱亡'是腐朽的专制统治机构所应负责的"。第二，"他们宣传着发奋自强而掩盖了帝国主义者的罪恶时，他们就同时在如何解脱帝国主义束缚的问题上跌入轻率的幻想"，由此出发，"他们的爱国思想并不能进而为反帝运动，反而成了为侵略者辩护，自动向帝国主义者缴械"。

1905年以后，出现了资产阶级革命运动的高潮。由于清政府已完全沦为帝国主义的工具，所以这些"反对帝国主义侵略的爱国运动不能不发展为推翻清政府的民主革命运动"。孙中山领导的同盟会，以"推翻清政府，建立民主国家为纲领"，成为高涨起来的革命运动的统一组织。同盟会领导的革命运动的致命弱点，就是对帝国主义抱有不切实际的幻想。武昌起义，最后推翻了清王朝，结束了中国几千年的帝制统治，"证明了帝国主义者到底不能够任意地支配中国的命运"，觉醒的人民战胜了清朝统治者，也就是人民战胜了清政府背后的帝国主义者。

在第四章《"强"的人》（上）中，胡绳论证了辛亥革命后帝国主义与中国政治的关系。他指出，帝国主义利用革命者的幼稚，表面上宣告"中立"，实则支持新的代理人——袁世凯这个"强"的人，称"中国非袁不可"，逼迫清政府和革命者先后交权。为了获取更大的利益，他们支持袁世凯恢复帝制，最后发觉袁世凯也不是"强"的人，又放弃袁世凯，在中国寻找更"强"、更能卖国、能更好地为他们服务的人。袁世凯的崩溃，说明了"贯串在中国近代史中的一个基本规律是不会动摇的：——反动的统治者只能因外力的援助而显得一时的'强'，但在既暴露了卖国的原形之后，就必然遇到更高地觉悟了的人民的反抗，那么虽有帝国主义的援助也还是挽救不了他的生命"。

在第五章《"强"的人》（下）中，胡绳认为袁世凯垮台后，中国还缺乏一个"号召与团结广大人民明确地为反帝反封建的目标而奋斗的政党"，民族资产阶级已无力领导人民大众求解放的斗争，"而无产阶级也还没有壮大到足以形成独立的政治力量"。

袁世凯死后，帝国主义认为"在中国最'强'的人就是代表大地主大资产阶级的军阀头子，只要找到这样的强的人加以支持和支配，就可以为所欲为了"①。因此他们在中国找了一个军阀又一个军阀作他们的工具,军阀也有心投靠帝国主义,出卖中国权益,并借无耻的政客作为民意的幌子。通过激烈的争夺,帝国主义势力发生了消长变化,日本和美国已成为中国最凶恶的敌人,它们倾尽全力对中国进行压迫、分割、独占。胡绳认为,日本的侵略最为赤裸裸,妄图独霸中国;而美国则更为隐蔽、巧妙地运用它欺骗的政治资本,"高唱'民族自决'的口号,以骗取东方人民的好感","又很致力于收买中国官僚政客中的所谓'自由分子'以传播亲美空气"。帝国主义培养各自老练的代理人,死死地压在中国人民的头上。"他们之间,或者是激烈地火并下去,或者是分赃式的相互协调,都一定是拿中华民族做牺牲品。"

在第六章《革命和反革命》中,胡绳阐明了五四运动"在接受了马克思列宁主义思想的先进知识分子的领导下,中国社会涌起了社会主义的思潮"。"在工人运动和社会主义思想相结合的基础上,在1921年成立了中国共产党,从此,中国人民在同强大的帝国主义及其在中国的一切走狗的斗争中,有了能够正确地指出前进的方向,并且不屈不挠地在人民前面坚决斗争的领导者。"中国共产党在1922年"二大"上第一次明确地向中国人民发出"反抗帝国主义,反对军阀"的战斗号召,"抓住了民族解放革命的这个特点,并且能够为进行反帝国主义的斗争而站在人民前面最坚决地行动起来,因此中国共产党就迅速地成为灾难深重的中国人民的救星,成为革命的工人阶级和广大人民的领导者"。中国共产党致力于联合其他社会阶层,帮助孙中山打破对帝国主义的幻想,改组国民党,建立民主革命的统一战线,为掀起民族民主革命高潮——1925—1927年的大革命创造条件。

在书的结尾,胡绳总结了帝国主义与中国革命关系的规律,比较了太平天国、辛亥革命、1925—1927年的大革命这三个各有特色的革命时期帝国主义对中国革命的态度。这三个时期,都是"革命与反革命、进步势力与倒退势力相对抗的时期"。"抱着侵略野心的帝国主义者在三个时期的基本立场都是破坏中国革命,阻止中国的进步,而扶持反革命的和倒退的势

---

① 以上引文见《胡绳全书》第5卷,第230—319页。

力。他们在每一时期的革命形势刚展开而获得优势时都会表示出伪装的'中立',且向革命方面表示'好意';而在'中立'和'好意'的烟幕之下进行其阴谋。阴谋的具体做法则又在每一个时期不同。"

帝国主义者的三次做法各有不同,"但其方向与目标是一致的,其狠毒与阴险也是一致的"。而"具体做法之所以不同是由于中国的革命力量与反动力量之对比形势的不同而来,也是由于中国人民的觉悟程度的不同而来"。"革命力量越占有利形势,人民的觉悟程度越高",帝国主义者为达到其目标所用的手段也就愈加狠毒与阴险。但帝国主义的狠毒"更造成中国人民的敌意",阴险"更锻炼了中国人民的辨识力",它们必然面临着失败的命运。

《帝国主义与中国政治》出版于近代中国革命与反革命势力大决战之际,帝国主义又在重操历史故伎。这本书就是为了撕破帝国主义的面具,告诉人民应该怎么对待他们,历史呈现惊人的相似性,但历史的结局绝不会重演。胡绳坚信:中国人民将"推翻帝国主义在中国的统治,连根拔除一切为帝国主义侵略中国所利用的大地主大资产阶级统治势力",从而达到"中国独立,中国人民解放和在此基础上的统一的目的"[①]。

《帝国主义与中国政治》始终珍视人民在各个历史时期所做出的革命伟业,充分贯彻了作者的人民史观。作者也并不讳言在革命斗争中人民认识和行动上的局限,体现了历史主义与阶级观点的紧密结合。这本书在写作之初,只是"大体上有个模糊的轮廓",而非事先设定论点。在深入研究材料的过程中,逐渐接近历史发展的种种曲折复杂的现象,逐渐探寻并发现其中的本质规律,可以说是"论从史出"、"史论结合"的典范之作。这本书从帝国主义同中国的畸形政治关系中总结的经验教训,对于正在与卖国、内战、独裁的蒋介石反动政权及其主子美帝国主义进行殊死搏斗、争取最后胜利的革命人民来说,起到了很好的启迪和教育作用。胡绳的《帝国主义与中国政治》以其对历史规律的深入揭示,在近代中国政治转型的紧要关头,发挥了历史的战斗和借鉴作用,在一定意义上推动了近代中国的政治发展。

[①] 以上引文见《胡绳全书》第5卷,第313—364页。

《帝国主义与中国政治》在中国近代史研究的学科发展史上具有重要的学术价值：它标志着中国近代史研究达到了新的阶段。胡绳在《帝国主义与中国政治》中表现了他从宏观上把握中国近代政治史的非凡能力，他把马克思主义普遍真理运用于研究近代中国，以唯物史观为指南，透过现象发掘本质，对近代中国重大的历史事件作深层次的分析，视角独特，语言清新流畅，使人耳目一新，赢得了众多读者的青睐与史学专家的好评。20世纪40年代中期，中国近代史研究的科学基础仍较薄弱，亟待开拓奠基，胡绳的《帝国主义与中国政治》与稍早出版的范文澜的《中国近代史》上编第一分册，共同为马克思主义史学的进一步发展奠定了坚实的基础，开创了中国近代史研究的新局面。胡绳的中国近代史研究，"代表了在革命根据地以外从事革命活动的马克思主义者对近代中国历史的探求"，"范文澜的《中国近代史》上编第一分册在北方的根据地出版，胡绳的《帝国主义与中国政治》在南方的香港出版，标志着中国的马克思主义者研究和探索中国近代史的成功，为新中国成立以后中国近代史学科的建立和兴旺发展，奠定了扎实的基础"[①]。

毋庸讳言，《帝国主义与中国政治》也还存在一些不足之处。作者自己做过检讨。首先，本书缺乏中国近代经济状况的分析，对于帝国主义各国对中国的统治和中国社会各阶级与外国帝国主义之间的关系，没有能深入地从经济条件上给以说明，因而，有些部分的分析表现着概念化的缺点。其次，本书正面论述近代中国革命思想发展的梗概仍嫌不够清晰，"使近代史中的革命思想的主流不够突出"[②]。最后，本书对洋务运动全部予以负面评价，未能辩证分析其客观的历史进步意义。一本20万字的书，不能解决所有问题，这是我们不能苛求于作者的。

这本书与范文澜《中国近代史》（上编第一分册），对新中国的中国近代史学科的建设产生了深远的影响，极大地推动了中国近代史研究的发展。在建国初期，"大多数研究者认为，只有根据他们提示的研究方向和

---

① 张海鹏：《胡绳与近代史研究所》，见郑惠、姚鸿编《思慕集——怀念胡绳文集》，社会科学文献出版社2003年版，第170、171页。

② 戴文葆：《介绍〈帝国主义与中国政治〉》，《人民日报》1953年1月18日。

研究方法深入研究，才能得到科学的结论"。这本书"对近代历史事件的描绘和解释，后来成为许多研究者进一步研究的基础和依据"①。因此，这两部著作初步奠定了中国近代史研究马克思主义学科体系的基本框架，开创了中国近代史研究新的学科范式。

在1936—1949年间，胡绳正值青年时代，在新民主主义革命的大潮流里，驰骋文坛，才华横溢，在中国近代史研究的领域里，已经卓然独立。他不是坐在书斋里做学问，不标榜为学术而学术，不将历史研究作为远离政治的避风港，而以浓厚的忧患意识，高度的社会责任感，庄严的时代使命感，以宽阔的视界，以中国近代史的学术研究作为武器，积极介入现实的政治斗争，从而超越了纯学术研究的界限。这是近代中国一般革命者所走过的共同的道路。

有论者指出，史学研究应该追求纯粹的学术性，因而对胡绳等马克思主义史学家的经世取向加以质疑。应该看到，学术问题，实质上总是与经济、政治、社会诸问题相关联。它既是一个时期经济、政治、社会的反映，又反作用于一个时期的经济、政治和社会，"关心社会、关心政治正是我国文化学术的好传统"②。纯学术当然是存在的，纯学术也不能孤立于社会之外，任何纯学术都不可避免地带有时代的烙印。相对同现实疏离的书斋学问自有其意义，但在国家民族危急存亡的紧要关头，经世致用无疑是更有价值的一种治学取向。胡绳对此有深刻的自我认识："我一生所写的文章，虽然有一些可以说有或多或少的学术性，但是总的来说，无一篇不是和当时的政治相关的（当然，这里说的政治是在比较宽泛的意义上说的）。可说是'纯学术性'的文章几乎没有。对此我并不后悔。"胡绳认为，"若干年来，学术界确实存在着避开理论，避开政治，务求进入纯学术领域的风气"。"在纯学术领域取得成就是要花很大精力的，是很可贵的。我并不轻视、否定纯学术的研究工作，甚至我还羡慕、钦佩这种工作，但客观的环境和主观的意愿使我心甘情愿地走我所已经走过的路。"③

---

① 张亦工：《中国近代史研究的规范问题》，《历史研究》1988年第3期，第54页。
② 任继愈：《壮志未酬的一生》，郑惠、姚鸿编：《思慕集》，第107页。
③ 胡绳：《学术和政治并不绝对矛盾》，《光明日报》1999年1月11日。

胡绳从青年时代即投身于革命事业，终生矢志不渝，近代史研究只是他所选的战斗武器。可以说，1949年以前胡绳从事近代史研究，是对时代呼唤的热切回应，是以自己的渊博学识服务于革命，他充分发挥了史学的现实战斗功用，求真与致用在他的史学作品中得到了较好的统一。

毋庸讳言，由于服从现实革命斗争的需要，胡绳以史论政的作品，不可能做到学术性、科学性毫无减损。他的研究也有它的时代局限性。首先，由于现实斗争主要为政治层面，因此，胡绳所作研究绝大多数都以近代重大政治事件为对象，对于经济、文化则相对忽视；而且，这些作品都侧重于宏观论述，殊少微观实证的研究。其次，胡绳所写的涉及近代史的文章往往比较零散，对于中国近代史的整体构架，他虽然通过《帝国主义与中国政治》提供了一个新颖的分析框架，但是还不够缜密与系统，对于中国近代史的理论框架的构想还未成熟。再次，由于当时的条件限制，这些著作在史料的运用上不能不略显粗简了一点，片断性的史料运用较多。最后，他在充分肯定农民的革命性的同时，对农民局限性分析仍显单薄，农民阶级并不代表新的生产力和生产关系，本质上仍属于前资本主义社会范畴内的社会关系，不是新生的阶级力量，它的革命性只有通过先进阶级的带领与引导才能爆发出来。而胡绳在对洪秀全等太平天国领袖的论述中，褒扬较多，对他们思想中落后的一面，即本质中封建性的东西未能做深刻的剖析。

开始着力于中国近代史学科体系的理论建构

1949年10月，一个新的时代来临了。在学术领域里，中国近代史研究迎来了它的兴旺发达时期。"社会历史的大转折，提出了建设中国近代史学科、加强中国近代史研究的要求。"① 新民主主义革命的胜利是如何取得的？这就需要探索鸦片战争以来近代中国的历史演变。近代历史上的阶级斗争与现实的政治生活息息相关，通过对中国近代历史规律的阐释，为新中国的成立提供历史合法性，有助于人民在社会主义建设时期辨别方

---

① 张海鹏：《中国近代史研究的回顾》，《追求集》，社会科学文献出版社1998年版，第109页。

向，在社会主义道路上坚定不移地前进。以毛泽东为代表的中国共产党领导人对中国近代历史的解释，是在马克思主义理论与中国社会实际相结合的过程中，在极为复杂的革命和社会环境中形成的一些原则性的认识，要从史学的角度加以论证，就必须大力发展中国近代史研究。

现实需要为近代史学科发展提供了强大动力，史学领域厚古薄今的趋向得以纠正，中国近代史研究获得空前的发展，成为新中国的一门"显学"。1950年5月，中国科学院首先成立近代史研究所，表明了社会的需要。

1949年前，马克思主义史学家在中国近代史研究中只是处于学术边缘地位，还要受到相当的压制和排斥；1949年以后，马克思主义史学在中国近代史研究中迅速居于主导地位，成为主流意识形态的组成部分。正是在这样的学术背景和历史背景下，如何改变旧的中国近代史学科结构模糊不清的状态，进一步建立和完善马克思主义中国近代史学的学科体系，便成为新中国史学工作者的首要课题。范文澜、翦伯赞、刘大年、胡绳等先生在形成马克思主义的中国近代史学科体系的过程中，做出了各自的贡献。

新中国建立以后，胡绳并未在专门的学术研究机构担任工作职务，只担任中国科学院哲学社会科学部学部委员、近代史研究所学术委员。但是，他却花费了许多时间和精力研究、思考中国近代史学科体系问题。他这个时期的代表作有《中国近代史提纲》、《中国近代历史的分期问题》、《从鸦片战争到五四运动》。

《中国近代史提纲》初稿写于1953年，是给中共中央高级党校的学员讲中国近代史准备的。这个提纲中，胡绳对中国近代史形成一些比较系统的看法，这些看法在《中国近代历史的分期问题》一文中进一步清晰起来。这个提纲可以说是20多年后《从鸦片战争到五四运动》一书的最初设计。在《中国近代史提纲》1960年的修订本中，胡绳的"三次革命高涨"、近代史的分期标准与方法都得到了全面的贯彻，标志着胡绳对于中国近代史研究的理论框架已经基本成熟。

《中国近代史提纲》共四万字，分五章，史事叙述简略，主要是从宏观上把握中国近代史的进程，限于篇幅，不可能对历史进程作实证研究和微观剖析。

第一章为"外国资本主义势力开始侵入中国和太平天国农民革命运动"（1840—1864），首先对中国封建社会发展到资本主义的可能性及其困难作了分析，胡绳认为，这种可能性是存在的，但是障碍重重：一方面，"封建专制主义的统治严重妨害了独立的手工业和商业的发展"，另一方面，"城市中的手工业者、手工业工人、贫民，不能形成一种独立的政治力量"。然后，胡绳概述了1840年以前欧洲资本主义处心积虑地向中国扩张的情形，对中国走向它的近代史的背景作了一个铺垫。对于鸦片战争，胡绳认为，中国的自卫性与正义性自不待言，清政府的禁烟立场和广大人民的利益是一致的，但是清政府在战争中的立场是极其动摇的，"它时而主战，时而妥协求和，使战争形成'三落三起'的情况"[①]。鸦片战争"不但加深了中国人民和外国侵略者的矛盾，也进一步加深了人民和封建统治势力的矛盾"，国内阶级矛盾日益尖锐，终于爆发了太平天国革命。太平天国对地主阶级给予了沉重打击，但是，"无论在农村和城市，太平天国只能像一阵暴风雨一样给封建统治秩序以严重破坏，但不能保证建立一种真正符合于广大贫苦人民的长远利益的新秩序"。西方列强对太平天国采取的是一种利用时机、攫取利益的所谓"中立"政策，他们发现，"革命的农民虽然好像是采取了西方资产阶级传来的宗教，然而他们的骨头是硬的；而封建统治阶级虽然好像是自尊自大，然而他们对待外国侵略者远不像他们对待革命的人民那样坚决"。第二次鸦片战争之后，列强认为清政府已成为它们驯服的工具，而新订条约中"许多条文的实施，特别是关于长江沿岸各口的开放，必须以消灭太平天国为前提。联合进攻太平天国的时机成熟了"。欧洲的资产阶级在东方世界中是以人民进步事业的绞杀者而出场，它同中国腐朽的封建统治势力"结成了反革命的同盟"。

　　第二章论述半殖民地半封建统治秩序的形成过程（1864—1895）。以李鸿章为代表的官僚与洋人密切合作，"一方面力求保存封建的统治秩序，一方面开始发展了对资本主义的崇拜心理，不仅崇拜欧洲的'物质文明'，而且赞美帝国主义统治世界的秩序"。"他们实际上是努力把衰朽的封建统治制度按照外国资本主义侵略者的要求而纳入殖民地、半殖民地的模式里

[①] 《胡绳全书》第5卷，第433、434、436页。

去。"自 1873 年起，中国开始出现了民用性质的企业，中国的社会经济由此而发生了重要变化：一部分官僚逐渐向资产阶级转化，产业工人数目逐渐增加。中国陷入了资本帝国主义的世界市场中，"中国广大人民（其中主要是农民）的生命已被这个世界市场所支配"。侵略者控制了中国的海关，再加上贷款，这就使得"封建政权在经济上逐渐地成为依赖外国资本主义而生存了"。在民族危机日益加深的时代，知识分子中渐次酝酿着一种改良主义思潮，胡绳认为，这些改良主义的知识分子，"和兴办洋务的买办官僚的界限不是很清楚的，他们对于封建制度不是站在根本对立的地位"。

第三章题为资产阶级改良主义运动和失败了的农民反侵略斗争（1895—1901）。甲午战后，帝国主义侵略的压力激发了广大人民的反抗，农民暴动此伏彼起，革命形势步步高涨。代表资产阶级要求的戊戌变法被顽固势力扼杀，改良主义的失败昭示着革命的暴风雨的来临。义和团运动从朴素的反侵略思想出发，进行自发的反帝斗争，"封建顽固势力竭力煽动其单纯排外的情绪以麻痹其反封建的意识"。没有先进阶级的领导，义和团就只能仍是属于旧式的单纯农民革命运动的范畴。

第四章论述资产阶级领导的革命运动及其失败（1901—1912），革命派未能摆脱对帝国主义的幻想，又不能把信心寄托在广大人民的力量上，同时，他们又自认为"是全体人民的利益的代表者，自信能掌握局势"，而且"他们又以主观的社会主义空想来使自己相信可以避免下一步的阶级分裂"。他们纲领上的历史局限性决定了辛亥革命不可能完成它的历史使命，袁世凯利用革命者的软弱，在帝国主义支持下，夺取了革命果实，这样，"就只有一纸《临时约法》，作为资产阶级的软弱的民主革命理想的表现而在风雨飘摇中残存着，并成为对这个理想的一种讽刺"[①]。

第五章题为资产阶级革命的幻灭，帝国主义大战和俄国十月革命时期的中国，五四运动（1912—1919）。在反袁斗争中，"地方军阀和政客官僚照抄辛亥革命时的老文章，利用人民中的反袁情绪来谋自己的权力"。"在各个帝国主义国家的操纵指使下，中国形成了北洋军阀统治并在各派

[①] 以上引文见《胡绳全书》第 5 卷，第 444—496 页。

军阀间互相火并的局面。"① 中国民族资本主义在一战期间得到了迅猛发展，工人阶级数量激增。俄国十月革命促进了马克思主义的传播，无产阶级在五四运动中第一次登上政治舞台，近代史由此终结，一个新的革命时代来临了。

胡绳的这个提纲虽然较为简略，但是里面包含着他对于中国近代史的基本认识和后来他对中国近代史学科体系的基本构想。《中国近代史提纲》和《中国近代历史的分期问题》共同确立的基本框架成为后来中国近代史教科书的一个依据和典范。

几乎与《中国近代史提纲》写作同时，胡绳在1954年《历史研究》创刊号上发表了《中国近代历史的分期问题》一文。此文的发表，在历史学界引发了一场关于如何用马克思主义观点观察和研究中国近代历史的大讨论。1957年，《历史研究》编辑部汇集了三年间学者讨论文章予以出版，题名《中国近代史分期问题讨论集》。这次讨论，对于中国近代史学界学习马克思主义基本理论，学习唯物史观，认识近代中国历史的基本线索问题，起到了有力的推动作用。②

应该看到，胡绳对中国近代历史进行分期的想法同当时的学术背景密切相关，苏联历史学界在《历史问题》杂志上展开的"苏联历史分期问题"的讨论，也给了胡绳以启示。胡绳在文章中首先界定中国近代史的分期问题，即指"从鸦片战争到五四运动约80年间的历史应该如何细分为若干阶段、若干时期的问题"。讨论这个问题意义何在呢？在他看来，"正确地解决了分期问题，就是从中国近代历史的复杂的事实中找到了一条线索，循此线索即可按照发展程序把各方面的历史现象根据其本身的逻辑而串连起来。因此分期问题可以看做是解决结构问题的关键。"胡绳对以往近代史研究的著作进行分析，认为这些著作由于缺乏对近代史基本线索的把握，未能科学分期，因而存在着相当的欠缺。1949年前资产阶级学者要么放弃分期，要么仅仅看到历史发展中的某一片面，从历史的表象去分

---

① 《胡绳全书》第5卷，第501页。
② 参见张海鹏《中国近代史研究的理论和方法》，曾业英主编：《五十年来的中国近代史研究》，上海书店2000年版。

期,而不能反映出"历史发展中的本质的东西"。比如孟世杰的《中国最近世史》,把鸦片战争到戊戌维新前称为"积弱时期",把戊戌维新到辛亥革命称为"变政时期",而把辛亥革命以后称为"共和时期"。由于浮于历史表象,这样的分期并无意义。早期用马克思主义研究中国近代史的学者,虽然企图以阶级分析方法来说明中国近代历史,但是在实际中放弃了分期的办法,而采用类似于"纪事本末体"的叙述方法,因而"往往会错乱了各个历史事件的先后次序,拆散了许多本来是互相关联的历史现象,并使历史发展中的基本线索模糊不清",而且易造成"眼前只看见某一些政治事件",[①] 忽视社会生活、经济生活和文化生活。所以,中国近代史分期问题不仅是一个时间划分的问题,而且关系着中国近代史的理论框架能否建立的问题,也涉及中国近代史研究中的一系列基本理论和方法问题。

要解决分期的问题,必须先确定分期的标准,"这也就要确定,我们在叙述中国近代史时,主要的任务是说明什么,以什么来做基本的线索",实际上涉及对于中国近代史基本内涵的理解。胡绳对以往近代史著作中的两种分期标准提出了批评:以帝国主义的侵略形态做划分时期的标准,则"只看到侵略的一面,而看不到或不重视对侵略的反应这一面",这正是"历来资产阶级观点的近代史著作中的主要缺点之一",胡绳强调对侵略的反应这一方面,体现了他对历史本质的深刻洞见;单纯以社会经济生活的变化来作为划分时期的标准,也并不妥当,因为"上层建筑的变化,并不是亦步亦趋地随着经济基础的变化。特别是因为半殖民地半封建社会是一种过渡性的社会,上层建筑的某些方面的变化要比经济基础的变化更为激烈一些,因而如果我们不是全面地考察当时社会的基础与上层建筑,我们就不可能恰当地进行分期"[②]。因而,"把历史分期建基在纯经济性的现象上,便必然会走到经济唯物论的立场上去"[③]。在分析以往分期方法的利弊得失之后,胡绳提出,"我们可以在基本上用阶级斗争的表现来做划分时

---

① 《胡绳全书》第 2 卷,第 153—156 页。
② 同上书,第 156 页。
③ 石父辑译:《苏联历史分期问题讨论》,中华书局 1952 年 4 月初版,第 8 页。

期标志",他认为,"中国近代史著作的基本任务就是要通过具体历史事实的分析来说明在外国帝国主义侵略中国的条件下,中国社会内部怎样产生了新的阶级,各个阶级间的关系发生了些什么变化,阶级斗争的形势是怎样地发展的"。胡绳从阶级斗争的视角去考察中国近代史,反映了在中国近代史研究中运用唯物史观的努力。他进一步指出,阶级分析法并不在于将各个事变、各个人物简单地贴上阶级标签,这种做法恰恰背离了马克思主义阶级分析法的实质,是将阶级分析法庸俗化、概念化的做法。真正的阶级分析法应该是"使历史研究真正渗透着马克思主义的思想力量",并"善于通过经济、政治和文化现象而表明在中国近代历史舞台上的各种社会力量的面貌和实质,它们的来历,它们的相互关系和相互斗争,它们的发展趋势"。① 胡绳的上述观点,"应该说,这是第一次向学术界提出了用马克思主义研究中国近代史的任务,从学术上提出了要使历史研究真正渗透马克思主义思想的力量的重要观点"②。

在确立以阶级斗争的表现作为中国近代史的分期标准的基础上,胡绳力图构建一个完善的中国近代史的理论框架。他认为,"中国革命中的阶级力量的配备到了十月革命和五四运动后起了一个大的变化,无产阶级作为一个独立的自觉的力量登上历史舞台并成为革命的领导力量,这就给中国革命打开了一个新的局面,从此开始了新民主主义革命的时期"。"把中国现代史和中国近代史划分开来,就是以这点为根据。我们对现代史中的分期也是以在无产阶级领导下的新民主主义革命的各个阶段为根据的。"③胡绳从革命史的角度,将中国近代史界定为中国旧民主主义革命时期,属于资产阶级革命的范畴。根据毛泽东的论述,中国民族民主革命以五四运动为界,以前为旧民主主义革命时期,以后为新民主主义革命时期。决定这一变化的关键因素在于革命领导力量的变化。毛泽东的这一论断成为中国近代史学界的理论基础,是通过胡绳的阐述和学术界的讨论,得到中国近代史学者的广泛认同的。

---

① 《胡绳全书》第2卷,第158、159页。
② 张海鹏:《中国近代史研究的理论和方法》,《五十年来的中国近代史研究》,第3页。
③ 《胡绳全书》第2卷,第163页。

胡绳在文中提出了中国近代史存在"三个革命运动高涨的时期",也就是"社会力量的新的配备通过激烈的阶级斗争而充分地表露出来的时期"。1851—1864年的太平天国革命运动,是第一次革命运动的高涨,此时"中国社会内部还没有形成资本主义的生产关系,所以历史的推动力量仍只能是农民这一个阶级"。甲午战争以后出现了中国近代史第二次革命运动的高涨,以戊戌维新和义和团运动为标志。农民革命与资本主义思想在第二次革命高涨期间虽然并存,但是彼此隔膜,互不相关。1905年开始了第三次革命运动的高涨,最终归结为辛亥革命。资产阶级革命派虽然"一般地缺乏彻底的反帝国主义、反封建主义的纲领,表现了它的先天的软弱性,但它当时不但提出了资本主义的革命理想,而且为实行革命,在一定程度内进行了对工人、农民力量的发动。因此,历史发展的动力在这时期是集中到了资产阶级革命派手里"。但最终结局是,"小资产阶级革命分子给自由资产阶级牵着走,自由资产阶级又让自己为资产阶级化的地主阶级所同化,而后者则把革命带到了向大地主大资产阶级及其后台——外国帝国主义投降的路上去"①。胡绳的三次革命运动高涨概念成为中国近代史学科体系的核心概念。"三次革命高潮是中国近代政治史中一个统率全局的重要概念。它表明作者是采用马克思主义的阶级观点和阶级分析的方法来处理史料,来看待近代中国的历史进程的。在中国近代史的研究上,它是马克思主义的史学家区别于解放前资产阶级的、封建阶级的史学家最重要之处。我国史学界虽然在这个概念的具体内涵的表述上,或者在某次革命高潮的评价,与胡绳有不尽相同的认识,但大体上,大家是接受这个概念的。这反映在大学的讲堂上,也反映在有关中国近代史的主要出版物中","从政治史或者革命史的角度来观察,这个概念的提出,是反映历史实际的。固然,从经济史、思想史、文化史或者从近代化史的角度观察中国近代史,可以从各相关专业的需要出发提出不同的、反映各相关专业历史实际的某些概念,但是,从中国近代史的全局衡量,恐怕都要考虑三个

---

① 《胡绳全书》第2卷,第159、161、162页。

革命高潮概念的统率、制衡作用"①。

胡绳的这篇文章提出的问题，事关如何运用马克思主义指导中国近代史研究的根本方向问题，文章甫经发表，引起了近代史学界的热烈反响。论辩的焦点在于分期的标准，胡绳提出的以阶级斗争作为分期标准的观点，得到戴逸、章开沅、荣孟源、王仁忱等的赞同，戴逸和章开沅还指出了胡绳的表述中不尽完善之处。戴逸认为，广义概念的"阶级斗争"应该包含斗争锋芒对内对外的区别，在分期时应予以考虑；章开沅则对于阶级斗争表现的具体理解同胡绳存在着某些分歧。范文澜也就中国近代史分期问题发表了自己的看法，他认为，"帝国主义及其走狗的经济政治压迫和中国人民的民族民主革命，成为贯穿这一历史时期的根本矛盾，也就成为贯穿各个事件的一条线索"②，从而提出以中国近代社会的主要矛盾为分期的标准。这与胡绳的观点并无根本的区别，因为他们所依据的都是毛泽东的"两个过程论"，只是理解的角度与表述的方式的差异。金冲及主张"分期的标准应该是将社会经济（生产方式）的表征和阶级斗争结合起来考察，以找出中国近代历史发展各个阶段中的特点"③。实际上，这种意见也只是胡绳观点的补充，因为阶级分析法必然要结合对社会经济的考察，阶级本身就是一个经济概念，阶级斗争的本质，指的是代表不同利益的社会集团在政治上的斗争。

这次引发中国近代史分期问题的讨论，是1949年后中国近代史学界在学习和运用唯物史观研究中国近代史的一次重要尝试。这次讨论推动了中国近代史学科的建设，奠定了中国近代史研究学科的发展基础。由于政治环境相对宽松，论辩各方坦陈己见，体现了百家争鸣的良好学术风气。胡绳构建的中国近代史解释体系得到了学术界的基本认同，近代史学者普遍接受"阶级斗争是划分中国近代历史时期的标准"，近代中国人民反帝反封建斗争的发展是近代中国历史发展的主要脉络和基本线索。通过讨

---

① 张海鹏：《中国近代史的分期及其"沉沦"与"上升"诸问题》，《近代史研究》1998年第2期。

② 范文澜：《中国近代史的分期问题》，《范文澜集》，中国社会科学出版社2001年版，第136页。

③ 金冲及：《对于中国近代历史分期问题的意见》，《中国近代史分期问题讨论集》，第44页。

论，中国史学界大致达成一个共识：对于像近代中国这样阶级矛盾错综复杂、阶级变动频繁的阶级社会，只有用阶级分析法才能抓住近代中国的特质，把握近代中国发展的主线，揭示出历史真相；否则只会局限于描述历史表象，无法揭示历史发展的规律。马克思主义指导下的中国近代史学科体系，至此开始趋于明晰、完备和成熟，并且被全国高等学校历史系中国近代史教学大纲所采纳，得到强有力的政治支持。胡绳提出的"'三次革命高潮'的提法根据革命形势的涨落把握近代历史发展变化的脉络，体现了传统规范的精神而又简约明了，对于推动传统规范指导下的常规研究发生过重要作用"[①]。胡绳的这篇文章，在中国近代史学科发展史上，无疑具有里程碑式的意义。

这次讨论的主题是中国近代历史的分期问题。所谓中国近代史，胡绳非常明确地局限在1840—1919年之间，这次讨论把中国近代史的时限范围，限制为1840—1919年间的历史。从这时开始，中国历史学界出现了中国近代史和中国现代史的明确分界，分界线就是1919年发生的五四运动。此后，学术界往往把1919年五四运动以后的历史称作中国现代史，而把1919年上溯到1840年鸦片战争的历史称作中国近代史。有关中国近代史的出版物，包括学术著作和教科书以及通俗读物，大多数也都以1919年五四运动为下限；有关中国现代史的出版物，绝大多数以1919年为上限。换一句话说，把旧民主主义革命时期的历史称作中国近代史，而把新民主主义革命时期的历史称作中国现代史。在这样的认识氛围下，范文澜在1955年出版的《中国近代史》"九版说明"中特别指出："《中国近代史》上册，是1945年我在延安时写的，当时原想把旧民主主义革命时代和新民主主义革命时代的历史一气写下来，将旧民主主义革命时代划归上编，新民主主义革命时代划归下编，本书则是上编的第一分册。现在因为近代史与现代史已有明确的分期，故将此书改称为《中国近代史》上册。"[②] 这一次改动，对以后中国近代史书的编纂影响甚大，中国近代史的时限概念几乎就定在1840—1919年。

---

① 张亦工：《中国近代史研究的规范问题》，《历史研究》1988年第3期，第54页。
② 范文澜：《中国近代史》上册，人民出版社1955年版，"九版说明"。

尽管如此，许多研究者并不赞成中国近代史的下限定在1919年。如林敦奎1956年6月4日在中国人民大学第六次科学讨论会上提出，中国近代史的下限应延长至1949年；荣孟源在1956年第8期《科学通报》发表《关于中国近代史分期问题的讨论》的文章，主张中国近代史断限在1949年9月；范文澜在1956年7月为政协全国委员会中国近代史讲座所做的报告，也主张中国近代史的下限在1949年；刘大年1959年在《中国近代史研究中的几个问题》[①]一文中以及1964年在向外国历史学者介绍新中国的历史科学时，也持这种观点。

把中国近代史的下限定在1919年，显然是对半殖民地半封建社会的割裂，不利于对整个半殖民地半封建社会历史进程、历史特点的把握和认识，在一定的意义上可以说限制了对整个近代中国历史的完整了解。

《从鸦片战争到五四运动》是一部脍炙人口、影响深远的近代史著作，该书"充满了一个深深参与、密切关注现实政治生活而又研究中国近代史的大学者、大专家的聪慧和眼力。他处理复杂的近代史料，往往居高临下，给人以驾轻就熟、游刃有余的印象"[②]，因而"条分缕析，议论恢弘，在一定程度上体现了作者刻意追求的马克思主义的思想力量，对教学和研究工作以及对广大群众的爱国主义教育产生重大影响"[③]。

这部著作虽于1981年初版，实际上是他在1954年所写的《中国近代历史的分期问题》所提出的"三次革命高涨"概念下论述1840—1919年间80年的中国历史的一部书，也是他在50年代提出的《中国近代史提纲》的写作实践。在具体的历史分期问题上，胡绳对50年代提出的方法有所修正，他"把每次革命高潮时期和在它以前的准备时期合并起来"，从而将中国近代史分为四个时期：一、从鸦片战争到太平天国失败（1840—1864）；二、从太平天国失败后到义和团运动（1864—1901），三、从义和团运动失败后到辛亥革命（1901—1912），四、从辛亥革命失

[①] 刘大年：《中国近代史研究中的几个问题》，《历史研究》1959年第10期，转引自《刘大年史学论文选集》，人民出版社1987年版，第247页。

[②] 张海鹏：《评胡绳著〈从鸦片战争到五四运动〉再版》，《追求集——近代中国历史进程的探索》，第423页。

[③] 张海鹏：《中国近代史研究的回顾》，《追求集》，第116、117页。

败后到五四运动（1912—1919）。①

　　胡绳提出的"三次革命高潮"概念虽然被大多数学者所接受，但也有人对第二次革命高潮提出疑义，认为义和团不能算作一次革命高潮。胡绳在《从鸦片战争到五四运动》的原版序言中再次重申了他50年代的意见，即第二次革命高潮是包含戊戌维新和义和团运动二者在内的，他强调指出，"在充分估计义和团运动的反帝斗争的意义的时候，必须看到它具有的严重弱点；同时，也不能因为在当时的历史条件下，义和团运动不可能发展为一个健康的反帝斗争，就把它的历史地位抹煞掉"。"义和团虽然是传统的农民斗争形式的继续，但是把打击的矛头直接指向帝国主义侵略势力，而且义和团运动时期已经有了资产阶级倾向的政治力量"，因此，将戊戌维新和义和团运动纳入第二次革命高潮是勿庸置疑的。也有学者提出，洋务运动开启了中国的现代化，也应被视为中国的进步潮流，应给予更高的评价。胡绳在初版前言中提出，"本书不认为有理由按照'洋务运动—戊戌维新—辛亥革命'的线索来论述这个时期的进步潮流"②，从而全面坚持了三个革命高潮的观点。

　　1995年11月到12月间，胡绳年近80高龄，以抱病之躯，再次通读了这部著作，并做了修改，于1997年再版。比照两个版本，可以充分感受到胡绳治学严谨、精益求精的精神。他及时吸收近代史研究的新成果，订正了一些史实。在力求避免初版的缺失的同时，对于初版的基本论点和总体体系，胡绳认为"现在还不觉得有修改的必要"，从而全面坚持了初版著作的核心的价值取向。通过作者的精心修订，再版比初版又有了改进。我们的分析主要是基于1997年的再版。

　　1840—1919年间80年的历史，饱含着中国人民备受帝国主义和封建统治者摧残的血和泪，也充满了中国人民英勇反抗中外反动势力的剑与火，其风云激荡、瞬息变幻可谓亘古未有。作者深入于浩如烟海的史料之中，从历史事实出发，创造性地运用马克思主义历史观点和方法，通过归

---

　　① 《从鸦片战争到五四运动·序言》（1980年），《胡绳全书》第6卷（上），人民出版社1998年版，第26、27页。

　　② 同上书，第25页。

纳、提炼，整理出典型的史料，论述帝国主义如何步步加深对中国的侵略，将中国变为他们的殖民地、半殖民地，在这种侵略下，中国社会经济形态发生了什么变化，新的阶级力量、新的社会思潮又是如何产生和发展，中国的社会阶级矛盾和民族矛盾是如何糅合在一起展现着复杂的形态；面临深重的民族危机，中国人民是如何从沉睡中觉醒，逐步提高觉悟，进行由自发到自觉的反帝反封建的革命斗争，挽救民族危亡。从而揭露了外国侵略势力的凶残和封建统治者的腐朽，讴歌中国人民艰苦卓绝的反抗斗争和一代又一代志士仁人寻求救国救民真理的艰辛探索，真实地再现了近代中国波澜壮阔的历史画面，反映了中国由黑暗走向光明的艰难历程。胡绳的贡献不仅在于他提出"三次革命高涨"的概念，也不仅在于他以"三次革命高涨"概念为骨架结构全篇，铺陈成这部煌煌巨著，更在于他在这部书中，通过对80年间中国社会阶级力量的发展、演变的论述，阐明了这三次革命高涨的各自特点和承继关系，说明前一高涨发展到后一高涨的根本原因及历史必然性。第一次革命高涨的太平天国运动，动摇了封建社会的旧秩序，农民是革命的唯一动力，他们不能得到任何别的阶级的赞助；第二次革命高涨由民族资产阶级上层领导的戊戌维新运动和农民阶级发起的义和团运动构成，二者产生于同样的历史背景之下，却彼此互相隔膜，革命的失败不可避免；继之而起的代表民族资本中下层的资产阶级革命派在政治上和思想上领导了辛亥革命，形成了第三次革命高涨，资产阶级革命派在一定程度上实现了与以农民为主体的下层民众的结合，从而达到旧民主主义革命的最高峰。作者指出，在无产阶级独立登上历史舞台之前，中国革命的主要动力来自于农民阶级和资产阶级，这两个阶级的分离和结合，形成了三次革命高潮环环相扣而又各具特色的历史景观。作者通过分析三次革命高涨的历史背景与阶级力量配备的变化，论述从单纯的农民战争到资产阶级领导的革命运动的发展过程，揭示了它们之间的内在的逻辑关系。

范文澜的《中国近代史》上册有前驱先路的功绩，但由于是初创，限于当时的条件，尚有一些不尽令人满意的地方，胡绳的《从鸦片战争到五四运动》又有了新的超越，堪称是一部集大成的巨著。一方面，它是胡绳对近代中国历史总体认识的一个完整体现，是胡绳用阶级分析法的武器解剖中国近代史的结晶,也是胡绳构建其宏大的中国近代史理论解释体系的一个典范;另一方面,这部书又是集各家研究之大成的著作,作者虚怀若谷,对于近代史学界的各项研究成果兼收并蓄,及时吸纳,力图体现最高的学术水平。概而言之,这部著作在宏观把握上高屋建瓴,气势恢弘;在微观剖析上细致入微,条分缕析。纷繁复杂的历史现象在书中都给予了科学的阐释,从杂乱的历史事件中寻绎出的历史发展的规律能够落到实处。

1949年以后,为适应时代的需要,胡绳主要致力于中国近代史研究宏观解释体系的建构,他所提出的"三次革命高涨"概念和关于近代史分期的理论,得到近代史学界的普遍认同,并进而形成较为系统完善的近代史研究的学科体系。新的学科体系的建立不仅为这一时期的近代史研究提供了理论框架前提,也为研究者提供了交流对话的平台,同时其自身的形成、发展也构成了这一时期全部中国近代史研究成果中最深刻、最本质之所在。胡绳作为这一学科体系的最主要的创立者,他的功绩无疑是里程碑式的。与此同时,胡绳在他所构建的理论缜密、逻辑谨严的解释体系的基础上,以生产力和生产关系、经济基础和上层建筑的辩证关系为底色,高屋建瓴地对近代史进行宏观把握,融合自己数十年的研究之功,吸纳其他学者的先进研究成果,完成了中国近代史典范性的巨著——《从鸦片战争到五四运动》。这部著作在当时可算是一部反潮流的作品,是作者"对'文化大革命'所造成的一种很有害的学风和文风多少表现了一点抵制"①。相对于1949年以前的著作,其科学性、学术性进一步增强了,其基本观点、价值取向对中国近代史研究的影响延续至今。

胡绳所构建的理论框架以革命史为中国近代史的主干,以阶级斗争作为主线,显示了其理论的卓越之处,抓住了中国近代史最为本质核心的东西。但毋庸讳言,这个框架当然无法涵盖近代中国的所有内容,它对后来研究者的学术创新的制约也是存在的,虽然这绝非初创者的本意。主要表现在:由于过分强调从政治角度来铺叙中国近代史,对社会、经济、文化等方面则相对忽视;由于过分强调阶级斗争是历史发展的动力,势必会忽视生产力和其他社会力量对历史发展所起的作用,"结果是多元发展的历

---

① 《漫谈〈八十自寿铭〉》,《胡绳全书》第7卷,第184页。

史成了一元化的线性公式"①。

应该承认，历史学家笔下的历史都具有时代精神和个人风貌特征的，胡绳所构建的理论框架在新的时代，要不断迎接新的挑战，也是一种历史的必然。

胡绳晚年的中国近代史研究：变与不变的辩证法

1978年，胡绳年过60岁。他的中国近代史研究也进入了新的阶段。除了繁重的领导工作和社会活动（1985年他担任中国社会科学院院长，又兼任中共中央党史研究室主任，还任全国政协副主席）以及理论撰述外，他还在从事中国近代史的研究。从1979年到1990年，他发表的涉及中国近代史的论文和文章，有13篇之多。1991年，他还领导并主持编撰、出版了《中国共产党的七十年》一书。这些论著表现了胡绳晚年的研究仍生气勃勃，屡有新见。《论孙中山的社会主义思想》尤其显出作者的睿智，学者曾给予评论。②《中国共产党的七十年》至今仍被认为是最权威的一本中共党史。1949年前的中共党史，也是中国近代历史的内容之一，但本书所写中共党史的时限已超出了1949年，加上中共党史已成为单一学科，不在本文论述的范围。

胡绳晚年对中国近代史学科的思考之一是对中国近代史时限的反思。

20世纪50年代确立的中国近代史是1840—1919年的中国历史，主要是胡绳的意见。通过学术界的讨论，大部分学者接受了这一见解。但是，这样的分期法割裂了1840—1949年近代中国这个整体，因为这个110年

---

① 沈渭滨：《蒋廷黻〈中国近代史〉导读》，第46页。
② 参见张海鹏《孙中山社会主义思想研究评说》，文章指出："胡绳《论孙中山的社会主义思想》一文，不仅详细分析了孙中山社会主义思想的发展过程，尤其透彻地分析了"孙中山的主观社会主义中的某些弱点，也是中国共产党人曾经有过，通过实践才逐步加以克服，甚至现在还在克服着的。孙中山和中国共产党人同样生活在中国现代的社会历史条件下，因而某些想法有共同性"，如关于实行社会主义很容易的观点，不仅孙中山身上存在，共产党人身上也存在（直到今天是否已完全克服了?)，是对研究者一个重要提示。胡绳是用马克思主义研究中国近代史的大家，他研究孙中山的社会主义思想，与共产党人的社会主义事业联系起来考虑，体现出作者睿智的目光，给人以深刻启迪。"载《追求集——近代中国历史进程的探索》，第280、281页。

是一个特殊的历史社会形态,"即在封建社会崩溃中被卷入资本主义世界的半殖民地半封建社会"。因此,这种研究体系不利于了解和把握中国历史发展的全过程,不利于总结近代中国历史发展规律。① 诚然,我们应该看到,当时把1919年作为中国近代史的下限,有其历史合理性。但是,随着时代前进,这一界定的局限愈发显现。解铃还须系铃人,胡绳在反思中曾多次建议打通1840—1949年,作为完整的中国近代史。早在1981年《从鸦片战争到五四运动·序言》中,胡绳就提出,"在中华人民共和国成立已经超过30周年的时候,按社会性质来划分中国近代史和中国现代史,看来是更加适当的"②。1983年在《谈党史研究工作》的谈话中,他也指出"中国近代史是指半殖民地半封建时期的中国历史"③。1997年在为《近代史研究》创刊100期表示祝贺时,他重提这个建议:"把1919年以前的80年和这以后的30年,视为一个整体,总称之为'中国近代史',是比较合适的。这样,中国近代史就成为一部完整的半殖民地半封建中国的历史,有头有尾。1949年中华人民共和国成立以后的历史可以称为'中国现代史',不需要在说到1840—1949年的历史时称之为'中国近现代史'。"④ 胡绳以他的声望,登高一呼,再加上学者的及时跟进,做出进一步的论证,⑤ 无疑有助于统一史学界在这一问题上的认识。

胡绳在完成《从鸦片战争到五四运动》后,曾规划续写《从五四运动到人民共和国成立》,就是要实施他的这一建议。1995年初,胡绳约丁伟志、徐宗勉两位先生谈及续写中国近代史的构想,请丁、徐二人协助组成课题组,承担起草的具体事务。此后,胡绳就写作这一中国近代史续编的一些设想,与课题组成员作过十次谈话。胡绳的谈话记录被收入《胡绳全书》第7卷。这十次谈话,对五四以后三十年的历史事件、历史人物做了扼要而精辟的论述,视角独到,见解新颖,发人所未发。其中有些论述澄

---

① 陈旭麓:《关于中国近代史线索的思考》,《历史研究》1988年第3期。
② 胡绳:《从鸦片战争到五四运动·序言》,人民出版社1981年版,第1页。
③ 《谈党史研究工作》,《胡绳全书》第3卷(下),人民出版社1998年版,第544页。
④ 胡绳题词见《近代史研究》1997年第4期(100期纪念号)。
⑤ 1998年张海鹏曾在《光明日报》和《近代史研究》先后发表有关中国近代史分期的文章,呼应胡绳的分期主张,参见《中国近代史的分期即"沉沦"与"上升"诸问题》,载《追求集——近代中国历史进程的探索》。

清了以往人们的种种模糊认识，纠正了以往的一些谬误说法，因而具有极高的思想价值。可惜天不假年，他的续写中国近代史的宏愿未能实现。

"20世纪中国近代史研究取向的变化，折射着20世纪中国社会历史本身的变迁，尤其是折射着100年来中国社会政治思潮的起伏涨落。"[①] 改革开放以后，学术界对中国近代史研究进行了深刻的反思，部分研究者不满足于中国近代史学科体系的固有模式，要求突破并探索更能反映中国近代史全局的新模式，所谓"现代化史观"迅速崛起，并对所谓"革命史观"构成了挑战。

为了回应时代的挑战，胡绳在深入思考的基础上，对自己原来的理论框架做了一定的调整，颇有新见，引起反响。可见，胡绳并不是一个固步自封的学者。有论者极力夸大胡绳晚年思想之"新"之"变"，似乎晚年的胡绳全面否定了此前的自我，乃至于脱胎换骨了。这种夸大无疑是对胡绳晚年思想变化的曲解。其实，胡绳历史观的"变"，只是对原来理论构架的修正与完善，对于贯穿于中国近代史研究中的唯物史观的核心价值，胡绳是一以贯之、毫不松动的。他以一位洞察历史的老人的智慧，执着地坚持着自己探索到的真理，而绝不盲从于潮流。相反，在一些趋新好异的违背基本历史事实的所谓"新潮"前面，胡绳是力挽狂澜的中流砥柱。

胡绳晚年的中国近代史研究，充满了变与不变的辩证法。

关于现代化问题的讨论。改革开放以来，"现代化事业成为国家和人民共同关注和进行的主要事业，这很自然影响到中国近代史研究者的视线"[②]，有学者提出以现代化为主题重写近代史的主张。对近代中国的现代化问题，胡绳在晚年进行了深入思考，并且阐发了一些新的观点。在《从鸦片战争到五四运动》1997年的再版序言中，胡绳对于此时学界较为热衷的现代化问题作了系统论述。他认为，"在中国近代史中，现代化也就是工业化和与工业化相伴随着的经济、政治和文化等各方面的变化。从19世纪后期到20世纪初期的中国，现代化就是资本主义化"[③]。胡绳明确指

---

① 张海鹏：《中国近代史研究理论方法的探索与评论》，《东厂论史录》，广东人民出版社2005年版，第21页。
② 同上书，第22页。
③ 《〈从鸦片战争到五四运动〉再版序言》（1995年），《胡绳全书》第6卷（上），第9页。

出，以现代化为主题来叙述中国近代历史不失为一种可行的思路，而且很有意义。①

胡绳这些话曾被有的学者解读为对革命史观的否定，对所谓"现代化史观"的全盘接纳，②并被那些力主以是否有利于现代化为标准来臧否一切历史事件与人物的学者引为理论支援。这种看法颇有断章取义之嫌，毋宁是对胡绳思想的误读。胡绳的本意是将从现代化视角来解读中国近代史作为一种有价值的尝试，作为革命史视角的一种有意义的、必要的补充，而绝不是主张仅仅以现代化视角、用现代化理论来揭示整个中国近代史。

胡绳在阐明这个问题时，还有一些更为重要的论述往往被人忽略。他明确指出："以现代化为中国近代史的主题并不妨碍使用阶级分析的观点方法。相反的，如果不用阶级分析的观点和方法，在中国近代史中有关现代化的许多复杂的问题恐怕是很难以解释和解决的。"因为，要分析近代中国的现代化问题，就要分析"从1840年鸦片战争以后，几代中国人为实现现代化做过些什么努力，经历过怎样的过程，遇到过什么艰难，有过什么分歧、什么争论"。这些都是中国近代史中的重要题目。胡绳指出，在帝国主义侵略的压力下，"中国近代史中的现代化问题不可能不出现两种倾向。一种倾向是帝国主义允许的范围内的现代化，这就是，并不要根本改变封建主义的社会经济制度及其政治和意识形态的上层建筑，而只是在某些方面在极有限的程度内进行向资本主义制度靠拢的改变。另一种倾向是突破帝国主义所允许的范围，争取实现民族的独立自主，从而实现现代化。这两种倾向在中国近代史中虽然泾渭分明，但有时是难以分辨的"。他认为，要澄清对于近代中国的现代化问题的模糊认识，必须对这两种截然不同的"现代化"加以区分，而"要说清楚这两种倾向的区别和其他种种有关现代化的问题，在我看来都不可能离开马克思主义的阶级观点和阶级分析"③。事实上，力主"以现代化为纲"来改铸中国近代史的学者，正是否定以阶级斗争为主线来解释中国近代史，混淆了历史与现实的界

---

① 《〈从鸦片战争到五四运动〉再版序言》，《胡绳全书》第6卷（上），第8页。
② 徐晓旭：《胡绳晚年历史观的变化》，《南通工学院学报》2004年第2期，第12页。
③ 《胡绳全书》第6卷（上），第8—10页。

限,将现实中搞的现代化,与近代史上的半殖民地半封建社会范围内的畸形现代化混为一谈。

胡绳认为,前一种倾向实际上不可能实现真正意义上的现代化,洋务运动是这一倾向的代表,它的根本目的并不是发展资本主义,并不是追求真正意义上的现代化,而是维护封建专制统治,它的宗旨与现代化的目标是背道而驰的。正如费正清指出:"19世纪60年代中国对外部世界和内部叛乱的双重威胁所做的基本反应,就是重新确立或'中兴'旧的儒家制度,而不是使之现代化。"① 学术界不少学者提出应该从促进现代化的角度对洋务运动全面肯定,极力拔高洋务运动的历史地位,胡绳明确表示不能认同。

胡绳特别强调,近代中国的两大课题是民族独立和现代化,"现代化必须和民族独立问题联在一起,中国现代化不能离开独立的问题"②,民族独立是真正意义上的现代化的必要前提。以首先解决现代化为突破口来解除近代中国的恶性循环被证明只是一种不切实际的空想,"只有先争取民族的解放和国家的独立,才能谈得到近代化的政治、经济、文化的建设"③。某些人居然说中国如果当过几十年殖民地,就会实现现代化,胡绳愤怒地斥之为"极端无知的昏话"④。

因此,在胡绳晚年的历史观中,为回应时代挑战,他将现代化视角融入他所构建的宏大而缜密的唯物史观理论体系,从而使其理论体系更为完善,具有更强的解释力。胡绳没有简单地否定现代化史观,而是从唯物史观的高度阐明如何看待中国近代历史上的现代化问题。

关于中间势力的讨论。胡绳晚年提出中国近代历史上的中间势力问题,并且做了充分的论述,见解新颖,醒人耳目。

胡绳认为,在新民主主义革命历史上,国共两党当然是矛盾斗争的两极,一个是大地主大资产阶级,一个是无产阶级。这两极之间,还存在相

---

① 费正清、赖肖尔:《中国:传统与变革》,陈仲丹等译,江苏人民出版社1992年版,第318页。
② 《关于撰写〈从五四运动到人民共和国成立〉一书的谈话》,《胡绳全书》第7卷,第74页。
③ 《关于近代中国与世界几个问题》(1990年),《胡绳全书》第3卷(上),第77页。
④ 《〈从鸦片战争到五四运动〉再版序言》,《胡绳全书》第6卷(上),第9页。

当多数的中间势力，他们最后的选择决定了人心向背，进而奠定了革命胜利的基础。但是以往的历史书对中间势力的重要性有所忽视，因而着意淡化处理，从而难免有将复杂丰富的历史简单化的趋向。

胡绳对中间势力的界定有异于我们以往的认识，也有异于他在1946年的论述。在40年代写的时评中，他指出中国不是一个高度成熟的资本主义国家，因而也并非把一切政治矛盾都集中在资产阶级与无产阶级的对立上，"小资产阶级、职员、小商人、民族资产阶级，甚至经济地位与社会地位摇摇欲倒的中小地主……这样许多成分的人构成了这个庞大的中间阶级"①，而工农是革命的依靠、基础。90年代，胡绳认为"实际上工农、小资产阶级只是革命的可能的基础。就阶级说，它们是革命的，就具体的人说，它们当中大多数在政治上是处于中间状态，不可能一开始就都自动跟共产党走"。"这一部分人可以走社会主义道路，也可以走资本主义道路"。胡绳在这里将作为阶级整体的工农与具体个人的工农分子加以区分，这一种区分是颇具洞见的，它大大扩充了中间势力的外延。胡绳视野中的中间势力，在职业上实际上涵盖了工人、农民、知识分子和工商界人士。那么，真正处于对垒两极的只居于少数，中间势力才是大多数。

如果没有更为先进阶级的引导，"中间的力量自发顺着的是走资本主义道路"，对此应该如何评价呢？胡绳认为，在五四以前，"中国惟一进步的道路就是资本主义"；五四以后，发展资本主义仍是进步的主张。"要使资本主义有所发展，就必须推翻帝国主义和封建主义的统治"，在当时的历史条件下，"现实的问题不是要资本主义还是社会主义的问题，而是要不要反帝反封建的问题"。因此，虽然中间势力并不赞成革命，他们的主张也并不具备实现的可能，但他们"要求发展资本主义，不满于军阀官僚、国民党那样的办工业，甚至要求抵制帝国主义的侵略"②，其主张客观上是有利于中国的工业化、现代化的，也是带有一定程度的革命性的。我们"不能认为凡是不同意马克思主义，不赞成当时搞社会主义的就都是反

---

① 《论"第三方面"》(1946年)，《胡绳全书》第1卷，第632页。
② 《关于撰写〈从五四运动到人民共和国成立〉一书的谈话》，《胡绳全书》第7卷，第46—52页。

动的",因而,"我们对于国民党统治22年间那些要走资本主义道路或总的倾向于资本主义的人,就可以重新做出估价"。例如被视为反动阵营的中坚分子的胡适,胡绳认为也可以将他纳入中间势力的范围,属于"不革命的民主派"。因为胡适这一类人"要走资本主义道路而反对国民党专制独裁,我们党就应当团结而不该排斥他们"①。对于那些并没有明确革命意识的民族资本家,他们在一定程度上维护了民族利益,表现出民族独立意识,也应该给予中肯的积极评价。

胡绳指出,事实上,"在'五四'以后,马克思主义者、共产党和基本上属于资产阶级民主主义的中间势力之间,不是完全对立的关系,而是有批评、有联合的关系"。应该看到,中国共产党的统一战线政策对于争取中间势力发挥了极大的作用,正是中间势力的支持改变了政治力量的对比,决定了人心向背。胡绳甚至认为,"没有中间力量同封建主义、法西斯势力斗争,单靠共产党孤军作战,革命恐怕是不能成功的"。

胡绳重点阐述了中间势力的分化。他指出,中间势力"可以是新民主主义的后备军,也可以成为旧民主主义的力量"②,其分化的决定因素主要有两个:一是民族主义,抗日战争期间,国民党消极抗日,而共产党坚持抗战,赢得了人心;二是发展经济,国民党上台后,疏于抓经济,不关心人民疾苦,使许多原来跟随它或对它抱有希望的人深感失望,最终投向人民革命阵营。

胡绳关于"中间势力"的论述,给思想界、史学界留下了深深的思考,某些具体论述也还可以展开讨论,总起来讲是很新颖的观点,丰富了他的中国近代史理论体系。这些观点对研究中国近代史,尤其是五四后30年历史有深刻的启发意义。胡绳经过修正和完善后的理论体系,去除了原有体系一定程度上简单化、僵硬化的弊端,具有更强的解释力,对新时代的中国近代史研究做出了新的开拓。以这个丰富了的理论体系来考察中国近代史,就更能反映历史的真实、历史的全貌,也更能体现中国近代史的

---

① 《关于撰写〈从五四运动到人民共和国成立〉一书的谈话》,《胡绳全书》第7卷,第47—70页。

② 同上书,第57—58页。

复杂性与曲折性。

与此同时，我们应该注意到，胡绳历史观的核心部分是终生坚守不渝的，并未随时代潮流而发生改变。

关于历史研究中的阶级分析法。阶级观点是马克思主义史学区别于其他史学流派的基本特征，也是胡绳历史观中的核心价值。20世纪50年代由胡绳等确立的中国近代史学科体系，明确地将阶级斗争作为中国近代史分期的标准，作为叙述中国近代史的一条主线，将阶级分析法作为基本的史学方法。1997年，胡绳在《从鸦片战争到五四运动·再版序言》中说："我写这本书是使用阶级分析的观点和方法。其所以使用这种观点和方法并不是因为必须遵守马克思主义，而是因为只有用马克思主义阶级分析的观点和方法，才能说清楚在这里我所处理的历史问题。"[1] 因为近代中国社会政治发生了前所未有的激烈的动荡，"这些动荡和变化从根本上和总体上说来是表现为旧的阶级虽然衰落，但仍然存在，新的阶级虽然已经兴起，但尚未取得胜利；旧时期的阶级斗争仍然残存，而新时期的阶级斗争已经开始兴起。外国帝国主义势力的侵入更使中国国内的阶级矛盾和阶级斗争复杂化"[2]。阶级斗争在近代中国程度如此激烈，形式如此复杂，离开阶级分析法，就只能止于对历史现象的描述，而不能说清楚任何问题。因此，胡绳设想："如果我不是写一部政治史，而是写一部通史，我也不可能脱离这种观点和方法。"[3]

事实上，在辛亥革命前，各派政治家在为解答中国革命问题而发表议论时，往往已经初步认识到阶级斗争问题。他们使用"上等社会"、"中等社会"、"下等社会"这些概念虽然失之模糊不清，但也由此可见，"马克思主义的阶级斗争学说在开始传入中国时，虽然是完全新的学说，但它所要解答的问题并不是在中国的思想界和实际生活中没有提出来的问题"，这些问题正是通过阶级斗争学说才获得科学的解释。

改革开放以后，国家现实生活坚持以经济建设为中心，当然不能再

---

[1] 《〈从鸦片战争到五四运动〉再版序言》，《胡绳全书》第6卷（上），第4页。
[2] 同上书，第4、5页。
[3] 《关于撰写〈从五四运动到人民共和国成立〉一书的谈话》，《胡绳全书》第7卷，第5页。

"以阶级斗争为纲",有些学者因此认为阶级分析法过时了,研究近代史也不必再用阶级分析法了。胡绳强调指出:"在社会主义社会不能以阶级斗争为纲,这和用阶级观点分析阶级对立社会的历史问题是两回事。在以阶级对立、阶级剥削为基础的社会中,阶级斗争是社会发展的动力。研究革命的历史,不用阶级分析方法是不行的。"如果因为新时期我们可以而且必须有一个和平安定的环境来发展生产力,就否定阶级社会中阶级斗争对社会发展的决定作用,"这不是联系实际,而不过是影射史学的另一种形式的表现"①。

由于以往一些学者在研究过程中,片面、机械地运用阶级分析法,也不可避免地造成一些弊端,因而,在改革开放以后,阶级分析法受到部分学者的贬损和诟病。胡绳批评将阶级分析法庸俗化,他明确指出:"当然不应当把任何社会现象都用,或者只是用阶级根源来解释,不应当把任何社会矛盾都说成是敌对阶级之间,或这个阶级和那个阶级之间矛盾。把马克思主义阶级分析的观点简单化、公式化是我们所不取的。"②在胡绳的理论体系中,现代化视角与阶级分析法应该并不矛盾,而是相得益彰的。

关于中国近代史上的改良与革命。新时期的"时代精神"已由大规模地急风暴雨似的阶级斗争转向现代化追求,要求社会稳定成为社会经济发展的前提,改革成为时代的主旋律。有学者将对现实的认识反观于近代中国,从而出现了一味地歌颂改良、否定革命的思潮。

胡绳对改良与革命进行了辩证的分析,全面坚持了他原来的观点。对于改良的历史进步性,胡绳从促进中国现代化的角度予以有限的肯定和承认。他指出,渐进的点滴改良的思路在中国近代以来从来没有断绝过,"洋务派是第一代讲现代化的人",他们企图通过"中体西用"式的改良迈上现代化之路,但没有民族独立,只是在"适应帝国主义的要求的范围内进行",它的标志"也只是有限度的现代化";③维新派是资产阶级改良派,他们提出了独立的问题,甚至有了政治变革的要求,他们倡导的戊戌

---

① 《谈党史研究工作》,《胡绳全书》第3卷(下),第549页。
② 《〈从鸦片战争到五四运动〉再版序言》,《胡绳全书》第6卷(上),第5页。
③ 《关于撰写〈从五四运动到人民共和国成立〉一书的谈话》,《胡绳全书》第7卷,第76页。

变法虽然被顽固势力扼杀，但却在客观上为后起的革命开辟了道路；新民主主义革命时期，中间势力致力于"工业救国"、"卫生救国"、"教育救国"，在客观上有助于改变中国落后、愚昧的状态，但最终避免不了失败的命运。正是这一次次改良运动的失败，雄辩地证明了革命的必要性。胡绳明确指出，对于改良的历史作用不能一笔抹煞，应该看到改良主义在和旧势力斗争中的积极意义；但是更不能一味对改良加以歌颂和揄扬，因为，"在中国近代历史上改良主义常常是有两面性的。在革命的形势已经出现的时候，在革命的烽火已经兴起的时候，改良主义的立场如果不有所改变，它的斗争锋芒就不是指向旧势力，而是指向革命"，而且"旧势力也会利用改良主义来抗拒革命"[①]，因而显示出它的反动性。

胡绳认为，革命不是可以随心所欲制造的，而是社会矛盾不可调和的产物。恩格斯说："把革命的发生归咎于少数煽动者的恶意那种迷信的时代，是早已过去了。"[②] 中国近代史的基调无疑应该是革命，这是不以人的意志为转移的。腐朽的国内封建专制统治者、贪婪凶横的帝国主义、动荡不安的社会现实，这一切决定了近代中国不可能为改良提供最起码的条件。革命肯定有破坏，甚至难免带来社会的阵痛，但这是历史发展必然付出的代价。胡绳指出，"即使是有严重缺点的、不成熟的、有许多负作用的、一时没有得到完全成功的革命，如果这是适应于阶级斗争向前发展的形势而发生的，它就不能不被认为是必要的，是推进社会历史进步的"[③]。

胡绳针对新时期某些学者否定农民革命的观点，进行了阐述。诚然，在以往的研究工作中，对农民革命和农民斗争的评价有"拔高"的倾向。实质上，农民作为小生产者，不能不带有种种弱点，而且，"中国社会各阶级都生活在长期的封建传统和小生产者经济的汪洋大海之中，因此，表现在农民身上的弱点也不能不影响于社会各阶级"。但我们并不能因这些弱点而否定农民革命的积极作用。胡绳认为，我们不能脱离具体的生产关系来谈生产力的发展，农民革命打破的是生产关系对生产力发展的桎梏，

---

① 《〈从鸦片战争到五四运动〉再版序言》，《胡绳全书》第6卷（上），第6页。
② 《马克思恩格斯选集》第1卷，人民出版社1995年版，第483页。
③ 《〈从鸦片战争到五四运动〉再版序言》，《胡绳全书》第6卷（上），第5页。

从而使社会生产力获得解放。"从所代表的生产关系上说，资产阶级是比农民先进的阶级，但从反帝反封建斗争的积极性上说，农民群众远远超过资产阶级。"① 因此，在科学分析农民的阶级局限的同时，我们应该看到，农民无疑是近代中国反帝反封建最为坚定的依靠力量，历史作用不容抹煞。而且，从近代中国革命的延续性来考察，太平天国革命、义和团运动诚然是农民在没有先进阶级领导时所进行的自发的、低级的反帝反封建的斗争，但它们同时也是近代中国革命的历史链条中必不可少的环节。胡绳的这些论述，抓住了近代中国农民斗争进步作用的主流，全面坚持了对农民革命的肯定评价。

至于"革命"与"改良"何者更可取，胡绳认为"不能脱离具体的历史条件而作抽象的价值评估"②。对于社会历史的前进运动来说，革命和改良都是可供选择的手段。事实上，"改良是常态，革命是变态。每一个国家，每一个时代，总是经常处在改良的状态中，否则，那个社会就停滞了，不前进了"。当阶级矛盾不到激化的程度，就可以通过阶级调和、社会改良的办法不断促进社会的发展；如果要推翻旧制度，建立新制度，社会改良则是无能为力的。因此，"革命虽不是社会发展的唯一推动力，却是社会历史发展的根本动力"，"否定这一点，无原则地歌颂社会改良，显然是一种反历史主义的态度"。③

有学者顶礼膜拜英美的渐进改良，提出"告别革命"，这是一种"错置历史具体感的谬误"，中国近代史上改良主义的历史命运已然雄辩地证明了其荒谬。"帝国主义的侵略使中国人民蒙受了耻辱，正是这种耻辱唤起了中国民族主义并激发了二十世纪的中国革命"，"革命是近代中国的基调"，④ 这绝不会因为今天社会发展的主题是改革而发生变化。

综观胡绳晚年历史观的"变"与"不变"，无不深深体现了作为马克思主义历史学家的胡绳对真理毕生的执着追求：一方面，他与时俱进，勇于创新，不断完善自己的理论体系，迎接时代的挑战；同时，他绝不诡随

---

① 《关于中国近代史研究的若干问题》，《胡绳全书》第3卷（下），第514、515页。
② 《〈从鸦片战争到五四运动〉再版序言》，《胡绳全书》第6卷（上），第6页。
③ 张海鹏：《"戊戌维新的再思考"的再思考》，《东厂论史录》，第107、108页。
④ 费正清：《观察中国》，四川人民出版社1992年版，第13、96页。

流俗，坚守着马克思主义基本原则和方法，坚持他所探索到的中国近代史的发展规律毫不松懈，并对某些学者的一味趋新好异提出了批评，从而为新时期中国近代史研究指明了一条健康发展之路。

结语

胡绳是中国马克思主义史学的拓荒者，是用马克思主义开拓中国近代史研究的前锋。他的一生，是中国知识分子将自我融进时代，而最终确认了自身价值并实现其历史使命的缩影。他既有高深的理论修养，又有厚重的史学功底，且毕生以相当多的精力致力于最有挑战性的中国近代史研究，视界宏阔，史识精到，著述等身，硕果累累，为我们留下了极为宝贵的史学遗产，他的中国近代史研究成果是中国近代史学界的一块丰碑。正如有论者指出，在胡绳的著述中，"理论与实际相结合，历史同现实相贯通，旁征博引，条分缕析，特别具有说服力。他的政论文章具有凝重的历史感，他的历史著作又具有强烈的现实性"①。这在同时代的其他学者中是鲜有其匹的。

在三个不同的历史时期，胡绳的中国近代史研究的思想和著作涌动着时代的脉搏，体现了与时俱进的精神。作为马克思主义理论家和近代史学家，胡绳的理论思辨能力是高超的、前卫的，他总是能够在马克思主义的指导下，通过自己独立的思考和探索，不株守成说，敢于对中国近代史做出独到而新颖的论述。他对于中国近代史的深刻洞察，"对历史进程的透彻观察，对历史脉络的准确把握，对历史细节与时代特征、深层社会背景的周密关照"②，都体现了一代大家的风范；同时，我们应该看到，马克思主义唯物史观始终是胡绳为我们铺设的近代中国历史画卷的底色，正是由于对马克思主义毕生坚定的信仰，他才能够面对种种横风逆潮而岿然不动，他的研究成果也因而具有超越具体时代的恒久价值，传世而弥新。

胡绳对于中国近代史研究的主要功绩可以作如下概括：

---

① 逄先知：《高深的理论修养　厚重的史学功底》，《思慕集》，第244页。
② 庞松：《忆思胡绳：史识·史德·治学精神》，《思慕集》，第224页。

第一，对中国近代史学前驱先路的奠基之功。《帝国主义与中国政治》，代表了在革命根据地以外从事革命活动的马克思主义者对近代中国历史的探求，在1949年后长期被作为学习和研究中国近代史的青年的经典读物，标志着中国的马克思主义研究者研究探索中国近代史的成功，为新中国成立以后中国近代史学科的建立和兴旺发展，奠定了扎实的基础。《中国近代历史的分期问题》，引发了一场影响深远的近代史分期问题的讨论，建构了一个规模宏大、理论缜密的中国近代史的理论体系，为学者进一步研究提供了一个分析框架与交流对话的平台，大大促进了中国近代史学科的发展与成熟。

第二，对马克思主义指导下中国近代研究的学科体系的形成有着巨大的推动。以《中国近代历史的分期问题》为代表的关于中国近代史的基本主张，对于中国近代史学科体系的形成关系巨大；以"三次革命高涨"为总体构架的巨著《从鸦片战争到五四运动》，是"一部很好体现了马克思主义理论的科学著作"[1]，是一部经得起历史检验的里程碑式的著作。这部通史体例的政治史著作积胡绳数十年研究探索之功，并集中国近代史研究之大成，全面吸纳了学术界的研究成果，并以作者自身的理论体系为灵魂，标志着马克思主义中国近代史研究在当时历史条件下的最高水平。

第三，胡绳丰富的史学思想为我们留下了宝贵的精神遗产。

胡绳指出，历史是必须不断被重新认识的领域，历史研究应该与时俱进，才能获取其自身不息的生命力。历史学的问题意识来源于现实生活，只有在对历史和现实的连贯的考察中，才能建立起对历史的深刻认识。但是，这不是否定历史研究的客观性，并非根据现实的需要剪裁历史、比附历史。研究历史必须贯彻历史主义的观点，要把历史问题放置于其原有的历史范围之内，历史地去看待它，这样才能真正探寻历史发展的规律。他的这些思想，从历史哲学的高度为一般学者的研究指明方向。

胡绳治学极为严谨，足为后人楷模。他鄙视和排斥那种空疏浅薄的学风。他的宏观历史理论体系，是建立于微观领域的深入细致的研究基础之上的，因而能够尽可能地还原历史的真实。胡绳才华横溢，博览群书，他

---

[1] 刘大年：《评戊戌变法》，《刘大年史学论文选集》，人民出版社1987年版，第279页。

的近代史著作，力求做到言之有据，信而有征。在他的具体的研究结论上，或许有学者持有异议，但都不能不重视他的研究成果，从他的著作中吸取养料；对于他的这种严谨朴实、精益求精的治学精神，也都是不能不佩服的。

"文苑风高激浪斜，当年征战笔生花"，胡绳发表《〈中国近代史〉评介》时只有18岁，还是一个风华正茂的翩翩少年，出版《帝国主义与中国政治》名动天下，亦不过30岁。大器早成，并且毕生如一地对中国近代史的真理进行执着探索，有卓越的理论建树和辉煌的研究实绩，说他是近代史研究的一代宗师绝非过誉之词。他的一些具体观点、论述容或存在缺陷，他的探索也不可能穷尽所有的历史认识，他构建的理论体系、研究规范也会被发展、突破，但是，他作为中国近代史学术史上里程碑的地位是毋庸置疑的。

（本文与赵庆云合作，发表于《历史研究》2008年第2期）

论牟安世先生的中国近代史研究

牟安世先生（1924—2006）是当代著名历史学家，在海内外享有盛誉。先生学识宏博，执着于中国近代史研究领域凡50余载，成果丰硕。先后出版《鸦片战争》、《太平天国》、《洋务运动》、《中法战争》、《义和团抵抗列强瓜分史》等五部专著，发表论文近三十篇，提出一系列在学界影响深远的学术观点，充分彰显出先生在中国当代学术史上的重要地位。

先生曾就读于北京大学史学系，获得了严谨规范的学术训练和广博丰厚的知识积累。1947年毕业后进入北方大学历史研究室、华北大学历史研究室，沐受一代史学宗师范文澜的濡染、教诲。1949年4月随华北大学历史研究室进入北平东厂胡同一号。华大历史研究室于1950年5月改称中国科学院近代史研究所。这个研究所是中国科学院系列里最早成立的一个研究所，所长正是范文澜。在这里，先生选择了以万象杂陈、风云变幻的中国近代史为治学的主攻方向。这种治学领域选择的背后隐含着一种"以史经世"的现实关怀。20世纪50年代初，先生曾奉调到中国科学院党委工作，结束工作后，他到了中国科学院历史研究所，仍旧埋头于中国近代史研究。纵观他的史学著作，坚持唯物史观的指导，方面广博，论述谨严，既有对具体问题体察精微的考证，也不乏对近代中国宏观发展历程的沉潜思辨。引史抉义，阐幽发微，力求理清历史进程的脉络，再现近代中国丰富斑斓的历史画卷。在先生辞世一周年之际，撰写本文，试图对他的治史成就、治学精神作一探讨，以纪念先生。

一

范文澜先生1946年出版的《中国近代史》（上编第一分册）奠定了中

国近代史学科体系的基本格局，经过1954年的分期问题讨论，一系列关于中国近代史研究的理论、原则基本确立，学科体系得到进一步完善。然而，任何一种理论体系或者研究范式都需要切实的研究成果的支撑才能葆有其生命力。应该承认，建国初期的中国近代史研究仍然非常薄弱，范文澜、胡绳等先生的著作以宏观把握百年风云见长，对具体事件的挖掘却不够深入，许多研究领域尚有待开拓。牟安世先生正是从政治史研究切入，扎根于几个重要的专题领域辛勤耕耘，以他坚实的五部专著及多篇独具见识的论文，大大充实了唯物史观派的中国近代史学科体系，推动了中国近代史研究的进展。

如所周知，胡绳当年提出"三次革命高潮论"得到绝大多数史家的认同，并有力地开拓了人们的研究视野，促进了中国近代史研究的繁荣与发展。毋庸讳言，在大多数史家将目光聚焦于"三次革命高潮"的同时，不属于此"三次高潮"的史事却被有意无意地淡化。而且由于当时片面强调人民的革命斗争，"洋务运动"等被人们视为禁脔而基本上无人涉足，甚至对帝国主义侵华史的研究也受到批判。[①] 在这样的学术背景和政治环境下，先生于1955年出版《中法战争》，1956年出版《洋务运动》，具有在某种程度上填补空白的意义，体现了超出同侪的学术眼光与学术胆识。《中法战争》虽然只是不到10万字的小册子，却通过较为丰富的材料分析和论述，以历史唯物主义为分析武器，对中法战争的起源、经过及其影响做出了科学的解释，精辟分析了向垄断资本过渡的法国在每一时期侵略政策的变化，揭示了清朝统治集团内部的矛盾及其投降政策最后怎样断送了胜利成果，并有力地说明了以刘永福、冯子材为代表的中国人民在援助越南、反抗侵略中进行的不屈不挠的斗争。作者坚定的无产阶级立场，使这部著作脱离了资产阶级史学观点的影响；作者饱含的爱国热情，使此书成为爱国主义教育的优秀教材。科学性与革命性、求真与致用在此得到了很好的统一。唯其如此，此书出版后即引起较大反响，并得以大量发行，至

[①] 张振鹍：《回忆范老与帝国主义侵华史研究》，《近代史研究》1994年第1期。

1961年已重版6次，使研究中国近代史的学者们大为鼓舞。① 此书在一些具体问题上多能运思于成说之外，言人所未言。例如，中法战争的起点并无定说，是著认为黑旗军可以代表中国抗法，因此将1883年8—9月黑旗军与法军展开的怀德之战和丹凤之战看成中法战争爆发的标志。李鸿章与法国方面签订《李福协定》是否违旨，史学界历来存在争议。是著对此做了深入分析：清朝政府之所以提出这些条件，无非是为了装饰门面，敷衍抵抗派，原来也并没有坚持命令李鸿章必须把这些条件加以贯彻执行的意思。② 当然，限于当时的研究条件及篇幅，此书也不可避免地存在着一些瑕疵，最大的缺陷可能在于对侵略者的阴险狡诈揭露得不够深刻，对于中法战争中各帝国主义国家之间的矛盾予以勾销，有复杂问题简单化之嫌。但小疵大醇，不宜苛责，此书在中法战争研究领域的开拓之功已为诸多学者所肯定。

范文澜先生的《中国近代史》和胡绳先生的《帝国主义与中国政治》出版于解放前，成为中国近代史研究的典范之作，二书都将洋务运动置于中国近代两条政治路线的对立与斗争中去考察而加以全面否定。建国后，洋务运动却鲜有人问津。先生敏锐地意识到，洋务运动时期是中国近代史上一个相当重要的时期，"在这个时期中，开始出现了中国的近代工业，发生了一系列对中国社会带有根本性质的关键问题，其中一些问题在某种意义上我们可以说是决定了中国近代历史发展的方向"。因而转入洋务运动研究，所撰《洋务运动》成为1949—1959年间关于洋务运动的唯一专著。在洋务运动的总体认识上，他基本承继了范文澜、胡绳的观点，在导言中即开宗明义地指出："所谓洋务运动（或称'同光新政'），乃是清朝统治者在汉族地主官僚和外国侵略者的支持下，用出卖中国人民利益的办法，换取外洋枪炮船只来武装自己，血腥地镇压中国人民起义，借以保存封建政权的残骸为目的的运动。毫无疑问，这是一个反动的、卖国的、并以军事为中心的运动。"③ 此书的最大价值在于以翔实的史料，对洋务运动

---

① 沈奕钜：《评牟著〈中法战争〉——和牟安世先生商榷中法战争的几个问题》，《学术月刊》1961年第6期。
② 牟安世：《中法战争》，上海人民出版社1956年版，第65页。
③ 牟安世：《洋务运动》，上海人民出版社1956年12月版，第230、1页。

的产生、发展及其给中国社会带来的后果进行了全面探讨。大量引用外文资料和统计数字，增强了著作的说服力。作者将洋务运动分为三个阶段：1860—1872年，建立军事工业阶段；1872—1885年，围绕军事工业建立其他企业阶段；1885—1894年，北洋海军成军和建立炼铁厂阶段。这种划分为此后的研究奠定了基本框架。1962年，先生撰文进一步阐明了自己的观点，他强调，洋务运动所实行的经济垄断政策和官督商办方针，促进的是官僚买办资本的发展，对于早期民族资本主义却只能起阻碍作用。[①] 改革开放以后，一些学者将洋务运动视为近代中国历史前进脉络的基本标志之一，全面肯定其意义。先生以与时俱进的精神，对自己的观点作了调整和补充。他坦言：自己原来在《洋务运动》一书中对洋务运动的评价"缺乏客观上的不以人的主观意志为转移的另一方面，即清政府通过这一运动，建立了机器局，使用机器进行生产，出现了'一个完全的技术变革'，并且产生了无产阶级，在一定程度上显示了中国资本主义的发生和发展，因而在中国近代史当时的现代化问题上迈出了第一步；尽管还存在着许多缺点和弊病，但却是中国近代史上的一个崭新事物，发生了深远的影响和作用，它毕竟是充当了历史的不自觉的工具"。与此同时，他不为潮流所动，仍坚持自己从具体研究中得出的一些基本看法："就洋务运动本身的实践来看，它基本上是阻碍了中国资本主义的正常发展，促进了中国资本主义的畸形发展，它是在资本主义列强侵略中国和中国封建主义摧残下的一个受封建性和买办性控制的畸形发展的资本主义婴儿。"[②] 关于洋务运动如今史学界仍然难有定论，观点的多元与争鸣正是学术繁荣的标志，先生积数十年研究之功，自然成为一派观点的代表。

太平天国史是建国后史学研究的热点，先生在1959出版的专著《太平天国》，以政治史的视角为主，同时兼顾社会经济生活，在对太平天国运动进行科学分期的基础上，采用编年与纪事本末相结合的方法撰述。牟著以其资料翔实、考订谨严而在众多太平天国史著中为人所瞩目。此书1972年翻译成日文，由日本新人物往来社出版，享有超越国界的声誉。在

---

① 牟安世：《关于洋务运动对中国早期民族资本的作用问题》，《文汇报》1962年5月17日。
② 牟安世：《关于洋务运动的几个问题》，《吉林大学社会科学学报》1981年第3期。

吸收史学界新成果的基础上，作者对此书做了较大幅度的增订，于1979年由上海人民出版社出版。增订后的《太平天国》征引史料百余种，并引用了大量外文史料，成为一部达40余万字的相当厚重的著作。作者充分展示了开阔的视野与娴熟的史料驾驭能力，将宏观把握与微观考辨紧密地结合起来。是著以丰富确凿的史实，极力状写太平天国革命运动兴起、发展、衰亡的演进历程的丰富内容和波澜曲折，状写英勇与悲壮交织的多彩多姿的历史场景，力图多层面地反映历史的真实，因此显得血肉丰盈。其中对于大小三十多场战役的叙述尤为绘声绘色，引人入胜。同时，作者高明的史识也值得称道，是著对于太平天国革命前夕的国际形势、国内经济状况与阶级关系均做了精辟分析，深刻把握了革命爆发的根本原因。对于太平天国领导者的政治、经济与军事决策之利弊得失也做了深入剖析，提出了不少独到见解。例如，作者明确指出，太平天国占领天京后应立刻全力北伐，直捣北京，才能引导当时迅猛发展的革命形势，给清朝统治者以致命一击。而定都天京的保守战略使太平天国错过了千载一时的良机。[①]至于各次具体战役的得失分析也颇有见地，例如：作者认为太平军从湘潭到田家镇之所以连连失利，主要应归咎于杨秀清军事领导所犯的错误，未能做到知人善任，赏罚严明，"既不应该在未克南昌之前将赖汉英调回，也不应派林绍璋去湘潭，派石凤魁守武昌"[②]。这种具体而微的分析是以往著作中不多见的。不管你对作者的观点认同与否，也不得不承认这些论说持之有故，言之成理。先生特别钟情于太平天国史研究，此书出版后，又陆续发表了8篇关于太平天国的文章，并于1978年加入北京太平天国史研究会。他的早期研究无疑偏重于政治、军事事件，这也是当时的学术大背景使然。改革开放以来，他将重心转向了太平天国时期的社会、经济与文化领域。1981年发表的《跋邓拓先生所存太平天国文物（兼论太平天国后期苏浙部分地区社会经济的某些问题）》一文是经济史研究的力作，由几件珍贵的文物材料出发，分析太平天国农民把"租田概作自产"的现

---

① 牟安世：《太平天国》，上海人民出版社1979年2月版，第142—148页。
② 同上书，第175页。

象，提出太平天国政府在某种程度上实行了耕者有其田的政策这一新颖观点。① 1985年，他又撰文呼吁学界重视太平天国经济史研究。② 1986年发表的《洪秀全早期基督教思想》是其思想史研究的代表作，深刻剖析了洪秀全革命思想的真正来源。③ 在1991年发表的《论太平天国革命与中国近代化》一文中，他引入近代化视角来分析太平天国运动在中国近代化历程中的重要意义，指出反帝反封建与向西方学习相结合是中国特色的近代化模式，而《资政新编》则是一个比较全面的中国近代化纲领。④ 先生不遗余力地开掘新史源，变换研究视角，有关太平天国的众多著述在学界影响甚巨，充实了新中国的史学园地。

  孟子云："观水有术，必观其澜"，历史研究须能把握历史的大转折处，鸦片战争作为中国近代史的开端，无疑是中国历史上的关节点。先生涉足鸦片战争研究领域较早，20世纪60年代已经发表了两篇论文：《中国人民反帝斗争的前奏——鸦片战争中舟山一带人民的反侵略斗争》（《新建设》1964年1月号），站在人民的立场，充分论述了人民群众反帝斗争的伟力；《从鸦片战争的胜败看决胜的是人不是武器》（《人民日报》1965年10月11日），通过对鸦片战争实际进程的具体分析，雄辩论证了鸦片战争失败的根本原因不在武器精劣，而在于清政府的反动和腐朽。此文在今天依然有不可抹煞的意义。1982年出版的专著《鸦片战争》是先生多年心血的结晶，是著广泛而充分地运用了中外文史料，全面考察了鸦片输入、禁烟斗争、战争过程，比较完整地还原了鸦片战争的全貌。作者热情讴歌了以林则徐为代表的爱国志士和中国人民反抗侵略的英勇斗争，用相当长的篇幅状写虎门销烟、三元里人民抗英斗争以及各地军民可歌可泣的战斗场景。作者笔端饱含着爱国主义热情，使此书超越了单纯学术著作的意义，成为激动人心的爱国主义优秀教材。尤为可贵的是，作者在结合政治与军事的基础上，考订基本史实，对战争

---

  ① 见《北方论丛》1981年第1期。
  ② 牟安世：《要重视太平天国经济史的研究——读〈太平天国经济制度〉》，《光明日报》1985年第5期。
  ③ 见《学术论坛》1986年第2期。
  ④ 见《学术研究》1991年第6期。

的具体进程作了详尽、系统的考察，甚至于对每一场战斗交战双方的主客观条件及在战略战术上的成败得失都做了相当深入的探讨，提出了一些发人深省的洞见。这些都是此前鸦片战争研究中被忽视或语焉不详的，在近代军事史的研究方面具有开拓意义。在叙述了第二次穿鼻之战后，作者总结了中方失败的三条原因，然后进一步指出这一切归根结底全因琦善的妥协投降政策所致。① 将每一次战役失败的具体原因与深层次的根本原因结合起来加以分析，由小中见大，能够给读者真正的启迪。此外，作者力求客观中允，不掩恶不溢美，严格从历史事实及时代脉络出发而立论，去除了以往研究将历史人物脸谱化的弊病。例如，是著对林则徐并未止于颂扬，不讳言他在虎门失陷中的战略疏忽和错误；② 对于琦善也并非骂倒了事，而是缜密考订，澄清了一些不属于琦善的罪责，如作者指出，琦善对《穿鼻草约》只是面允，并未签字，也并未盖用关防。③这种对基本史实的辨伪考信无疑增强了著作的学术价值。此书的不足之处是未能对鸦片战争给中国社会带来的经济与思想文化的变化加以剖析，因此一定程度上限制了著作的深度开拓。完成这部专著后，先生没有终止对鸦片战争的探索，他接续撰文将鸦片战争与中国近代化联系起来加以考察，较充分地论述了鸦片战争前后社会经济、思想文化方面的变化，一定程度上弥补了《鸦片战争》的不足。④

义和团运动作为"三大革命高潮"之一曾备受研究者青睐。值得注意的是，在建国初众多史家争趋义和团研究这个热点时，先生正邀游于其他学术领域。他转向义和团研究是在义和团运动已经受到学界冷落和质疑的80年代中期，而契机则是李时岳先生的一篇文章《中国近代史基本线索及其标志之我见》。⑤ 先生撰写《中国人民反对外国教会侵略的斗争和中国近代史的主要线索》一文提出商榷意见。⑥ 具体论争内容详见后

---

① 牟安世：《鸦片战争》，上海人民出版社1982年8月版，第201—207页。
② 同上书，第214页。
③ 同上书，第206—207页。
④ 牟安世：《鸦片战争与中国近代化》，见中国社会科学院历史研究所编《古史文存·明清卷》（下），社会科学文献出版社2004年版，第901—917页。
⑤ 见《历史研究》1984年第2期。
⑥ 见《社会科学研究》1985年第4期。

文，此处不赘。1997年，先生出版了《义和团抵抗列强瓜分史》（经济管理出版社1997年7月版），这部长达47万字的厚重专著迥异于以往义和团研究著作，其最大特点是延伸了历史的视界，大大拓展了义和团研究的范围，上溯到中日甲午战争中国面临的瓜分危机开始，下迄景廷宾起义，把1895—1902年的史事网罗在一起加以论述，谋篇布局独具匠心。作者在书前的《几点说明》中坦言："义和团运动是中国近代史上一个争论较多的专题，它是否在中国近代史上起到了阻止帝国主义列强瓜分中国的作用也是有争议的。"事实上，改革开放以来，对义和团的评价成为史学界争论的焦点，对义和团反帝作用的质疑声不绝于耳。是著有着非常鲜明的现实指向：即以扎实可靠的历史事实，对种种质疑做出旗帜鲜明的回应，着重实事求是地论述"我国人民怎样面临了帝国主义列强的三次瓜分危机和义和团运动、爱国官兵展开的英勇斗争，又是怎样通过瓜分危机的三次缓解从而阻止了他们对中国的瓜分的"[1]。先生在开掘史源、搜集考订史料方面下了相当大的功夫，很多史料在以往的义和团论著中都未曾得见。尤为可贵的是，先生充分运用了大量外文资料，以侵略者自己的记载与看法来说明义和团运动的正义性质及正面作用，体现了作者运用史料的高明之处。对一些具体史实的考订常能做到不囿于成说，而自出机杼。如山东冠县梨园屯起义的时间，历来众说纷纭，先生却于别人习焉不察处敏锐地发现，在1899年1月16日的咨总署文中，东抚张汝梅称拳民于1898年10月26日起事。对照当年日历，这一天恰为星期三，故赵席珍日记中的"二十五日（星期三）"应为二十六日之误。[2] 总体说来，是著以具体详赡见长，坚实的史实考订使之成为后来的义和团研究者难以绕越的著作。

先生不务虚名，心无旁骛，继承了范文澜先生的"二冷"精神（坐冷板凳、吃冷猪头肉），埋首斗室，十年磨一剑，在五个专题领域都做出了卓著成绩，在同时代史家中殊不多见。

---

[1] 牟安世：《义和团抵抗列强瓜分史》，经济管理出版社1997年7月版，第2页。
[2] 同上书，第174—175页。

二

百家争鸣是学术繁荣的必由之途，不同观点在相互切磋砥砺中求同存异，凝聚共识，才能推动历史研究的前进。先生对学术争鸣的意义有深刻的理论认识，他指出：历史研究"在主观动机上虽力求实事求是，但在客观效果上却未必不大有径庭"[①]；"我们在对具体的历史事件进行具体研究、具体分析以后，它们都可以表现为同我们有关系的某种有意义的东西，仁者见仁，智者见智，从而激起我们赞成和反对的热忱，出现了各种不同的观点和看法。这既是研究工作中十分正常的现象，也是推动和发展科学研究事业的必由之路。沉默着的历史事实通过这样的争鸣而富有生气具有意义，活跃在人们的头脑之中，万古长青。这些不同的观点和看法最足以破除人们的隅见株守、胶柱鼓瑟；也最足以使人开动脑筋，启人心智"[②]。学术争鸣不能急功近利，必须建立在深入扎实研究的基础上。范文澜先生曾说："谁能对大的或较小的问题长期不倦地下苦功夫，谁就有可能经过数年而一鸣，或毕一生而一鸣，或师徒相传而一鸣，或集体合力而一鸣。这就是说，想在学术上一鸣，并不是什么容易事。"[③]而不肯下苦功，轻率发表意见，或者抱着教条主义态度企图一鸣惊人式的"争鸣"，只能是"潦岁蛙鸣"，反映的是学风的浮躁与浅薄，与百家争鸣不可同日而语。牟安世先生是范老提倡的学有专长的争鸣的忠实践行者，他厚积而薄发，在一些关键问题上都鸣出了自己的声音，而且鸣得赫赫有生气。

在《太平天国》一书中，先生提出建都天京是一大战略失误，在学界引起强烈反响。茅家琦、方之光诸先生撰文商榷，认为从全国敌我力量对比来看，正确的战略方针应该是建都天京，据长江之险，分攻东南，徐图

[①] 牟安世：《太平天国·后记》，上海人民出版社1979年2月版，第567页。
[②] 牟安世：《汇粹争鸣第一书：黄振南编〈中法战争史热点问题聚集〉》，《广西社会科学》1993年第5期。
[③] 范文澜：《"百家争鸣"和史学》，《学习》1956年7月号。

北伐。① 先生撰文回应，进一步阐述了自己的观点。他指出，茅家琦等人过于着重从军事方面去分析，回避了当时尖锐的阶级斗争和政治、经济情况，因而对当时的革命形势做出了与历史实际不相符合的判断。建都天京不但贻误戎机，而且直接导致北伐失败，在后期天京成为太平天国的一个沉重包袱。② 80 年代后，学术界再次就此展开讨论，虽然仍未取得共识，但多数学者倾向于认为牟安世的论述较有说服力。

鸦片战争时期"弛禁派"的利益归属问题，史学界历来存在争议：胡思庸先生等认为，"弛禁派"代表的是最腐朽的大官僚、大地主商人的利益。③ 陈旭麓先生提出，"弛禁派"反映的是贵族、官僚、地主、商人中与鸦片贸易直接有关的受贿集团、烟贩子和瘾君子的利益。④ 先生则认为："弛禁就是解禁和开禁，而这正是鸦片贩子们多少年来想尽一切办法梦寐以求也不曾得到的，因此弛禁论本质正是代表中外鸦片贩子利益的言论。"⑤ 他进而对"弛禁论"的来源、后果等做了深入剖析，其观点得到了有力的理论和事实支撑。

先生非常重视人民群众在反帝斗争中的作用，他发表的《论黑旗军援越抗法战争的历史功绩》发展了《中法战争》中的见解，进一步提高了黑旗军抗法的地位。他指出，黑旗军高举起抵抗帝国主义侵略的旗帜，以游击战争的方式打败了法军，推迟了越南的殖民地化，也推迟了帝国主义瓜分中国的狂潮。⑥ 郭维勇撰文与之商榷，⑦ 先生又撰写了《论中法战争与云南及黑旗军的关系》一文申述己说，他认为 1873 年 12 月 21 日黑旗军击败法军的第一次纸桥之战（又称罗池之战）在很大程度上规定着中法战争的进程和格局，应该看作中法战争的起点。⑧

---

① 茅家琦、方之光：《太平天国建都天京是战略上的重大错误吗——与牟安世先生商榷》，《文汇报》1963 年 7 月 9 日。
② 牟安世：《论太平天国建都天京》，《文汇报》1963 年 7 月 25 日。
③ 苑书义、胡思庸主编：《中国近代史新编》，人民出版社 1981 年版。
④ 陈旭麓：《近代中国八十年》，上海人民出版社 1983 年版。
⑤ 牟安世：《鸦片战争》，上海人民出版社 1982 年版，第 105 页。
⑥ 牟安世：《论黑旗军援越抗法战争的历史功绩》，《学术论坛》1983 年第 3 期。
⑦ 郭维勇：《也论黑旗军在中法战争中的地位和作用——与牟安世先生商榷》，《暨南大学研究生学报》1986 年第 2 期。
⑧ 见《浙江学刊》1987 年第 5 期。这是对《中法战争》中观点的修正。

先生不仅在这些具体问题上独立思考，新见迭出，率多见称于学界。而且，他对中国近代史研究体系的理论问题也进行了不懈的探索。20世纪70年代末期，史学界在对"文化大革命"拨乱反正的旗帜下，涌现了"思想解放"的潮流，但也不可避免地产生了一些矫枉过正的观点。有论者强调农民起义不能变革旧的生产方式，建立新的生产方式，据此认为农民起义，包括太平天国起义，"不能称为革命，只能叫农民运动"①。先生撰文商榷，认为，从普遍的、约定俗成的含义来说，"革命"通过暴力夺取政权，而以能否变更生产方式来定义"革命"是不全面的，"因为它遗漏了在阶级社会中，作为革命根本问题的政权问题和根本办法——使用暴力、武装斗争的方法"，而变革旧的生产方式、建立新的生产方式"也是革命的结果，而不是革命的本身"。他在文章最后说："在学术研究中，每个同志都应该解放思想，有充分的自由，根据他自己的科学体系，对他所研究的对象做出新的定义或提出新的原则，而不必也不应照抄旧有的东西或照录权威的意见"，并称自己的意见"未必有当"②，这种虚怀若谷的胸怀、心平气和的论争态度，令人钦佩。

中国近代史的上限问题，关系到近代史学科的研究对象及学科体系的建构，中国近代史始于鸦片战争已基本上得到史学界公认，但鸦片战争始于何时却难有定说。先生在《鸦片战争》一书中即提出，鸦片战争应该以1839年的九龙之战为起点，有学者撰文质疑，认为九龙之战属于一定偶发性的局部武装冲突，不应视为鸦片战争的起点，而应以英国派遣军舰队抵华时间即1840年6月为开端。③ 先生于1987年发表《试析中国近代史的开端及其上限》，对近代史上限问题进行了深入分析，明确提出应以1839年作为鸦片战争的起点及中国近代史的上限。④ 李少军在1990年撰文与之商榷，⑤ 牟安世此说在学界虽然尚存争议，但这些观点的提出及争鸣无疑丰富了人们对于近代史上限问题的认识与探讨。

---

① 《历史研究必须提倡真实性和科学性》，《光明日报》1979年10月27日。
② 牟安世：《论太平天国运动能否称为革命》，《社会科学研究》1981年第1期。
③ 李少军、杨卫东：《读牟安世著〈鸦片战争〉》，《福建论坛》1983年第6期。
④ 牟安世：《试析中国近代史上的开端及其上限》，《学术月刊》1987年第2期。
⑤ 李少军：《关于鸦片战争的开端问题：与牟安世先生商榷》，《社会科学动态》1990年第8期。

中国近代史的基本线索问题更是关系到整个中国近代史学科体系的理论构架的重要问题,改革开放以来,以李时岳先生为代表的学者对以"三次革命高潮"为标志的传统学科体系提出质疑,再次兴起关于中国近代史基本线索的讨论。先生针对李时岳的《中国近代史主要线索及其标志之我见》撰写了《中国人民反对外国教会侵略的斗争和中国近代史主要线索》,就反洋教斗争和义和团运动的性质、作用以及它们在中国近代的历史地位等问题加以商榷。先生认为,反洋教运动既具有反侵略性质,也具有农民革命的性质,作为反洋教运动发展的最高阶段的义和团运动也是一场农民革命运动。由此出发,他对中国近代史线索进行了深入探讨,指出:义和团运动不能排除在标志中国近代史基本线索的历史事件之外,因为"皮之不存,毛将焉附","帝国主义列强瓜分中国的罪行如果没有义和团运动的阻止,那么近代中国人民所面临的各种重要问题,诸如民主主义革命,现代化工业的建设以及国家的富强等等,都是无从谈起的"。此文发表后,李时岳又撰《反洋教斗争的性质及其他——答牟安世先生》予以回应,否定义和团运动的农民革命性质,并认为"义和团运动阻止了帝国主义对中国的瓜分"的说法是夸大其辞。先生发表《再论中国人民反对外国教会侵略的斗争和中国近代史的主要线索》对李文论点一一加以辩驳,他认为不能用"民、教争殴"的表象"去掩饰和抹杀包括觉悟了的教民在内的中国人民反洋教运动的本质",并进一步论证义和团运动阻止列强瓜分中国的历史作用,由此生发出对中国近代史基本线索的论述。笔者以为,牟安世先生之所以在晚年不遗余力撰写《义和团抵抗列强瓜分史》,此次争鸣实肇其端。

牟安世先生商榷争鸣的著述量多面广,以上所举仅其荦荦大者。正是在这种以追求真理为唯一旨归的相互辩难砥砺中,他不但由争鸣的对手方吸取有价值的成分而使自己的思考论述更加完善,同时,争鸣也激发了他研究的灵感和著述欲。若就其大者而言之,他作为百家争鸣方针的积极倡议者和践行者,推动了史学界良好学术氛围的形成,促进了中国近代史学科的繁荣与发展。

三

20世纪中国史学界群星灿烂，高峰并起。牟安世先生勤学精思，形成了他独特的学术风格，足以跻身当代一流史学大家行列。他的治学精神，笔者以为有如下几点值得特别重视。

一、不慕名位，潜心治学。先生五十余年如一日，心无旁骛，学术成为其生命的出发点和归宿，体现出一个学者超然无求的精神境界。他曾经奉调担任中国科学院党委宣传部副部长，却因入仕之心不切，问学之心弥笃，而放弃职位，埋首于故纸堆中终生不悔，脱离了名缰利锁的羁绊，始终保持着学者本色。建国后前十七年，政治运动此起彼伏，当相当一部分学者沉湎于政治运动的激情中时，先生却仍能全神贯注于学术。《中法战争》、《洋务运动》、《太平天国》三部专著皆诞生于50年代，且面世后即成为专题领域的开拓之作。史无前例的"文化大革命"开始后，真正意义的史学已无容身之地，但先生仍在默默积蓄能量，1982年出版的《鸦片战争》中的一些资料即搜集于这段艰难岁月。① 在政治风潮席卷一切的年代，先生固守一隅的学术研究空间，与政治运动始终保持了某种程度的疏离。他没有留下一篇批判文章，所撰写的学术著作也基本上没有沾染那个时代常见的批判文风，这在同时代学者中殊为罕见。若做一横向比较，我们对他的勤勉与专注当会看得更加清楚。改革开放以后，商品经济大潮汹涌，相当一部分学者卷进了市场，学问成了偶一为之的副业和点缀，学术界弥漫的是浮躁的学风。牟安世先生仍我自岿然不为所动，甘守寂寞与清贫。且老而弥笃，于73岁出版厚重专著《义和团抵抗列强瓜分史》，铸就了晚年的学术辉煌。

二、博与专、宏观与微观的结合。先生治学植根乎博，专务于精，能将"博"与"专"很好地结合起来。他学识广博，视野宏大，且对唯物史观也能得其神髓，对中国近代史的全局有系统的把握与认识，是谓"博"；一生治史不出中法战争、洋务运动、太平天国、鸦片战争、义和团

---

① 牟安世：《我写〈鸦片战争〉》，《书林》1983年第5期。

五个专题领域，且每一时期均全力以赴某一专题，并形成专著，是谓"专"。他对一些具体问题的论述常富于洞见，这种洞见即来自于通识的眼光。罗尔纲先生曾提出：做学问"要大处着眼，小处下手"，实乃不易之论。先生治学很好地践行了罗先生的原则，将宏观思辨与微观论证结合无间。他的著作，既有对近代中国总体理论构架的宏观思索，更不乏对具体历史事实的缜密考证。在他看来，只有在确凿的历史细节的基础上，才能建立起既有鲜明轮廓而又可窥其堂奥的历史大厦；同时，如果仅仅满足于过程叙述和细节探讨，而没有作者透析历史的深邃眼光，则无异于抽掉了历史的灵魂。因此，他治学不避饾饤琐碎，但由于能从大处着眼，而不致流于繁琐考据；他的专著都有对宏大的历史事件的总体论述，但由于有坚实的史料支撑而不显空泛，他对于近代中国百年历程的宏观论述，也因为对丰富复杂的近代史事有深入研究而显得格外有力。刘大年先生曾提出："是否"诚然重要，但历史研究重点还应放在"如何"与"怎样"上，真乃精辟之论。[①] 牟安世先生的著述，正是着力于还原历史细节的复杂性，在弄清"如何"与"怎样"的基础上评判千秋功罪。有学者将20世纪的史家分为"史料派"与"史观派"，其实，真正的马克思唯物主义史家，应该是"史料"、"史观"并重的，牟安世先生身上就真切地体现了这一点。

三、深切的现实关怀。诚然，历史学家应该能够静居斗室潜心向学，却决不能在精神上游离于现实之外，而应有自身对时代精神的体悟，并以研究获得的历史智慧与时代需要进行平等交换。一个学者若缺少现实关怀，他就不可能有深刻的历史洞察力；一个学科如果不能满足社会需要，就只有走向衰亡一途。先生是一个有着强烈时代使命感的学者，他的著作无不饱含着爱国主义情愫，充满着对国家民族命运的深切关切。《中法战争》、《太平天国》、《鸦片战争》、《义和团抵抗列强瓜分史》，既是严谨的学术著作，又是雅俗共赏的爱国主义教材。同时应该看到，历史与现实毕竟又有严格的界线，而不能混为一谈，如果以历史来为现实作注，则易流

---

① 刘大年：《致姜涛及复函》，《刘大年来往书信选》（下），中央文献出版社2006年9月版，第479页。

于随意俯仰历史，丧失史学固有的真义。毋庸讳言，建国后学术日益政治化，政治运动挤压着学者独立思考的空间，一些史学家在对变化无定的政策的跟随中进退失据、无所适从。笔者以为，牟安世先生的高明之处在于，他在历史研究与现实政治之间实现了某种程度的超越。一方面，他对现实政治功利、政治运作持一定的疏离态度，尽量保持自己的学术空间；另一方面，他牢牢把握了时代前进的主流和精神，其学术研究着眼的是国家人民的长远利益，这使他的著作具有超越时代的价值。学术究竟应如何为现实服务，牟安世先生的学术人生是具有启示意义的。

四、牟安世先生在中国近代史研究中，始终坚持了马克思主义，唯物史观理论的宏观指导，运用阶级分析的方法解剖纷纭的历史现象，得出科学的认识，往往发人所未发。先生在近代史研究的某些具体问题上的认识，学者们可能会有讨论，但是，先生在坚持唯物史观指导上，他的执著精神是令后人钦佩的。今天纪念先生，坚持唯物史观的指导，尤有意义。

（本文与赵庆云合著。原载《牟安世先生逝世周年纪念文集》，中华书局2008年版）

中国近代爱国主义理性提升的历程

中国历史上不乏爱国主义的传统。我国自1840年鸦片战争以来,"救亡图存"成为了中华民族在近代中国面临的重大时代课题,爱国主义由此被赋予了时代特色,至1949年新中国成立,中华民族的爱国主义热情尤为高涨,不断地掀起爱国主义高潮。

中国近代历史上充满着爱国主义的壮歌

近代中国的爱国主义高潮以及这种爱国主义高潮的形成,需要有几个条件:由于帝国主义侵略大幅度升级,国内政府举措失当,引起"国亡无日","救亡图存"十分急迫;爆发了与外国侵略有关的突发性事件,民众参与广泛,群情汹涌,引起社会广泛关注;因为内政外交失措,形成全国关注的重大事件,对当时和后世具有不可磨灭的影响。按照以上认识,可以举出近代中国的若干次爱国主义高潮。

(一)中国近代历史上的反洋教高潮也是爱国主义高潮的表现

1860年《北京条约》签订以后,基督教在华传教成为事实。传教士以外国侵略实力为后盾,在传教的过程中,常常与中国地方当局和老百姓发生政治、经济和文化的冲突。地方官绅常常发起反教运动以相对抗。反洋教斗争,表面上是针对外国宗教的斗争,实质上是针对外国帝国主义对中国的侵略。在一定意义上,近代中国历史上的反洋教高潮,可以看作爱国主义高潮。

（二）从"公车上书"到维新运动的展开，是近代民主运动的高潮，也是近代爱国主义的高潮

甲午战败、马关割台的消息，令举国震惊，朝野上下，群情激愤，人民群众在悲愤的气氛中逐渐觉醒起来，再次出现爱国主义高潮。以孙中山为首的革命派立即成立兴中会，探索以革命方式推翻腐朽的清朝统治的道路；以康有为为首的改良派在北京掀起"公车上书"，发动戊戌维新运动，希图走上从体制内改造清政府的道路。马关割台是中国历史发展的一个重要关节点。可以说，从"公车上书"到台湾人民武装反抗日本割让台湾的斗争，再到维新运动的展开，是近代民主运动的高潮，也是近代爱国主义的高潮。

（三）义和团反帝爱国运动，是 19 世纪 60 年代以来反洋教运动的一次总爆发，是甲午战后列强在华瓜分势力范围的一次总反抗，是近代中国一次大规模的爱国主义高潮

1898 年维新救亡运动失败后，中国的农民再一次拿起大刀长矛发动了一场挽救祖国危亡的英勇斗争，力图用自己的血肉之躯筑成一道捍卫民族独立的长城。他们"最恨和约，误国殃民"，他们要求"保护中原，驱逐洋寇"，使中国重归"一统"。集合在义和团旗帜下的广大农民正是抱着这样的崇高志愿投入这场反帝爱国运动的。1900 年春夏之际，义和团势力控制了保定、天津、北京地区，成为影响中国政治发展的重要力量。义和团没有统一的组织，没有形成领导中心，但却在天津、北京一带为抵抗八国联军的侵略，洒尽了鲜血。1900 年 8 月在八国联军占领北京以后，义和团被八国联军和清军联合镇压。

（四）历史进入 20 世纪以后，中国人民的爱国主义热情和爱国主义运动一浪比一浪高涨

进入 20 世纪后，革命救国、实业救国、教育救国，风起云涌。在辛亥革命以前，革命派的舆论宣传和武装反清斗争，立宪派的国会请愿运动，实际上都具有爱国主义的性质。1905 年爆发了留日学生归国运动、拒俄运动、反美爱国运动等多次大规模的爱国主义运动。1911 年以武昌首义为代表展开的推翻清朝专制统治的斗争，是推进中国历史进步的伟大斗争，当然是一次爱国主义高潮。辛亥革命以后，最重要的爱国主义高潮出现在五四运动时期。

五四运动孕育了爱国、进步、民主、科学的伟大精神。正是这种精神，推动了中华民族的觉醒，推动了中国共产党的成立，推动了在党领导下的新民主主义革命在艰难曲折中走向胜利，走向新中国，实现了五四时期的志士仁人"改造社会"、"改造中国"的伟大理想。今天对五四运动的解读，可以有多个路向，如救亡与启蒙的双重奏、民主和科学的追求、思想解放运动、社会主义的郑重选择，等等，但是，五四运动首先是近代中国一次伟大的反帝爱国运动，是近代以来爱国主义的一次伟大的高潮。

（五）在中国共产党领导下，中华民族的爱国主义从自发走向自觉

1921年中国共产党成立后，大力推动工人运动，从1922年初至1923年2月"二七"大罢工，中国工人运动出现了一个高潮时期，其间有30余万工人参加了大小100多次罢工。1922—1923年间中国工人运动的高潮，也是中国共产党领导的主要由工人阶级参加的爱国主义高潮。

1924年国共合作后，"打倒帝国主义"、"废除不平等条约"的口号一浪高过一浪。"打倒帝国主义"、"废除不平等条约"，明确了近代中国反帝反封建斗争的民主革命的主要任务，区分了帝国主义国家的政府与人民，避免了笼统排外主义的倾向。在此期间发生的广州沙面反帝斗争、上海五卅反帝斗争、省港大罢工、汉口九江收回英租界以及全国高涨的反帝废约斗争，是规模空前的全国性的反帝大风暴，组成了那个时期响彻云霄的爱国主义的颂歌，把近代以来的爱国主义高潮推向了一个新的高峰。

1931年九·一八事变以后，日本帝国主义对中国的侵略日甚一日，救亡图存迫在眉睫，民族矛盾逐渐上升为国内最基本的矛盾。随着日本帝国主义扩大在华北的侵略，1935年12月9日，北平大中学生数千人在中国共产党的领导下举行了抗日救国示威游行，反对日本分裂中国的华北自治，掀起全国抗日救国新高潮，这就是"一二·九"运动。这是中国共产党领导的一次大规模学生爱国运动。1937年卢沟桥事变以后，全民族抗战的大局要求国民党和共产党都要把抗日放在第一重要的位置。抗日战争中，中国国民党领导的正面战场和中国共产党领导的敌后战场，坚持了战略配合，坚持了八年抗战，终于在国际反法西斯势力的支持下取得了近代中国第一次反侵略战争的伟大胜利。八年抗战是一次空前无比的爱国主义高潮。

抗战胜利后，国内矛盾发生转化，美国支持国民党政权打内战。反帝反封建的民主革命，表现为国内战争。三年国内战争期间，始终存在两条战线，一条战线是激烈的武装斗争，另一条战线是非武装的和平运动，如1945年发起于昆明、重庆的一二·一反内战民主运动，1946年年底发生的美军强奸中国女大学生引发的全国大规模反美运动，1947年遍及国民党统治区的反饥饿反内战反迫害运动，等等，都是规模空前的青年学生爱国运动，也有国统区广大人民群众参加，是导致国民党政权下台的第二条战线，这些构成了这次国内战争期间的爱国主义运动高潮。这个时期的爱国主义高潮的发生，中国共产党的指导方针，中国共产党人的参与和引导，是关系爱国主义运动成功与否及其历史作用的十分重要的因素。可以说，正确引导爱国主义朝着历史前进的方向发展是中国革命胜利一个非常关键的因素。

近代中国爱国主义高涨的启示

在建设中国特色社会主义的历史时期，回顾民主革命时期的爱国主义运动，我们可以获得历史的启迪和借鉴，这对于我们在新的历史时期发扬爱国主义精神，是有意义的。

其一，爱国主义是与近代中国"救亡图存"的时代主题紧密联系在一起的，与时代前进的步伐合拍。

由于帝国主义侵略和封建专制制度的落后与腐朽，鸦片战争以后，中国"沉沦"为半殖民地半封建社会。在这样的社会境遇下，逐渐觉醒的社会精英和人民大众为"救亡图存"开展斗争，这就是近代中国的爱国主义。换句话说，近代中国的爱国主义是与反帝反封建斗争紧密结合的，是随着帝国主义侵略的加深和反帝反封建斗争的逐步开展，一波一波开展起来的。列强侵略深入到哪里，哪里就可能出现爱国主义行动，就可能引发爱国主义高潮。中华民族与帝国主义的矛盾，人民大众与封建统治者的矛盾，是近代中国的主要社会矛盾。爱国主义行为、爱国主义高潮，正是这两大主要矛盾的反映。拿反洋教而言，最初一个个具体的反洋教事件，应该说是中外关系中的冲突个案。作为一个主权国家，只要及时处理，处理得当，应该不会演变成影响全国的政治事件。可惜的是，半殖民地半封建的中国，主权不完整，地方官遇到民教纠纷，惧怕洋人，往往袒教抑民，或者先作出较为公正的审判，后在传教士及其后台——外国驻华领事机构的压迫下，作出损害地方老百姓政治、经济利益的行为。这就为发生大的反洋教运动埋下了动因。天津教案就是一次最典型的表现。上篇所列各次爱国主义高潮，它的起因与形成，与此大略相同。换句话说，发生爱国主义行为，与列强侵略有关，也与国内政治的软弱有关。列强侵略与国内政治的软弱，正是半殖民地半封建社会的具体表现。

其二，对于历史上的爱国主义要作客观的、历史的评价、辩证地认识。

我们肯定当时当地发生的爱国主义运动或者高潮，是在当时当地人民群众认识水平和觉悟条件这样的历史前提下，不是全面地肯定，更不是在另外的历史条件下也加以肯定，而是具体的历史问题作出具体的分析。任何历史分析都要以一定的历史条件作转移。比如，对于义和团运动，应该看到，义和团反帝爱国运动是以排外主义的面貌登上近代中国历史舞台的。批评义和团的人往往过分强调了义和团的"排外"问题而贬低了它的革命性和进步作用；赞扬义和团的人又往往只强调其反帝爱国的革命本质而避开排外主义问题，或者将反帝爱国的内容实质与排外主义形式割裂开来，否定二者之间的内在联系。笔者和朋友在20多年前曾联合著文，指出义和团的排外主义实质上是农民阶级有历史局限性的民族革命思想，也是中国人民反抗帝国主义侵略的原始形式。它反映了中国人民反帝斗争初期的共同特点，义和团运动不过是它的典型代表和集中表现。从鸦片战争到五四运动前夕的70多年间，所有群众反帝斗争都没有超出笼统排外主义斗争这个发展阶段。因之，对义和团的排外主义，不应采取简单回避或全盘否定的态度，而是需要依据马克思主义的基本原理进行科学的阶级分析和历史考察，对它作出合情合理的解释。

义和团运动的组织形式和斗争方式有愚昧的一面，"灭洋"的斗争口号有笼统排外的一面，但是义和团运动的反帝爱国精神是值得称赞的。义和团运动要"排除"的不再是一城一地的外国侵略者，而是帝国主义在中国的一切侵略势力和侵略工具，向帝国主义的侵略政策展开反攻，在全中国和全世界造成空前未有的影响。这是以往任何一次反侵略斗争所无法比拟的。义和团运动充分表明，在当时的历史条件下，排外主义在反帝斗争中所能发挥的最大限度的历史作用；同时也充分暴露出排外主义的致命弱点和历史局限性。这样，就从正反两个方面为中国人民的反帝斗争发展到新的更高的阶段，提供了丰富的实践经验和教训。但是，从中国人民认识过程的发展来说，排外主义又是应该抛弃的。因为它不是科学的理论，不能指引中国人民夺取反帝斗争的胜利。

其三，爱国主义运动的经验是在历史发展过程中不断总结提高的。

近代中国爱国主义高潮迭起。每次爱国主义高潮的历史条件是不同的，每次爱国主义高潮的具体表现形式也是不同的。随着人民大众历史觉醒的程度的提高，后来的人们会对此前的爱国主义行动发生反省。反省的过程就是提高认识的过程。

如对于义和团笼统排外主义，此后具有某种资产阶级意识的知识分子和商人提出了"文明排外"的主张。20世纪初期的几次爱国主义运动，如：拒俄运动、反美爱国运动、收回利权运动、国会请愿运动等，都是在"文明排外"主张的指导下实现的。"文明排外"似乎比笼统排外有时代的进步意义。但是，"文明排外"也不是完全正确的认识。"文明排外"针对的是以前的野蛮排外，还是具有笼统排外主义的倾向。20世纪初期，当马克思主义关于帝国主义的理论传入中国后，中国人逐渐认识到，以前侵略中国的西方列强就是帝国主义。特别是中国共产党成立后，中国共产党的"二大"初步形成了反帝反封建的斗争战略与策略，此后在指导国民革命的过程中就提出了打倒帝国主义的口号。显然，打倒帝国主义是比"灭洋"那样的野蛮排外和文明排外都要更为科学、更为符合实际的战斗口号。打倒帝国主义，把帝国主义和一般的外国人区分开来，把帝国主义国家的政策和人民在中国的活动区分开来，这就从根本上改变了笼统排外的性质，展现了中国人民对西方列强的认识的一个崭新的高度。

当日本帝国主义发动全面侵华战争，试图变全中国为它的殖民地的时候，中国共产党响应全国人民普遍高涨的抵抗日本侵略的爱国主义呼声，提出了建立中华民族抗日民族统一战线，从武的和文的两个方面，坚决反对日本帝国主义的持久抗战。为了达到反抗日本帝国主义的目的，还同美英帝国主义结成反法西斯的国际统一战线，终于赢得了抗日战争的胜利。联合一般的帝国主义，反对对中国为祸最烈的日本帝国主义，是打倒帝国主义原则的重大发展，是历史的重大进步，是反帝反封建斗争在新的历史条件下的新的体现。这一体现，完成了从近代中国初期笼统排外主义到科学地打倒帝国主义原则的转变。这也是爱国主义高潮性质上的重大转变。

（本文是应北京日报理论部邀约撰写的，原载于《北京日报》理论周刊·文史，2009年8月31日）

中华人民共和国成立的伟大历史意义

2009年10月1日，是中华人民共和国成立60周年纪念日。这是一个十分值得庆祝的日子。中华人民共和国的成立是中国历史上的伟大事件，也是世界历史上的伟大事件。正是这个伟大事件，改变了中国历史发展的方向，也深刻影响了世界历史发展的进程。

近代中国：列强侵略下的半殖民地半封建社会

为了说明中华人民共和国成立的伟大历史意义，我们首先回顾一下60年前的中国和世界。

中国是世界上历史最悠久的文明古国之一，仅封建社会就经历了两千多年。到公元1840年，英国发动侵华的鸦片战争，中国进入了近代。从1840年至1949年的109年，是中国社会有史以来变化最剧烈的时期，是中国落后挨打并逐步走向半殖民地半封建社会的时期，是中国人民在民族危亡面前不断觉醒，为了国家独立、民主和现代化而奋起反抗帝国主义侵略和封建统治的时期，是中国由旧民主主义革命转向新民主主义革命的时期，是旧中国走向新中国的关键时期。

1842年8月，清政府在鸦片战争中失败，被迫签订了不平等的《南京条约》。从此，中国被套上不平等条约体系的枷锁。那时候，西方资本主义正处于上升期，急于在世界各地寻找殖民地并开拓世界市场，促使自由资本主义发展为帝国主义，为此不惜在20世纪上半叶发动了两次世界大战。中国因为长期固守封建制度，特别是明末清初实行海禁政策，封闭了国人的眼界，郑和下西洋那样壮丽的情景不能再现。清初虽然出现过康乾盛世局面，但依然是在封建社会的基本政治经济制度下的发展，比起资本主义取得的生产力进步，中国总体上是大大落后了。这就使中国在突然面对西方势力来侵的时候，处在被动挨打的地位。世界上所有发展中的资本主义国家纷至沓来，都想从中国身上瓜分一块肥肉。尤其是甲午战争后，欧美列强看见东方刚刚崛起的小国日本打败了中国，便认为这个东方巨人已经躺在"死亡之榻"上，瓜分这个巨人"遗产"的时机已经到来，便纷纷在中国抢占租借地，划分势力范围，获得各种政治、经济利益。清朝廷名义上保持着独立的地位，但中国实际上濒临被瓜分的状态。在近代中国历史上，中国首都三次被外国武装势力占领：第一次是在1860年10月，英法联军占领北京，朝廷"北狩"热河，被迫签订了《北京条约》；壮丽无比、举世无双的皇家园林圆明园被侵略者焚之一炬。第二次是在1900年8月，八国联军占领北京，朝廷仓皇逃亡西安，被迫签订《辛丑条约》；八国军人分治中国京师，为了侮辱中国，他们在紫禁城举行分列式，武装通过皇宫。第三次在1937年12月，日本侵略军占领中国首都南京，实行惨绝人寰的大屠杀，酿成历史上极为少见的人间惨剧，中国的首都被迫迁至重庆；此后，日本帝国主义的铁蹄踏遍了华北、华东、华中、华南大半个中国的领土。

近代资本—帝国主义迫使弱小国家签订不平等条约，是资本主义体系中最恶劣的国际关系准则。中国作为一个封建大国，面对西方资本主义体系先进的生产关系和生产力，却是一个落后的弱小国家。近代中国被迫同列强签订一系列不平等条约，是导致中国沦为半殖民地半封建社会的重要因素之一。这个不平等条约体系，内容涉及许多方面：第一，极大地破坏了中国的领土主权完整，包括领土割让、出让领土管制权、租借地和租界、引水权、军舰驻泊权、内河航行权、驻军权；第二，单方面开放通商口岸；第三，破坏了中国的关税自主权；第四，破坏了中国司法主权的完整；第五，规定片面最惠国待遇，其他任何国家都可以沿用这种规定，从中国索取利益；第六，规定鸦片自由贸易；第七，规定自由传教；第八，涉及大量对外赔款。列强对中国的侵略战争，侵犯中国领土，破坏中国主权，屠杀中国军民，掠夺中国财产，给中国造成极大的损害。在这些战争中，列强是加害的一方，中国是受害的一方，中国理应向他们索取赔偿，但战争结果却是列强迫使中国付出昂贵的赔偿代价。对外赔款是近代中国的一项沉重负担。除战争赔款以外，还有教案赔款等其他名目的赔款。粗略统计，清政府时期（1841—1911年）实际赔款总额达到9.65亿两白银，民国时期（1912—1949年）为6000多万元。赔款情况实际还要复杂许多。为了赔款，中国向西方银行大量借款，损失大量利息、回扣以及其他权益。

在不平等条约体系下，中国的独立、主权已经降到不可能再低的程度了！中国人受到了无比的盘剥和压抑。这就是半殖民地半封建社会的中国。

社会主义道路是近代中国历史发展的必然结果

作为一个历史悠久的国家，中国与周边国家、与西方国家的关系经历了长久的年代。鸦片战争以前，以中国为中心，形成了东方式的国际关系体系。在这种体系下，中国不大关心西方世界的发展。西方资本主义的发展以及殖民主义扩张，通过鸦片战争把中国与世界紧密地联系在一起。西方式的国际关系体系以大炮为前锋，把贸易和殖民体系迅速推向东方，使以道德和尊严相维系的东方式国际关系体系很快败下阵来。中国在屈辱、赔款、割让土地和主权被侵蚀的恶劣国际关系环境中苦苦挣扎。到了20世纪初，即《辛丑条约》签订以后，无论从国际关系的角度说，还是从国内历史进程的角度说，中国国势的沉沦都到了"谷底"。

在失败和屈辱中，中国的先进分子在思考并且开始觉醒。一批早期改良派的思想家对洋务运动颇多批评。他们批评洋务派只知"师夷长技"，徒袭西艺之皮毛，未得西艺之要领。于是，康有为、梁启超在光绪皇帝的支持下，发动戊戌变法。百日之内，政治、经济、军事、法律、学校教育诸方面的诏谕，像雪片一样飞来，看似轰轰烈烈、大有作为的样子。但政变随之而来，光绪被囚，康梁逃亡，六君子喋血菜市口。华北农民的反帝爱国行动也失败在血泊中。这样顽固的封建专制统治，岂能领导国家的改革和进步？

孙中山是20世纪初深刻揭示中国社会发展方向的杰出革命家。在艰难的探索中，他鲜明地提出民族、民权、民生三大主张，开创了完全意上的中国近代民族民主革命。辛亥革命获得成功，摧毁了在中国沿袭两千多年的封建帝制，建立了按照资产阶级民主政治理念设计的新的国家形式。但是，辛亥革命后，国家政权为袁世凯和北洋军阀所掌握，军阀争战，国无宁日，民不聊生，国家的独立和民主富强仍旧没有希望。

五四时期，先进知识分子毅然举起民主与科学的旗帜，从思想、道德和文化方面对封建主义进行深刻的批判，从而揭开了思想启蒙的序幕。一些人对资本主义社会产生怀疑，提出了改造中国社会的方案。俄国十月革命对他们产生了重要影响，他们看到劳动者第一次成为国家的主人，认为这是"社会主义的胜利"，"世界劳工阶级的胜利，是二十世纪新潮流的胜利"。这种主张影响了新文化运动方向，成为推动、影响五四运动发展方向的力量。五四时期，马克思主义在中国的广泛传播以及中国内忧外患的加剧，促使先进的知识分子聚集在马克思主义的旗帜下。1921年中国共产党的成立并成为中国革命运动的领导者，正是适应了历史的需要。

20世纪20年代，在中国共产党的帮助下，中国国民党召开第一次全国代表大会，形成了第一次国共合作，并取得了打败北洋军阀的胜利。但此后蒋介石垄断了国民革命的领导权，背叛国共合作，造成合作破裂、国共内战的局面。1937年，由于日本帝国主义发动全面侵略中国的战争，中国共产党与中国国民党在空前的民族危机面前再次携手合作，动员全国人民共同抗击日本侵略，并最终取得了抗日战争的胜利。抗日战争胜利后，蒋介石坚持国民党独裁统治，导致了国共合作的破裂。在这个过程中，以毛泽东同志为代表的中国共产党人把马克思列宁主义同中国革命实际相结合，创立了毛泽东思想，形成了新民主主义革命理论以及在这一理论指导下反帝反封建的战略和策略，提出了引导中国革命走向胜利的正确方针，指明了中国必须先经过新民主主义、然后进入社会主义的发展道路，为新中国的建立奠定了深厚的政治和思想基础。

新中国要走社会主义道路，是近代中国历史发展的必然结果。

五四运动以后特别是国共合作以后，是把资本主义作为国家发展的方向，还是把社会主义作为国家发展的方向，是许多人特别是知识界思考的问题，也是严肃思考中国社会发展方向的政党需要考虑的问题。在各种救国方案中，三民主义和社会主义的影响最大。这两种思潮或者主义的传播和实施，都影响了中国社会的发展方向。在近代中国，哪种政治势力能够领导人民赢得民主主义革命的胜利，哪种政治势力就取得了引导中国走何种道路的主导权。

三民主义是孙中山在20世纪初的国际国内情势下提出来的政治思想主张，是中国资产阶级民主主义革命的基本纲领。这种主张或者纲领在1924年中国国民党第一次全国代表大会上经过孙中山的重新阐述，反映了当时国共合作反对北洋军阀的要求。反映孙中山社会改造思想的是三民主义中的民生主义思想。1925年初孙中山去世后，随着中国国民党的分裂，三民主义思想被国民党内不同政治主张的野心家所篡改。篡改后的"三民主义"违背了孙中山"联俄、联共、扶助农工"的政策，反对马克思主义，反对社会主义学说，反对并屠杀共产党，镇压工农运动。国民党、蒋介石脱离人民大众的利益，违背近代中国历史前进的方向，终于在决定中国历史命运的大决战中彻底败北。三民主义不能救中国，就在这样的大决战中被证实了。能够救中国的只能是新民主主义理论。毛泽东同志指出："只有经过民主主义，才能到达社会主义，这是马克思主义的天经地义。""民主主义革命是社会主义革命的必要准备，社会主义革命是民主主义革命的必然趋势。"民主主义社会是过渡性的社会，它的前途必定是社会主义社会。这就是说，新民主主义理论明确规定了中国的社会主义发展方向。中国走社会主义道路，是历史的选择、是人民大众的选择，这个选择经过了严酷的历史实践的检验。

1949年10月1日中华人民共和国成立，标志着近代中国反帝反封建斗争的最后胜利，是从旧民主主义革命到新民主主义革命各阶段经验教训的总积累。这是一百多年间中国历史的一个具有伟大意义的里程碑，是中华五千年历史中的一个伟大的里程碑。它结束了鸦片战争以来的半殖民地半封建社会，结束了两千多年封建专制制度的历史，中止了中国可能走向资本主义世界体系的发展趋势，结束了极少数压迫者、剥削者统治广大劳动人民的历史，结束了国家四分五裂、征战不已、人民生活贫困、生灵涂炭的局面。中国人民第一次看到一个独立、统一、人民当家做主的新中国屹立于世界。

开启中华民族复兴的历史新纪元，新中国的成立，实现了国家的空前统一，这在旧中国是不可想象的

1949年10月，诞生了中国历史上一个空前统一的人民共和国。

中国的地理版图在清朝中叶基本上确定了。经过鸦片战争以后多次因战争失败对外割让土地，大体上形成了中华人民共和国成立时的国土面积。新中国在这个版图上形成了省、民族自治区、直辖市这样一种行政体制。省区市以上是中央人民政府（1954年《宪法》规定"中华人民共和国国务院，即中央人民政府"）。这样的行政体制，大大加强和提高了国家的统一性和行政效率。1949年以前的近代中国是一个分散而虚弱的国家。分散被人称为"一盘散沙"，虚弱的另一称呼是"东亚病夫"。从晚清到民国，国家的行政体制始终未能一致，指臂不灵，尾大不掉，中央政府始终不能有效地号令全国。新疆在1884年建省，台湾在1885年建省，东北三省在1907年才建省，内蒙古的绥远、察哈尔等地，宁夏、青海等地，很晚才建省，西藏还分前藏、后藏，以地方之名称呼。边远地区不少地方还是土司掌管，改土归流远未完成。有些地方甚至实行奴隶制度，康藏地区还是政教合一的封建农奴制度。从湘军、淮军到北洋六军，各占地盘，完全没有大局观念。地方诸侯，各拥武装。国民党政府时期，桂系、滇系、川系、晋系、西北五马等等，各掌门户，分裂分散，征战不已，生灵涂炭。国民党政府何时真正统一过全国？新中国一改旧观，全国行政区划归于统一。各民族一律平等，实行民族区域自治制度，各民族间的关系逐渐走向和谐。稳定物价，镇压反革命破坏活动，消灭土匪黑道，清理整治妓女，全国社会秩序迅速归于平静，人民生活在安定祥和之中。这不仅是近代中国不曾有的，也是几千年的历史上不曾真正出现过的。

台湾自古以来就是中国领土的一部分。依照国际法和国内法，中华人民共和国对台湾享有主权，是无可争议的。所谓"台湾地位未定论"是完全没有根据的，是一种帝国主义霸权理论。中华人民共和国的治权目前尚未达到台湾，是1949年国内战争的遗留问题。从理论上讲，内战尚未结束。内战一旦结束，治权问题应该得到合理解决。这也就是今天海峡两岸

关系中的本质问题。我们今天要用"和平统一、一国两制"的办法解决台湾问题，不是解决主权问题，而是解决治权问题。

1997年7月1日香港从英国管辖下回归祖国怀抱，1999年12月20日澳门从葡萄牙管辖下回归祖国怀抱，洗去了近代以来不平等条约加诸中国最后的耻辱。金瓯完璧，领土主权的完整实现了。这在旧中国是不能解决的，甚至是不可想象的。

新中国的成立，奠定了社会主义的经济基础，对中华民族的复兴事业具有长远意义。

鸦片战争以后，中国逐步沦为半殖民地半封建社会，原有的经济结构被打破，中国社会在地主制和农民小生产经济的汪洋大海中产生了资本主义经济。在华外国资本主义经济、中国官僚资本主义经济和民族资本主义经济，是那时中国资本主义经济的主要形式。民族资本主义经济受到外国资本主义和本国官僚统治的严重制约，得不到顺利发展。帝国主义还控制了中国的对外贸易和国内贸易，垄断了中国的金融。1928年，外商垄断组织的贸易占中国对外贸易额的90%，外商在中国的航运吨位达到全国的77.7%。在工矿业中，1926年外国人在中国煤矿业的投资额占中外投资额的72%。1937年后，日本全面入侵中国，其他帝国主义国家纷纷撤出。日本为了"以战养战"，在华投资额骤增，加紧了对中国各行业的控制和掠夺。总之，帝国主义对中国的经济侵略严重阻碍了中国民族资本主义的发展，阻碍了中国的社会进步。

官僚资本是指国民党统治时期利用政治特权积累巨大财富者。官僚资本是半殖民地半封建社会形态下特有的经济成分，它对外勾结帝国主义，对内勾结封建势力，依靠国际金融垄断资本，排挤民族资本，操纵国家经济命脉，构成独裁统治的经济基础。官僚资本控制了全国银行总数的70%，产业资本的80%，控制了全部铁路、公路和航空运输。

没收封建地主阶级的土地归农民所有，没收官僚资本归国家所有，保护民族工商业，是新民主主义的三大经济纲领。中央人民政府甫一成立，立即实施没收官僚资本为人民的国家所有，1949年底基本完成。对于在华的1300多家外国资本企业，没有采取直接没收的政策，而是首先废除了外国资本企业依据不平等条约所享有的经济特权，然后通过监督和管制、收购、征购等办法，妥善处理外国在华企业。到1952年底，基本上清理了帝国主义在华的经济势力。新中国在这个基础上建立起强大的国营经济。国营经济是整个国民经济的领导力量，它形成了人民共和国的物质基础，成为走向社会主义社会的经济基础。为了发展经济，新生的人民共和国并不没收其他资本主义的私有财产，并不禁止"不能操纵国民生计"的资本主义生产的发展。

完成土地改革，是新中国成立之初的一项重大社会改革成就。1950年中央人民政府颁布的《中华人民共和国土地改革法》指出："废除地主阶级封建剥削的土地所有制，实行农民的土地所有制，借以解放农村生产力，发展农业生产，为新中国的工业化开辟道路。"地主土地所有制，是封建社会的经济基础。不破除地主土地所有制，不实行"耕者有其田"，民主革命的任务就不能完成，民主革命的下一步任务——实现社会主义就难以达成。到1952年底，全国新解放区的土地改革基本完成。这是民主革命取得最后胜利的重要标志。由于土地改革的完成，农民成为新生的人民共和国的基本支持力量，也为农民走上社会主义道路做了很好的铺垫。

新中国的成立，开创了中国现代化的新契机。我们看到，从1840年到1949年，中国的现代化屡遭挫折失败，屡次失去发展机遇。现代工业只是星星点点地分布在若干城市，工业产值只占国民经济总产值很小的比例，中国仍然是一个传统的农业国家。中国真正走上现代化的发展道路，并且改变中国传统农业国家的地位，是在1949年新中国成立之后。历史已经证明，中国现代化的历史进程，是在1949年以后大规模开启的。1978年以后，中国现代化的进程进一步加快了步伐。

新中国的成立，确立了我国的基本政治制度，使中国历史迈入长治久安的时期，使中华民族复兴有了可靠政治保证。

在近代中国，政治制度经历了一个变化的过程。清朝末年，在国内外的情势压迫下，清廷曾派五大臣出洋考察政治，最终形成了试行君主立宪制度的基本想法。但在慈禧太后专制下，除了增加几个部以外，不准动摇封建制度的根基。慈禧和光绪死后，清朝产生了皇族内阁，内阁成员多由皇族成员充任。孙中山领导的辛亥革命，成功地推翻了封建专制的政治制度，希望走上资产阶级民主共和政治道路。但是，辛亥革命的胜利成果被袁世凯攫取。民国初年，在民国的招牌下，也曾试行政党政治、议会制，但最后都失败了。从此，老百姓对政党政治、议会道路完全失望了。国民党政府在南京建立后，最后实际上维持了"训政"，维持了蒋介石的独裁统治。

中国共产党一向追求在中国建立民主政治，反对封建专制制度，反对法西斯专政的政治制度。在江西苏区建立苏维埃共和国实行人民代表大会的民主制度，在陕甘宁边区实行各革命阶级联合的抗日民族统一战线的政治制度，开始摸索能够体现绝大多数人民意愿的民主制度。

半殖民地半封建的中国转变为无产阶级领导的人民共和国，应该实行什么样的政治制度？中国共产党在抗日战争期间就提出了自己的主张。毛泽东同志在《新民主主义论》中指出：在无产阶级领导下的一切反帝反封建的人们联合专政的民主共和国，这就是新民主主义的共和国。在这种国体下的政权构成形式，就是全国人民代表大会直到乡人民代表大会的系统，由各级人民代表大会选举政府。1945年4月，在抗日战争即将取得全面胜利、决定中国未来命运的时刻，中国共产党召开了第七次全国代表大会，毛泽东同志在为大会所作的《论联合政府》中阐述了中国共产党的建国主张。他指出："我们主张在彻底地打败日本侵略者之后，建立一个以全国绝对大多数人民为基础而在工人阶级领导之下的统一战线的民主联盟的国家制度。"至于政权组织，则由各级人民代表大会决定大政方针，选举政府，"使各级人民代表大会有高度的权力；又能集中处理国事，使各级政府能集中地处理被各级人民代表大会所委托的一切事务，并保障人民的一切必要的民主活动"。

1949年9月中国人民政治协商会议通过的《共同纲领》表明，参加政协会议的各革命阶级和党派接受了中国共产党提出的建国方针。中国人民政治协商会议一致同意以新民主主义即人民民主主义为中华人民共和国建国的政治基础。这就是毛泽东同志在《新民主主义论》中所说的"国体"。至于政体，即指政权机关。《共同纲领》规定："中华人民共和国的国家政权属于人民。人民行使国家政权的机关为各级人民代表大会和各级人民政府。"中国人民政治协商会议具有代表全国人民的性质，执行全国人民代表大会的职权。会议的决议代表了全国人民的意志。1954年召开了第一届全国人民代表大会,正式通过了《中华人民共和国宪法》,选举了中央政府即国务院,任命了国务院组成人员,依法完成了《共同纲领》提出的政权机关的组成。1954年宪法奠定了中华人民共和国政治制度的基础。这部宪法在1978年后经过全国人民代表大会多次讨论修订,但这个政治制度的基础被反复申明和强调。国家的权力运行模式经过多次改革并且至今还在改革中,但是最基本、最核心的东西并未动摇。在旧中国毫无政治地位的广大工农大众,第一次成为了国家的主人,他们的代表加入了各级政权机关,也成为各级人民代表构成中的主要成分。在政治制度的设计中,人民第一次成为国家的主人,这在中国历史上是没有先例的。

新中国的国家权力构成和政权组成模式,是自有中国历史以来最能反映民意的模式、最民主的模式、最能集中绝大多数人民意志的模式。这个模式,无论在封建社会还是半殖民地半封建社会都是不可能出现的。从此,中国的历史开辟了一个新的时代。

新中国的成立,空前地提高了中国的国际地位,这在以前的近代中国历史上是不可能实现的。

新中国成立之前,中国处于半殖民地半封建社会,主权少到不能再少,根本谈不上国际地位。全民族抗战取得胜利,中国对世界反法西斯战争作出了贡献,战后成为联合国五个常任理事国之一。但是,那时的中国还是在帝国主义的东方链条上,美帝国主义还在通过条约控制着中国,还在直接干涉中国内政,支持国民党打内战。中国仍然是一个没有实力支撑的弱国,不但在战后处理欧洲问题时没有发言权,甚至中国的内政还被提到联合国的会议上加以讨论。新中国的成立结束了半殖民地半封建社会,也就是摆脱了世界资本主义体系,冲破了帝国主义的东方战线,大大改变了世界的政治地图,鼓舞并支持了全世界被压迫民族和被压迫人民争取解放的斗争,具有伟大的国际意义。

新中国有明确的外交政策:"不承认国民党时代的任何外国外交机关和外交人员的合法地位,不承认国民党时代的一切卖国条约的继续存在,取消一切帝国主义在中国开办的宣传机关,立即统制对外贸易,改革海关制度",收回驻军权和内河航行权。这一外交政策,清楚地体现了一个负责任的独立的主权国家的本质特点。只要同意上述外交政策,按照平等、互利及互相尊重领土主权等项原则，新中国可以与任何国家建立正常的外交关系。对于与资本主义各国建立外交关系，要求"各国无条件承认中国，废除旧约，重订新约"。这就叫做"另起炉灶"，"打扫干净屋子再请客"。在这个原则之下，到1950年10月，就有25个国家承认中华人民共和国，有17个国家与中国建立了正式的外交关系。通过有步骤地彻底清除帝国主义在中国的控制权，包括政治上、经济上、文化上的控制权，中国人、中国这个国家就在世界面前站起来了！中国作为一个独立的主权国家的国际地位就确定了。这是整个中国近代史时期所有志士仁人所梦寐以求的，"是一百多年来旧中国的政府所没有做到的"。

新中国国际地位的提高，还表现在新中国成立之初的抗美援朝战争。美国是超级大国，率领部分国家组成"联合国军"侵略朝鲜，战火燃烧到鸭绿江边，威胁中国的安全。为了保家卫国，中国人民志愿军赴朝与朝鲜人民军一起坚决抵抗了以美国为首的"联合国军"的侵略。新中国成立不到一年，百废待举，百业待兴，经济十分落后，仍然不在强权面前低头，终于把美国逼到谈判桌前。一个落后的国家与世界强权国家相抗衡，全世界都另眼相看。这在近代中国是绝对做不到的。

新中国的成立，是"第二次世界大战以后最重大的政治事件，对国际局势和世界人民斗争的发展具有深刻的久远的影响"。新中国刚一成立，就通知联合国秘书长，不承认国民党政府派驻联合国的外交代表，并且出席日内瓦会议、万隆会议，提出中国的主张，发出独立主权国家的声音。此后，中国在国际社会一贯强调独立自主和平外交，强调和平共处五项原则，强调国家不论大小一律平等，反对帝国主义霸权政治，主张多极政治，主张发达国家要支持发展中国家发展经济，主张对话反对战争，等等。这些都充分展示了新中国的国际关系理念，对构建和谐国际关系起到重要的促进作用。

* * *　　* * *　　* * *

新中国成立后，经过60年的发展特别是最近30多年的发展，我国发生了巨大变化，经济、政治、文化、社会等各项事业取得巨大进步。当然，我们不能骄傲。毛泽东同志在1949年党的七届二中全会上说："夺取全国胜利，这只是万里长征走完了第一步。如果这一步也值得骄傲，那是比较渺小的，更值得骄傲的还在后头。在过了几十年之后来看中国人民民主革命的胜利，就会使人们感觉那好像只是一出长剧的一个短小的序幕。"在60年之后回顾中华人民共和国成立的伟大历史意义，回顾新中国的缔造者毛泽东同志当年的预言，是何等亲切、何等振奋！

胡锦涛同志在党的十七大报告中指出："我们要永远铭记，改革开放伟大事业，是在以毛泽东同志为核心的党的第一代中央领导集体创立毛泽东思想，带领全党全国各族人民建立新中国、取得社会主义革命和建设伟大成就以及艰辛探索社会主义建设规律取得宝贵经验的基础上进行的。新民主主义革命的胜利，社会主义基本制度的建立，为当代中国一切发展进步奠定了根本政治前提和制度基础。"在探讨中华人民共和国成立的伟大历史意义的时候，我们更加体会到这段话的深刻含义和巨大分量！

（本文是应人民日报理论部邀请为纪念中华人民共和国成立60周年而作，原载2009年9月1日《人民日报》第7版，署名中国史学会（张海鹏执笔）。中宣部党建杂志社《学习》活页文选转载，2009年第27期（总第313期）；《马克思主义理论研究和建设工程参考资料》第459期转载；中国社会科学院《学习与参考》2009年第20期转载。国内各网站有广泛转载。曾以此为题应邀在外交部党校为在党校学习的驻外使节做过报告）

60年来中国近代史学科的确立与发展

中华人民共和国即将迎来60岁的生日，在这个日子里讨论中国近代史学科在60年的发展，是很有意义的。1989年，我在《近代史研究》杂志第6期发表《中国近代史研究的回顾》一文，对1949年以来中国近代史研究学科的初步建立到曲折发展做了阐述。胡绳先生读过后，曾给我指教。我根据他的评论做了若干修订，修订后的全文收进我的论文集《追求集》。在那篇文章里，我对中国近代史学科的建立，从学术研究机构的建设与学术人才的培养、学术论著的发表和专业学术期刊的建立、代表性学者和代表性学术著作、本学科学术资料的建设、分支学科的大量出现等方面，分析了中国近代史学科作为中国历史学中一个新兴学科，独立出来，发展起来的经历，阐述了产生中国近代史学科的大的历史背景，以及产生这种独立学科的时代需要。

我在那篇文章的末尾，提出了发展中国近代史学科需要努力的方向。我指出了三点：第一点是明确中国近代史的分期，第二点是加强中国近代史学科的学术交流，第三点是拓宽中国近代史学科的研究领域。时间又过去了20年，这三方面都取得了重大进展。现在可以说，经过60年的发展成长，在中国历史学这个大学科里，中国近代史作为一个独立的学科，已经完全发展成熟了。

先说第一点。关于中国近代史的分期，准确地说是关于中国近代史与中国现代史的分期，是确定中国近代史学科对象的重要问题。换句话说，究竟是以1919年作为中国近代史、中国现代史的分界线，还是以1949年作为中国近代史、中国现代史的分界线，数十年来，一直是争论不休的问题。胡绳先生1954年在《历史研究》创刊号上发表《中国近代历史的分期问题》一文，引起了近代史学者的强烈关注和热烈讨论。1957年，《历史研究》编辑部汇集了三年来学者讨论文章予以出版。这次讨论，对于中国近代史学界学习马克思主义基本理论，学习唯物史观，认识近代中国历史的基本线索问题，起到了很大的推动作用。但是，这次讨论的主题是中国近代历史的分期问题，所谓中国近代史，胡绳的文章非常明确地局限在1840—1919年之间，无形之中，这次讨论把中国近代史的时限范围限制为1840—1919年间的历史。从这时开始，中国历史学界出现了中国近代史和中国现代史的明确分界，分界线就是1919年发生的五四运动。此后，学术界往往把1919年五四运动以后的历史称作中国现代史，而把1919年上溯到1840年鸦片战争的历史称作中国近代史。（按：1949年以前，历史学者对中国近代史和中国现代史没有形成明确的意见，或者说中国近代史与中国现代史基本上是一个含义。）换句话说，把旧民主主义革命时期的历史称作中国近代史，而把新民主主义革命时期的历史称作中国现代史。

即使如此，不同意见也有明确的表达。范文澜、刘大年、荣孟源、李新、林敦奎等学者提出按照社会性质来划分历史时期。因为1840—1949年的中国是半殖民地半封建社会，中国近代史应该包含1840—1949年的整个时期。范文澜是这一主张的最初提出者。他在1947年出版的《中国近代史》上编第一分册中，把旧民主主义革命时期和新民主主义革命时期都划作近代中国的历史时期。但是，在20世纪80年代以前，无论是教学、研究或者撰著中国近代历史，都是以1919年五四运动为界的。这是那时的时代条件使然。

进入改革开放的历史新时期后，又一次经历了中国近代史和中国现代史分期问题的讨论。坚持1919年五四运动是中国近代史和中国现代史分界线的学者，主要以旧民主主义革命与新民主主义革命的区别为根据，为了突出无产阶级领导的新民主主义革命的重要性，坚持主张中国近代史结束于1919年。但是这种主张忽视了以社会性质作为区别历史分期问题的标志的意见，忽视了在半殖民地半封建社会里，无论是旧民主主义革命还是新民主主义革命，都是民主革命的性质，都是反帝反封建，区别只是领导力量的不同、革命前途的不同。因此在新的历史时期，主张以半殖民地半封建社会的1840—1949年为中国近代史的呼声高涨起来了。中国社会科学院近代史研究所赓续20世纪50年代的主张，再次明确宣布以1840—

1949年的中国历史作为近代史研究所的研究对象。李侃、陈旭麓、胡绳、张海鹏等发表文章，论证了认识中国近代史、中国现代史分期的种种理由。1998年以前出版的有关中国近代史的出版物，包括通史类性质的学术著作、教科书以及通俗读物，几乎都以1919年五四运动为下限；有关中国现代史的出版物，几乎都以1919年为上限。1999年以来，已经有数种中国近代史书采用了1840—1949年的分期方式。这几种书是：

1. 1999年张海鹏主编的第一部以1840—1949年为断限的《中国近代史》在群众出版社出版，这是为中国的警察写的一本简明的中国近代史。

2. 2000年辽宁大学董守义等编著《中国近代史教程》上下册，在中国社会科学出版社出版。

3. 2001年山东大学王文泉、刘天路主编《中国近代史》，在高等教育出版社出版。

4. 2007年《中国近现代史纲要》在高等教育出版社出版。本书是马克思主义理论研究和建设工程重点教材，是全国高等学校本科生必修的思想政治理论课教材，由本书编写组集体编写，首席专家是沙健孙、马敏、张建国、龚书铎、李捷。本书开篇的话，第一句话就是："中国的近现代史，是指1840年以来中国的历史。其中从1840年鸦片战争爆发到1949年中华人民共和国成立前夕的历史，是中国的近代史；1949年中华人民共和国成立以来的历史，是中国的现代史。"这个开篇第一句话是一个非常重要的表示，它标志着中国近代史、中国现代史的分期已经写进了大学教材，得到了学术界的共识。这样的认识有可能成为中国近现代史学界的主流认识。当然，我们也不排除在分期问题上还会有不同看法，大概那不会成为主流认识了。

5. 2007年张海鹏主编的《中国近代通史》十卷本在江苏人民出版社出版。这是第一部写出了1840—1949年间中国近代历史的大部头的通史性著作。一些读者评论，本书的出版对中国近代史学科建设的作用是值得肯定的。

最近报载，一本大陆学者编撰的《中国近代史》在台湾出版，受到台湾学生的欢迎。报道说该书是大陆学者在我国台湾地区出版的第一本完整叙述中国近代历史的著作："关于中国近代史，大陆与台湾在许多问题上认识并不一致。比如在最基本的历史分期上，台湾把从1840年到1949年的历史作为近代史，而大陆近代史一般断限在1919年，把1919年至1949年作为现代史。"大陆学者编撰的《中国近代史》在台湾出版，当然是海峡两岸学术交流值得注意的好事。但是，报道对海峡两岸有关中国近代史的分期（或称断限）的说法则是完全错误的，既不符合台湾学术界的现实，也不符合大陆学术界的现实。从台湾学术界来说，不可能把1949年作为近代史的下限。这是常识，不需要多加解释。从大陆学术界来说，把近代史断限在1919年，基本上是1998年以前的事，1998年以后，一般不作这样的断限。可见报道者对两岸学术界的情况是隔膜的。也许那本书的作者还坚持以1919年作为中国近代史的断限，这当然是作者的个人主张，是作者的学术自由，旁人不需要说三道四的。但是在向大众作介绍时，需要作出准确的概括。个人的意见当然可以坚持，现在看来，这样的个人意见，恐怕是难以为多数学者接受的。这本书的副题为"告别帝制"，似尚可斟酌。即使以1919年作为近代史的断限，仅仅用"告别帝制"作为那80年历史的概括，似乎并不严谨。今年是五四运动90周年，从新文化运动到五四运动，在中国近代历史上那么重大的事件，用告别帝制是不足以揭示那段历史的真谛的。

　　总结一句话：中华人民共和国的成立标志着近代以来中国人受侵略、受欺侮的时代一去不复返了，标志着近代中国半殖民地半封建社会的结束，中国开始进入社会主义的建设时期。这就是说，这一事件标志着中国近代史的结束，中国现代史的开端；标志着旧时代的结束，新时代的开始。

　　有人主张，中国现代史从1919年开始，一直延续下来。这种主张不仅模糊了社会性质的不同，也掩盖了1949年这个年代的极其重要性。

　　有人主张中国现代史从1911年开始，这种主张貌似重视辛亥革命，却忽视了1949年中华人民共和国建立较之辛亥革命更为重大的历史意义。

　　与中国近代史的分期有关的是中国近代史发展的基本线索问题。如果说中国近代史的分期（或断限）涉及的是中国近代史这门学科的范围，则中国近代史的基本线索涉及的是对中国近代史基本问题的看法，是它包含什么内容，它的历史发展趋势，哪些新的阶级产生了，哪些旧的阶级力量衰弱了，哪些阶级力量代表了时代前进的步伐，等等。有关这个问题的讨论，也差不多延续了半个世纪。

关于中国近代史基本线索的讨论，早在1954年胡绳发表上述文章的时候就开始了。中国近代史的分期是个具体问题，关键是如何认识中国近代史的基本线索。这就涉及一系列理论问题，它们是：如何运用马克思主义和毛泽东思想指导近代史研究，如何对待近代史研究中的旧史学观点，如何确立中国近代史的总体系，如何评价近代各阶级的历史地位和作用，如何认识近代中国发展的主要脉络等。胡绳提出了基本上用阶级斗争的表现来做划分时期的标志和三次革命高潮的概念。参加讨论的学者从不同角度探讨了中国近代史的主要内容，涉及对历史唯物主义的不同理解和运用，提出了关于历史分期的不同主张，但对于胡绳的意见，与议者多数表示了赞同，并无根本的分歧。

80年代中期以后，中国近代史发展的基本线索的争论，再次开展起来。李时岳、胡滨把农民战争、洋务运动、维新运动和资产阶级革命作为近代中国的进步潮流，是中国近代史的基本线索，其根据是：向西方学习，发展资本主义，是中国近代史前期争取独立和谋求进步的根本道路。胡绳、刘大年、张海鹏、苑书义等不同意按照洋务运动—戊戌维新—辛亥革命的线索来论述这个时期的历史进步潮流，认为这三者之间在政治上并无必然的继承关系，其性质是大不相同的。考虑中国近代史的发展线索，应制约于中国是半殖民地半封建社会及中国人民反帝反封建这一中心任务，因而认为毛泽东所说的"帝国主义和中国封建主义结合，把中国变成半殖民地和殖民地的过程，也就是中国人民反抗帝国主义及其走狗的过程"，正确地概括了中国近代史的基本线索，简约一点，也可概括为太平天国—戊戌变法、义和团—辛亥革命的公式。这样说并不是轻视中国近代史上发展资本主义的重要性，但认为只有人民大众反帝反封建的民主革命，才是中国争取民族独立和谋求人民解放的正确道路，这个革命不胜利，资本主义成为中国人民的生产力是不可能的。章开沅从民族运动的角度阐明中国近代史的基本线索，对以上两观点都有批评，但又认为毛泽东所说"两个过程"是客观存在的历史实际，是中国近代史全过程的主干，应被理解为中国近代史的基本线索。

近代史基本线索的讨论，还涉及所谓革命高潮问题。以前讨论革命高潮，是把中国近代史放在1840—1919年范围内，如果把中国近代史延长到1949年，则对革命高潮的看法会有变化。20世纪80年代初，有学者对革命高潮的提法提出了质疑。80年代末，陈旭麓认为，从110年的近代历史来考虑，中国近代史上确有三次革命高潮，但不是经胡绳提倡、得到大多数学者接受的那三次革命高潮。陈旭麓认为，在19世纪的中晚期，并没有形成如后来那样的反帝反封建的革命高潮。只是到了20世纪才出现具有完全意义的革命，形成高潮。他断言，这三次高潮是：1912年的辛亥革命，推翻了清朝政府；1927年的大革命，打倒了北洋军阀政府；1949年中国共产党领导的解放战争，推翻了国民党的统治，夺取全国胜利。他强调，中国近代史上只有这三次革命高潮，没有这三次高潮，就赶不走帝国主义，也打不垮封建势力。张海鹏认为，胡绳提出的三个革命高潮的概念是中国近代史中很重要的概念。胡绳当初提出革命高潮概念的用意，是为了说明中国近代史发展的基本线索，并不是从革命的本来意义上来定义"三次革命运动的高涨"这一概念的。提出这个概念对于我们从政治上来认识中国近代史发展的基本线索和特点，恰恰是很重要的。从110年的历史认识中国近代史的基本线索，总结中国近代史的发展规律，中国近代史的革命高潮依然应该把19世纪的几次革命运动包括在内。从全局衡量，应该有七次。它们是：太平天国革命运动；戊戌维新和义和团运动；辛亥革命；新文化运动和五四运动；1927年大革命；1937—1945年抗日战争；解放战争的胜利和中华人民共和国的成立。以上七次革命高潮，基本上决定了近代中国的政治走向，包括从旧民主主义革命到新民主主义革命的所有主要阶段，包括民族民主革命的基本内容。这就是中国近代史发展的基本线索。当然，说基本内容，并不是全部内容。全部中国近代史的内容比这些丰富得多。有了这些基本线索，可以把一堆铜钱贯穿起来，人们认识这堆铜钱的整体就方便多了。

以上有关中国近现代史的分期、有关中国近代史基本线索的认识，以及大体上取得共识，是60年来中国近代史学科所取得的重大成就。有了这些成就，中国近代史这门学科的整体面貌就清楚了。说它是一个独立的学科，在一定的意义上是指此而言。就是在这样一个整体认识的架构下，展开了中国近代史学科领域丰富多彩的研究成果。

再说第二点，是加强中国近代史学科的学术交流。这一点其实不必多说。20年来，在中国近代史学术领域的国内国际交流，已经是司空见惯了。这些交流，包括举办学术讨论会，学术互访，共同研究，学术论著的发表方面。中国大陆学者与台港澳学者之间的交流，已经是很频繁了。中国学者与各国学者间的交流也已经有章可循。中国史学组织与国际史学组织之间的交流也都在开展。这些交流，对于打开中国近代史学者的眼界，对于中外近代史学者间相互认识其学术上的长短，促进学术进步大有好处。促成这些交流，当然是社会的进步，是国家经济发展、政治稳定的结果。

第三点，至于拓宽中国近代史学科的研究领域，则是60年来，特别是近20年来中国近代史学科的重大进展。20世纪80年代初，近代史学界在反思中，一方面肯定了"文化大革命"前17年近代史领域取得的成绩，也指出了那个时候学术研究领域比较单纯，领头的是近代政治史研究，或者说是以革命史为中心的政治史研究，经济史研究也往往是部门经济的研究，思想史研究开展也不够。近代政治史研究，也多是"八大事件，三大高潮"，领域狭窄，视野单纯，论著不够丰富。经过最近30年发展，上述缺点基本已经克服了。在中国近代史领域，近代政治史、近代中外关系史、近代经济史、近代思想史、近代军事史都在原有基础上有所发展，中华民国史、近代文化史、近代社会史、中国现代化史都是近30年新产生并且发展很好的学科。无论是原有基础较好的学科，还是新产生的学科，都有相应的代表性研究机构，都有代表性学者和代表性著作。中国近代史研究领域各个分支学科的形成和发展说明，中国近代史研究学科，无论是内涵或者外延，都已经极大丰富了，学术视野大大打开了，研究对象涉及到社会生活的方方面面，中国近代史领域的学科布局已经趋于完整和合理。无论从哪个方面说，今天的中国近代史学科，与30年前相比，特别是与60年前相比，都不可同日而语了。

如果换一个角度看，从理论的角度，从宏观思维的角度看中国近代史研究学科的成长，我们可以看到一个有趣的现象：对理论的兴趣在逐渐下降。1954年关于中国近代历史分期问题的学术讨论，充满了理论思维，引经据典，运用唯物史观的原理，探讨近代中国历史的发展规律、发展趋势。这一讨论进行数年，在学术史上可以记录在案。当然，在学习马克思主义理论的过程中，会有失误，会有幼稚的表现，会有标签现象，也有影射史学的出现。这些失误，会在特殊的政治气氛下，使史学工作者走入歧途，出现"文化大革命"期间的"评法批儒"、"儒法斗争"中，史学工作者被利用的情况。

"文化大革命"结束后，在20世纪80年代出现过讨论中国近代史宏观理论问题的热潮。关于中国近代史基本线索问题的讨论，关于洋务运动性质问题的讨论，关于历史发展动力问题的讨论，都曾经坚持数年时间。但是进入20世纪90年代及其以后，对中国近代史领域宏观理论问题的兴趣，逐渐降温了。是不是没有什么问题可以讨论呢？不是。关于中国近代史与中国现代史分期问题，关于中国近代史的"沉沦"与"上升"问题，关于现代化范式与革命史范式问题，关于"告别革命"问题，关于是否需要用唯物史观指导近代史研究问题，等等，问题提出来了，却未见引起热烈的争鸣。不是完全没有争鸣，而是争鸣开展不热烈，完全达不到20世纪50—60年代、80年代的水平。对中国近代史领域宏观理论问题讨论的降温，是表面现象，其实质是对马克思主义理论兴趣的下降。与此同时，来自域外的各种史学理论蜂拥进入国内。以前学者在论著中，往往引述马克思主义经典作家的言论来开展自己的论证。现在的年轻学者则往往引述西方某学者的论点，来开展自己的论述。处处引述马克思主义的只言片语，是一种教条主义；处处引述西方学者的言论，也是一种食洋不化的教条主义。所谓宏大叙事被冷落，所谓碎片化选题出现，历史虚无主义的所谓研究结论就容易出笼了。

我们的社会经济基础发生了深刻变化，思想领域、学术领域出现多元多变现象。这是近代史研究领域出现对马克思主义理论兴趣下降的客观物质原因。但是，我们的国家是社会主义国家，或者说是中国特色社会主义国家，宪法规定了国家的指导思想是马克思主义。在面对学术领域多元多变情况下，有远见的历史学者在注意吸收各种有价值的西方史学理论的时候，不能放弃马克思主义的方法论和世界观。立志在中国近代史领域作出贡献的历史学者，可以借鉴后现代史学的积极因素，却不能被碎片化选题牵着走，否则，史学研究的价值是要大打折扣的。用马克思主义理论，用唯物史观指导历史学研究，不是要一句一句地去背诵马克思主义的只言片语，而是要掌握马克思主义的立场、观点和方法，是用实事求是的态度，客观地看待历史，研究历史。这样的研究，对于我们还原历史真相，对于我们认识历史发展规律，是大有帮助的。

回顾60年来中国近代史研究走过的路程，尤其是回顾中国近代史研究领域重大理论问题的研究和探讨，我以为，在唯物史观指导下，如何将马克思主义理论与中国近代史实际相结合，探讨中国近代历史发展的规律，探讨中国近代历史发展趋势及其多种可能性，探讨在反帝反封建的历史主题下，中国历史如何选择了马克思主义，如何选择了中国共产党，如何选择了社会主义道路，我们还是任重而道远，我们在学术研究工作上还有许多事情可做。

（2009年5月8日深夜。本文是为《历史研究》纪念新中国建国60周年撰写的笔谈，原载《历史研究》2009年第5期）

近代中国历史发展选择了社会主义道路

1949年10月中华人民共和国中央人民政府成立以后，在新民主主义革命胜利的基础上，国家没收了国民党政府控制的垄断资本即官僚资本的企业、银行，成为新民主主义国家的物质基础，随即也成为过渡到社会主义国家的物质基础。经过将近60年的探索和发展，今天的中国已经筑牢了社会主义的物质基础，虽然我们还处在社会主义初级阶段，但是与30年前，与60年前已经是不可比拟了。我国无论是在社会主义经济制度、政治制度还是文化领域，已经在中国特色社会主义理论指引下，形成了具有自己特色的发展模式。

或者要问，60年前，中国为什么要走上社会主义道路？回答很简单，这是近代中国历史发展的结果，是历史的选择。这个问题，必须从历史发展的角度来说明，来理解。

第一，从近代中国历史进程的演变来看。鸦片战争以后，中国逐渐形成半殖民地半封建社会。这种社会性质决定了中国必须进行反帝反封建的民主主义革命，才能获得民族独立（对帝国主义而言）和民主进步（对封建主义而言）。在中国，哪一种政治势力能够领导人民赢得民主主义革命的胜利，哪一种政治势力就取得了引导中国走何种道路的主导权。在晚清，康有为、梁启超发动的戊戌变法运动，有可能引导中国走向资本主义社会，但是戊戌维新运动被慈禧太后打倒在血泊中，未能成功。孙中山领导的中国同盟会，以及民国初年由同盟会改组的中国国民党，是近代中国的资产阶级革命政党，它有可能通过推翻清政府把中国引导到资本主义社会，但是由于中国资产阶级及其政党的软弱，辛亥革命后建立的南京临时政府被清政府最后一任内阁总理大臣袁世凯窃夺了。民国初年军阀混战，国家分裂，人民涂炭。五四运动以后，国家情势发生很大变化。俄国十月革命的影响在中国迅速传播开来。1921年中国无产阶级政党——中国共产党成立以后，逐渐主导了中国革命的方向。以毛泽东为代表的新民主主义革命理论对中国前进方向有清楚的阐述：中国反帝反封建的资产阶级民主主义革命必须由无产阶级领导，中国革命的前途是社会主义和共产主义。为了走向社会主义，第一步是实行新民主主义，第二步才是社会主义。从十年内战时期的革命根据地到抗日战争时期的敌后根据地和解放区，中国共产党领导了广大的地区和人民从事艰苦的革命斗争，一向以社会主义、共产主义相号召，鼓舞着广大的地区和人民。抗战胜利后，国民党政府悍然发动以消灭中共为目的的内战，结果在内战中彻底失败。这个结局决定了中国共产党真正成为推动中国社会前进的主导力量，决定了中国由新民主主义转向社会主义的必然性。

第二，从近代中国政治思想史发展的角度看。中国传统儒家思想中就有大同思想。《礼记·礼运篇》"大道之行，天下为公"的大同理想，不仅是儒家的追求，也是老百姓的追求。大同理想较易与社会主义思想相结合。孙中山的思想在这方面是一个典型。三民主义中，被孙中山最看重的是民生主义。所谓民生主义，孙中山用的英文词就是Socialism。这个英文词，通常被翻译成社会主义，孙中山以为翻译成民生主义更好。有时候，孙中山直接用社会主义来说明他的民生主义主张。1912年，孙中山曾提出把中国建设成为理想的社会主义国家，希望做到："我民幼有所教，老有所养，分业操作，各得其所。"[①] 孙中山认为，民生主义并不是要反对资本、反对资本家，只是要反对少数人对社会财富的垄断，防止资本家垄断所产生的社会流弊。

由于民生主义学说中蕴涵有若干与社会主义相近的设想，民生主义往往被评价为社会主义。实际上，孙中山所要建立的，不是没有资本家的社会，而是不要大资本家的资本主义社会。但是孙中山又强调，他的民生主义与共产主义是好朋友。1924年孙中山在广州演讲民生主义，强调指出："共产主义是民生的理想，民生主义是共产的实行；所以两种主义没有什

---

① 孙中山：《在上海中国社会党的演说》，《孙中山全集》第2卷，中华书局1982年版，第523页。

么分别，要分别的还是在方法。"① 又说，"三民主义之中的民生主义，大目的就是要众人能够共产"②。"人民对于国家不只是共产，一切事权都要共的。这才是真正的民生主义。"③ 孙中山的民生主义—社会主义思想，在中国人民中是有影响的，这在一定意义上，形成了历史选择社会主义的思想基础。

第三，从近代国际环境和民族危机的影响来看。1929—1933 年由美国引起的经济危机使资本主义世界深陷经济、政治、信仰灾难的恐慌之中，资本主义的吸引力在危机中日益受到质疑。与此同时，社会主义国家苏联的第一个五年计划取得了辉煌成绩，社会主义的影响力迅速彰显。在经济危机的打击下资本主义国家加强了对华经济掠夺，日本则悍然发动侵华战争，民族危机促使人们寻找新的出路。在这样的历史背景下，中国知识分子大多对苏联社会主义表达了好感，他们把苏联的成功归因于苏联的社会主义制度、计划经济及马克思主义，知识界在对未来中国发展道路进行思索时，不少人表达了对社会主义的热切追求，社会主义思想由此达到高潮。④

第四，从广大人民群众的态度来看。1944 年国民党军队在豫湘桂战役中大溃败，引起了大后方的知识界、工商界人士对国民党政府执政能力的怀疑。⑤ 抗战胜利后蒋介石以消灭中共为目的，悍然撕毁"双十协定"和新政协决议，拒绝组织联合政府，发动内战，更把期望和平的人民和知识界推向了共产党一边。民主党派纷纷明确表态支持中共的政治、经济主张。那时，就是主张第三条道路的知识分子，也不反对在中国实施社会主义的经济制度。

---

① 孙中山：《民生主义第二讲》，《孙中山全集》第 9 卷，第 381 页。
② 同上书，第 389 页。
③ 同上书，第 394 页。
④ 详细论证参见郑大华、谭庆辉《20 世纪 30 年代初中国知识界的社会主义思潮》，《近代史研究》2008 年第 3 期。
⑤ 详细论证参见金冲及《论 1944 年大后方的人心巨变和"联合政府"主张的提出》，见《转折年代——中国的 1947 年》，生活·读书·新知三联书店 2002 年版，第 491 页。闻黎明：《豫湘桂大溃败与中间阶层的思想剧变》，《纪念抗战胜利 50 周年学术讨论会文集》中卷，中共党史出版社 1996 年版，又见闻黎明《第三种力量与抗战时期的中国政治》，中国社会科学院近代史研究所专刊，上海书店 2004 年版，第 260—268 页。

以上四点，充分说明中国走上社会主义道路，得到了工农大众的支持，得到了知识分子的理解，得到了民主党派的拥护，工商界也不反对。这就是为什么1953年提前从新民主主义过渡到社会主义，1956年实行社会主义改造、全行业公私合营十分顺利的原因，结论是近代中国历史的发展为中国选择了社会主义。历史也已经证明，这一选择为当代中国的一切发展进步奠定了根本政治前提和制度基础。

以上这些观点在《人民日报》发表后，[①] 引起了读者和网友的兴趣，有的网友提出了一些问题，作为商榷。

问题一，在近代中国，救国强国的思潮非常多，为什么最后是马克思主义引领中国人民实现了救国强国的梦想？马克思主义在中国的发展有历史的必然性吗？

这个问题提得很好。的确，在近代中国，各种救国思潮很多。教育救国、科学救国、实业救国、道德救国等等，在一部分知识分子和实业家那里，是十分笃信的。还有自由主义、实用主义，等等，在知识分子中也有一定市场。君主立宪、共和制度经过长期辩论。什么国家主义、好人政府、联省自治、乡村建设，各种政治主张，有人提出，有人实践，很快也就烟消云散。[②] 最重要的思潮或者主义有两种：三民主义救中国，还是社会主义救中国。这两种思潮或者主义的传播和实施，都将会影响中国社会的发展方向。

三民主义是孙中山在20世纪初国际国内情势下提出来的政治思想主张，是20世纪初中国资产阶级民主主义革命的基本纲领。这种主张或者纲领在1924年中国国民党第一次全国代表大会上，经过孙中山的重新阐述，反映了那时国共合作反对北洋军阀的要求。基本上说，反映孙中山的社会改造思想的是三民主义中的民生主义思想。民生主义思想，首先来自于19世纪末欧洲的社会主义运动的启发，在一定意义上还受到马克思主义的影响，又结合了中国传统的大同思想，形成了用民生主义改造中国社

[①] 张海鹏：《社会主义道路是近代中国历史的选择》，《人民日报》2009年1月12日第7版。

[②] 有关这些社会改良思潮的研究，请参考吴雁南等主编《中国近代社会思潮1840—1949》第3卷第10编，湖南教育出版社1998年版。

会的一系列主张。他受到欧洲从自由资本主义到垄断资本主义转型中所产生的剧烈变动的影响，对垄断资本主义制度展开了强烈的批判。当时的人们从这些批判中，不难得出民生主义是要反对资本家、反对资本主义的看法。所以孙中山一再解释，民生主义并不是要反对资本、反对资本家，只是要反对少数人对社会财富的垄断，防止资本家垄断所产生的社会流弊。实际上，孙中山所要建立的，不是没有资本家的社会，而是不要大资本家的资本主义社会，这是理解他的民生主义的诀窍。孙中山在阐述他的三民主义理论的时候，内心中存在着对马克思、马克思主义的好感。他虽然批评马克思主义有关阶级斗争理论和剩余价值学说，但是却承认马克思是社会主义学说的鼻祖和圣人，而且宣布三民主义与共产主义是好朋友。孙中山去世后，随着中国国民党的分裂，三民主义思想也被不同的政治家和思想家所篡改。有改组派的三民主义，有戴季陶的三民主义，有蒋介石的"儒家化"的三民主义，有胡汉民的三民主义。[①] 这些"三民主义"，都一概违背了孙中山"联俄、联共、扶助农工"的政策，一改孙中山所说三民主义与共产主义是好朋友的认识，反对马克思主义、共产主义，反对并屠杀共产党，镇压工农运动，反对社会主义学说。他们宣布"承认三民主义就要收起共产主义"，坚持"一个主义、一个政党、一个领袖"。国民党、蒋介石脱离人民大众的利益，违背近代中国历史前进的方向，终于在决定中国历史命运的大决战中彻底败北。"三民主义"不能救中国就在这样的大决战中证实了。能够救中国的只能是经过大决战检验过的新民主主义——社会主义理论。说中国走社会主义道路是历史的选择，正是近代中国历史发展的方向，是历史实践检验过的。

新民主主义理论，是在马克思主义理论指导下形成的，是马克思主义与中国社会实际、与中国革命实际相结合的产物。新民主主义理论的核心是，中国革命必须分成两个步骤：第一步是推翻帝国主义和封建主义，建立民主主义的社会；第二步才是使革命继续发展，建立社会主义社会。"民主主义革命是社会主义革命的必要准备，社会主义革命是民主主义革

[①] 有关各种流派的三民主义的研究，请参考吴雁南等主编《中国近代社会思潮1840—1949》第3卷第9编，湖南教育出版社1998年版。

命的必然趋势。"① 只有完成前一个革命，才能进行后一个革命，两个革命是相联结的，中间不能横插另一个阶段。民主主义社会是过渡性的社会，它的前途必定是社会主义社会。这就是说，新民主主义理论明确规定了中国的社会主义发展方向。

那么，马克思主义在中国的发展有历史的必然性吗？我的回答也是肯定的。

第一，马克思主义的出现，不是个别的现象，不是偶然的现象，不是可有可无的现象。马克思主义是世界资本主义发展到一定阶段的产物，换句话说，它是资本主义成熟到一定发展阶段的产物，也是工人运动成熟到一定阶段的产物。马克思主义理论的重大贡献，一是分析了人类社会由低级到高级的发展规律，二是分析了资本的运行规律并对资本主义社会进行了政治经济学批判，指出了资本主义的社会制度一定要被更高级的社会制度所代替。

第二，马克思主义理论的产生，不仅推动了欧洲的社会主义、共产主义运动，还随着资本主义的世界化（包括殖民侵略的血与火的方式），马克思主义理论也在世界范围内传播。

第三，19世纪末、20世纪初，还在清朝的最后时期，马克思、恩格斯的一些观点已经出现在中文刊物和著述上。这就是说，马克思主义在中国的传播迟早是要发生的。第一次世界大战后，中国作为战胜国在巴黎和会上的失败，大大刺激了中国知识分子和仁人志士的思考，再加上俄国十月革命的胜利成果的推动，中国人进一步思考从晚清到民国初年中国的历史发展道路，比较更容易接受马克思主义的传播，能够在新的历史起点和历史经验基础上考虑国家发展的资本主义或者社会主义方向。这就是说，五四运动后，或者说中国共产党成立后，中国人考虑国家发展的社会主义方向，已经成为历史的趋势。

这就是马克思主义在中国发展的历史的必然性。这个历史必然性不是凭空而来的，是建立在中国半殖民地半封建社会的国情上的，是建立在由

---

① 毛泽东：《中国革命和中国共产党》，《毛泽东著作选读》上册，人民出版社1986年版，第343—344页。

于帝国主义侵略造成中国民族资本主义力量弱小，资产阶级政党力量弱小，而无产阶级政党——中国共产党是用马克思主义武装起来，这个政党的理论武装终于掌握了人民大众，掌握了历史发展的大方向。

问题二，一些人认为假设中国当初不走社会主义道路而是能够走资本主义道路，现在或许也会发展得很好。请问，应该如何看待这些历史发展中的假设？

首先必须指出，后人对历史发展过程所做的任何假设，是没有意义的。如果允许这种假设，人类历史的认识将变得毫无意义。举例说，人类是从猿猴变来的，我们可否假设当初猿猴变成的不是人类，而是别的什么动物，那么地球的历史、人类的历史是什么样的呢？我想，大家会同意，这样的假设无助于我们对历史发展的认识，是没有意义的。

其次，以前有人说过，中国如果当上300年殖民地，中国早就现代化了。这样的说法，如同梦呓。说者至少是出于对近代中国国情的无知，也是对现代中国国情的无知。

假设中国当初不走社会主义道路而是能够走资本主义道路，假设这样的假设有某种意义，是否中国会发展得更好呢？我看不尽然。这个问题，我们不能从中国发展道路的历史事实中来求证，因为中国未曾经历过这样的道路。我们可以看看地球上类似国家的状况。

我们首先看看日本。日本在140年前实行明治维新，走了"脱亚入欧"的发展路线，是继欧美国家后走上资本主义发展道路的国家，也是唯一一个走通了这条道路的国家。可是日本却是一个靠军国主义，靠战争，靠掠夺发展资本主义的国家。中国和亚洲国家吃它的苦，还需要在这里细数吗？第二次世界大战结束，日本被迫宣布无条件投降。美军占领日本后，如果不是出于冷战需要，扶植日本作为对抗社会主义阵营的基地，日本战后的发展还不知道怎么样呢。

再看印度。印度是我国的西南邻邦，早于中国差不多200年成为英国的殖民地，印度的独立时间和中国差不多。印度是一个大国，是按照资本主义方向发展的国家，今天称为金砖四国之一。这60年来，印度的发展状况和人民的富裕程度，是不是比中国更好呢？这是不难回答的问题。

再看俄国。俄国是最先建成社会主义的国家，搞社会主义搞了70年。

1991年选择了资本主义发展道路。俄国搞社会主义的时候，军事、经济发展均可抗衡美国，人民生活也有很大的提高，今天的俄国综合实力等各方面，美国已经不把它放在眼里了。

亚洲的菲律宾，曾是美国的殖民地；缅甸、泰国曾是英国的殖民地；印度尼西亚曾是荷兰的殖民地，也曾被日本占领。这些国家都走的是资本主义路线，今天的情况如何，恐怕不需要多加引证了。

拉丁美洲各国，早在19世纪初就进行独立战争，逐渐摆脱殖民地地位，走上资本主义发展道路。那里的经济发展水平是否比中国更好呢？

非洲大陆，长期是欧洲殖民诸国的殖民地，大多数国家直到20世纪中叶民族解放运动中才逐渐摆脱殖民地地位。那些国家大体上走的都是资本主义发展类型的道路。大多数非洲国家至今还是世界上最不发达的地区。

回顾环球各国，相比较之下，中国走上社会主义道路，对国家的整体发展，对人民生活的改善，对综合国力的提升，对国际地位的提高，是不是更好些呢？如果网友转述的那种假设，是可以设想的话，我们可以想象，走上资本主义道路的中国，在列强的政治压迫和经济压榨之下，在内部的四分五裂下，中国发展的现状比较1949年以前，会好多少呢？

问题三，大同理想是中国传统文化中非常重要的一个方面，应该如何理解中国传统文化中的大同理想与社会主义的关系？是否可以认为中国走上社会主义道路与我们的传统文化也有着一定的关系？中国封建社会迟迟发展不到资本主义跟传统文化有关系吗？

大同理想可以看成中国传统文化所包含的内容之一，是否非常重要的一个方面，可以请历史文化学者进一步斟酌研究。中国传统文化内容十分复杂，如何正确地认识它、评价它，实在可以看作一个系统工程。坦率地说，我国的传统文化，有精华的部分，也有糟粕的部分。精华的部分，是维系五千年中华文化的核心部分，糟粕的部分，是拖后腿的部分。中国封建社会迟迟发展不到资本主义，跟这种糟粕恐怕有一定的关联。譬如，我国传统社会的社会结构，长期固定在士农工商这样的层次上，工商处在社会底层，不为人们重视。显然，这与西方社会的重商精神是相背离的。这样的社会结构，对于推动社会经济的发展，可能是不利的。当然，关于中国封建社会长期延续的问题，是非常复杂的学术问题，不是在这里三言两语可以说清楚的。

中国古代的大同理想，主要反映在《礼记·礼运篇》。它是先秦时期中国古人对公平、公正社会的一种乌托邦追求。几千年来，大同理想除了保留在思想家的著述中，还保留在历代农民起义的口号中。近代维新运动的发起者康有为也曾撰写过《大同书》，描述过没有阶级、没有压迫、没有剥削、人人平等、按劳分配的空想社会主义即大同社会，他主张公有制应该成为大同社会的经济基础。在大同社会里，农工商各业，一概归公，个人不置私产。这种大同理想所设想的财产归公，分配公平，社会成员人人都能发挥适当作用，"使老有所终，壮有所用，幼有所长，鳏寡孤独废疾者，皆有所养"。这些与社会主义所追求的财产公有、社会福利、分配公平，可能有某种契合的地方。"大道之行，天下为公"的大同理想，就是在社会公平与公正的这一点上与社会主义建立了某种思想联系。中国知识分子和老百姓，对古代的大同理想是耳熟能详的。所以，孙中山在广州讲民生主义，是能够抓住听众的。中国共产党在领导革命的过程中，用社会主义、共产主义理想去教育群众，是能够为群众所理解的。从这个意义上说，中国人对大同理想的追求，在一定意义上，有助于他们接受社会主义的制度。

问题四，中国是通过革命走上社会主义道路，进而走上现代化道路。请问革命与社会主义以及现代化之间是什么关系？有人认为，近代中国如果没有革命也许会发展得更好，应该如何看待这样的观点？

这个问题是学术界常常引起讨论的问题。中国近代史学界认识到，在近代中国历史中，有两个历史发展主题，一个是民族独立问题，一个是国家富强问题即社会经济的现代化问题。解决民族独立问题，就是要进行反帝反封建的民主主义革命。解决国家富强即社会经济的现代化问题，就是要工业化，因为工业化是现代化的核心。在近代中国，只有首先解决国家和民族的独立，才有可能实行工业化和现代化。这是整个中国近代革命史已经证明了的。所以，中国的现代化事业，实际上，是在1949年10月中华人民共和国建立以后，在中国社会进入社会主义建设时期以后才大规模开始的。

这就是说，在中国，社会主义与现代化几乎是同时进行的。我们是在社会主义社会的环境里，进行现代化事业，我们的现代化，叫做社会主义现代化。社会主义中国经历了差不多 60 年的探索和奋斗，特别是后 30 年的探索和奋斗，我们形成了以社会主义市场经济为名称的经济体制，形成了中国特色的社会主义理论体系。实践证明，这种经济体制，这种理论体系，对中国的发展是有效的。

说到革命和现代化的关系，从理论与实践相结合的角度说，是可以作出合理解释的。一般来说，当旧的社会制度严重阻碍社会生产力的发展，就有可能发生革命，以扫除生产力发展的障碍，推动社会的前进。中国共产党领导的新民主主义革命，就是为了扫除旧的社会制度对生产力前进的障碍，这样的障碍一旦扫除，社会经济就会获得大的发展。17 世纪英国发生的资产阶级革命，产生了英国 18 世纪的工业革命，推动了英国资本主义生产力的大发展；18 世纪的法国大革命，也同样起到了推动法国资本主义经济发展的作用。美国也是在 18 世纪中叶发动了北美独立战争，取得了国家的独立，才使美国的生产力获得解放，而在 19 世纪末以后发展成为世界强权的。中国则是在取得反帝反封建的新民主主义革命胜利，从而获得国家的独立后，开始了现代化的进程的。

有人认为，近代中国如果没有革命也许会发展得更好，这是一种错误的观点。十多年前，有人发表"告别革命"的说法，提出了这种错误观点。[①] 这种观点是不能成立的。首先，中国如果没有革命也许会发展得更好，这是一种带有个人价值判断的、具有某种意识形态倾向的假设，因为假设不以任何历史事实为根据，所以假设者提不出任何有益于假设的有价值的证明。换句话说，你用什么材料，用什么历史证据或历史经验证明你的假设呢？这样的历史证据或者历史经验你是找不出来的。如果历史能从头来过一次，也许有可能检验一下你的论点是否有可行性。可惜历史的过程不能回头再经历一次。其次，任何社会的革命都不是人为制造出来的，都是客观环境逼迫出来的。有一句话说，统治阶级不能照旧统治下去，人

---

① 参见李泽厚、刘再复《告别革命——回望二十世纪中国》，香港天地图书有限公司 1995 年版。与之商榷的文章参见张海鹏《"告别革命"说错在哪里？》，《当代中国史研究》1996 年第 6 期。

民大众不能照旧生活下去的时候，革命就可能发生。这时候，革命党举臂一呼，人民就会影从，革命事业就像云卷云舒，大规模地开展起来。如果没有这样的客观环境，任何人、任何政党凭空呼唤革命，是制造不出革命来的。再次，革命是要死人的。革命需要付出血的代价。共产党人就那样愿意付出血的代价，去换得社会的进步吗？恩格斯在讨论能不能用和平办法废除私有制这个问题时说过："共产主义者当然是最不反对这种办法的人。共产主义者很清楚，任何密谋都不但无益，甚至有害。他们很清楚，革命不能故意地、随心所欲地制造，革命在任何地方和任何时候都是完全不以单个政党和整个阶级的意志和领导为转移的各种情况的必然结果。但他们也看到，几乎所有文明国家的无产阶级的发展都受到暴力压制，因而是共产主义者的敌人用尽一切力量引起革命。"[1] 在中国近代历史上，主张"科学救国"、"实业救国"并且身体力行、作出成绩的人，我们应该如实地加以肯定。就是鼓吹"议会政治"的人，在当时对冲击封建专制制度也是有它的积极作用的。但历史事实也证明：在帝国主义和封建势力双重压迫的历史条件下，单靠这些办法是不能解决中国社会前进的根本问题的。"如果这些办法能解决问题，谁还偏要不惜抛头颅、洒热血、作出巨大的自我牺牲去投身革命呢？"[2] 复次，近代中国从鸦片战争以后，逐渐形成半殖民地半封建社会，在这样的社会里，统治形态基本上是封建主义的，由于帝国主义不断地侵略，帝国主义国家用战争、不平等条约等多种手段在相当程度上控制了中国的政府，操纵了中国的经济。农村基本的经济形态是地主所有制，可是在国内一些大中城市，开始有了星星点点的现代工厂和生活方式，也即是有了资本主义的生产、生活方式。在这种政治、经济生活条件下，从晚清政府到民国政府都面临着不能照旧统治下去，人民群众也不能照旧生活下去的局面。在这种社会环境下，革命几乎成为社会生活的常态。这是近代中国的基本历史事实。我们怎能不顾这样的基本事实，而假设如果没有革命会发展得更好些呢？最后，近代中国的政治制度

---

[1] 恩格斯：《共产主义原理》，《马克思恩格斯文集》第一卷，人民出版社2009年版，第684—685页。

[2] 金冲及等：《正确认识中国近代史上的革命与改良》，《光明日报》1996年3月12日第5版。

经历了一个发展的过程，经历了社会改良的过程，只是改良道路走不通，才不得不走革命的道路。换句话说，近代中国社会政治经历了一个试验、探索、失败到形成中国特色社会主义政治制度的历史过程。清朝末年，在国内外的情势压迫下，清廷也曾派五大臣出洋考察政治，最终形成了试行君主立宪制度的基本想法。但是在慈禧太后主持下，不能形成共和制的决策。慈禧和光绪死后，朝廷产生了皇族内阁，内阁成员由皇帝任命。孙中山领导的辛亥革命，成功地推翻了封建专制的政治制度，希望走上资产阶级民主共和政治道路。但是，辛亥革命的胜利成果为清朝末年最后一任内阁总理大臣袁世凯所攫取。民国初年，也想搞政党政治，搞议会制。国民党控制了议会多数，国民党的实际领导人宋教仁真心想走议会道路，却被袁世凯暗杀。袁世凯又以武力镇压了孙中山发动反袁"二次革命"，宣布取消国民党，取缔国民党员的议员资格，从而确立了袁世凯的独裁统治，也在历史上宣布了政党政治的失败，宣布了走议会改良政治的道路走不通。此后，军阀混战，曹锟"贿选"，把议会政治的外衣也撕去了。从此，老百姓对政党政治、议会道路完全失望了。国民党政府在南京建立后，试行"训政"制度，由国民党一党独裁。中国共产党在江西苏区建立苏维埃共和国，试行人民代表大会的民主制度，开始了摸索能够体现绝大多数人民意愿的民主制度。

总之，在革命和现代化关系的问题上，还可以说几句话。第一，不能把革命和现代化对立起来。第二，一般来说，革命成功后，现代化是必然趋势。第三，历史上没有一个国家和地区是只搞现代化不搞革命的。

问题五，当前思想理论界泛滥着社会民主主义或者民主社会主义的思潮。这一思潮认为，不是社会主义救中国，而是民主社会主义救中国。应该怎样看待这个问题？

民主社会主义是一个老问题。民主社会主义思潮认定民主社会主义是社会主义的一个流派，它鼓吹指导思想多元化、主张通过民主和议会斗争的方式取得政权，保留资产阶级的生产方式，主张私有制为基础的"混合经济"，反对无产阶级专政，主张和平长入社会主义。这些理论只是资产阶级意识形态的反映，不是科学社会主义的概念。

社会民主主义，或者民主社会主义，曾经是工人运动内的一种修正主义思潮。西方国家社会民主党所信奉的民主社会主义，从制度上来说，是资本主义体系的一个组成部分；从思想上来说，是资产阶级意识形态的一个变种。总之，社会民主主义，或者民主社会主义，从来都不是马克思主义所主张的科学社会主义；或者说，正是《共产党宣言》所批驳的种种封建的、小资产阶级的、资产阶级的社会主义。对于读过《共产党宣言》，信奉马克思主义，信奉共产主义的人来说，这些都是常识。

在当今形势下，有人以为构建社会主义和谐社会，就是走向民主社会主义。这是对党中央构建社会主义和谐社会理论的歪曲。

社会主义和谐社会，是国家在从社会主义初级阶段走向社会主义更高阶段过程中的努力目标。我们要构建的和谐社会，其性质是社会主义的，它是建设中国特色社会主义的本质要求。社会主义和谐社会理论，是把中国社会的发展导向它的更高级的未来的，是探索中国特色社会主义道路的过程中科学社会主义理论的组成部分，是马克思主义、毛泽东思想在21世纪初中国社会主义建设新形势下的发展。毛泽东早在半个世纪前就说过："我们的目标，是想造成一个又有集中又有民主，又有纪律又有自由，又有统一意志，又有个人心情舒畅、生动活泼，那样一种政治局面，以利于社会主义革命和社会主义建设，较易于克服困难，较快地建设我国的现代工业和现代农业，党和国家较为巩固，较为能够经受风险。总题目是正确地处理人民内部的矛盾和正确地处理敌我矛盾。"[1]《共产党宣言》说过：共产主义社会"将是这样一个联合体，在那里，每个人的自由发展是一切人的自由发展的条件"[2]。这实际上就是社会主义和谐社会的理论基础。在又有集中又有民主，又有纪律又有自由，又有统一意志、又有个人心情舒畅、生动活泼的那样一种政治局面下，从事社会主义建设，社会稳定，人心舒畅，现代化事业就能又好又快地发展，社会主义市场经济体制就能顺利建立和完善，社会主义的经济、物质基础就会越打越牢，向社会主义的更高级的阶段发展就具有了雄厚的物质基础和精神条件。

---

[1] 毛泽东：《一九五七年的夏季形势》，《建国以来毛泽东文稿》第6册，中央文献出版社1992年版，第543—544页。

[2] 马克思、恩格斯：《共产党宣言》，《马克思恩格斯文集》第二卷，第53页。

社会主义和谐社会不是无差别、无矛盾的社会，而是长期化解各种社会矛盾的持续过程。世界是由矛盾组成的。没有矛盾就没有世界。我们的任务，是要正确处理这些矛盾。社会主义社会的矛盾一般来说不是对抗性的，但是处理不好，也可能转化为对抗性矛盾。新中国建立将近60年，改革开放也将近30年，这方面的历史经验，我们已经经历到了、体会到了。苏联、东欧的教训更是我们亲眼看到的。

在发展中逐步化解社会矛盾，将是一个长期的过程。旧的矛盾化解了，又会产生新的矛盾，又需要加以化解。化解这些矛盾，需要民主，需要法制，需要政治、经济、文化、法律的各种手段和办法，总之，需要运用正确处理人民内部矛盾的各种方法，有的时候，也需要用处理敌我矛盾的方法，来化解这些矛盾，使国家社会生活健康、稳步、平和地发展。在国家统一、国际间斗争问题上，我们需要以和平、和谐相号召，努力在和平、和谐的环境里解决冲突和矛盾，但是千万不能忘记了在国际间还有阶级斗争的存在。

在建设社会主义和谐社会的历史过程中，共产党人要把社会主义和谐社会与自己的理想信念结合起来，与共产主义长远目标结合起来。没有共产主义理想信念支撑的社会主义，不是科学的社会主义。马克思、恩格斯说过："共产党人为工人阶级的最近的目的和利益而斗争，但是他们在当前的运动中同时代表运动的未来。"[①] 我们为社会主义和谐社会而奋斗，我们的目的是建设共产主义。共产主义是建立在物质产品极为丰富、财富分配极为平等、社会生活极为民主和个人自由得到极大发挥的时代，那是真正和谐的时代，那是共产党人追求的目标。只知道眼前的和谐目标，忘记了共产主义真正和谐社会，是短视的表现。当然，共产主义的真正的和谐社会不是一蹴而就的。建设民主的、法治的、和谐的、现代化的社会主义强国，是走向共产主义的必经之路。可见，把构建社会主义和谐社会看作是走向民主社会主义，是不妥的，是一种歪曲。

有人认为，改革开放以来的历史是民主社会主义的历史，认为中国特色的社会主义就是民主社会主义。把改革开放以来的历史说成是民主社会

[①] 马克思、恩格斯：《共产党宣言》，《马克思恩格斯文集》第二卷，第65页。

主义的历史，显然是违背历史事实的。

十一届三中全会以来的改革开放，不是对中国社会主义事业的否定，而是对长期以来探索中国特色社会主义事业的完善；不是对中国革命事业的否定，而是对中国革命事业的继承和发展；不是对马克思主义、毛泽东思想的否定，而是对马克思主义、毛泽东思想的继承和发展。改革开放之初，我们党就确定了"一个中心，两个基本点"的原则。所谓"一个中心"，是以经济建设为中心，这是发展社会主义生产力的重点与急务；所谓"两个基本点"，一个是坚持改革开放，一个是坚持四项基本原则。"一个中心，两个基本点"的原则规定了发展社会主义生产力是国家建设的中心，发展社会主义生产力既要坚持改革开放，也要坚持四项基本原则。这就是说，在坚持中国共产党的领导、坚持社会主义道路、坚持人民民主专政、坚持马克思主义指导的基本原则下，进行经济建设，进行改革开放。改革开放的总设计师邓小平多次说过，"一个中心，两个基本点"的基本路线要管一百年。党的十六届六中全会重申"坚持党的基本路线、基本纲领、基本经验"，也就是坚持"一个中心，两个基本点"的原则。党的十六大以及十六大以来的各次全会，2004年3月十届人大第二次会议通过的宪法，以及2007年3月十届人大五次会议通过的《物权法》，都明确规定了坚持公有制为主体、多种所有制经济共同发展的基本经济制度，规定了毫不动摇地巩固和发展公有制经济，毫不动摇地鼓励、支持和引导非公有制经济发展。《宪法》第六条规定中华人民共和国的社会主义经济制度的基础是生产资料的社会主义公有制，即全民所有制和劳动群众集体所有制。社会主义公有制消灭人剥削人的制度，实行各尽所能、按劳分配的原则。《宪法》和法律的这些规定就是科学社会主义理论和基本原则的贯彻和实施，它是与所谓民主社会主义沾不上边的。我们在经济领域实行社会主义市场经济，是引进市场经济体制作为经济运作的手段，而且这种手段要受到社会主义原则的节制，所以称之为社会主义市场经济。那些强调民主社会主义的人忘记了社会主义的原则，把市场经济无限扩大化，显然是违背改革开放以来我们党的基本路线、基本纲领和基本经验的，也是违背我们的宪法原则的。从另一个角度说，社会主义市场经济理论，还需要从广泛的社会实践经验中加以总结和理论的升华。我个人以为，总结百多年社会主义经济发展的历史，我们今天应该认识到，社会主义市场经济，是在社会主义国有经济为基础的前提下，在国家宏观的、计划的经济思想指导下，与资本主义市场经济的运用手段恰当结合后，所形成的经济运作体制。不顾社会主义计划经济思想的指导，只强调市场经济的运用，只强调看不见的手的作用，忽视国家计划对市场经济的制约作用，我们的经济体制将难以与资本主义经济相区别。正确认识社会主义市场经济，是正确认识中国特色社会主义理论体系的重要一环。

我们讲"三个代表"，讲科学发展观，是党的基本路线、基本纲领和基本经验的发展和创新，不是脱离党的基本路线、基本纲领和基本经验去讲"三个代表"，讲科学发展观。也就是说，我们是在"一个中心，两个基本点"的前提下讲"三个代表"，讲科学发展观。脱离了党的基本路线、基本纲领和基本经验，脱离了"一个中心，两个基本点"，脱离了必须坚持的四项基本原则，讲"三个代表"，讲科学发展观，就可能变成修正主义，就可能变成民主社会主义，就可能变成资产阶级自由化。实际上，今天所谓民主社会主义，就是现实状况下的资产阶级自由化。邓小平在改革开放的关键时刻，多次强调反对自由化的重要性。他说过："在实现四个现代化的整个过程中，至少在本世纪剩下的十几年里，再加上下个世纪的头五十年，都存在反对资产阶级自由化的问题。"[①] 这个论断，是极其重要的。那些坚持私有化、坚持市场化、坚持议会制的言论，像所谓"新西山会议"所主张的那些言论；像所谓"零八宪章"所主张的那些言论，像今天宣传民主社会主义能够救中国的那些言论，显然就是自由化的言论了。

近代以来中国革命的经验，中国共产党的奋斗历史及其经验，中国共产党领导全国人民建立新中国，是打碎旧的国家机器、武装夺取政权的经验。我们走上社会主义道路，并且探索有中国特色社会主义的历史经验，首先是建立社会主义的物质基础，这个物质基础就是社会主义的公有制。近30年来改革开放，经济体制有了重大变化，强调了两个毫不动摇，即

[①] 邓小平：《有领导有秩序地进行社会主义建设》，《邓小平文选》第三卷，人民出版社1993年版，第211页。

毫不动摇地巩固和发展公有制经济，毫不动摇地鼓励、支持和引导非公有制经济发展。鼓励、支持和引导非公有制经济发展，是我们改革开放的历史经验，是发展社会主义生产力所必需的手段。但是，两个毫不动摇，首先是坚持了公有制作为主体地位的历史经验，这是我们走上社会主义道路的基本经验。近代中国革命的经验，中国共产党的革命经验，中国选择社会主义道路并且探索有中国特色社会主义的经验，我们建设全面小康社会的经验，证明我们的国家、我们的社会没有民主社会主义的经济基础，也没有民主社会主义的思想基础。我们的经验一再证明了这个真理：只有社会主义能够救中国，而不是所谓民主社会主义救中国。如果中国走上民主社会主义轨道，中国就会脱离社会主义道路，中国就会融入资本主义的怀抱。融入资本主义的怀抱，对中国人民只是灾难，不是幸福，这是可以预言的。

（本文是为当代中国研究所主办的"当代中国与它的发展道路——第二届当代中国史国际高级论坛"准备的，原载《当代中国史研究》2009年第5期）

60年来中国近代史研究领域有关理论与方法问题的讨论

序言

1999年初,《近代史研究》杂志为庆祝中华人民共和国成立50周年,拟编辑出版《五十年来的中国近代史研究》专辑,我应约就50年来中国近代史的理论和方法问题撰写文章。所撰写文章已经在《近代史研究》1999年第5期刊出,并且收入曾业英主编《五十年来的中国近代史研究》,上海书店在2000年出版。光阴荏苒,十年一瞬即逝,中华人民共和国60周年大庆到来。本想在前文基础上稍加扩充,写成60年来中国近代史研究的理论与方法问题的文章。犹豫至再,乃决定撇开原有文章,重新结构,增加前文未及写出的内容,爰成此文,以求教于读者。本文与前文是姊妹篇,互为补充,请读者不吝指正。

关于中国近现代史的分期

关于中国近代史与中国现代史的分期,是确定中国近代史学科对象的重要问题。换句话说,究竟是以1919年作为中国近代史、中国现代史的分界线,还是以1949年作为中国近代史、中国现代史的分界线,数十年来,一直是争论不休的问题。这个问题不解决,作为中国近代史学科的定义不能说是完整的、准确的。

1949年以前的学者,对中国近代史和中国现代史是否区分、如何区分，并不十分在意。这也许跟那个年代里，近代中国的历史还在进行中不无关系。如1933年在上海出版的李鼎声著《中国近代史》和同一作者1940年在香港出版的《中国现代史初编》，两者所处理的时间界限并不严格。又如曹伯韩1939年出版《中国现代史常识》，1946年改题为《中国近代史十讲》，1947年再改题为《中国现代史读本》，检视三书，内容大同小异，显示作者对书名的改动并无定见。换句话说，1949年前，中国近代史作为一个有独立研究对象的完整学科，还在形成过程中。唯一的例外，是马克思主义史学家范文澜的著作。1947年范文澜在华北新华书店出版了《中国近代史》上编第一分册，该书第一次给出了中国近代史的完整概念。该书以1840年鸦片战争至1919年五四运动为旧民主主义革命时期，是为该书的上编；以1919年五四运动后的中国历史为新民主主义革命时期，是为该书的下编。范著从革命史的角度建构起来了中国近代史的框架，明确指明了中国近代史是由旧民主主义革命时期的历史和新民主主义革命时期的历史组成。这一框架虽然是从革命史的角度定义中国近代史，但它的确是1840—1949年作为中国近代史学科概念这一主张的滥觞。

出现中国近代史和中国现代史的明确分界，源于胡绳1954年在《历史研究》创刊号上发表《中国近代历史的分期问题》一文。这篇文章的发表，引起了近代史学者的强烈关注和热烈讨论。这次讨论，对于中国近代史学界学习马克思主义基本理论，学习唯物史观，认识近代中国历史的基本线索问题，起到了很大的推动作用。但是，这次讨论的主题是中国近代历史的分期问题。在讨论中国近代历史本身的分期问题的时候，胡绳的文章非常明确地把它局限在1840—1919年之间，无形之中，这次讨论把中国近代史的时限范围，限制为1840—1919年间的历史。从这时开始，中国历史学界出现了中国近代史和中国现代史的明确分界，分界线就是1919年发生的五四运动。此后，学术界往往把自1919年五四运动以后的历史称作中国现代史，而把1919年上溯到1840年鸦片战争的历史称作中国近代史。换句话说，把旧民主主义革命时期的历史称作中国近代史，而把新民主主义革命时期的历史称作中国现代史。范文澜在1955年出版的《中国近代史》上册"九版说明"中特别指出："《中国近代史》上册，是1945年我在延安时写的，当时原想把旧民主主义革命时代和新民主主义革命时代的历史一气写下来,将旧民主主义革命时代划归上编,新民主主义革命时代划归下编,本书则是上编的第一分册。现在因为近代史与现代史已有明确的分期,故将此书改称为《中国近代史》上册。"这个说明明确指出了"现在因为近代史与现代史已有明确的分期"这个事实。范著这一次改动,对以后中国近代史书的编纂影响甚大,中国近代史的时限概念几乎就定在1840—1919年。可以这样说,1999年前出版的中国近代史书,其时限都是如此。

在历史学界百家争鸣的氛围下,研究中国近代史的学者对上述分期主张提出了不同见解。林敦奎、荣孟源、李新、刘大年、陈旭麓等学者提出按照社会性质来划分历史时期。因为1840—1949年的中国是半殖民地半封建社会,中国近代史应该包含1840—1949年的整个时期。[①] 范文澜是这一主张的最初提出者。他在1955年出版的《中国近代史》上册"九版说明"中,感受到了近代史分期问题讨论的时代氛围,但1956年7月他在政协全国委员会举办的中国近代史讲座上所做的报告,仍强调1840—1949年间的历史是半殖民地半封建社会的历史,只是习惯上把1919年前称作近代史,把1919年后称作现代史。他指出:"自从1840年鸦片战争开始,一直到1949年中华人民共和国成立,在这一历史时期里,一方面,帝国主义勾结中国封建势力,一步深入一步地把中国变为殖民地、半殖民地、半封建社会,另一方面,中国人民反对帝国主义及其走狗,一步提高一步地进行着民族革命和民主革命。"[②] 在这里,范文澜强调了"习惯上",表明他并不认同这样的分期是科学的。

进入改革开放的历史新时期后,又一次经历了中国近代史和中国现代

[①] 林敦奎的意见见杨遵道《中国人民大学第六次科学讨论会上关于"中国近代史分期问题"的讨论》,《历史研究》编辑部:《中国近代史分期问题讨论集》,生活·读书·新知三联书店1957年版,第228页。荣孟源的观点,见《对于近代史分期的意见》,原载《科学通报》1956年第8期,转引自《中国近代史分期问题讨论集》,第146页。李新的观点见《关于近代史分期的建议》,引自《中国近代史分期问题讨论集》,第153页。刘大年1959年在《历史研究》第10期发表的《中国近代史研究中的几个问题》一文中以及1964年在向外国历史学者介绍新中国的历史科学时,也持这种观点。陈旭麓的观点最早见《关于中国近代史的年限问题》,《学术月刊》1959年第11期。

[②] 范文澜:《中国近代史的分期问题》,原载1956年10月《光明日报》史学副刊,引自《范文澜全集》第10卷,河北教育出版社2002年版,第376—377页。

史分期问题的讨论。坚持1919年五四运动是中国近代史和中国现代史分界线的学者，主要以旧民主主义革命与新民主主义革命的区别为根据，为了突出无产阶级领导的新民主主义革命的重要性，坚持主张中国近代史结束于1919年。[1] 但是这种主张忽视了以社会性质作为区别历史分期问题的标志的意见，忽视了在半殖民地半封建社会里，无论是旧民主主义革命还是新民主主义革命，都是民主革命的性质，都是反帝反封建，区别只是领导力量的不同、革命前途的不同。张海鹏指出："把中国近代史的下限定在1919年，显然是对半殖民地半封建社会的割裂，不利于对整个半殖民地半封建社会历史进程、历史特点的把握和认识，在一定的意义上可以说限制了对整个近代中国历史的完整了解。"[2]

《试论胡绳的中国近代史研究》指出：20世纪50年代确立的中国近代史是1840—1919年的中国历史，主要是胡绳的意见。通过学术界的讨论，大部分学者接受了这一见解。但是，这样的分期法割裂了1840—1949年近代中国这个整体，因为这110年是一个特殊的历史社会形态，"即在封建社会崩溃中被卷入资本主义世界的半殖民地半封建社会"。因此这种研究体系不利于了解和把握中国历史发展的全过程，不利于总结近代中国历史发展规律。[3] 诚然，我们应该看到，当时把1919年作为中国近代史的下限，有其历史合理性。但是，随着时代前进，这一界定的局限愈发显现。"解铃还须系铃人"，胡绳在反思中曾多次建议打通1840—1949年，作为完整的中国近代史。

1981年人民出版社出版了胡绳著《从鸦片战争到五四运动》，胡绳在序言里一开始就说："这本书所讲的是中国半殖民地半封建时代中的前一段，即无产阶级领导的新民主主义革命开始以前一段的历史。虽然多年来大家习惯上称这一段的历史为中国近代史，但是早已有人建议，把中国近代史规定为从1840年鸦片战争到1949年中华人民共和国成立前的110年的历史，而把中国民主革命的胜利，摆脱了半殖民地半封建社会以后，进

---

[1] 见王廷科《正确估计我国新民主主义革命的地位》，《四川大学学报》1981年第1期。
[2] 张海鹏、赵庆云：《试论胡绳的中国近代史研究》，《历史研究》2008年第2期，第20页。
[3] 陈旭麓：《关于中国近代史线索的思考》，《历史研究》1988年第3期。

入社会主义时代的历史称为中国现代史。在中华人民共和国成立已经超过30年的时候，按社会性质来划分中国近代史和中国现代史，看来是更加适当的。① 同样的意思，胡绳在给《近代史研究》创刊100期纪念号题词的时候再次重复。李侃、陈旭麓、张海鹏等发表文章，论证了认识中国近代史、中国现代史分期的种种理由。② 显然，这个认识，在中国近代史学界基本上已经达成共识。有学者指出："学术界绝大多数人赞同的中国近代史，即从1840年的鸦片战争到1949年中华人民共和国成立110年的中国半殖民地半封建社会的历史。"③ 随着近年来中国近代史学科的发展，中国近代史的上下限在学术界基本上达成了共识，即应把1840年至1949年作为一个完整的时段加以考察。④ 研究中华人民共和国史的学者也发表了意见。当代中国研究所所长朱佳木最近撰文指出："将中国近代史的上下限由原来的1840—1919年改为1840—1949年，并将中国现代史的起点由原来的1919年推迟至1949年。在这个前提下，再把中国现代史与国史、当代史合并。合并后，可以称之为'中国现代史'，也可以称之为'国史'或'中国当代史'。"⑤

1999年以来，已经有数种中国近代史书采用了1840—1949年的分期方式。⑥ 其中高等教育出版社出版的《中国近现代史纲要》，是马克思主义理论研究和建设工程重点教材，是全国高等学校本科生必修的思想政治理论课教材，由该书编写组集体编写，首席专家是沙健孙、马敏、张建

---

① 《胡绳全书》第6卷（上），人民出版社1998年版，第22页。
② 见李侃《中国近代史终于何时？》，《光明日报》1982年11月17日；陈旭麓《关于中国近代史线索的思考》，《历史研究》1988年第3期；张海鹏《中国近代史的分期问题》，1998年2月3日《光明日报》"史林"版，又见《关于中国近代史的分期及其"沉沦"与"上升"诸问题》，《近代史研究》1998年第2期。
③ 张华腾：《一部全新的中国近代史著作——评张海鹏先生主编的〈中国近代史〉》，《殷都学刊》2001年第3期，第110页。
④ 袁成毅：《再探中国近代半殖民地深渊的"谷底"》，《杭州师范学院学报》2001年第2期，第48页。
⑤ 朱佳木：《论中华人民共和国史研究》，《中国社会科学》2009年第1期，第176页。
⑥ 这几种书是：张海鹏主编《中国近代史1840—1949》，群众出版社1999年版；董守义等编著《中国近代史教程》上下册，中国社会科学出版社2000年版；王文泉、刘天路主编《中国近代史》，高等教育出版社2001年版；首席专家沙健孙等主编《中国近现代史纲要》，高等教育出版社2007年版；张海鹏主编《中国近代通史》（10卷本），江苏人民出版社2007年版。

国、龚书铎、李捷。该书开篇的话,第一句就是:"中国的近现代史,是指1840年以来中国的历史。其中从1840年鸦片战争爆发到1949年中华人民共和国成立前夕的历史,是中国的近代史;1949年中华人民共和国成立以来的历史,是中国的现代史。"这个开篇第一句话是一个非常重要的表示,它标志着中国近代史、中国现代史的分期已经写进了大学教材,学术界达成了共识。这样的认识有可能成为中国近现代史学界的主流认识。当然我们也不排除在分期问题上还会有不同看法,大概那不会成为主流认识了。[①]

总结一句话:中华人民共和国的成立标志着近代以来中国人受侵略、受欺侮的时代一去不复返了,标志着近代中国半殖民地半封建社会的结束,中国开始进入社会主义的建设时期。这就是说,这一事件标志着中国近代史的结束,中国现代史的开端;标志着旧时代的结束,新时代的开始。

有人主张,中国现代史从1919年开始,一直延续下来。这种主张不仅模糊了社会性质的不同,也掩盖了1949年这个年代的极其重要性。

有人主张,中国现代史从1911年开始,这种主张貌似重视辛亥革命,却忽视了1949年中华人民共和国建立较之辛亥革命更为重大的历史意义。

讨论中国近现代史的分期,看起来是历史研究中一个具体问题,实际上涉及重大理论问题。通过讨论,我们明确了,1840—1949年的近代中国历史,是半殖民地半封建社会的历史,1949年以后的中国历史,是中国建设社会主义时期的历史。这样的历史分期,是建立在历史唯物主义基础上的,是符合历史实际的,因而是科学的。

---

① 2009年3月24日《中国社会科学院院报》载,一本大陆学者编撰的《中国近代史》在台湾出版,受到台湾学生的欢迎。报道说:"关于中国近代史,大陆与台湾在许多问题上认识并不一致。比如在最基本的历史分期上,台湾把从1840—1949年的历史作为近代史,而大陆近代史一般断限在1919年,把1919—1949年作为现代史。"大陆学者编撰的《中国近代史》在台湾出版,当然是海峡两岸学术交流值得注意的好事。但是,报道对海峡两岸有关中国近代史的分期(或称断限)的说法则是完全错误的,既不符合台湾学术界的现实,也不符合大陆学术界的现实。从台湾学术界来说,不可能把1949年作为近代史的下限。这是常识,不需要多加解释。从大陆学术界来说,把近代史断限在1919年,基本上是1998年以前的事,此后,一般不作这样的断限。可见报道者对两岸学术界的情况是隔膜的。坚持以1919年作为中国近代史的断限,是学者的学术自由。但是在向大众作介绍时,需要作出准确的概括。

关于中国近代史的基本线索

与中国近代史的分期有关的是中国近代史发展的基本线索问题。如果说中国近代史的分期（或断限）涉及的是中国近代史这门学科的范围，则中国近代史的基本线索涉及的是对中国近代史基本问题的看法，是它包含什么内容，它的历史发展趋势，哪些新的阶级产生了，哪些旧的阶级力量衰弱了，哪些阶级力量代表了时代前进的步伐，等等。有关这个问题的讨论，也差不多延续了半个世纪。

关于中国近代史基本线索的讨论，早在1954年胡绳发表上述文章的时候就开始了。中国近代史的分期是个具体问题，关键是如何认识中国近代史的基本线索。这就涉及一系列理论问题，它们是：如何运用马克思主义和毛泽东思想指导近代史研究，如何对待近代史研究中的旧史学观点，如何确立中国近代史的总体系，如何评价近代各阶级的历史地位和作用，如何认识近代中国发展的主要脉络等。胡绳提出了基本上用阶级斗争的表现来做划分时期的标志和三次革命高潮的概念。参加讨论的学者从不同角度探讨了中国近代史的主要内容，涉及对历史唯物主义的不同理解和运用，提出了关于历史分期的不同主张，但对于胡绳的意见，与议者多数表示了赞同，并无根本的分歧。

20世纪80年代中期以后，中国近代史发展的基本线索的争论，再次开展起来。李时岳、胡滨提出农民战争、洋务运动、维新运动和资产阶级革命作为近代中国的进步潮流，是中国近代史的基本线索，[①] 其根据是：向西方学习，发展资本主义，是中国近代史前期争取独立和谋求进步的根本道路。[②] 胡绳、苏双碧、荣孟源、张海鹏、苑书义等不同意按照洋务运动—戊戌维新—辛亥革命的线索来论述这个时期的历史进步潮流，认为这

---

　　① 李时岳、胡滨：《从洋务、维新到资产阶级革命》，《历史研究》1980年第1期。
　　② 据《历史研究》编辑部近现代史编辑室《国内史学界关于近代中国资产阶级的研究》，《历史研究》1983年第4期。该项资料注明这段文字出自于1981年3月12日《人民日报》发表的李时岳、胡滨著《论洋务运动》一文。经查上述资料所引述的这段文字，与原文有出入，但并不违背作者的本意，或者可以看作是对作者本意的一种概括。

三者之间在政治上并无必然的继承关系，其性质是大不相同的。考虑中国近代史的发展线索，应制约于中国是半殖民地半封建社会及中国人民反帝反封建这一中心任务，因而认为毛泽东所说"帝国主义和中国封建主义结合，把中国变成半殖民地和殖民地的过程，也就是中国人民反抗帝国主义及其走狗的过程"，正确地概括了中国近代史的基本线索，简约一点，也可概括为太平天国—戊戌变法、义和团—辛亥革命的公式。这样说并不是轻视中国近代史上发展资本主义的重要性，但认为只有人民大众反帝反封建的民主革命，才是中国争取民族独立和谋求人民解放的正确道路，这个革命不胜利，资本主义成为中国人民的生产力是不可能的。① 章开沅从民族运动的角度阐明中国近代史的基本线索，对以上两个观点都有批评，但又认为毛泽东所说的"两个过程"是客观存在的历史实际，是中国近代史全过程的主干，应被理解为中国近代史的基本线索。② 戚其章认为，在中国近代史上，只有太平天国、维新运动和辛亥革命才能体现基本线索，洋务运动和义和团运动不能列入基本线索的标志之内。这样，太平天国—维新运动—辛亥革命，便构成了近代中国历史发展的三个阶梯。③

　　近代史基本线索的讨论，还涉及所谓革命高潮问题。以前讨论革命高潮，是把中国近代史放在 1840—1919 年范围内，如果把中国近代史延长到 1949 年，则对革命高潮的看法会有变化。20 世纪 80 年代初，有学者对革命高潮的提法提出了质疑。80 年代末，陈旭麓认为，从 110 年的近代历史来考虑，中国近代史上确有三次革命高潮，但不是经胡绳提倡、得到大多数学者接受的那三次革命高潮。陈旭麓认为，在 19 世纪的中晚期，并没有形成如后来那样的反帝反封建的革命高潮。只是到了 20 世纪才出现具有完全意义的革命，形成高潮。他断言，这三次高潮是：1912 年的辛亥革命，推翻了清朝政府；1927 年的大革命，打倒了北洋军阀政府；1949

---

① 胡绳：《从鸦片战争到五四运动》，"序言"，人民出版社 1981 年版；苏双碧：《关于中国近代史的发展线索问题》，《光明日报》1983 年 11 月 9 日；荣孟源：《谈中国近代史的两个过程》，《历史教学》1984 年第 7 期；张海鹏：《中国近代史的"两个过程"及有关问题》，《历史研究》1984 年第 4 期；苑书义：《论近代中国的进步潮流》，《近代史研究》1984 年第 2 期。
② 章开沅：《民族运动与中国近代史的基本线索》，《历史研究》1984 年第 3 期。
③ 戚其章：《关于中国近代史基本线索的几点意见》，《历史研究》1985 年第 6 期。

年中国共产党领导的解放战争，推翻了国民党的统治，夺取全国胜利。他强调，中国近代史上只有这三次革命高潮，没有这三次高潮，就赶不走帝国主义，也打不垮封建势力。①张海鹏认为，胡绳提出的三个革命高潮的概念是中国近代史中很重要的概念。胡绳当初提出革命高潮概念的用意，是为了说明中国近代史发展的基本线索，并不是从革命的本来意义上来定义"三次革命运动的高涨"这一概念的。提出这个概念对于我们从政治上来认识中国近代史发展的基本线索和特点，恰恰是很重要的。从110年的历史认识中国近代史的基本线索，总结中国近代史的发展规律，中国近代史的革命高潮依然应该把19世纪的几次革命运动包括在内。从全局衡量，应该有七次。它们是：太平天国革命运动；戊戌维新和义和团运动；辛亥革命；新文化运动和五四运动；1927年大革命；1937—1945年抗日战争；解放战争的胜利和中华人民共和国的成立。以上七次革命高潮，基本上决定了近代中国的政治走向，包括了从旧民主主义革命到新民主主义革命的所有主要阶段，包括了民族民主革命的基本内容。这就是中国近代史发展的基本线索。②

必须强调，研究中国近代史的基本线索，是要探索观察中国近代历史的一种方法，以便运用这种方法，去发现中国近代史发展的基本规律。中国近代史的基本线索，并不等同于中国近代史。中国近代史的基本线索所反映的历史事实，是中国近代史的基本内容，并不是全部内容。中国近代史的全部内容比这些要丰富得多、复杂得多。无比丰富的历史现象，好比旧时代的铜钱，这些基本线索好像绳索，可以把一堆散乱的铜钱贯穿起来，人们认识这堆铜钱的整体就方便多了。我们对中国近代史的基本线索有了明确的认识，我们对全部中国近代历史的认识就会有条理多了，对中国近代历史的发展方向和发展规律就较易把握了。

以上有关中国近现代史的分期、有关中国近代史基本线索的认识，以及大体上取得共识，是60年来中国近代史学科所取得的重大成就。有了

---

① 陈旭麓：《关于中国近代史线索的思考》，《历史研究》1988年第3期。
② 张海鹏：《关于中国近代史的分期及其"沉沦"与"上升"诸问题》，《近代史研究》1998年第2期。

这些成就，中国近代史这门学科的整体面貌就清楚了。说它是一个独立的学科，在一定意义上是指此而言。就是在这样一个整体认识的架构下，展开了中国近代史学科领域丰富多彩的研究局面。

关于中国近代史的"沉沦"与"上升"

中国近代史的"沉沦"与"上升"问题，涉及的是中国近代历史的发展趋势问题，也是如何看待近代中国历史的发展方向的一个饶有兴趣的问题。

以往对中国近代历史发展趋势的认识，一般是说近代中国"沉沦"到半殖民地半封建社会的"深渊"。[①] 20世纪80年代初，李时岳提出近代中国社会的发展实际上存在着两个而不是一个趋向：一是从独立国家变为半殖民地（半独立）并向殖民地演化的趋向，一是从封建社会变为半封建（半资本主义）并向资本主义演化的趋向。前者是个向下沉沦的趋向，后者是个向上发展的趋向。半资本主义，对封建社会是一种历史的进步。半资本主义的存在，就是"上升"。所以，半殖民地半封建社会不仅有"沉沦"，而且有"上升"。这种"沉沦"和"上升"是同时并存的。这是历史学家对近代中国历史的又一种解说。这个说法很新颖，对近代史学界影响很大。汪敬虞曾评论这一观点说，根据作者的论证，人们可以得出这样的结论，那就是：中国近代社会，既可以说是半殖民地半封建，也可以说是半殖民地半资本主义。因为半封建 = 半资本主义。[②] 显然，汪敬虞并不赞同这个观点，但未深入讨论。此外，专文讨论者，尚付阙如。

李时岳提出上述观点，是在1919年为下限的中国近代史的框架内思考的。从这个框架内思考，对中国近代史发展趋势的新解说，有几点说不通的地方。第一，在1919年前，中国遭受列强十分重大的打击，《南京条约》、《北京条约》、《马关条约》、《辛丑条约》、《民四条约》等，严重束

[①] 参见李时岳《近代中国社会的演化和辛亥革命》，《纪念辛亥革命七十周年学术讨论会论文集》上册，中华书局1983年版，第173页；又见李时岳《中国近代史主要线索及其标志之我见》，《历史研究》1984年第2期。

[②] 汪敬虞：《中国近代社会、近代资产阶级和资产阶级革命》，《历史研究》1986年第6期。

缚着中国,割地赔款,外国驻军,租界和租借地,协定关税,领事裁判,外国经济实力控制着中国经济生活,说中国"沉沦"在半殖民地半封建社会的"深渊",基本上符合历史事实。说这时候的中国同时存在着"上升",比较难以说通。第二,经过洋务运动,资本主义生产方式在中国经济生活中所占成分十分微弱,民族资本主义在19世纪末刚刚形成且十分微弱,说中国半封建的另一半是半资本主义,显然并不合适。第三,学术界对半殖民地半封建社会的理解,一般是把它作为社会形态看待的,实际上,所谓半殖民地半封建社会形态是一个马克思主义的概念,它是介于资本主义和社会主义之间的一种过渡性的社会形态。说半殖民地是对国家地位而言,说半封建是对半资本主义而言,固然有某种道理,但是,把一种社会形态割裂开来,在科学上是说不过去的,是缺乏理论支撑的。

如果把中国近代史理解为1840—1949年间的历史,全面观察110年历史发展趋势,则情况就不一样了,视野就开阔了,我们就可以看到近代中国"沉沦"和"上升"的全过程。笔者经过十多年的思考,就近代中国的"沉沦"和"上升"问题撰写了文章,与李时岳的观点相商榷。笔者就近代中国110年的历史考察,提出了"沉沦"、"谷底"、"上升"的看法。在笔者看来,在1840—1900年期间,中国历史的发展趋势主要表现为"沉沦",这个时期也有"上升"的现象,但那是次要的因素;从1901年到1920年期间,中国历史表现为"沉沦"到"谷底"的时期,所谓"谷底"时期,实际上是"沉沦"到"上升"的交错期,是黑暗到黎明的交错期。这个时期,是《辛丑条约》签订后中国最困难的时期,半殖民地半封建社会完全形成,因此是"沉沦"表现最严重的时期;辛亥革命、五四运动在这个时期发生,表明中国的"上升"因素已经上升到可以与"沉沦"相抗衡。度过了"谷底"时期以后,中国的历史发展趋势就主要表现为"上升"了。[1]

据笔者所知,一些学者对上述观点发表了评论。多数人认为"谷底"说颇具新意。有的学者评论说,这一说法"饱含着作者创造性的学术探

---

[1] 参见张海鹏《关于中国近代史的分期及其"沉沦"与"上升"诸问题》,《近代史研究》1998年第2期。

索","尝试性地提出了中国近代史的一种新的理论架构"。① 有的学者认为:"《关于中国近代史的分期及其"沉沦"与"上升"诸问题》一文,是一篇旨在重新构建中国近代史学科体系的很有价值的文章","半殖民地半封建社会深渊——谷底的问题,是一个很值得继续讨论的重要学术问题"。② 还有学者认为,关于中国半殖民地半封建社会的"谷底"说和中国近代社会的"沉沦"、"上升"的理论,使我们对半殖民地半封建社会的认识更加清晰了,更加形象化了,更加接近历史的实际了。历史的发展是曲折的,是不断进步的,中国近代社会也是这样,这就给人们以信心,给人们以力量。尤其是我们从近代社会的发展中看到,尽管近代各个阶级、各个阶层为避免社会的"沉沦"作出了他们的努力,但只有无产阶级才使中国避免了继续"沉沦"为殖民地的厄运,才使中华民族获得独立和解放,"这是张先生对中国近代史体系的重大贡献"。③ 我完全赞同张先生对中国近代社会发展轨迹的描述,尤其是他提出的"谷底说",发前人所未发。张海鹏先生的谷底说和对近代中国社会发展轨迹的描述,是对近代社会发展最形象最具体的说明,最科学的解释。张先生的描述,使人们对近代中国社会发展的轨迹清晰可见,不仅看到了近代社会的屈辱和灾难,而且也看到了近代社会前进的力量和方向,从而使人们对近代社会有了一个科学的认识。这是张先生对中国近代史宏观研究的一大贡献。④

对于近代中国"沉沦"的"谷底"究竟在哪里,学者有不同的看法。有的认为,"谷底"应该在甲午战争到《辛丑条约》签订之间;⑤ 有的认为,应该在1931—1945年日本侵华期间。⑥

---

① 陈铁军:《关于中国近代史的一种新的理论架构》,《史学理论研究》1999年第4期,第148页。
② 袁成毅:《再探中国近代半殖民地深渊的"谷底"》,《杭州师范学院学报》2001年第2期,第48页。
③ 同上书,第111页。
④ 张华腾:《关于对中国近代社会发展及其发展轨迹的认识——兼与张海鹏先生商榷》,《殷都学刊》2003年第2期,第111、46页。
⑤ 同上。
⑥ 袁成毅:《再探中国近代半殖民地深渊的"谷底"》,《杭州师范学院学报》2001年第2期,第50页。

还有学者对"谷底"说提出了质疑，认为"'谷底'之说所以不完全正确，最要紧之处是它完全否定或者低估了辛亥革命的胜利成功及其划时代的里程碑的历史意义"①。

看来，继续探讨近代中国的"沉沦"与"上升"以及"谷底"问题，对认识近代中国历史的发展轨迹或者历史发展趋势，认识中国近代史的本质特征，还是很有意义的。进一步展开学术争鸣与探讨是必要的，是值得提倡的。

关于中国近代社会性质

判断人类历史上某一阶段的社会性质，是一个马克思主义的命题。最早提出中国近代社会性质的是列宁。列宁从帝国主义时代特点出发，提出了殖民地和半殖民地理论。② 早在1912年和1919年间，列宁就在自己的文章中分别提到中国是半封建的国家和半殖民地国家，他是从过渡阶段的社会这样的角度分别提到这两个"半"的，但未作论证。中国人接受这样的观点，是在中国共产党成立之后。③ 1922年7月，在中共"二大"通过的《关于"国际帝国主义与中国和中国共产党"的决议案》和《关于议会行动的决案》中，已经开始出现"半殖民地"概念。同年9月，蔡和森在《统一、借债与国民党》和《武力统一与联省自治——军阀专政与军阀割据》等文章中，明确使用了"半殖民地"、"半封建"概念来说明中国社会的性质。在此前后，陈独秀、蔡和森、邓中夏、萧楚女、李大钊、罗亦农等人均明确认识到中国是半殖民地社会。1926年，蔡和森在《中国共产党史的发展（提纲）》中提到"半殖民地和半封建的中国"、"半封建半殖民地的国家"，是目前所能查考到的最早将两"半"概念联结起来的完整表述。中共中央在自己的文件中正式提出完整的半殖民地半封建概念，

---

① 陈铁健：《近代中国社会沉沦谷底问题浅议——读潘荣〈北洋军阀史论稿〉》，《史学月刊》2008年第1期，第135页。
② 参见赵德馨《列宁关于半殖民地半封建社会的学说》，《青海社会科学》1984年第4期。
③ 孙中山讲过中国是"次殖民地"，认为"次殖民地"的地位比殖民地的印度还不如，这是对殖民地理论的误解。

是在1929年2月的《中央通告第二十八号——农民运动的策略》中，那是在中共"六大"以后。① 与此同时，中国的思想理论界还爆发了一场关于中国社会性质问题的大论战。一些在马克思列宁主义指导下做研究工作的理论工作者，以新思潮派为代表，与中国托派的动力派和国民党学者新生命派，进行了长期的理论斗争，对中国社会性质和革命性质问题进行了严肃思考和理论创造。

1938—1940年，毛泽东连续发表《战争和战略问题》、《中国革命和中国共产党》、《新民主主义论》等指导性论著，系统地、科学地、正确地解决了中国的社会性质问题。他指出："自从一八四〇年的鸦片战争以后，中国一步一步地变成了一个半殖民地半封建的社会。""帝国主义列强侵略中国，在一方面促使中国封建社会解体，促使中国发生了资本主义因素，把一个封建社会变成一个半封建社会；但是在另一方面，它们又残酷地统治了中国，把一个独立的中国变成了一个半殖民地和殖民地的中国。"②"中国的特点是：不是一个独立的民主的国家，而是一个半殖民地的半封建的国家；在内部没有民主制度，而受封建制度的压迫；在外部没有民族独立，而受帝国主义压迫。"③ 这是对于近代中国社会性质最经典的表述。毛泽东不止一次强调指出：只有认清中国社会的性质，才能认清中国革命的对象、中国革命的任务、中国革命的动力、中国革命的性质、中国革命的前途和转变。总之，认清中国的社会性质问题，才能解决近代中国历史发展的基本规律问题。从此以后，中国共产党的理论工作者，以及在中国革命成功的推动下愿意接受马克思主义指导的史学工作者，在中国的社会性质问题上，都认同了近代中国是半殖民地半封建社会的观点。④

对这个认识，近些年有人提出质疑和挑战。有的文章认为，帝国主义

---

① 参见陈金龙《"半殖民地半封建"概念形成过程考析》，《近代史研究》1996年第4期；陶季邑《关于"半殖民地半封建"概念的首次使用问题》，《近代史研究》1998年第6期；李洪岩《半殖民地半封建理论的来龙去脉》，《中国社会科学院近代史研究所青年学术论坛》2003年卷，社会科学文献出版社2005年版。
② 《中国革命和中国共产党》，《毛泽东选集》第二卷，第630页。
③ 《战争与战略问题》，《毛泽东选集》第二卷，第542页。
④ 参考李洪岩《半殖民地半封建理论的来龙去脉》，《中国社会科学院近代史研究所青年学术论坛》2003年卷。

"破坏了中国的国家主权和领土完整,但没有也不可能改变中国的社会性质",因而辛亥革命之前的中国仍是封建社会,辛亥革命以后的中国是半封建或半资本主义社会(也有文章认为是资本主义社会),辛亥革命之前和之后,无论如何都不是半殖民地半封建社会,因此认为对半殖民地半封建社会"这个说法究竟是否恰当,似有必要重新加以研究"。还有人对"两半论"提出了直接的质疑和驳难,认为"两半论"是"失误","延误了我们反封建历史任务的完成"。① 有记者采访某研究员,问:"您的意思是不是说,应该否定'半殖民地半封建'这一理论概括,提出新的概括,以突破现存的近代史的框架,探索新的架构呢?"某答:"显然有这样的意图,确切地说,重新检讨'半殖民地半封建'这一提法,是要为设计新的近代史构架寻找理论基点。"② 这里已经把问题提到相当尖锐的程度了。

质疑者说,"要为设计新的近代史构架寻找理论基点"。质疑者要设计的新的近代史构架是什么,支持这一构架的理论基点找到了没有,始终未见下文。但是,我们对论者所谓"半殖民地半封建"理论,"延误了""反封建历史任务的完成"却百思不得其解。前已指出,在革命中认清了中国社会的性质,就认清了中国革命的任务、革命的对象。中国革命的任务就是反帝反封建,这是由半殖民地半封建社会性质本身所规定了的。所谓"推翻三座大山",不就是指完成了反帝反封建的革命任务吗?我们倒是要问,如果否定"半殖民地半封建"这一理论概括,在中国近代史研究中,能够正确坚持反帝反封建的观点吗?

以上质疑,在研究者中是有影响的。

在半殖民地半封建社会问题的讨论中,有一种分歧值得注意。所谓半殖民地半封建社会,是一种适应于近代中国社会的社会形态,是一种过渡性的社会形态,它恰当地反映了近代中国社会的政治、经济、文化状况。作为社会形态,它是不可分割的。另一种意见认为,半殖民地是对国家地

---

① 记者:《中国近代社会性质的再认识》,广州《学术研究》1988 年第 6 期。这篇报道用的第一个标题就是"毛泽东'两半'论的权威面临挑战"。
② 《关于近代中国社会性质问题答记者问》,广州《学术研究》1988 年第 6 期,第 57 页。

位而言，半封建是对半资本主义而言，两者不是互相补充，而是互相对立的。① 这个分歧是很大的。分歧的任何一方在据此观察近代中国历史时，都可能得出不完全相同的结论。

究竟如何看待近代中国的半殖民地半封建问题，可以从学理上去分析，也可以从历史实践上去分析。但是任何学理的分析，都只能基于历史实践。脱离了历史实践的分析，都是书生之见，是靠不住的。近代中国的新民主主义革命，它的历史实践是什么呢？正是基于对中国社会性质的正确认识和分析，才制定出新民主主义革命的战略、策略，才能明确革命对象、明确革命力量、明确革命前途。中华人民共和国的成立，社会主义道路的选择，都是这个历史实践的结果。离开这个历史实践，虚构种种臆测的理论，怎么能与历史的实践相符合呢？历史研究是基于史实的探讨，离开了史实，仅凭思辨是不能解决问题的。

关于"告别革命"

从20世纪50年代以来，中国近代史研究领域，关于革命和改良问题发生过多次争论。20世纪80年代的争论，主要涉及如何正确评价改良派或者改良主义问题。那时候的争论，对于革命的作用，一般都是肯定的。问题是如何评价改良派的历史作用，这主要涉及戊戌维新运动的评价以及清末立宪运动、立宪派和资政院、谘议局等作用的评价。早期对改良派的评价比较低，80年代以后，对改良派的评价已渐趋平实。笔者在《中国近代通史》第1卷中谈及这个问题。

回顾历史，我们看到，改良与革命只是近代中国人改造中国的不同道路的选择，尽管它在近代中国的历史命运不尽相同，但它对于推动近代中国历史进程的进步作用都是不容抹杀的。

当然，这样说并不意味着改良与革命可以等量齐观。有一种见解说革

---

① 以上有关半殖民地半封建理论的质疑和讨论，参看倪玉平《近20年"两半"问题研究述评》，广州《学术研究》2008年第10期；又见倪玉平《关于"半殖民地半封建社会"问题研究之新进展》，《北京日报》2009年2月16日。

命与改良,是推动近代中国历史前进的双轮。这个观点需要加以讨论。何谓双轮?好比一辆车子,两个车轮同时向前滚动,才能带动车厢向前运动。革命与改良,是否是这样的两个轮子,同时推动着近代中国历史的前进呢?还需要根据事实和理论作出具体的分析。

革命与改良的关系到底如何?对于社会历史的前进运动来说,革命和改良都是推动历史前进的动力。改良是常态,革命是变态。每一个国家,每一个时代,总是经常处在改良的状态中,否则,那个社会就停滞了,不前进了。所以改良是经常存在的。而革命则不然,社会革命不能经常存在,一个社会不能经常处在革命的状态中,如果是那样,这个社会就会是病态的。

诚然,革命并不是社会历史前进的唯一推动力。革命的发生是有条件的,不是任意可以制造出来的。社会发展的经常形式是社会改良。当阶级矛盾不到激化的程度,解决社会阶级利益的冲突,往往要靠阶级妥协与调和;解决社会政治利益的冲突,往往要靠社会改良的种种办法。阶级调和的办法,社会改良的办法,也能促进社会的发展,但它只能在同一个社会制度内运行,如果要推翻旧制度,建立新制度,阶级调和、社会改良,是无能为力的,它只能让位于革命手段。革命发生,才能使社会发展产生质的变化。因此,革命虽不是社会发展的唯一推动力,却是社会历史发展的根本动力。否定这一点,无原则地歌颂社会改良,显然是一种反历史主义的态度。

正因为革命是社会发展的根本动力,它能推动历史发展产生质的变化,而改良则不以推翻一个社会的制度为目的,改良是在社会制度允许的范围内进行,用今天的话来说,是在体制内进行。因此,一个真正的革命家并不拒绝改良,而一个改良主义者则往往拒绝革命。情况往往是这样的:一个社会的改良进行不下去的时候,或者那个社会不允许改良的时候,往往就可能爆发革命。从这个角度说,改良为革命准备着条件,改良为革命积聚着能量。在这种情况下,实行改良的人和实行革命的人,往往不是同一批人。[1]

---

[1] 张海鹏主编:《中国近代通史》第1卷,第127—128页。

以上这些话，大体上是总结了学术界的多次争论得出的认识。今天看来，得出这样的认识应该是公允的。

但是，在20世纪90年代，出现一种"告别革命"的言论。这种理论在西方社会早已有之，在中国则从90年代中期开始出现。始作俑者，似乎是李泽厚。1994年李泽厚在一篇对话里说："辛亥革命是搞糟了，是激进主义思潮的结果，自辛亥革命以后，就是不断革命：'二次革命'，'护国'、'护法'，'大革命'，最后就是1949年的革命，并且此后毛泽东还要不断革命"，"现在应该把这个观念明确地倒过来：'革命'在中国并不一定是好事情"。[①] 1995年，李泽厚、刘再复在"回望二十世纪中国"的时候，在香港出版了一本标题为《告别革命》的书。该书几乎否定了历史上的一切革命，当然也否定了近代中国的一切革命。他们宣布，改良比革命好。这本小书是谈话记录，谈不上什么理论依据，没有论证，不过是反映谈话者厌恶革命的心理。这就不是理论的误区、学术方向的误区，而是作者们政治倾向的误区了。

笔者在一篇评论里曾经指出：为什么要提出"告别革命"说？反对法国大革命，是为了反对十月革命；反对辛亥革命，是为了反对中国共产党的新民主主义革命。他们要"反省整个中国近代史"，就是这个目的。他们要改变反共反社会主义的策略，于是"放弃激进的社会/政治批判话语，转而采取文化上的保守主义话语"，实际上是"隐喻了某种意识形态的企图"。这还说得不够明确。《告别革命》一书序言，把"告别革命"说的目的全盘托出。它说，"这套思想，恰恰是'解构'本世纪的革命理论和根深蒂固的正统意识形态最有效的方法和形式"。原来如此。把近代中国的革命历史都否定了，把本世纪的革命理论都"解构"了，所谓反帝反封建自然不成立了，中华人民共和国的成立自然就失去合理性了。如此，则所谓有中国特色的社会主义、社会主义的市场经济，岂不是都消解殆尽了么？[②]

"告别革命"的思想，是一种历史虚无主义的表现，在思想文化领域

[①] 李泽厚、王德胜：《关于文化现状、道德重建的对话》，《东方》1994年第5期。
[②] 张海鹏：《"告别革命"说错在哪里？》，《当代中国史研究》1996年第6期，第46页。

有着广泛的影响，很值得学术界、理论界注意。

这里需要指出，历史研究，需要实事求是，需要从历史事实出发，就是对历史上发生过的既有的事实、事件、人物的表现，历史过程，作出客观研究，提出认识，给后人指出历史借鉴。革命和改良，是历史上发生过的事件，历史学者的任务，就是对革命和改良的来龙去脉、事实经过作出研究，对革命和改良在历史发展中对当时和后世发生的影响，作出评估。

（本文曾提交中央文献研究室主办的庆祝中华人民共和国成立60周年学术讨论会，原载《近代史研究》2009年第6期，同时在人民网理论频道刊出）

中日关系的现实与中日关系史研究

最近五年来，中国社会科学院中日历史研究中心文库系列丛书，推出了大约40种有关中日关系史的学术论著，大部分在社会科学文献出版社出版。这个中日历史研究中心是与日中友好会馆的日中历史研究中心相对应的。中方在1998年成立这个中心，是中国外交部与日本外务省交换意见的结果，中方答应协助日方从事中日历史研究事业。中方的研究，是以中日历史研究中心的名义在国内公开发布课题指南，招聘研究者，由有关研究者独立进行课题研究。研究结果经过适当的学术评议，合乎出版水平的大多收集在这个文库里。笔者曾参与中日历史研究中心的工作，认为中心的文库大体上反映了最近一些年来中国历史学者有关中日历史关系研究的水平。因此，仅就这些出版物作一些介绍和分析，提供这次学术讨论会参考。

这些出版物，大致上可以分为两类：一类是有关中日关系历史的研究，另一类是有关日本社会政治和社会思潮的研究。如果再细分一下，中日关系史类中，可分为中日关系史综合研究、近代中日关系史研究、近代中日经济关系史研究。

我的研究，先从中日关系的现实开始。

中日关系的现实

中日关系史研究，是学术界的重要任务。研究中日关系，不仅要研究当前中日关系的走向，也要研究近代的中日关系，还要研究两千年来的中日关系历史。不仅要研究中日关系中的重大事件，重大关节点，影响中日关系的主要历史人物，尤其要注意影响中日关系的国际氛围，国内形势，民族心理；要从影响两国关系的历史事件的研究中，探索中日两国关系历史发展的基本规律，即在什么国际国内条件下，中日关系走向融洽与互补；在什么国际国内环境下，中日关系走向紧张与对峙；在什么国际国内氛围下，中日两国关系产生竞争与提防。我们要从历史的经验中学会处理各种复杂的关系，走出竞赛和双赢的互利格局。中日两国历史学者在涉及中日关系的一个一个具体事件中，作了许多研究，是很有成绩的，当然还可以继续作下去；但是在探索两国关系发展规律方面，所作的深入研究，还是很不够。从这个角度说，我们在中日关系研究上，无论是在学术上，还是在政治倾向上，还不是很老道，不是很成熟的。

当前中日关系，在小泉首相时期，是政治上不热，经济上不冷。经过了安倍晋三首相的"破冰之旅"和温家宝总理的"融冰之旅"，两国政治关系呈现回暖态势。9月25日，福田康夫当选首相，中国国务院总理温家宝当日致电，祝贺福田康夫就任日本首相，表示中国政府将一如既往地坚持中日友好政策，愿与日方一道为全面构筑中日战略互惠关系，推动两国关系长期健康稳定发展作出共同努力。看来，中日关系的这种回暖态势将会继续下去。这是好现象。

从中日关系的历史看，在1871年以前差不多2000年间，中日关系是好的或者基本上是好的。那时候，中国的经济发展和中华文化的力量，都在吸引着日本，成为日本学习的榜样。

经过欧风美雨的吹袭，1871—1971年整整100年间，中日关系是不好的，或者不大好的，中日两国之间的基调是对抗，其间，在1945年前，基本上是日本侵略中国的时期，1945—1970年间，是相互敌视的时期。这100年中，特别是后25年间，民间往来推动了中日关系的发展。

近代以来中日关系最好的时期，是1972年中日邦交正常化后的30年间。把1972年复交以后的30年分成三个时期，1972—1981年是第一个时期，1982—1991年是第二个时期，1992—2001年是第三个时期。

1972年田中内阁成立，中日邦交恢复，到1981年铃木善幸内阁正好十年。这十年中的大部分时间，中国还在"文化大革命"中，政治局势动荡，1978年才走上改革开放的新路。但中日双方仍在努力维护和发展中日关系，有人称这十年是中日两国的蜜月时期。两国政治关系很好，没有人提出历史认识问题。《建交联合声明》和《中日和平友好条约》是这个时期签订的。两国经贸关系从小到大，迅速发展。贸易额从1972年建交时的10.38亿美元，发展到1981年超过100亿美元，扩大了十倍。

1982—1991年的第二个十年，是中曾根内阁到海部俊树内阁的时期。中国处在改革开放的关键时期，经济和政治的发展都受到冲击，学潮频发，又发生了政治上的动荡。日本国内经历了六届内阁。中日两国部长以上领导人互访近40人次。两国贸易额从100多亿美元提高到228亿美元，扩大了两倍多。这个时期中日关系的发展大体上是正常的，经济关系是好的，政治关系虽有一些波动，但很快就解决了。但是这个时期出现了历史认识问题，出现了首相和内阁成员参拜靖国神社的情况。但在中国和韩国的反应之下，政府领导人作了自我约束。六届内阁的首相在对待历史认识的表态上，大体上都是好的，对于错误的言论，能够自制。如国土厅长官奥野诚亮发表了否定侵略的不利于中日关系的言论，受到批评，而且被迫辞职。中山太郎外相还对原运输大臣石原慎太郎否定南京大屠杀的言论提出了批评。这都是照顾中日关系大局的表现。

1992年以后的十年，是宫泽喜一内阁到小泉纯一郎内阁的时期。这个时期在中国是邓小平南巡讲话以后，中国确定社会主义市场经济原则、经济发展高速前进的时期，也大体上是日本经济泡沫破裂以后处在低增长或者徘徊不前的时期。中日两国部长以上领导人互访约40人次。两国贸易额飞跃成长，从1992年的289亿美元，到2002年的1019.05亿美元，超过三倍。日本连续10年成为中国最大的贸易对象国，中国不仅是日本最大的进口贸易国，现在又成为日本最大的出口贸易国。在这个十年期间，1998年中国国家主席江泽民实现访日，并与日方签署了中日两国《建立致力于和平与发展的友好合作伙伴关系的联合宣言》。这个宣言，与第一个十年期间签订的《建交联合声明》和《中日和平友好条约》一起，是构成今日中日关系政治基础的三个重要文件。

但是，1998年中国国家主席访日后未能再次访日，2000年中国国务院总理访日后未能再次访日。日本首相2002年以后未能正式访华。出现了人们经常评论的所谓"政冷经热"现象。

可见第三个十年的中日关系，并不是所有方面都不好。2001年以后，日本方面的历史认识问题突出起来了，特别表现在历史认识问题上不考虑国内外的反应，不能从中日关系的大局出发约束自己，表现在处理邻国关系、处理亚洲大局和国际大局方面战略上的摇摆和波动。

为什么出现这种现象？显然与小泉内阁有关。小泉内阁在2001年4月成立，5月，小泉在国会宣布要以总理大臣名义参拜靖国神社，7月日本政府就回绝了中韩两国政府有关修改历史教科书的要求。小泉上任以来已经有6次参拜靖国神社。就在他卸任首相职务的前夕，即2006年8月15日，小泉还进行了一次参拜。修改历史教科书，参拜靖国神社，这两件事都与历史认识问题有关。

小泉内阁时期的中日关系，由于内阁首相小泉坚持参拜靖国神社，两国领导人的互访冻结了。但是部长及部长以下的官员来往并未中止，经济文化交往仍很活跃。2003年两国贸易总额超过了1335亿美元，2005年更超过了1700亿美元，2006年达到2073.6亿美元。这个数字是极为巨大的。如果与1972年建交时的10亿美元相比，已经不可同日而语了。一些人把它称作"政冷经热"，又叫做"寒流"、"冷冻"。还有人认为，政治冷，经济也在降温。我认为，用政治上不热，经济上不冷，更为写实一些。

对于中日关系的走向，我个人抱着审慎乐观的态度。中日关系之间，除了经济上的紧密联系之外，也存在一系列有待解决的问题。历史认识问题首当其冲。当然还有台湾问题、钓鱼列岛问题、东海油田划界问题、贸易冲突问题，等等。其中有些问题是当今中日关系发展中新产生的问题。这些问题都很重要。但是比较1972年建交前的相互敌视，比较1945年前日本侵略中国的状况，还是大大不同的。从这个角度说，当今中日关系问题，还是可以通过中日两国之间的政治手段和经济手段，逐步加以解决的。我相信在日本，除了右翼势力日渐坐大以外，要求改善中日关系的积极力量还是广泛存在的。

如何改善中日关系？有人以为，为了实行中日接近、集中应对美国这样一个战略集中原则，中国要将"历史问题"争端大致撤出一个较长时间内的对日外交要事议程，也相应地撤出官方和准官方宣传。这是说要中国把"历史问题"撇开，为了实施集中应对美国这样一个战略集中原则，实行"中日接近"。

对于这种主张，我有三点讨论。首先，把"中日接近"作为中日关系现在和未来的一种追求方式，是不妥的。"接近"与"分开"或"敌视"相对应。中日之间无论在经济上，甚或在政治上，都是很接近的，或是比较接近的。中日之间政治上、经济上的对话，在部长或者部长以下的层级上，从未停止过。因此，把"中日接近"作为中日关系的理想模式，是一种无的放矢，不符合实际的。

其次，实施集中应对美国的战略集中原则，是一种书生之见。所谓战略集中原则，作为处理国际关系的一种原则，在历史上是出现过的。但是在今天的国际关系中，不存在实施战略集中原则的土壤和现实条件。美国一国独大，今日域中，难以寻觅实施战略集中原则以对付美国的国家或国家集团。

再次，美、日、中三国之间的关系，好比等腰三角形。美、日是相等的两腰，中国是底边。不仅两腰之和大于底边，而且两腰中任何一边也大于底边。美日关系远比中美、中日关系牢固。企图在美日关系中打下中国这根楔子，在现今的国际关系局势下，显然是徒劳的。在今天的国际关系背景下，美日中三角中，不存在联合一个对付另一个的那种利益驱动原则。

要求中国撤开或者"搁置""历史问题"，实际上反映了日本某些政治家的观点，他们认为中国在打"历史牌"。我的看法，不是中国在打"历史牌"，而是日本政治家在打"历史牌"。

从1972年以来中日两国关系发展的历史看，中方是希望把历史问题说清楚后就"搁置"起来，重点是向前看，重点是处理好现实问题。但是，挑起历史问题，不让"搁置"历史问题的恰恰是日方。根据就在1972年中日邦交正常化"联合声明"的签署上。周恩来在邦交谈判的第一次首脑会谈中说过：同意从政治上解决问题，一些历史方面的问题不要拘泥于法律条文。邦交恢复后，中日两国人民要世世代代友好下去。日本侵华战争虽然给中国人民带来了巨大的灾难，但是中国主张把军国主义与日本人民分开。结束战争状态，恢复邦交，不仅符合两国人民的利益，而且对缓和亚洲紧张局势和世界和平作出贡献。为了日本人民的利益，中国主动提出了放弃战争赔款的要求。这样,在《联合声明》中,关于历史认识问题只写了一句:"日本方面痛感日本国过去由于战争给中国人民造成的重大损害的责任,表示深刻的反省。"这里并没有在战争二字前加上"侵略"字样。所有这些都体现了"前事不忘,后事之师",结束过去朝前看的精神。所谓结束过去就是搁置历史的意思。正是日本政府屡屡挑战"历史问题"。无论是修改中学历史教科书,还是参拜靖国神社,都是在否认侵略战争问题上做文章。所以,有关"历史问题",每次都是日本方面先出牌,中国方面被迫作出反应。事实甚多,不能尽举。因此,解决"历史问题",责任首先在日方,在日本少数政治家,在于他们应该回到处理中日关系的三个政治性文件的立场上来。

关于中日关系发展的前景,前面说过,我保持着审慎的乐观。这是从一个相对较长的时段来看问题得出的结论。在一般情况下,中日关系不会回到1972年以前的状况,更不会回到1945年前的状况。

决定这一点的,还是1972年复交以来所形成的中日之间的紧密的经济、文化和政治关系。目前,中日两国之间所达成的总额为2000亿美元以上的经济贸易关系,是不容易降温的;[①] 这种情况说明了中日两国之间互有需要,经济上存在着明显的互补关系。这种经济贸易关系对于日本振兴经济是有作用的,对于中国寻求全面的国际贸易关系,提升国内经济质量也是有作用的。降温对双方都没有好处。发展着的经济关系,不可能为不热的政治关系所支持,换句话说,不可能在长期政治冷的状况下发展经济关系。从这一点来说,两国存在着改善政治关系的巨大空间。

从1972年开始的中日复交以后的第三个十年,正是中国经济高速发展的十年,特别是2000年以后中国经济发展令世人瞩目。西方世界对中国的高速经济发展感到惶恐。他们用"中国威胁论"来妖魔化中国。大约在1996年起,日本媒体也在流行所谓"中国威胁论",反华的右翼势力借此进一步滋长,民族主义喧嚣尘上。小泉内阁借此声势进一步煽动国内的

---

① 据2007年8月9日报道,中国商务部发布消息称,2007年上半年,中日贸易额约达1067.9亿美元,中国首次跃升为日本第一大贸易国。如果按此估算,2007年中日两国贸易额将接近2200亿美元。

民族主义情绪。

中国的经济发展不仅有利于中国人民,而且有利于日本人民,有利于全球化的经济关系。但在市场竞争原则下,增加了与日本和西方国家的贸易摩擦、能源竞争。这是各国的国家利益使然。解决这些矛盾,只能靠国际贸易秩序的改善,靠政治、外交以及谈判的手段。相互仇视不能解决问题,历史已经证明了战争也不能解决问题。用比较冷静的态度观察世界,还要用积极的态度寻求中日两国之间政治关系的升温。

现实和历史是有连带关系的。对历史的认识,影响着人们对现实的认识;现实关系的发展,也要影响人们去观察历史。我们今天研究中日关系史,首先是学术研究的需要,其次也是现实关系发展的需要。从这个角度说,中日关系历史的研究,前景是远大的。我希望,让历史回归历史,让学术回归学术,不要让所谓历史认识问题成为改善中日关系的障碍,希望中日关系向着睦邻合作、和平共处的方向发展,真正发挥东亚两个邻近国家之间经济上互补互助、文化上互相学习尊重的精神,在难免发生矛盾和冲突时,永远不要诉诸战争!

关于中日关系史综合研究

孙乃民主编的《中日关系史》三卷本,是近年来我国史学界有关中日关系史著述中的一部分量较重的本子。著者引用大量资料和研究成果,对古代、近现代及当代中日关系史做了全方位的梳理和考察。该书第一卷设五章,从汉代中日间有文字记载的历史事件开始,止于中国辛亥革命时期。第一至第四章,主要叙述自汉代至鸦片战争以前的中日两国间存在的各方面的关系,尽管其中也有不愉快的时候,但主流是友好交往史。在两国的友好关系中,双方互有借鉴、互有促进。但是,日本向中国学习,是这一时期的特点。第五章主要叙述中国从鸦片战争开始,日本从明治维新开始,两国间在上述各方面存在的友好交流关系,尽管经过两国人民的努力未曾中断,仍在向前发展,但就其主流说,却发生了全面逆转。两国关系中的主导方面,是日本对半殖民地半封建社会的中国的侵略关系,并且随着中国半殖民地化的进程而加强。与此同时,这一时期也是中国人民进行反帝反封建的旧民主主义革命的时期，是先进的中国人学习西方，特别是向日本人学习拯救中国的时期。因此，在这一时期内，中日两国间的友好交流关系和日本对中国的侵略关系错综复杂地交织在一起。该书第二卷论述了自第一次世界大战爆发（1914年8月）起，至第二次世界大战结束（1945年9月）止31年间的中日关系史。这段历史虽然时间跨度小，但经历了1931年"九·一八"事变、1937年"七七"事变、1941年太平洋战争，直到1945年8月日本战败投降等重大历史场面。因此，这段历史具有特殊意义，它是中日关系史发展过程中最令人不忍卒读的一页，也是中日两国值得世世代代引为鉴戒的一页。该书第三卷主要论述了中日当代关系史，所谓当代中日关系史，是指1945年8月15日日本宣布在第二次世界大战中战败投降以来的中日两国关系发展史。具体地讲，是指这一历史时期两国之间以政治、经济关系为基本内容，兼及文化、教育、科技、军事等各个领域内的关系发展过程的历史。该书尤为着重论述了1949年新中国成立后中日关系的发展过程。对于1972年9月中日邦交正常化，该书给予很高的评价："中日两国邦交实现正常化，是对维护亚洲、太平洋地区和世界的和平作出的一个巨大的贡献，有着重大的积极意义。中日两国是亚洲和太平洋地区具有重要影响的国家，两国正式结束战争状态，就消除了能够导致这一地区紧张局势的因素。"[①] 此后，《中日和平友好条约》签订，"进一步推动了中日两国关系的发展，它使中日两国人民之间的友好大道越来越宽广，使中日两国政府间的往来大门敞开，当代中日关系由此进入了一个新时代"[②]。

胡德坤、韩永利合著《中国抗战与世界反法西斯战争》，从中国抗战对日本世界战略的巨大影响和牵制作用，中国持久抗战对日本侵华战争的巨大打击和制约作用，中国战场对太平洋战场、北非地中海战场、苏德战场、西欧战场以及印缅战场的巨大支援，对英美苏等盟国的重大支持，中国抗日战争在推动战后国际政治经济新秩序建立中的作用等方面，较为系统地考察和探讨了中国抗日战争在世界反法西斯战争中的地位与作用。书

---

① 孙乃民主编：《中日关系史》第三卷，社会科学文献出版社2006年版，第329页。
② 同上书，第354页。

中指出："日本发动侵略中国的战争，其目的就是灭亡中国，变中国为日本的殖民地。这一目的体现在日本的全面侵华战争的政策之中。……但是，中国全面抗日战争的兴起，中国抗日军民以血肉之躯和民族精神与智慧进行英勇抗战，极大地影响制约着日本对华政策的实施，粉碎了日本帝国主义全面灭亡中国的妄想，成为世界反法西斯战争胜利的基本因素之一。"① 作者指出："战后初期确立的国际新秩序的总体框架，至今未有大的改变，二次大战带来的战后世界进步是前所未有的。战后60年来，无论是战胜国还是战败国，全人类都在分享着二次大战胜利的成果。中国是反法西斯四大国之一，今天，世界各国和人民享受的二次大战成果中，也渗透着中国人民在反法西斯战争中所付出的鲜血与汗水。"②

王振德著《新编第二次世界大战史》，认为第二次世界大战始终是一场反法西斯性质的战争；1937年中国抗日战争全面爆发开辟了世界反法西斯战争的第一个战场，标志着反法西斯的第二次世界大战的开端；中国抗日战争作为第二次世界大战的重要组成部分，作战时间最长，付出巨大的民族牺牲，为世界反法西斯战争最终取得胜利作出了不可磨灭的伟大贡献。作者认为："中国战场迫使日本不可能分出应有的兵力侵占澳洲，进攻中东，夹击苏联，德意日军事协定形同废纸，法西斯侵略国始终未能形成一个军事实体。而英、美、苏各盟国之间不仅在军事上可以东西呼应；而且由于航路畅通，在战略物资上也紧密地结合起来，形成一个真正统一的战斗力量。这不仅对大战的转变具有重大意义，而且对大战的总进程也产生了不可忽视的影响。"③

近代中日政治史研究

关捷等学者全面、系统地研究了日本军国主义者在中日甲午战争时期制造的旅顺大屠杀惨案。作者认为："旅顺大屠杀是在日本侵华军事当局

---

① 胡德坤、韩永利：《中国抗战与世界反法西斯战争》，社会科学文献出版社2005年版，第19页。
② 同上书，第477页。
③ 王振德：《新编第二次世界大战史》，社会科学文献出版社2006年版，第440页。

同意和批准下进行的一次有预谋、有计划、有组织的大规模的屠城暴行。"作者通过对日军军官的回忆著述进行分析后，指出："旅顺大屠杀惨案的制造者毫无疑问是亲自发布过屠杀密令的日军师团长山地元治中将，是他部署的一次有组织、有计划的行动。很明显，这样一次大规模持续5天之久的屠杀，如果不是日军依照战场指挥官的命令或得到更高层次的第二军司令官大山岩大将乃至日本政府、天皇的同意或批准，不但不合理，而且也根本不可能发生。"①

有关南京大屠杀的著作和史料继续出版。由朱成山主编的《侵华日军南京大屠杀幸存者证言》，是一部由315位亲历南京大屠杀幸存者证言文字编辑而成的证言集。全书分别揭示了当年侵华日军在南京对手无寸铁的平民进行长达6周的集体屠杀、零散屠杀、性暴力、抢劫焚烧破坏、对南京城狂轰滥炸等惨绝人寰的血腥暴行以及当时的各慈善团体收埋被害者尸体的情况，史料翔实。这些受害者们以亲身的经历，对日本侵略者的控诉，确证了侵华日军实施南京大屠杀暴行的存在。吴广义编著《侵华日军南京大屠杀日志》，则依据加害方、中立方和受害方的照片及文字等第一手资料，采取图文互证、图随文行的体裁，依时间顺序，逐月逐日记述了南京大屠杀的实态。张宪文主编《南京大屠杀史料集》28卷，从美国、日本、英国、德国和我国南京、台湾等地搜集了大量史料和各类档案，整理、翻译了1500万字的中文、日文、英文、德文的原始材料，包括中国军队为保卫首都南京与来犯日军进行顽强作战的历史档案材料，日军南京大屠杀遇难者尸体掩埋情况的大批资料，大量侵华日军官兵的日记、书信、回忆和证言，一大批西方人士关于南京大屠杀的文献记录，一批南京大屠杀幸存者的证言，远东国际军事法庭和中国国防部审判战犯军事法庭的史料以及战后中国国民政府所做有关南京大屠杀的调查统计材料，还收录关于南京沦陷初期的人口伤亡与财产损失的统计材料。这些都是有关南京大屠杀的珍贵史料，对研究南京大屠杀历史真相，有重要的史料价值。

研究日军侵华暴行的著作，在这个文库中占有一定分量。其中，史丁对日本关东军的侵华理论及其暴行做了详尽的历史考察与梳理。作者指

---

① 关捷主编：《旅顺大屠杀研究》，社会科学文献出版社2004年版，第116页。

出:"关东军的所作所为表明,它是一个十足的侵略者和战争罪犯。它犯下战争屠杀罪、反人类罪、侵略别国主权罪和领土罪、研制和使用细菌罪、化学武器罪等重大罪行。然而遗憾的是,战后在美国的庇护下,关东军乃至日本法西斯的许多重大罪行并没有受到追究。如关东军的细菌、化学战犯被掩盖起来,而其犯罪的恶果至今仍在毒害着中国人民。在中国东北仍遗留有大约200万件细菌、化学武器,给中国人民的身心健康造成了极大危害,对东北的自然环境造成了极大破坏。从这个意义上说,战争并没有结束,关东军的犯罪问题仍在继续。"①

李秉刚主编的《日本侵华时期辽宁万人坑调查》,是辽宁境内万人坑的大型调查报告集。全书以大量第一手资料系统介绍日本侵华时期,在辽宁省的旅顺、平顶山、新宾等地血腥屠杀中国人民,在抚顺、本溪、北票、阜新、大石桥、弓长岭、鸭绿江水丰水电站、大连金州龙王庙、铁岭乱石山等地开采矿藏、修建水电工程和军事工程中,进行疯狂经济掠夺、残酷剥削和奴役中国劳工,形成了一个个大型万人坑的基本情况。作者认为,辽宁境内的万人坑从形成的原因上归纳,可分为三种类型:一是大规模屠杀形成的万人坑,主要有旅顺大屠杀万人坑、抚顺平顶山大屠杀万人坑和新宾境内万人坑。二是经济掠夺形成的万人坑,主要分布在各大型矿山,包括抚顺煤矿万人坑、本溪煤矿万人坑、北票煤矿万人坑、阜新煤矿万人坑、大石桥镁矿万人坑、弓长岭铁矿万人坑。三是修建大型工程形成的万人坑,主要有水丰水电站万人坑、大连金州龙王庙军事工程万人坑和铁岭乱石山军事工程万人坑。

陈先初以详实的历史资料,研究了日军在湖南境内施暴、屠杀无辜的种种恶行,向世人展示了不堪回首的一页痛史,也为当年远东军事法庭在东京审判中认定的日本在侵华战争期间所犯"违反战争法规的犯罪"即反人类提供了新的佐证。作者通过大量的实例调查后指出:"在近代战争史上,日本发动的对中国的那场侵略战争是最不人道的战争,侵华日军是一支极为残暴、极为野蛮的杀人部队。"②

---

① 史丁:《日本关东军侵华罪恶史》,社会科学文献出版社2005年版,前言第9页。
② 陈先初:《人道的颠覆——日军侵湘暴行研究》,社会科学文献出版社2004年版,第10页。

谢忠厚主编《日本侵略华北罪行史稿》，运用新的档案文献和调查资料，对日本帝国主义侵略华北的罪行做了较为系统、全面的论述，这是我国第一部系统地揭露与研究日本侵略华北罪行的史书。书中通过对日军实施的"无人区"、大屠杀、细菌战、毒气战以及强制劳工、对妇女的性暴行等大量"恶行"的调查，指出："日本侵略者在华北伤害平民犯罪之普遍，之残暴，亘古未有。"① 日本侵略者把华北视为"日满华经济圈"的骨干部位，不遗余力掠夺华北的财力物力以补充日本及伪满之"缺需"。日本在华北的经济统制与掠夺，与其在东北的做法有所不同：一是它对华北沦陷区经济的统制与掠夺更加疯狂；二是对华北敌后抗日根据地经济的破坏与掠夺采取了毁灭政策。为摧毁中华民族文化精神，由日军扶植下的汉奸政权开展所谓的"思想战"，提倡反共、亲日、做顺民的"新民精神"，推行以"反共誓约"为中心的"新民运动"，培植奴才。

抗日战争期间，日军曾经在中国进行化学战，给中国人民的生命财产造成极大损害。步平等学者在充分的历史考察和现实调查的基础上，全面揭示了日军实施化学战的罪行。作者指出："日本军队在侵华战争中的化学战是相当残忍的行为，也是违背国际公约的行为。对于日本人来说，这是很不光彩的事情，能不能接受这一历史事实并进行深刻的批判，对于许多日本人来说是一个严峻的考验，但也是必须经受的考验。"②

杨玉林等研究了七三一部队的所谓"特别输送"问题。作者们除了引证史料，还先后在黑龙江、辽宁、山东和北京等地大量采访受害人遗属及见证人，对日军实施的"特别输送"这一骇人听闻的犯罪形式进行了详尽的实证考察与论述。日军将其拘押的抗日民众或抗日战士"定为"所谓的"特别输送对象"，由日军宪兵队将他们秘密押送至哈尔滨宪兵队，再转交七三一部队，进行惨无人道的细菌实验，直至残害致死。该书作者经过调查证明，"日军细菌战实验迫害的主要对象是他们最可怕的敌人——秘密抗日分子，或者说，日军是用最残酷的手段来镇压隐蔽战线上的抗日志

---

① 谢忠厚主编：《日本侵略华北罪行史稿》，社会科学文献出版社2005年版，第17页。
② 步平等编著：《日本侵华战争时期的化学战》，社会科学文献出版社2004年版，第609页。

士"①。作者强调："'特别输送'是日军七三一部队使用活人进行细菌战实验的第一步、关键环节。它最直接、最明显地暴露了日本军国主义的凶残、野蛮、反人类、反人道本性。"②

日本侵华战争期间的伪政权研究，近年也有新作问世。余子道等著《汪伪政权全史》和郭贵儒等著《华北伪政权史稿：从"临时政府"到"华北政务委员会"》是代表作。扶植傀儡政权，实行"以华制华"，是日本帝国主义对中国沦陷区实行殖民统治的主要策略。1937年在北平粉墨登场的"中华民国临时政府"（后来改称"华北政务委员会"），是日本在发动全面侵华战争初期在关内扶植建立的最大伪政权；1940年3月在南京"登台"的以汪精卫为首的"中华民国国民政府"，是沦陷区最大的傀儡政权。这些伪政权在协助日军巩固殖民统治秩序和扩大侵略等方面曾起过极为恶劣的作用。以上著作研究了华北伪政权和汪伪政权的兴亡历史，对该伪政权在政治、经济、军事、思想文化等方面的活动进行了比较系统的阐述，勾勒出该伪政权的演变情况，剖析了其汉奸理论的反动性，披露了许多鲜为人知的新材料和新事证，进一步揭示了日本殖民统治的欺骗性和暴虐性。

周瑞海等从不同角度、不同层面全方位论述了回族抗日救亡斗争的历史过程。回族人民的抗日救亡斗争是中国抗日救亡斗争的组成部分，也是回族史上的重要内容。"回族在长期的历史发展进程中，有一种当代意识与爱国主义高度统一的精神品格。这一点，在回族抗日战争的历史中表现得尤为突出。"③ 作者指出："大敌当前，回汉人民从国家民族的大义出发，为了中华民族的根本利益，为了从中华大地上消灭日本侵略者，回汉各民族加强团结，互相支持，携手抗日。这说明回族人民认识到回汉民族团结具有十分重要的意义。""抗日战争的胜利与回汉人民、回汉革命战士尤其是回汉先进分子的团结合作分不开。"④

---

① 杨玉林、辛培林、刁乃莉：《日本关东军宪兵队"特别输送"追踪——日军细菌战人体实验罪证调查》，社会科学文献出版社2004年版，第22页。
② 同上书，第3页。
③ 周瑞海等：《中国回族抗日救亡史稿》，社会科学文献出版社2006年版，第515页。
④ 同上书，第481、485页。

李广民著《准战争状态研究》，是把国际法的理论和方法引入中日关系历史研究的一部开创性的著作。从九·一八事变直到太平洋战争爆发，日本虽多次在中国挑起武装冲突，特别是卢沟桥事变以后，更掀起了全面的侵华战争，但无论是发动侵略战争的日本，还是进行自卫抗战的中国，都没有明确表示开战的意向，日本始终坚持按"事变"处理中日关系，国民党政府也迟至1941年12月才公开对日宣战。这种有事实上的战争状态存在，而交战双方却都不愿将其宣布为法律上的战争状态，就是所谓"准战争状态"。在这种状态下，国际法是如何适用的？为处理"九·一八"事变、"一·二八"事变，国联在制度安排和各方的作为到底怎样？卢沟桥事变后，处理中日纠纷的国联大会和布鲁塞尔会议为什么相继失败？日本扶持伪满洲国，谋求国际承认，有什么国际法的含义？日本"不宣而战"，国民党政府"战而不宣"，日本发表的"尔后不以国民政府为对手"和国民政府发表的"自卫抗战声明书"，其国际法的含义如何？研究者查阅了中日双方的历史档案，作出了自己的判断。

近代中日经济关系史研究

黄美真等学者对日本帝国主义扶植伪政权对华中沦陷区经济进行全面掠夺和统制进行了研究。他们以详实的档案资料，从金融业、工矿企业、交通运输业和物资诸方面，分门别类地、深入揭示日本侵略者在华中沦陷区的经济侵略行径，以及它给华中沦陷区的社会经济和人民生活造成的严重后果。作者指出："日本帝国主义侵华战争的摧残与破坏，日伪的掠夺和统制，对华中沦陷区经济、社会以至文化、教育等方方面面，造成巨大损失，带来严重负面影响和灾难性后果。"[①]

庄维民、刘大可合著的《日本工商资本与近代山东》一书，对日本工商资本与近代山东的关系进行了实证研究与理论阐述。该书指出，日本对山东的经济扩张经由一般民间资本向财阀资本、商贸经营向工矿业投资的

[①] 黄美真主编：《日伪对华中沦陷区经济的掠夺与统制》，社会科学文献出版社2005年版，第552页。

发展，最终形成以日本侵华政策和国家资本为先导，财阀集团与民间产业资本相结合，共同对山东实施殖民经济扩张的态势和格局。日本工商资本与近代山东的关系是近代中日关系史、经济史的重要组成部分，这种关系是在殖民化与现代化的双重历史背景下形成的，是近代日本对华殖民经济扩张的产物。在日本殖民者的掠夺下，山东"市场经济的正常发展遭受严重破坏，产业工业化进程骤然中断，现代化进程出现了停滞、畸变、倒退的局面。随之而来的是商业贸易活动衰竭，民族金融萎缩"[1]。作者认为："日本在山东的殖民政策是其侵华总政策的一个重要组成部分，具体实施上则以经济的扩张掠夺为重点，日本政府及殖民当局的政策制定和实施，与其财阀集团、产业资本之间存在着互动关系，其工商资本的投资扩张、利益指向是殖民政策制定实施的前提，而前者的步步推进有赖于后者的扶植庇护；武力强权及不平等条约是日本经济扩张的条件，移民、贸易与资本输出，是其强化经济扩张的重要环节；由商贸、航运、金融扩张到产业投资扩张，直到抗战时期控制山东经济命脉，经济扩张对地区经济的影响日益加深，结果造成地区市场经济与产业发展的畸形状态，并最终延误了地区社会经济现代化的进程。"[2]

戴建兵、王晓岚根据档案资料和历史文物，研究了日本在侵华战争期间推行"公债"，指出在中国沦陷区大量发行各种战争债券，用经济杠杆有计划地对中国人民进行疯狂的经济掠夺，以实现"以战养战"的目的。日本发行公债，主要用来充当军费支出，日本每年的战争军费的60%—80%来源于公债。在中国发行日本的公债，简单地讲，就是用中国人的钱来打中国人。战败之前，日本在中国推行了大量的日本公债，并指使其扶植的伪政权滥发各种债券，支持日本军费，维持伪政权境内财政。作者注意到："日本在中国境内采取了不同的公债政策，在东北地区仿行日本的国内公债政策，到战争后期又将日本公债和伪满公债充为纸币发行准备，滥发纸币。在华北以华北开发株式会社为统制经济的工具，战争后期使华北公司可直接从伪中国联合准备银行里获得纸币。而在蒙疆和汪伪控制地

---

[1] 庄维民、刘大可：《日本工商资本与近代山东》，社会科学文献出版社2005年版，第21页。
[2] 同上。

区，基本上就是公债等于纸币发行，这种公债政策是对中国人民赤裸裸的掠夺"[1]；作者还指出："日本在战争时期发行的公债，战后在日本国内进行了清偿，但是日本政府利用当时十分复杂的国际关系，将遗留在中国的日本公债抵赖了。"[2] 作者还对日本在台湾的公债政策进行了考察，指出：这一时期台湾成为向日本提供军费的重要基地，是日本筹集军费的重要场所。

居之芬、庄建平主编《日本掠夺华北强制劳工档案史料集》上下集，发掘了北京市档案馆、天津市档案馆、中国第二历史档案馆、青岛市档案馆以及吉林省社会科学院满铁资料馆、辽宁省档案馆的档案文献资料，对抗战时期日本帝国主义强掳华北劳工的行为，进行了系统、全面的整理。档案文献证实，日本在战争中有组织有计划地使用华北强制劳工正式始于1935年，之后逐渐强化其强制体系，大量征用民工，也大量使用中国军队战俘，由日本华北方面军监督强征。本书为研究华北强制劳工提供了重要的档案资料。

居之芬以档案史料为根据，以战时日本在"东亚劳力之供给源泉地"——华北的劳工为主线，研究了日本在华北实施的劳务统制问题（主要集中在1933年9月至1945年8月期间）。该书认为，日本对华北劳务统制政策大致经历了四个阶段。针对日本掠夺劳工的特点，作者在分析了军国主义色彩浓厚的日本政治体制后，指出："战争期间，日本驻华各占领区军队的最高长官实际也是日本驻该占领区的最高行政长官……所以，日本对华各占领区的经济统制掠夺计划和劳务统制掠夺联合的实施，也都主要由各占领区日本驻军系统来决策、指挥和推动。"[3] 作者还指出：在强制实施劳工掠夺时，有时也有意实施了一些"伪装"。如"大东公司"、"华北劳工协会"，名义上是"公司法人"，实质上是关东军直接掌控，主要由关东军现役军官和退役军官组成的"官办"的劳动统制掠夺机关。作者在对掳日劳工的实况进行了考察后，指出：1944年

---

[1] 戴建兵、王晓岚：《罪恶的战争之债——抗战时期日伪公债研究》，社会科学文献出版社2005年版，第192页。

[2] 同上。

[3] 居之芬：《日本对华北劳工统制掠夺史》，中共党史出版社2007年版，第18页。

日本正式向本土大规模输入华工，日本内务省曾正式发文要求对掳日华工采取完全剥夺人身自由、视同于"战俘劳工"和"囚徒劳工"的监管方针；要求在生活上苛酷虐待华工，在劳动上超强榨取华工。掳日劳工遭受到极其残酷的野蛮待遇，尤其是矿山业为甚。战时日本矿山中煤矿业、铜矿业及码头搬运业等使用华工最多，死亡率也极高。据日方及中方在战后不完全统计：从1943年至1945年8月的两年多时间内，掳日劳工被折磨致死者达近7000人，死亡率平均超过17.5%。其中14个事业场所的华工死亡率超过30%。另有伤残华工6778人，两项之和，达到掳日劳工总数的1/3。[1]

陈小冲研究日本占据台湾时期的历史。作者在所著书中着重论述了日据时期台湾殖民地经济的发展历程，指出："平心而论，整个殖民地时期台湾工业确实得到了发展，虽然这种发展一直是畸形的"[2]，同时也指出，"日本财阀对台湾的投资几乎遍及所有重要的工业部门，并且还通过参与手段控制了台湾为数不多的土著资本企业，成为台湾工业界的垄断巨头，直接控制了台湾的经济命脉"[3]。作者还研究了"皇民化"运动，认为"皇民化"运动"是一场对殖民地人民空前的强制同化运动，同时也是对殖民地人民的战争动员。这一运动以斩断中华文化脐带、灌输日本皇国精神为核心，企图将中华民族一分子的台湾汉族及原住民同化为日本皇民，塑造一批在日本统治者面前俯首帖耳的畸形的日本人，并借战争之机驱使台湾人民、搜刮台湾富源"[4]。

近代日本政治体制与社会研究

殷燕军以日本学界的研究成果和日本政府发布的公开官方史料为基础，采用实证研究的方式，研究了近代日本政治体制（主要是明治宪政体制）与其对外扩张政策之间的内在联系。同时也对一些重大历史事件的决

---

[1] 居之芬：《日本对华北劳工统制掠夺史》，中共党史出版社2007年版，第246页。
[2] 陈小冲：《日本殖民统治台湾五十年史》，社会科学文献出版社2005年版，第61页。
[3] 同上书，第69页。
[4] 同上书，第279—280页。

策过程进行个案研究，对相关人物及机构作出评估，资料详实，论述充分。著者认为："在以天皇为中心的明治宪政体制指导下，日本从一个面临殖民地危机的东方小国在很短时间里发展成为与西方列强为伍的帝国主义国家，近代天皇制在建立国家的基本价值观念、团结全国力量、统合国民意志等方面都发挥了巨大作用。"① 同时著者还认为："如果说明治宪政体制使日本走向帝国主义过程中以血腥的战争取得了成功的话，那么同样是该体制使日本侵略战争走向彻底失败。即天皇专制体制的成功最终导致了天皇为核心的军国主义专制体制的失败。"②

沈予通过对甲午战争、华盛顿体系的建立、九·一八事变、七七事变、太平洋战争等重大历史事件的研究，对日本大陆政策的形成、演变、发展到彻底破产的整个历程进行了客观的剖析，揭示了日本军国主义70多年来侵略中国、称霸亚洲、太平洋地区的历史真相。著者指出：山县有朋"利益线论"的出笼，"标志着日本近代大陆政策作为日本的国策正式形成"，1945年日本无条件投降，"标志着日本大陆政策的彻底失败"。③

熊沛彪对近现代日本的霸权战略进行了再探讨。作者认为："自明治时期以来，日本的对外侵略扩张政策经历了一个逐步扩大的过程，其对外侵略扩张战略随之经历了多次起伏扩展的阶段性变化。日本称霸中国的战略是其整个东亚战略中的重要一环，应该看到这不单是中日两国关系史的问题，也是整个东亚国际关系史的问题。"④ 同时也指出："综观近现代日本对外扩张战略的阶段性变化，不难看到其对外扩张目标是随着国力增强而不断提升的。追随欧美列强争夺中华帝国遗产，是其发展资本主义的同时走上军国主义道路的政策方向"，日本发动的"九·一八事变打破了列强间在远东地区的势力均衡，日本见其打破既有国际秩序的举动并没有受到实质性干预，于是我行我素，决定推行霸权政策，遂成为远东地区的战

---

① 殷燕军：《近代日本政治体制》，社会科学文献出版社2006年版，第187—188页。
② 同上书，第656页。
③ 沈予：《日本大陆政策史（1868—1945）》，社会科学文献出版社2005年版，第753页。
④ 熊沛彪：《近现代日本霸权战略》，社会科学文献出版社2005年版，第2—3页。

争策源地，结果导致了中日战争和太平洋战争"。[1]

何劲松选择了一个很有意思的题目：以日本军国主义侵略战争线索下的日本佛教研究。他在所著书中论述了在从明治时期以来日本政府大力推行侵略战争政策这一特殊历史背景下，日本佛教经甲午战争、日俄战争直到第二次世界大战，逐步沦为法西斯主义的工具和帮凶的过程，论述了它对处在日本帝国主义的殖民统治之下的朝鲜和台湾地区的渗透，以及日本佛教诸宗在遭受日本帝国主义侵略的中国东北地区的佛教情况。正如著者在后记中说的：佛教是一个和平的宗教，信奉"和平养无限天机"，和平、平等、慈悲是佛教的基本信念。"通过这个课题的研究，我看到佛教在日本扮演了本来不该扮演的另一个角色"，"日本佛教的绝大部分宗派都曾不同程度地为日本帝国主义发动的侵略战争服务过。这些佛教宗派不仅为日本军国主义思想提供理论依据，同时还充当起日本军国主义对外侵略的帮凶"。[2]

林庆元、杨齐福研究"大东亚共荣圈"问题，对日本战略扩张主义的产生及其理论内涵、战略扩张主义与法西斯主义的关系、"东亚联盟"与"中日经济提携"等问题进行了分析。指出日本还在封建社会时期，就"开始仿效西方老殖民主义者的道路"[3]。日本学习西方，除了学习西方技术、殖产兴业之外，还积极搬用了西方国际的对外殖民模式，"其根本原因在于日本的大日本主义欲望与小日本现实的矛盾，产生了日本向外膨胀的要求"[4]。所谓的"中日经济提携"、"支那保全论"、"大东亚共荣圈"、"大东亚新秩序"等，是为日本掠夺和控制中国服务的经过包装了的理论。"大东亚共荣圈"高唱反对欧美对亚洲各国的侵略，实际上日本借此伪装取代欧美殖民者，对亚洲各国进行了残酷的掠夺和殖民统治。

东亚联盟理论是日本侵华战争期间出现的一种影响较大的侵略理论。史桂芳比较系统地研究了东亚联盟理论形成的社会历史条件及其基

---

[1] 同上书，第13页。
[2] 何劲松：《近代东亚佛教——以日本军国主义侵略战争为线索》，社会科学文献出版社2002年版，第320页。
[3] 林庆元、杨齐福：《"大东亚共荣圈"源流》，社会科学文献出版社2006年版，第12页。
[4] 同上书，第11页。

本内容,以及东亚联盟运动兴起、发展及败亡的全过程,并从理论与实际两个层面予以深刻的批判。作者指出:日本宣传东亚联盟理论,开展东亚联盟运动"主要是为侵华战争服务";汪精卫伪政权开展东亚联盟运动,"是为了寻找投敌叛国的理论根据";"日伪的东亚联盟运动虽然在形式、规模、目的等方面存在着差异,但是他们在维护日本侵略利益、破坏中国抗战上是一致的。尽管东亚联盟运动在中国的沦陷区形成了一定的规模,但并不能泯灭植根于中国大地的民族主义,也欺骗不了热爱独立、自由的中国人民,东亚联盟运动最终也挽救不了侵略者失败的命运"。①

崔新京通过阐述日本法西斯思想的古代及近代渊源,分析日本法西斯思想的基本内容及主要特点指出:从古代的神创论、"日本精神"哲学,到近代的日本主义、皇国思想,再到第二次世界大战中的日本法西斯思想以及战后的日本思想逆流,存在着密切的逻辑关联,具有思想上的连续性和一贯性,认为当代日本仍然存在着滋生法西斯主义的思想土壤。针对冷战后的日本思想逆流现象,如新民族主义的高涨、新国家主义的出笼及军国主义的抬头等,就此,作者认为:"冷战结束后,在日本急剧高涨起来的新民族主义、新国家主义和军国主义思想,已经越出政治思潮范畴,打破'左'、'右'的界限,渗入各个角落,成为日本社会的一种流行色。尽管这些思潮在日本还表现为社会意识的蔓延,但它与现实政治、政策之间的互动、互促关系不容忽视,对日本国家社会走向必将产生重大影响。"②

历史教科书问题,是日本社会日益走向右翼化的一种社会指标,引起日本和亚洲乃至全世界关注。张海鹏、步平主编《日本教科书问题评析》,通过对日本右翼团体多次修改教科书行为的分析,指出:"关于教科书问题的争论,实际是对战前及战争中日本军国主义教育及皇国史观的评价的争论,是对日本是否承担战争责任和是否反省的争论,是对日本战后如何

---

① 史桂芳:《"同文同种"的骗局——日伪东亚联盟运动的兴亡》,社会科学文献出版社2002年版,第254页。
② 崔新京等:《日本法西斯思想探源》,社会科学文献出版社2006年版,第304页。

接受历史教训走什么样的道路的争论。也就是说，现在的教科书问题与历史认识问题有密切的联系，与战前和战争中的教育及教科书有直接的联系。"①

日本的右翼团体，是观察日本社会的一个重要切入点。步平、王希亮对日本的"右翼"进行了全面的社会考察与历史研究。作者通过对日本右翼思想的起点——《古事记》与日本主义思想；日本右翼思想的萌芽——"大义名分"和"尊王斥霸"思想；日本右翼思想的表现——日本开国时期的"尊皇攘夷"；福泽谕吉及其"脱亚"论对日本右翼思想的影响以及大盐平八郎与吉田松阴"尊皇攘夷"思想、天皇观等的分析后指出："日本社会经常出现战争狂热，右翼在其中起了相当积极的作用。但是，将这样的战争狂热完全归咎于右翼的鼓动，将其看做是日本社会的特殊时期的特有现象是不准确的。事实上，第二次世界大战前在日本社会占据主流地位的思想家福泽谕吉以及他占据主流地位的思想——脱亚论，也为右翼思潮所大量吸收。日本近代以来基于'脱亚入欧论'思想的社会发展方向，事实上也为右翼思潮的存在与发展提供了极其便利的条件。只要在福泽谕吉的脱亚论的基础上稍稍迈出一步，一旦与'神国日本'的学说、与日本民族的优越说以及'国体'说结合起来，就成为右翼的思想。"② 战后右翼是战前右翼和战时右翼的延续，它的宗旨纲领、思想观念、组织形态以及活动方式等都同战前和战时右翼有着不可分割的联系。作者通过案例"说明了战后日本右翼运动的随意性，也反映出战后右翼并非一切唯政府当局马首是瞻"。作者还指出："右翼团体毕竟是民间团体，它有各自不同的独立宗旨和纲领，所以，还不能武断地把战后右翼视作日本政治当局的附庸，在这一点上，同战争时期的右翼有所区别。"③

王希亮著《战后日本政界战争观研究》一书，研究和揭示了日本政界战争观和历史观，使我们认识到日本战争责任顽疾长期存在的根源所在，也可以解析日本战争遗留问题之所以拖延至今，久而不得妥善解决的根本

---

① 张海鹏、步平主编：《日本教科书问题评析》，社会科学文献出版社2002年版，第3页。
② 步平、王希亮：《日本右翼问题研究》，社会科学文献出版社2005年版，第58—59页。
③ 同上书，第423页。

原因。作者指出:"如果说,日本国民是促进解决战后责任的主体,那么,日本政界就是酿成战后责任的'肇事者',也是承担和解决战后责任的关键所在。"[1]

(本文是为2007年11月初在东京大学举办的"清末民国初期日中关系史——协调与对立的时代1840—1931年"国际学术讨论会准备的,在那次会议上做了基调报告。日本著名政治史学者卫藤沈吉策划了这次会议,并带病出席了开幕式。会后不久,他就去世了。本文原载贵志俊彦、谷垣真理子、深町英夫编:《摸索する近代中日关系 对话と竞存の时代》,东京大学出版会2009年6月。王键副研究员为本文收集了基础资料)

---

[1] 王希亮:《战后日本政界战争观研究》,社会科学文献出版社2005年版,第532页。

如何认识近代中国的反侵略问题

——与一些流行的观点商榷

鸦片战争以后的近代中国，存在一个资本—帝国主义侵略中国，和中国人民、中国政府反侵略的事实。这是近代中国历史上的一个基本事实。凡是上过中学历史课的人，无不知道这个历史事实。中国的历史学界，特别是中国的近代史学界，也在努力通过学术的研究，以大量的历史资料，从史学的规范上论证这一事实，重建这一历史事实的本来面目。这是众所周知的。其实，不仅1949年以后中华人民共和国的历史书是这样写的，1949年以前很长时间里，许多历史著作也都是这样写的。就是今天西方国家的历史学家，在研究中国的近代历史的时候，也都承认近代中国的这一基本历史事实。已故著名的美国历史学家费正清主编的《晚清中国史》，也大体上如实地记载了这个历史事实。

但是，在最近20年来，在国家进入史无前例的空前规模的现代化进程的时候，在我国的思想界、学术界，却出现了挑战这一历史事实的种种议论和见解。

1986年，有一个刊物发表文章，提出一种见解说，鸦片战争打开了中国的大门，"资本主义终于打入了封建主义禁锢着的神圣王国"，是好事，应当大恨其晚，如果来得早一点，"我们中国就远不是如此的面貌了"。这种观点还认为："科学是无国界的，文明是无国籍的。难道为了'抗拒'外国，宁肯让我们中华民族退到刀耕火种不成？"[①]它似乎要告诉人们：由于资本主义文明是先进的，资本主义列强侵略落后的封建中国时，中国只

---

① 吕兴光：《应当如何认识近代史上的"开关"》，《北方论丛》1986年第3期。

能敞开大门让其侵略，绝不能反抗。这样提出问题，不仅涉及怎样看待资本—帝国主义侵略对中国社会历史发展的作用，而且涉及中国人民要不要抵抗外国侵略的问题。这当然是一个极为严肃的问题。

1989年，又有人提出，中国如果经历过300年殖民地，中国就现代化了。说这种话的人，似乎中国近代只经历了100多年的半殖民地，不过瘾，如果对外来侵略不抵抗，经过300年殖民地，何须现在搞什么现代化，中国在殖民地时代早就现代化了。

后来又有人说，鸦片战争时期，中国人应该学习日本的"黑船"事件，对美国的侵略不抵抗，中国就更好了。

今年1月，又有某教授在《中国青年报》"冰点"栏目发表《现代化与历史教科书》，集中评论中国近代史上的反侵略问题，引起广泛关注。这篇文章名义上针对我国中学历史教科书，实际上是针对我国学术界研究中国近代史所取得的基本结论。我尊重作者发表见解的权利，但我不能赞同作者的见解。为此，我曾在《中国青年报》"冰点"栏目发表《反帝反封建是近代中国的历史主题》一文，对上述文章加以评论。

以上简略介绍了最近20年来在近代中国反侵略问题上的几种主要不同意见。下面，针对流行的这些不同观点作出一些分析，再分析一下产生这些不同观点的思想上的原因，或者还稍微涉及中国近代史研究的方法论问题。

关于近代中国的"开关"：传播文明与侵略的辩证

20年前，有文章讨论所谓"开关"问题，认为英国以资本主义文明打开中国的大门，如果中国不抵抗，中国早已是现代化了。多出几个林则徐似的英雄也没有用，不过延缓中国接受资本主义文明的时间罢了。这是改革开放以后最早提出的近代中国不要抵抗侵略的见解。

显然，这是把资本主义文明的传播与侵略行为的关系弄混了。1847年，在欧洲资本主义发展的上升期，马克思、恩格斯合著了著名的《共产党宣言》，在这篇名著里，马克思主义的创始人不仅预言了资本主义的必然灭亡，共产主义的必然实现，而且高度评价了资本主义在历史发展进程中的积极作用，指出了资本主义正在世界各地推广它的制度。但是，马克思、恩格斯从来没有批评或者剥夺落后国家抵抗资本主义文明侵略的任何手段，而是高度称赞这种抵抗侵略的正义性。他们是把资本主义生产方式的进步性和殖民主义侵略的野蛮性区分开来看待的。

资本主义生产力创造的物质财富比封建主义长期积累的财富还要多，这是事实。这就是说，资本主义生产方式比封建主义生产方式进步。这是历史发展的辩证法。虽然近代中国的先进分子在逐步认清这一点后，在努力学习资本主义的生产方式和社会政治学说，但是，用大炮和鸦片来打开中国的大门，不能看作是一种文明的行为。即使是一种最好的制度也不能用武力形式强迫别人接受，就好像今天美国用最先进的武器在中东推行美国式民主，受到世界广泛质疑和反对一样。况且，美国式民主是不是具有普世价值，也是遭到广泛质疑的。英国用非法的鸦片走私和军舰、大炮强行打开中国的大门，以便进行野蛮的掠夺，这是中国被迫开关的直接原因。鸦片贸易是赤裸裸的掠夺，不带有任何传播资本主义文明的性质。西方有些学者把鸦片战争称之为"争取平等通商权利的战争"，而讳言鸦片对中国人民的毒害，是出于对殖民主义侵略的辩护，是对可耻的鸦片贸易的美化。在这里，武力打关、鸦片走私和侵略几乎是同一含义。它给中国带来了什么后果呢？除了《南京条约》成为此后资本帝国主义侵略中国并与中国签订一系列不平等条约的范本，使中国走上半殖民地半封建的道路，因而从一个重要方面规定了此后中国历史发展的方向外，并没有立即给中国带来资本主义。资料表明，"开关"以后二三十年间，列强为了侵略的需要，虽在中国的开放口岸建立了若干加工工业和修造业，但都不是直接影响中国国计民生的大规模的资本主义企业。这些企业对中国封闭似的自给自足的小农经济的影响是微乎其微的。英国那时开始工业革命还不到一个世纪，它的经济实力还不允许它向中国大量输出资本主义的生产技术，所关心的主要是通过超经济的办法实现其对华掠夺。就贸易关系而言，这期间进口的棉布和棉纱较之鸦片战争前，有的只略有上升，有的甚至减少了。列强对华进行经济掠夺最得心应手的手段仍然是鸦片贸易。鸦片在中国的进口贸易中仍占第一位，由于从非法转到公开，进口数量成倍增长。后来中国兴起近代工业，当然与"开关"后西方资本主义的影响有直接关系,但主要决定于中国内部日益滋生着的实际需要。资本帝国主义的入侵,决不是要把落后的中国变成先进的中国,而是要变成它们的半殖民地或殖民地。中国资本主义是在封建主义和帝国主义的夹缝中艰难成长的。帝国主义不是要中国发展成为它的商品竞争对手,而是要中国成为它的原料供给地和商品市场。因此,它既要在中国适当发展资本主义,又要使中国基本上保持传统的生产方式。中国资本主义之不能迅速发展和自给自足的封建经济不能迅速解体,是与帝国主义在华的政治经济利益相合拍的。资本帝国主义的侵入,并没有给中国带来资本主义大发展的前景。它对中国资本主义的发展虽然起到了某些促进的作用,更主要的是起了阻碍作用。

因此我们说,所谓鸦片战争,是英国发动的侵略中国的战争。清政府反击英国的侵略是正义的,虽然这种反击失败了。

第二次鸦片战争的发生:主要不是修约和广州入城问题,而是侵略和反侵略问题

批评中学历史教科书的作者把"让英国官员和商人可以自由进入广州城"(即外人入城问题)和修约问题作为引发鸦片战争的两条根本原因。[1] 其实,入城问题和修约问题只是两条表面原因,不是根本原因。根本原因是资本主义侵略者的利益最大化未能得到满足!《南京条约》等一系列不平等条约签订后,西方列强虽然从中国取得了许多特权,但还要取得更多的特权。它们还要求在中国实现鸦片贸易合法化,要求在中国全境通商,要求在北京设立使馆。澳大利亚社会科学院院士黄宇和教授近年的最新研究成果证明,英国之所以发动这场战争,很大程度是要强迫清政府把鸦片贸易合法化,以保障当时英国在华最大的经济利益——鸦片贸易。[2] 谋求在华的全面经济与政治利益,这是它们的根本利益所在。这个根本利益拿

---

[1] 袁伟时:《现代化与历史教科书》,《中国青年报》2006 年 1 月 11 日。
[2] 参见 J. Y. Wong, *Deadly Dreams: Opium, Imperialism, and the "Arrow" War (1856—60) in China*, Cambridge University Press, 1998。

不到手，新的一场侵略战争迟早是要爆发的，问题只在发动战争的时机和借口而已。这个根本原因，我国中学历史教科书清楚记载着："鸦片战争以后，英、法、美三国不满足既得利益，他们企图进一步打开中国市场，扩大侵略权益。1954年夏，英国首先提出修改条约的要求，谋求增加沿海通商口岸、允许外国人在内地自由贸易等特权。"① 这样的写法，简明地写出了发动第二次鸦片战争的真正原因，揭示了历史事件本来面目，是符合历史事实的。

有人认为，从今天的角度看，修约和入城问题，小事一桩，都不应该成为问题，为什么要反对呢？这样的认识，是缺乏历史知识的表现。

要求修约，是西方列强企图从中国拿到更多权益的策略手段，换句话说，是进一步扩大对华侵略成果的策略手段。早在1853年，英国就利用最惠国待遇和中美《望厦条约》有关12年后贸易及海面各款稍可变更的规定向中方提出修约要求。《望厦条约》即中美《五口贸易章程：海关税则》，是中美之间缔结的一项商约。它的第34款规定："合约已经议定，两国各宜遵守，不得轻有更改；至各口情形不一，所有贸易及海面各款恐不无稍有变通之处，应俟十二年后，两国派员公平酌办。又和约既经批准后，两国官民人等均应恪遵，至合众国中各国均不得遣员到来，另有异议。"② 这里非常明确地规定了《望厦条约》"不得轻有更改"，中美两国"均应恪遵"，美利坚联邦各州（"至合众国中各国"）不得派人前来对此另有异议。在什么情形下可以在12年后"稍有变通"呢？条件只是因为"至各口情形不一"，涉及贸易及海面各款时，可以稍加修订。这实际上指的只是细小的修订。美国以及各国都清楚这一点。中方也清楚这一点。1855年5月，美、英、法三国公使先后照会两广总督叶名琛，要求在北京修订《望厦条约》，为此清政府指示说："各夷议定条约，虽有12年后公平酌办之说，原恐日久情形不一，不过稍为变通，其大段断无更改"③，清政府的认识是合理合法的，英、法、美各国都没有提出大段修改条约的权

---

① 人民教育出版社历史室编著：《中国历史》第三册，人民教育出版社2001年版，第44页。
② 见王铁崖编《中外旧约章汇编》第一编，三联书店1957年版，第56页。
③ 《咸丰朝筹办夷务始末》第13卷，第14页。

利;即使稍加修订,也需要通过外交途径,与清政府商议,"公平酌办"。如果清政府不同意修订,只好等待。以武力逼迫签订的条约是无效的。马克思曾经援引前任香港首席检察官致伦敦《晨星报》的声明,那份声明说:"这个条约不论其本身如何,早已因英国政府及其官吏采取暴力行动而失效到这样的程度,即至少大不列颠王室得自这个条约的一切利益和特权均被剥夺。"①

1853年5月,英国政府训令驻华公使文翰提出修订《南京条约》问题,要他向中方提出:中国应毫无保留地给英国人开放全部城市和港口,英国人走遍全中国不受任何限制。其实,研究帝国主义侵华历史的学者早已指出,英国要求修订《南京条约》是没有任何根据的,因为《南京条约》是一项政治条约,不是商约,没有修订的规定;而修约本身不能包括在最惠国待遇之内。② 英国利用中国当局不了解欧洲人的国际关系知识,加以蒙哄和欺诈,清政府只有被牵着鼻子走了。

1854年,英国、美国、法国都积极活动修约。法国驻华公使布尔布隆会见英国驻华公使包令后,认为包令正"十分急切地想以重要行动来标志他的到华,急于想一下子解决与一个极端复杂的任务有关的各项问题"③,这种说法是外交辞令,实际上是想以战争行动解决修约问题。但是对于英国来说,采取战争行动解决修约问题的时机没有成熟。最大的原因是,英、法联盟正与俄国为分割和奴役土耳其打着克里米亚战争,英国的军力布置在克里米亚战场上。1855年,美国任命传教士伯驾为驻华公使,给伯驾的任务,是要他从清政府取得公使驻京、无限制扩大贸易以及取消对个人自由的任何限制等三项主要权利。伯驾知道,《望厦条约》只规定了12年后作细小的修改,但他认为:"为了达到各国政府的最大利益,不仅细小的修改,而且激烈的变更是必不可少的",为此"必须采取强硬手

---

① 转引自马克思《新的对华战争》,《马克思恩格斯文集》第二卷,第657页。
② 中国科学院近代史研究所丁名楠等:《帝国主义侵华史》第一卷,人民出版社1973年版,第118页。
③ W. C. Costin: *Great Britain and China* 1833—1860, p. 187,转引自丁名楠、余绳武等《帝国主义侵华史》第一卷,第119页。

段"。① 伯驾在来华前，遍访了伦敦和巴黎外交部，取得了一致意见。1855年8月，伯驾希望北上渤海湾，逼迫北京政府举行修约谈判。包令说："用孤单的行动而不伴以强大的军事压力，就没有希望从中国取得任何重要的让步"。② 这就是说，用战争手段，达到逼迫清政府同意修约的目的，这已经是既定决策。关于这一点，我再引用下面的材料加以证明。研究远东国际关系的历史学家、苏联人纳罗奇尼茨基写道："还在1850—1854年，英国政府已在考虑对中国发动新的战争。1850年9月29日，巴麦尊写道：很快就可以通过对扬子江下游重要据点的占领以及切断大运河的交通来对中国实行'新的打击'。他写道：'中国人在对唯一能使他们信服的论据——大棒论据退却以前，就不仅应该看到这根大棒，而且应该感到这根大棒确实打在自己的背上。'1851年9月，巴麦尊询问包令究竟在什么时候最宜切断对北京的大米供应，中止大运河和长江汇合处的粮食运输。"③ 战争已经逼近中国人的头上了，可惜当时的中国政府还浑然不觉。

1856年3月，克里米亚战争结束。英、法、俄国作为克里米亚战场的对手，都把各自的军舰移师中国，在中国战场上成为了合作的伙伴。这时候，马神甫事件发生了，亚罗号事件发生了。这便成为英、法发动对华战争的好借口。其实，殖民主义者要寻找侵略中国的借口是不难的。20世纪初法国的研究者研究了资料后指出：包令"要向中国启衅，不愁找不到合法的借口；如果需要的话，他还有本领找到比劫持'亚罗'号更好的借口。"④ 这就是说，马神甫事件、亚罗号事件，只不过是英、法发动侵华战争的借口，发动战争是为了取得在谈判桌上拿不到的修约权利，而取得修约权利，则是为了在中国得到更大的政治、经济利益。这些利益，通过《天津条约》和《北京条约》都拿到了。清政府当时即使不懂得欧洲人的国际法知识，但是依据《望厦条约》的文字，不同意修约，实际上含有反

---

① W. C. Costin: Great Britain and China 1833—1860, p. 195.
② 马士：《中华帝国对外关系史》第一卷，英文本，第687页。
③ 见 А. Л. Нарочницкий: Колониальная Политика Капиташстических Держав на Дальнем Востоке 1860—1895，第71页，莫斯科，1956年，转引自中国近代史资料丛刊《第二次鸦片战争》，第六册，第18页。
④ H. Cordier: L' Expedition de Chine de 1857—1858, Paris, 1905. pp. 51—52. 转引自中国近代史资料丛刊《第二次鸦片战争》，第六册，第54页。

侵略的意义，即使在今天的角度，也是应该加以肯定的。

外人入城问题，在当时是一个相当复杂的问题，绝不是像今天这样看起来是一个极为简单的问题。《南京条约》第二款："自今以后，大皇帝恩准英国人民带同所属家眷，寄居大清沿海之广州、福州、厦门、宁波、上海等五处港口，贸易通商无碍；且大英国君主派设领事、管事等官，驻该五处城邑。"这就是说，一般英国人（包括商人、传教士、旅行者及其家属）可以居住在港口，英国女王任命的外交官则可以住在城邑。中方认为，按中文字义，城邑不一定指城内，条约未给英国人入城的权利。《南京条约》英文本把中文本中的"港口"和"城邑"通通翻译成 Cities and Towns。英方认为 Cities and Towns 就可以指城内，因此，英国外交官和一般英国人都可以入城。中英双方在条约约文的理解上，发生了歧义。按照欧洲人的国际法，《南京条约》的两种文本（当时没有第三种文本）具有同等的法律效力。条约签字时未声明以哪种文本为准，在文本的解释发生歧义时，应允许各方各执己见。事实上，这两个文本都是英国提供的。英国人提供的中文约本，把港口和城邑区别对待，说明港口和城邑不是一处地方。这就造成了入城和反入城的同一法律来源的不同解释。在中方看来，英人要求全面履行条约的理由不充分。其实中国官方在英国的压力下，已经同意英国人可以入城。但是广州城厢内外社团、士绅坚决不同意英国人入城，甚至不惜开战，官方只得以"民情未协"为由，推迟入城的时间。有学者认为，入城并不能给英国人带来多少实际利益，英国人更多侧重于心理方面。在英国人看来，他们是"高等民族"，拒绝入城是对他们的侮辱，他们企图用入城的手段来击垮清政府力图保持的"天朝"颜面。因此，从历史的角度看，广州民众的仇外情绪当时有其存在的合理性，广州民众反入城斗争当时有其发生的条件。[①] 这个评论是客观的、公允的。反入城斗争坚持了差不多15年时间，中英之间有多次交涉，这样复杂的事件，要在中学历史教科书里解释清楚是难以做到的。历史教科书的编者从少年学生的接受程度出发，不讲入城、反入城问题是可以理解

[①] 参看茅海建《近代的尺度——两次鸦片战争军事与外交》，上海三联书店1998年版，第106、114页。

的。从今天的角度看，如果发生类似入城问题，完全可以拿到谈判桌上加以讨论，或者签订补充协议，加以明确规定，用不着使用战争手段。但在当时英国炮舰政策下，修约也好，要求入城也好，都是一种侵略手段。

除了修约和反入城问题以外，还有一个大沽口作战的问题。当法国人知道清政府已经在大沽口设防，仍然决定与英国公使乘炮舰从大沽口溯白河到天津。法国公使布尔布隆报告法国政府说，他们不但能应付困难，并且预先要激起某些困难，使自己处于更加有利的地位。① 英国公使普鲁斯向英国政府报告说："我们不得不在天津给予中国政府另一次教训，……我一定要使清朝皇帝及其大臣相信：一旦我提出要求，就定要把它索取到手，如不顺从我的要求，我已准备凭借武力威胁来索取。"② 普鲁斯声称"定行接仗，不走北塘"，坚持经大沽口溯白河进北京。英法联军在充分准备下（仅英国舰队就有战舰、巡洋舰、炮艇共十余艘，士兵2000人），③ 1859年6月25日下午向大沽炮台突然发动进攻。大沽守军进行了坚决回击，激战一昼夜，击沉击毁英法兵船十多只，毙伤英国士兵464人，法军14人，英国舰队司令也受了重伤，不得不狼狈撤走。英法军舰首先向大沽炮台开炮，大沽守军回击，完全是正义的。不容置疑，大沽事件的责任完全在侵略者一方。一贯同情被侵略国家的无产阶级革命领袖马克思在1859年9月13日评论道："就算是中国人必须接纳英国的和平公使入京，他们抵抗英国人的武装远征队也是完全有理的。中国人这样做，并不是违背条约，而是挫败入侵。"④

实际上，清政府已经同意在北京换约，并且安排了大臣到北塘迎接英法公使，安排了沿途招待照料，在北京城内安排了公使住处。清政府从安全出发，指定了公使进京的路线，规定可带随从，不准带武器。这些安排

---

① de Bourboulon to Walewski, May 1859, 见 Costin 上引书，第290页，转引自丁名楠、余绳武等《帝国主义侵华史》第一卷，第147页。

② Bruce to Malmesburg, June 1859. 见 Correspondence with Mr. Bruce, Her Majiesty's Envoy Extraordinary and Minister Plenipotentiary in China, pp. 9—10. 转引自丁名楠、余绳武等《帝国主义侵华史》第一卷，第148页。

③ 参考中国社会科学院近代史研究所《中国近代史稿》第一卷，人民出版社1978年版，第197页。

④ 马克思：《新的对华战争》，《马克思恩格斯文集》第二卷，第656页。

完全合乎当时国际关系的准则。欧洲人制定的国际法没有规定可以携带武器到他国首都去交换条约批准书。

关于义和团与八国联军侵华：义和团起义是反侵略的行为，不是敌视现代文明

有人指责义和团的行为是"敌视现代文明和盲目排斥外国人以及外来文化的极端愚昧的行为"，说义和团犯了反文明、反人类的错误，"这些罪恶行径给国家和人民带来莫大的灾难"，是中国人不能忘记的国耻。[①] 对义和团的这种看法，显然不是历史主义的，对义和团的历史评价显然是不公平的。义和团是农民的松散的组织，没有公认的领袖，也没有统一的指挥，他们往往以坛口为单位，其主要的坛口有比较严密的组织纪律，比较小的坛口，未必能够接受大的坛口的约束，在行动中难免有乱打乱杀的现象。义和团以"扶清灭洋"为基本的口号，表现了反对帝国主义侵略的精神和反帝斗争的原始形式，表现了中国人民朴素的爱国主义，是中国人民民主主义革命的先驱。1955年12月，周恩来总理在北京各界欢迎德意志民主共和国政府代表团大会上讲话，特别指出："1900年的义和团运动正是中国人民顽强地反抗帝国主义侵略的表现。他们的英勇斗争是50年后中国人民伟大胜利的奠基石之一。"[②] 这个评价，是符合近百年来近代中国历史进程的实际的。当然，义和团的"灭洋"具有不可否认的笼统排外主义的倾向。所谓"灭洋"，是对洋人、洋教、洋货、洋机器，采取一概排斥的态度。为什么一概排斥？农民看到了鸦片战争以后，一系列不平等条约的签订，加给中国的危害。义和团的传单说："只因四十余年内，中国洋人到处行。三月之中都杀尽，中原不准有洋人。余者逐回外国去，免被割据逞奇能。"[③] 他们表示："最恨和约，误国殃民。"[④] 可见，农民已经认

---

① 袁伟时：《现代化与历史教科书》，《中国青年报》2006年1月11日。
② 周恩来讲话，见《人民日报》1956年12月12日。
③ 佐原笃介：《拳乱纪闻》，载中国史学会主编《义和团》（一），上海人民出版社1957年版，第120页。
④ 同上书，第112页。

识到了帝国主义侵略的严重后果，同时也反映了那时的中国人对外国侵略的认识水平。那时的中国人（不仅是农民）还不能了解资本主义在世界历史上的作用，不了解资本主义生产方式比封建主义生产方式先进，他们把侵略中国的洋人，与洋机器等同起来。对西方资本主义和资本—帝国主义侵略者有比较正确的认识，需要等到五四运动以后。因此，在看待义和团的历史作用的时候，要小心谨慎加以分析，不要在倒洗澡水的时候，把婴儿也一起倒掉了。这就是说，在义和团的斗争中，反映了农民的落后、愚昧的一面，这是脏水，可以倒掉；但是义和团的斗争所反映出来的反对外国侵略的精神的一面，是应该肯定的，如果把这一点也否定了，就等于是泼洗澡水，连同婴儿一起泼掉了。我们总结历史经验的时候，千万不要犯这样的错误。其实，这个问题，不仅农民如此。西方早期工人阶级也有这种情况。工人不能认识自己遭受剥削的原因，就痛恨机器，把机器砸了，也是常事。马克思、恩格斯指出过这种现象：工人阶级"不仅仅攻击资产阶级的生产关系，而且攻击生产工具本身；他们毁坏那些来竞争的外国商品，捣毁机器，烧毁工厂，力图恢复已经失去的中世纪工人的地位"①。这是工人运动的初级阶段。列宁评论说："这是工人运动的最初的、开始的形式，这在当时是必要的。"② 我们不好说欧洲的工人阶级也是反对现代文明的吧。我们在这里是要阐述义和团的历史作用，不赞成无原则地为义和团辩护，也不赞成无原则地把义和团骂倒。我们只是说明在一定的历史条件下，会发生一定的历史事件；认识历史事件都要以一定的时间、地点为转移。

有人说："义和团烧杀抢掠、敌视和肆意摧毁现代文明在前，八国联军进军在后，这个次序是历史事实，无法也不应修改。"③ 我们要问，作者在这里所说的这个次序，究竟是不是历史事实呢？我看不是历史事实。在义和团起事以前，列强在华瓜分势力范围、抢夺租借地，中华大地正面临被瓜分的危机。这是全世界都看到的事实，也是那时的中国人所忧心忡忡

---

① 《共产党宣言》，《马克思恩格斯文集》第 2 卷，第 39 页。
② 列宁：《社会民主党纲领草案及其说明》，《列宁全集》第 2 卷，第 86 页。
③ 袁伟时：《现代化与历史教科书》，《中国青年报》2006 年 1 月 11 日。

的事实。正是在这个令中国人忧心忡忡的事实面前,才有义和团的起事在后。难道这个次序不是客观事实吗?一些外国传教士、教民在中国各地的为非作歹,更是义和团起事的直接原因。19世纪60年代以来,外国传教士蜂拥而至,各省都有外国传教士的足迹。一些传教士霸占田产、抢占庙产、包揽词讼、干涉内政,"凌虐乡里,欺压平民",处处引发与当地农民甚至官府的冲突。他们在中国自立门户,违抗法令,"直如一国之中,有无数自专自主之敌国者"①。因此,各地教案频发。1871年天津教案就是一次大爆发。当时清政府就担心总有一天会激成重大的"祸变"。义和团起事就是19世纪60年代以来一次最大的教案。传教士固然有纯粹是为了传教而来到中国的,但是更多的传教士是打着传教的旗号,充当了帝国主义侵略中国、刺探情报的先头兵。一个英国传教士公开承认:列强派遣传教士"实无异于发强兵深入人地"②。美国公使田贝也承认:"这些先锋队(指传教士)所收集的有关中国民族、语言、地理、历史、商业以至一般文化的情报,对美国的贡献是很大的。"③传教士、教会与中国乡民、官府的冲突,既是文化的冲突,也是物质利益的冲突,还有干涉主权与维护主权的冲突。到义和团起事的时候,这种民教矛盾就不是一般的民教冲突所能涵括的了。其实当时一些西方人士也已经看出了这一点。奥国首都的一家报纸说:"中国之痛恨教士,隐忍有四十余年矣。即以近六年而论,亦无时不觉洋人之渐食其肉也,又何怪其乘机滋事,思有以脱去洋人制压之痛哉。"④北京教区西什库教堂主教、法国人樊国梁1901年在巴黎说:"义和团运动的爆发,主要不是宗教性的,而是政治性的运动……义和团主要是赶走外国人,其所以杀教友,是因为他们视教友为'二等欧洲人','二等法国人',视天主教的宣传是为适应我国的利益。"⑤ 这里所引用的几段话,不仅清楚说明了外国教士对中国的侵略性质,而且说明了义和团运动反对外国教士不是宗教冲突,而是政治运动的性质。

---

① 同治朝《筹办夷务始末》第82卷,第16页。
② 宓克:《支那教案论》,第2页。
③ 《美国对外关系,1888》,转引自张海鹏《追求集》,社会科学文献出版社1998年版。
④ 王其渠辑:《有关义和团舆论》,载《义和团》(四),第243页。
⑤ 引自马光普《樊国梁的一张布告》,《近代史资料》1963年第3期,第105页。

一个署名子乔的网友通过大量事实的举证，证明"义和团开始广泛宣传拆毁铁路、电杆，正是在列强以战争胁迫清政府镇压义和团的时候，而采取大规模实际行动，则正是在清政府镇压期间和八国联军战争期间"①。子乔在早前的评论中还指出，"从1898年至1900年4月底，除山东高密县外，各地义和团和其他民众并没有大规模的拆毁铁路、电杆的行为，连这类口号都较少；从1900年4月底至8月中旬，'义和团在京津地区和直隶、东北一些地方，广泛地掀起拆毁铁路、电杆和焚砸其他洋物洋货的活动，还采用遍贴传单的形式造成强大的宣传攻势'，而第一次大规模的实际行动，国内外学术界一致认为是从5月27日开始的。八国联军战争爆发后，不但义和团拆毁铁路，清政府也命令清军拆毁铁路以阻挡敌军；从1900年8月中旬北京陷落到1902年各地义和团运动失败，'拆毁铁路电杆的活动与宣传转入尾声，而日趋销声匿迹'"，"即便是在运动的高潮中，义和团也没有'逢洋必反'"。已有的这些行动，基本上与敌视现代文明无关。②这些举证，有力地说明了：列强侵略中国在前，义和团作出反应在后。据美国历史学家施达格在1927年前的研究，在"1900年5月31日之前，在整个义和团运动中，在中国的任何地方，没有一个外国人是死在拳民手上的；唯一的一个就是卜克思先生在山东的遇害"③。1900年5月31日晚，英、俄、美、法、日、意六国士兵共356名自天津抵达北京。6月3日，还有一批德国兵和奥匈兵到达。据马士统计，总共到达北京的武装人员有451名，其中两名军官和41名卫兵保护西什库天主堂（即北堂），17名军官和391名卫兵保护使馆。士兵携有机关枪和大炮。德国驻华公使克林德在各国公使决定调兵的集会上说过"这些行动就是瓜分中国的开始"。洋兵入京，不仅在克林德看来是瓜分中国的开始，在拳民看来也是瓜分中国的开始。义和团在北京和各地杀传教士、焚毁教堂、破坏铁

---

① 子乔：《就义和团运动的一些史实与袁伟时先生商榷》，http：//64.1.25.169/showthread.php?t=27664，注册日期：2006—01—27，引自天涯社区关天茶舍。

② 子乔：《矫枉岂能过正——义和团运动史实述评》，世纪中国系列论坛 www.ccforum.org.cn/archiver/ 2005—10—13。

③ 施达格：《中国与西方：义和拳运动的起源和发展》，1927年英文版，第162页，转引自牟安世《义和团抵抗列强瓜分史》，经济管理出版社1997年版，第286—287页。

路和电线杆以及部分人的抢劫行为,都是在这批外国士兵进京以后发生的。攻打西什库教堂和使馆区也在这以后。洋兵入京是事变变得更加复杂和动乱的根源。据施达格研究,1900年5月29日至6月4日,发生在雄县附近义和团与京保铁路洋工程师倭松(Ossent)的冲突,是义和团与武装的欧洲人的第一次冲突,洋人先开枪,义和团从数百人聚集到万人,对洋人加以追击,"将洋人追击上岸,未知存亡"①。从这里我们可以看见义和团杀教士、焚毁教堂、铁路等的具体原因。至于长期原因,则与鸦片战争以来西方列强对中国的侵略有关,特别是《马关条约》以后帝国主义各国在中国掀起瓜分狂潮有关,与外国传教士长期以来在中国传教过程中的为非作歹有关。子乔说:"袁伟时先生不提那些铁路被毁前清政府以之运兵镇压义和团的史实,不提列强及其中国帮凶在修路时对沿线居民的巨大伤害,如强购土地、擅掘坟墓、拆毁民房、糟蹋农田、破坏水系、拖欠补偿、调戏妇女、滥杀无辜等等,更不提由此引发的义和团运动时期拆毁铁路的肇始'高密反筑路运动',而只顾指责义和团'敌视现代文明'。这属于严重的隐匿行为,已经对读者产生了误导。"② 这样的分析是有历史根据的,我完全赞成。有人辩解说,克林德后来否认了他说过这样的话,③似乎八国联军到来与瓜分中国无关。这种辩解是无力的。克林德稍后是否认自己说过瓜分的话,但那是在德国外交部的压力下提出否认的;而且,他在会议上说过的话,已经传播开来,实际发生了作用。义和团在北京和各地杀传教士、焚毁教堂、破坏铁路和电线杆以及部分人的抢劫行为,都是在这批外国士兵进京以后发生的。攻打西什库教堂和使馆区也在这以后。

刻意为侵略行为辩护的人还对义和团围攻使馆和西什库教堂耿耿于怀,说没有材料证明教堂是侵略者据点。据记载,西什库教堂内有"法水

---

① 廷杰、廷雍等:《致裕禄电》,1900年6月2日,见《义和团运动史料丛编》第二辑,第148页。
② 子乔:《矫枉岂能过正——义和团运动史实述评》,世纪中国系列论坛 www.ccforum.org.cn/ar-chiver/ 2005—10—13。
③ 袁伟时:《为何、何时、如何"反帝反封建"?——答〈反帝反封建是近代中国历史的主题〉》,多维网:DWNEWS.COM—— 2006年4月7日22:19:18(京港台时间)。

师兵 30 人，意水师兵 10 人，法教士 13 人，女教士 20 人，华教民 3200 人"。义和团于 6 月 15 日围攻教堂，由于教堂防卫坚固，始终未能攻下来。再看使馆。6 月 12 日，东交民巷一带已被西兵占据，不准中国人进入。试图靠近的拳民，往往被击毙。据美使康格 6 月 15 日的电报，"我们仅仅力图保卫我们自己直到增援部队到来之时，但是各使馆驻军早已枪杀了差不多一百个拳民"①。使馆以为西摩尔联军很快就会赶到，有恃无恐，三天之内就枪杀了近百个拳民，这不是在义和团的仇外心理上火上浇油吗？围攻使馆固然违反国际法，但也是咎由自取。必须指出，早在 5 月底，各国已在各自使馆驻扎重兵，把使馆变成设在北京城内的外国军事据点。这是完全违背国际法的。据当时欧洲的国际法学家的意见："使臣公署，不得据之屯兵"②，这是国际公法常识。大沽事件后，各国侵华战争宣告爆发，清军和义和团攻击使馆，实际上是对这个外国军事堡垒的进攻，从国际法角度看，不能说完全无理。外国教堂屯兵，更是违反国际法的。

为了否定义和团运动的反侵略性质，贬低义和团运动的历史作用，有的作者把义和团避免外国瓜分说斥为"诡辩"，说八国联军统帅瓦德西的话只是个人意见。这里需要指出，八国联军出兵以前，列强瓜分中国之说甚嚣尘上；八国联军出兵引起义和团强烈抵抗之后，经过帝国主义各国之间的辩论，瓜分中国说为保全中国说所代替，则是基本的历史事实。说瓦德西的话是个人意见，是一种诡辩。瓦德西是德国元帅，又是八国联军统帅。他说：中国群众"在实际上，尚含有无限蓬勃生气"，"可于此次'拳民运动'中见之"，"无论欧美、日本各国，皆无此脑力与兵力，可以统治此天下生灵四分之一也"，"故瓜分一事，实为下策"③。这些话不是随便说的，是送给德国皇帝威廉二世的报告。一位法国议员在议会辩论时说："中国地土广阔，民气坚韧"，"吾故谓瓜分之说，不啻梦呓也"④。在中国担任总税务司长达 45 年的英国人赫德在当时写的文章中分析道："不论中国哪一部分领土被分割去，都必须用武力来统治。像这样，被分割去

---

① 引自施达格书。
② 马尔顿：《星轺指掌 Laguide diplomatique》第 2 卷，1876 年同文馆版，第 16 页。
③ 《义和团》（三），上海人民出版社 1957 年版，第 86—87、244 页。
④ 同上书，第 245—246 页。

的领土越大，治理起来所需要的兵力就越多，而骚乱和叛乱的发生就越是确定无疑。中国如被瓜分，全国即将协同一致来反对参与瓜分的那几个外国统治者。"① 义和团阻止列强瓜分中国的历史作用，西方人很快就看出来了，中国人也很快看出来了。最早看出这一点的中国人，是留日学生。1901年在横滨出版的《开智录》上，有作者著文，对义和团给予了崇高的评价，说"义和团此举，实为中国民气之代表，排外之先声矣"，"有此数功，则我国民精神从此振刷矣"。② 孙中山很快就转变了态度，高度评价义和团的历史功绩。1924年孙中山在广州演讲三民主义，说义和团"其勇锐之气，殊不可当，真是令人惊奇佩服。所以经过那次血战之后，外国人才知道，中国还有民族思想，这种民族是不可消灭的"③。1924年9月7日，孙中山代表中国国民党为九七国耻发表纪念宣言，从不同的角度论证了义和团发生的原因是帝国主义的侵略，他说："我们对于义和团事件何以发生的一问，可以无疑无贰地答道，'是因为帝国主义逼着他发生的'。"④

国际无产阶级高度评价了中国的义和团运动。俄国革命领袖列宁在1900年写道："那些到中国来只是为了大发横财的人，那些利用自己吹捧的文明来进行欺骗、掠夺和镇压的人，那些为了取得贩卖毒害人民的鸦片的权利而同中国作战（1856年英法对华的战争）的人，那些用传教伪善地掩盖掠夺政策的人，中国人难道能不痛恨他们吗？欧洲各国资产阶级政府早就对中国实行这种掠夺政策了。"⑤ 德国工人阶级政党的报纸《前进报》，1900年6月19日发表题为《铁拳》的社论，说"如果说有所谓'神圣的战争'，那么中国奋起抗击以主子姿态出现的外国剥削者的战争，

---

① 吕浦、张振鹍等编译：《"黄祸论"历史资料选集》，中国社会科学出版社1979年版，第152—153页。

② 《义和团有功于中国说》，载张枬、王忍之编《辛亥革命前十年间时论选集》第一卷，上册，三联书店1960年版，第62页。

③ 《三民主义·民权主义》第五讲，《孙中山选集》下卷，第724页。

④ 孙中山：《中国国民党为九七国耻纪念宣言》，原载《国父全集》，转引自《海峡评论》，台北，第185期，第50页。

⑤ 列宁：《中华战争》，《列宁全集》第二版，第4卷，第320页。

正是这样一个'神圣的'民族战争"①。比较一下中外人士在20世纪之初的这些评论，反其道而行的人不觉得汗颜吗！和清朝统治者与帝国主义一样，把义和团称作"匪"，坚持认为义和团反文明、反人类，把义和团说得一钱不值，这样的观点符合历史事实吗！

以农民为主体组成的松散组织义和团，其本身愚昧、落后，有许多缺点，没有先进阶级的指导，带有时代和阶级的局限性。但是必须指出，义和团的笼统排外主义实质上是农民阶级有历史局限性的民族革命思想，也是中国人民反抗帝国主义侵略的原始形式。它反映了中国人民反帝斗争初期的共同特点，义和团运动不过是它的典型代表和集中表现。我们今天肯定义和团的历史作用，是肯定基本的历史事实，是肯定历史事实中的积极因素，不是要宣扬、提倡义和团的组织形式和思想倾向中那些愚昧、落后的方面。这是不容置疑的。因之，对义和团的排外主义，不应采取简单回避或全盘否定的态度，而是需要进行科学的阶级分析和历史考察，对它作出合情合理的解释。

结论只能是：义和团以笼统排外主义形式所表现的，是中国民众一种原始的反帝斗争，是一种爱国主义行为，把它说成是敌视现代文明，是不妥当的。

马克思主义经典作家怎样看待落后国家抵抗资本主义国家的侵略

以资本主义文明先进为由，否定落后国家抵抗资本主义国家的侵略，这种观点很难使人理解。下面我们看看马克思主义经典作家是怎样看待落后国家抵抗资本主义先进国家的侵略的。

马克思、恩格斯虽然从历史发展的角度肯定了资本主义文明的进步作用，却丝毫也没有表示落后国家应当欢迎资本主义国家的侵略。在《不列颠在印度统治的未来结果》中，马克思期待印度人民强大到能够摆脱英国

---

① 中国社会科学院近代史研究所《近代史资料》编辑组编：《义和团史料》上册，中国社会科学出版社1982年版，第27页。

的枷锁，相信这个巨大而诱人的国家将复兴起来。马克思、恩格斯同时关注亚洲其他处于殖民地半殖民地状态的国家，对它们反对资本主义列强侵略的斗争给以高度评价。在19世纪50年代，即英国发动并导致中国"开关"的第一次鸦片战争结束后不久，马克思、恩格斯曾严厉谴责英国政府非法的鸦片贸易政策，并密切注意当时正在进行的第二次鸦片战争的进程。1857年，马克思称这次由英国发动的战争是"极端不义的战争"，他说："在中国，压抑着的、鸦片战争时燃起的仇英火种，爆发成了任何和平和友好的表示都未必能扑灭的愤怒烈火。"① 恩格斯曾专门撰文评论中国人民的反侵略战争，论述中国人民排外主义的产生及其实质，说，第二次鸦片战争期间中国南方人民的反侵略战争，是"根本反对一切外国人的战争"，带有"灭绝战的性质"，"英国政府的海盗政策造成了这一所有中国人普遍奋起反抗所有外国人的局面"，认为这是中国人民民族觉醒的表现。恩格斯说："我们不要像道貌岸然的英国报刊那样从道德方面指责中国人的可怕暴行，最好承认这是'保卫社稷和家园'的战争，这是一场维护中华民族生存的人民战争。"恩格斯特别强调："对于起来反抗的在人民战争中所采取的手段，不应当根据公认的正规作战规则或者任何别的抽象标准来衡量，而应当根据这个反抗的民族所以达到的文明程度来衡量。"恩格斯还说："中国的南方人在反对外国人的斗争中所表现的那种狂热本身，似乎表明他们已觉悟到旧中国遇到极大的危险；过不了多少年，我们就会亲眼看到世界上最古老的帝国的垂死挣扎，看到整个亚洲新纪元的曙光。"②

当1859年英国军舰在大沽失败的消息传到伦敦，英国资产阶级的报纸反诬中国破坏条约，要求英国政府对中国实行"报复"。英国《每日电讯》甚至狂叫：大不列颠应攻打中国沿海各地并占领北京；应教训中国人，英人应该成为中国的主人；应该像领有印度的加尔各答一样，把广州保留在自己的手里。马克思当时在评论大沽事件时写道："难道法国公使留驻伦敦的权利就能赋予他统领一支法国远征队强行侵入泰晤士河的权利

---

① 马克思：《英人在华的残暴行动》，《马克思恩格斯文集》第2卷，第620—621页。
② 恩格斯：《波斯与中国》，《马克思恩格斯文集》第2卷，第626、628页。

吗?""既然《天津条约》中并无条文赋予英国人和法国人以派遣舰队上驶白河的权利,那么非常明显,破坏条约的不是中国人而是英国人,而且,英国人是蓄意要刚好在规定的交换批准书日期之前向中国寻衅。""就算是中国人必须接纳英国的和平公使入京,他们抵抗英国人的武装远征队也是完全有理的。中国人这样做并不是违背条约,而是挫败入侵。"① 马克思是研究了英国公使和记者从中国发回的报道写下这些评论的。马克思是完全站在被侵略者一边的。看到这里,联系到前述《现代化与历史教科书》那篇文章,作者在那里汲汲计较于清帝与僧格林沁的"诱击"之计,认为那是导致圆明园被焚的过错云云,那是多么可笑。

列宁根据帝国主义时代的新形势,又进一步抨击资本主义工业发展很快的国家向落后国家和地区实施战争、掠夺政策,抨击它们那种欧洲式"文明传播者使命",提出应坚决支持中国及其他东方民族反抗帝国主义侵略、压迫的斗争。马克思主义的经典作家并没有因为中国是一个落后的封建帝国,就认为中国不应抵抗处于上升时期的资本主义强国(哪怕是第一强国)的侵略。

用马克思主义观点考察整个世界历史,我们任何时候都不能剥夺被侵略者反抗侵略的正当权利,不能承认所谓先进国家侵略落后国家具有进步性的辩辞。否则,我们将无法解释近代中国人民无数次反抗资本帝国主义侵略的悲壮史实,包括八年抗战那样全民族抵抗外敌入侵的壮举,无法解释百年来全世界殖民地半殖民地、被压迫的落后国家掀起的反抗新老殖民主义、帝国主义入侵,争取独立、自由、主权的伟大民族解放运动,无法解释世界历史的发展。

我们看到,历史上还没有一个国家不经过反抗就变成殖民地半殖民地的,也没有一个国家是在欢迎资本帝国主义侵略后迅速发展为资本主义国家的。印度在成为殖民地后,还在上世纪中叶爆发了一次规模巨大的全国反抗运动。中国在沦为半殖民地的过程中不断掀起全国规模的反抗运动,终于使中国避免了完全殖民地的命运。

近代中国存在着既要抵抗资本帝国主义的侵略,又要学习西方资本主

---

① 马克思:《新的对华战争》,《马克思恩格斯文集》第2卷,第656、659页。

义文明这样复杂的历史运动。从客观上来说，抵抗侵略是为了保持中国的民族独立，摆脱半殖民地半封建社会道路；学习西方，是为了加速中国的近代化步伐。实际上只有民族独立以后，才有真正吸取西方文明为我所用的可能。从旧民主主义革命到中国共产党领导的新民主主义革命和社会主义革命一个多世纪的历史过程，清楚地说明了这一点。

产生糊涂看法的思想上的原因分析兼及中学历史教科书问题

1842—1860年间，通过两次鸦片战争，以《南京条约》和《北京条约》为标志，中国被迫签订了一系列不平等条约，形成了束缚中国发展进步的不平等条约体系。正是这个条约体系，使中国由一个独立的封建社会逐步"沉沦"为半殖民地半封建社会。1895年的《马关条约》和1901年的《辛丑和约》，完全形成了中国的半殖民地半封建社会。在近代中国110年的历史进程中，由中国的革命政党推动的包括旧民主主义革命和新民主主义革命，组成了近代中国社会发展进步的主旋律。这个革命主要是反对帝国主义侵略，以谋求民族独立；反对封建专制，以谋求国家的民主进程。在基本上完成了这个任务后，在人民掌握了国家的主权后，国家的现代化事业才能够比较顺利地进行。这是积110年及其后56年的历史经验所证明了的。凡是尊重历史的人，无不尊重这样的历史经验。

有一种认识，以为今天已经全面引进资本主义生产方式和管理技术了，已经加入世界贸易组织了，已经和国际接轨了，已经在走向全球化了，我们看待历史，就不要再讲侵略反侵略了。所以，在中国近代史研究领域，有一种观点很流行，叫做现代化史观。他们主张用现代化史观取代中国近代史研究中长期形成的所谓"革命史观"，用现代化史观统率近代史研究。这就是说，要从现代化的观点来叙述历史，在这种观点下，近代中国的历史主题不再是反帝反封建了，而是现代化了，不要再去讲什么阶级斗争了，不要再去讲什么革命甚至改革了，当然也不再去讲帝国主义侵略和人民的反侵略了。在这种史观下，近代中国的地主阶级和农民阶级不见了，资产阶级和无产阶级不见了，皇帝和官僚不见了，打倒列强不见了，革命也告别了，让慈禧太后去搞他的现代化，让慈禧太后、李鸿章去走向共和，什么旧民主主义革命、新民主主义革命，都可以子虚乌有了；在这种史观下，强调的是第一家外资怎样进入的，第一个电灯何时安装的，第一条马路何时修的，第一条铁路何时建的，第一家银行何时开的……

总之，在现代化史观下，我们所了解的近代中国，中外史家基本上认同的以革命为基调的中国，面目全非了。

人类的历史进程是客观存在，历史学家的责任，是对这一客观存在的历史进程作出研究，正确地复原、描述并且解释历史，把握历史发展的主题，照顾历史发展主题周围的方方面面，在尽可能准确地复原历史进程的同时，总结历史过程的经验教训，给后来的人以必要的启迪。

我认为，所谓革命史观，所谓现代化史观，都不是指导历史研究的正确的史观。指导历史研究的正确史观，是马克思主义的唯物史观。按照唯物史观考察近代中国历史，应该认识到，反帝反封建是近代中国的历史主题，旧民主主义革命和新民主主义革命是贯穿近代中国历史的真正的主线，现代化进程在近代中国虽然在缓慢地进行，却从来没有居于主导地位。在近代中国，革命和改革是历史发展的主调，但如果认为近代中国历史上只有革命和改革也是不完全的认识，近代中国还有现代化进程的萌发，资本主义的社会政治学说和生产力因素已经传入，马克思主义的社会政治学说已经传入、无产阶级政党已经组成，现代化学说里主张的现代性的增长，传统社会因素的剥落，正在发生。主导中国两千年的儒家学说面对西方传入的思想政治学说（包括资产阶级学说和无产阶级学说），并无招架之力。但是，现代化进程没有成为社会发展的主流。因此，现代化史观把现代化进程作为历史发展的主流，是不妥当的。按照唯物史观，现代化进程在中国社会发展中成为主流，是在1949年10月中华人民共和国成立之后，特别是在国家政权巩固、社会经济全面恢复并有所发展之后，现代化进程实际进入中国社会生活领域。在这个时候，现代化进程是主导方向，阶级斗争是次要方向。在这个时候，把阶级斗争当成主要方向，提出"以阶级斗争为纲"是错误的。这就是"文化大革命"错误的基本的理论说明。在1956—1976年的20年中，国家社会经济有了飞速的发展，社会主义的经济基础基本奠定，但是政治运动不断，而且是在"以阶级斗争为纲"指导下进行的，这就冲击了现代化进程，影响了现代化进程，延缓了国家社会经济发展的速度。这是一个教训。1978年以后，国家政权把现代化进程作为社会发展的主导方向，政治运动约束在以经济建设为中心的前提下，才取得了举世瞩目的发展程度。

从西方传来一种说法：一切历史都是当代史。如果说一切历史都是当代有思想的人写出的，上述说法有一定的意义。但是，这种说法会给人以误导，以为历史是依当代人的意愿随意改写的，从中可以嗅出唯心史观的意味来。

写历史，是写过去的政治、过去的经济、过去的文化，不是写今天的政治、今天的经济、今天的文化。因此，过去的政治、过去的经济、过去的文化不等于今天的政治、今天的经济、今天的文化。这是历史与现实的基本区别。司马光著《资治通鉴》，是要让最高统治者借鉴历史上的经验。从借鉴历史经验的角度说，历史对于现实的意义，今天仍是这样的。但是历史对于现实，仅止于借鉴，提出更多的要求是不合适的。历史为现实服务，不是说为现实政治作简单的服务，所谓服务，是从借鉴历史经验的意义上说的。

另外，写历史也不能用现实的需要改铸历史。今天我们在搞现代化，用现代化的框架改写历史是不行的。今天我们以经济建设为中心，放弃了"阶级斗争为纲"的路线，不能说历史上就不存在阶级和阶级斗争。今天党中央提出建设和谐社会，我们在历史书上也去构建一个和谐社会的形象，这是历史书吗？为了集中精力发展经济，我们今天强调社会稳定，难道我们要在历史书上也强调社会的稳定吗？

历史上从来没有两个完全相同的人物，也没有两个完全相同的事件。如果有类似的历史人物、类似的历史事件，也是在不同的历史时代，不同的时间和地点发生的，因而它在历史上所造成的影响也是完全不同的。简单地类比也是很危险的。

研究和解读历史，是非常严肃的事情。把研究和解读所得用通俗的文字介绍给广大读者，更应该对社会、对读者抱着非常负责的态度。有人或许以为，历史不过是过去的事情，可以随人俯仰，公说公有理，婆说婆有理而已。这种态度显然是不对的。历史过程、历史规律是怎么样就怎么样,历史事实是怎么样就怎么样,并不能由人作任意的解释,这才是历史唯物主义的态度。同时,历史进程充满矛盾的运动,复杂的事件是由各种各样具体的事件组成的,我们在分析、研究历史事件时不能把握尽可能多的史料,不能把事物提到一定的历史范围内,不能抓住历史过程的本质方面,不能对历史现象作出阶级的、辩证的分析,我们就不能从纷纭的历史现象中理出头绪,把握历史过程的基本规律。如果不尊重历史事实,对历史事实、历史过程作任意的裁剪与解释,那就是历史唯心主义。

我还要对历史教科书的编写说几句话。所谓历史教科书,实际上指的是中学历史教科书。中学生是形成正确的人生观、世界观的最初时期,是一个打基础的时期,具有特殊的重要性。中学历史教科书,要在帮助中学生打好正确人生观、世界观的基础阶段起到潜移默化的作用。从这个角度说,中学历史教科书从来都是国家意志、国家主流意识形态的体现。以此为标准,对教科书加以衡量,提出修订和完善的意见,是建设性的;如果超出这个范围,对中学历史教科书做过多的挑剔,是值得商榷的。中学历史教科书要以确凿的历史事实,帮助学生形成正确的历史观,只能讲简单的历史过程和无误的历史结论。中学历史教科书不是一般的历史著作,不允许做百家争鸣似的学术探讨,因而对历史学界有争议的学术问题,一般不需涉及,换句话说,历史教科书要求稳定,不能每年重新编写。我以为,学术界争论的问题,大体上取得共识,需要 10—20 年的时间。中学历史教科书与学术界的讨论保持 10—20 年的距离是合适的。

鸦片战争以后 160 多年的中国近现代史,是侵略与反侵略同在,压迫与反抗同在,屈辱与辉煌同在。屈辱、觉醒、奋斗、牺牲、变革、进步,贯穿了整个中国近现代史。总结 160 多年的历史进程,可以分为前 109 年和后 56 年。前 109 年,历史的大关节,基本上是帝国主义侵略中国和中国人民反对帝国主义侵略的历史,是封建统治者勾结帝国主义镇压人民起义和人民群众反帝反封建的历史,是中国要求追上世界资本主义的步伐、在中国发展资本主义而封建统治者和帝国主义反对中国发展资本主义的历史。所有政治的、经济的、军事的、思想文化的种种斗争,几乎无一例外地都是围绕这些历史的大关节进行的。经过社会先进人士无数次的社会改良，经过新的社会阶级、政党发动的屡次革命，在坚持长期反帝反封建斗争之后，在中国共产党的领导下，终于赢得了中华人民共和国即由人民掌握政权的新中国的诞生。后56年，历史发展虽然也很曲折，但其历史的大关节，基本上是在人民取得政权的基础上，探索国家现代化并且取得巨大成绩的历史，探索建设有中国特色的社会主义并且成功地摸索出社会主义市场经济体制的历史。后56年内特别是前期的某些失误，也与这种探索有着密切的关系。换一个说法，前110年是争取国家独立的历史，后56年是争取国家现代化和富强的历史。这样一个简单的历史过程，大多数人都是明了的，特别是最近50年，同时代人作为这一历史过程不同程度的参与者、见证者，都体验到了创造历史的艰辛与喜悦。怎么可以说我们几代人都是"吃狼奶长大的"呢？

（本文原载于沛主编《马克思主义史学理论论丛》第一辑，中国社会科学出版社2010年版）

试论罗尔纲史学研究的新生命

——《罗尔纲全集》出版前言

在罗尔纲先生诞辰110周年之际,中国社会科学院批准出版《罗尔纲全集》。这是学术界盼望许久的事,也是我国学术文化宝库建设中十分有意义的事。

罗尔纲先生生前是中国社会科学院近代史研究所一级研究员,是我国著名的历史学家、考据学家、金石学家、军事史家、文学史家。生于1901年1月,卒于1997年5月,终年97岁。罗尔纲一生著述宏富,身后留下著作、文章约900万言,另指导学生搜集、整理、编辑太平天国史资料3000万字。《罗尔纲全集》将他的著述,分成太平天国史类、兵志类、金石类、文学类、文史杂考、生涯回忆、师友回忆、书信、杂著共九大类,十九卷二十二册。罗尔纲先生是我国学术界公认的太平天国历史研究的开创者、奠基者和学术大师。已故中国社会科学院近代史研究所名誉所长刘大年称他是新中国最早的太平天国史学一大家[1],王庆成先生认为"罗先生是中国以至全世界研究太平天国之最杰出者"[2],确是的论。

罗尔纲先生走上学术道路之始,曾受到他的老师胡适的悉心指导,受

---

[1] 刘大年:《太平天国史学一大家——祝贺罗尔纲85岁寿辰和从事学术工作60年》,《近代史研究》1986年第6期,《刘大年史学论文选集》(人民出版社1987年版),收入时题目改为《罗尔纲与太平天国研究》;又见《太平天国史》序一,中华书局1991年版。

[2] 王庆成:《怀念罗尔纲先生》,《近代史研究》1998年第3期。

过考据学的基本训练。① 1930 年夏，罗尔纲在上海中国公学毕业前夕，给他的老师、中国公学校长胡适之写信，希望校长帮助找工作。胡适之欣赏罗尔纲为学为人具有"谨慎勤敏"、"不苟且"、"执事敬"的美德，就让他到自己家里做助手和家庭教师。② 就在他作为胡适助手和家庭教师期间，他确定了研究太平天国历史的志向。尽管北大文科研究所和中央研究院社会研究所不批准他研究太平天国的申请，他还是坚持在业余从事艰苦的研究工作。1937 年，他的第一部研究太平天国的历史书《太平天国史纲》出版。这本书得到学术界重视，胡适虽肯定他的叙事很简洁，却批评他"专表扬太平天国"③，"此书的毛病在于不免时髦"④。这是因为此书是第一本正面论证太平天国是农民革命运动的历史书。它明确指出"太平天国革命的性质，是贫农的革命"，这次革命"含有民主主义的要求，并且掺入了社会主义的主张"。⑤ 这种观点，在当时的学术界，是独树一帜的。可见，他走上学术道路之始，他的研究旨趣和方向，便与他大名鼎鼎的老师有别。这正如台湾研究学术史、研究胡适的学者潘光哲所指出的，罗尔纲第一部研究太平天国历史的《太平天国史纲》，如此重视社会、经济方面的因素与影响，显示他述史的关怀意向同胡适几无一致之处。潘光哲指出：当罗尔纲自己披荆斩棘，在自己深耕易耨的园地中生产了自己的果实之后，就已超越老师治学的藩篱，在学术历程上走出自己的路来。⑥ 这个

---

① 为了感念在胡适家里受到的考据学的训练和胡适对他为学为人的教导和指导，罗尔纲在 1943 年专门写出一本《师门辱教记》，记载他跟着胡适做了几年"徒弟"的生活，感念他的老师胡适之叫他做学问"不苟且"的教训。这本书 1944 年 4 月由桂林建设书店出版。1945 年 2 月，罗尔纲在四川南溪县李庄在桂林本的基础上做了仔细修订，重写了自序，交独立出版社准备印行。出版社请胡适写一篇序。胡适很看重这一本小书，认为这本自传"是自传里没有见过的创体"，给他的光荣"比他得到三十五个荣誉博士还大"，并且在 1948 年给这本书写了序言。但是这本经过作者修订过的自传体小书未能在独立出版社出版。1952 年胡适在台湾拿到了这本书的修订本，带在身边，直到 1958 年胡适自美国回到台北，在他 68 岁生日前十天，自己出资印制了罗尔纲这本自传，题目改为《师门五年记》，送给前来祝寿的宾客。参见罗尔纲《关于〈师门五年记〉》、《任驻美大使自称过河卒子》，载罗尔纲《师门五年记·胡适琐记》，三联书店 1995 年版。
② 《师门五年记胡适序》，见罗尔纲《师门五年记·胡适琐记》，三联书店 1995 年版，第 4 页。
③ 罗尔纲：《生涯六记》，贵州人民出版社 1991 年版，第 61 页。
④ 中国社会科学院近代史研究所中华民国史研究室编：《胡适的日记》，1937 年 2 月 21 日，中华书局 1985 年版，第 539 页。
⑤ 罗尔纲：《太平天国史纲》，商务印书馆 1937 年版，1948 年 2 月第四版，第 98、101 页。
⑥ 见潘光哲《胡适与罗尔纲》，台湾大学《文史哲学报》第 42 期，1995 年 4 月。

评论是恰当的。罗尔纲先生不仅继承了中国传统的学问路数，受到考据学和实证史学的影响，同时也受到马克思主义理论的启迪。

罗先生少年时代在贵县家乡就耳濡太平天国起义英雄的业绩，大革命时期在上海求学就接触革命青年，接触并学习过马克思主义主要理论著作。中年以后，则努力学习马克思主义。① 一些与罗先生有过亲密接触的学者回忆，罗先生在新中国建国后自觉地学习马克思主义理论，他用马克思主义指导自己的学术研究，不是空洞地、抽象地讲马克思主义，不做那种贴标签式的、寻章摘句的表面文章，而是运用马克思主义的立场、观点、方法去指导自己的研究工作和考据工作。他在历史研究中，在太平天国史研究中，追求科学认识、追求真理的实事求是态度，就是坚持了马克思主义精神。他曾对人说："马克思主义是开启历史秘奥的钥匙，不懂马克思主义就看不出历史的真相。"② 其实，这句话，是他自己的学习心得。晚年，他应广西史学会第五届年会要求，为青年学者谈治学心得，就结合自己的学术道路，实事求是地、鲜活生动地讲如何在史学研究中学习马克思主义理论，如何运用阶级斗争的观点，如何认识人民群众的力量。他强调说："我说的没有片言只字的教条主义的空话，句句都是从切身体验中得来。"③

从罗先生《太平天国史纲》出版以后40多年的学术轨迹，我们可以看出他学习和运用马克思主义的基本指向。

首先，以太平天国通史的撰写为例。1937年出版的《太平天国史纲》的学术倾向和理论倾向已如前述。新中国建立以后，罗先生开始认真地学习、研究马克思主义和毛泽东著作，努力领会唯物史观的精义。1951年开明书店出版的《太平天国史稿》就不再简单地提贫农革命，而提出太平天

---

① 1954年3月29日，罗尔纲致函中国科学院近代史研究所所长范文澜，感谢范所长同意他到近代史研究所来工作，特别表示"请求大家对我这一个正在向马列主义开始学习的人，多多指示，多多帮助"（罗文起辑：《罗尔纲书信选》，载《近代史研究》1998年第3期），明确显示了罗尔纲正在学习马列主义的意向。

② 本刊：《纪念太平天国140周年暨罗尔纲90华诞学术座谈会纪要》，《近代史研究》1991年第3期。

③ 罗尔纲：《谈治学》，《困学丛书》上卷，广西人民出版社1989年版，第113页。

国"反封建反侵略之伟大精神","永为中国人民所缅怀追思"。① 1957 年修订出版的《太平天国史稿》增订本进一步提出"太平天国是反封建、反侵略的农民革命,是在没有先进阶级领导下农民革命所发展到的最高峰","太平天国革命只能起着民主革命先驱者的作用"。② 在 1957 年版重印题记中还指出,太平天国革命,由于受着农民革命的局限,有它进步的一面,也有它落后的一面,不能因为强调进步的一面,忽略了落后的一面。这就不仅比《太平天国史纲》准确了,也比 1951 年版《太平天国史稿》、1955 年史稿修订本准确了。研究太平天国史的祁龙威教授评论说:"肯定还是否定这次农民阶级斗争的性质,实质上是肯定还是否定近代中国社会半殖民地半封建性质的问题,也是肯定还是否定近百年中国民族民主革命的问题。"③ 可见,罗尔纲先生在深入学习了马克思主义理论后,不再把太平天国当作一般的农民起义,而是从近代中国民族民主革命的角度来研究太平天国的历史了。他还结合人物评价谈到这方面的体会。他说:"每个人都从属于一定的阶级,生活于一定的时代。太平天国革命发生在中国进入近代史时期,中国社会的性质,革命的环境,都已具有新的特点,不同于历史上的单纯农民战争,而是在资产阶级民主革命进入准备阶段,掀起波澜壮阔的农民革命战争,就是革命的前途,也有了新的展望。考察太平天国人物的思想言行及其特点,无不受到其阶级与所处时代制约。"④

在罗先生看来,用马克思主义阶级观点和阶级分析方法研究太平天国历史,不仅要研究农民阶级,还要研究地主阶级。他说,马克思主义经典作家,对资产阶级、工人阶级都进行了精湛的研究,而对地主阶级的研究相对说是比较少的。中国的地主阶级在世界各国中是比较完整、比较系统、比较"高明"的,用马克思主义指导,研究地主阶级是一项很有意义的工作。⑤ 罗尔纲说:"太平天国时期,中国封建社会已经开始崩溃,正在

---

① 罗尔纲:《太平天国史稿》自序,北京开明书店 1951 年版。
② 罗尔纲:《太平天国史稿》增订本,中华书局 1957 年版,第 15、26 页。
③ 祁龙威:《太平天国史研究概论》,《扬州师范学院学报》1980 年第 1 期。
④ 罗尔纲:《〈太平天国人物〉序》,《困学丛书》下卷,广西人民出版社 1989 年版,第 706 页。
⑤ 转引自贾熟邨《回忆罗老的谆谆教导》,《近代史研究》1998 年第 3 期。

进入半殖民地半封建社会。历史研究工作者掌握马克思主义的理论，对这一时期中国地主阶级进行研究，可以看出中国封建社会为什么在这时开始崩溃，也就可知它为什么特别漫长的原因。这是一个重大的历史研究的课题。"① 贾熟郯先生在这样的指导下研究太平天国时期的地主阶级，取得了一定成绩。罗先生进一步鼓励他："希望他以毕生精力，再接再厉地进行研究，取得更大的贡献，为丰富马克思主义宝库作出不懈的努力。"② 可见，罗先生在马克思主义观点的掌握上已经成竹在胸了。

罗尔纲先生在1991年91岁高龄时出版150万字巨著《太平天国史》，是一生研究太平天国历史的集大成之作。茅家琦先生评价这本书是"太平天国史研究的全面总结"，"是一部内容十分丰富的'立体史学'，也是一部'百科全书'式的历史著作"③，"有很高的学术价值"④。在这本大著的序论中，罗尔纲运用马克思主义理论，运用阶级观点和阶级分析方法，已经很自如了。序论开宗明义，首先指出："历史科学的根本任务之一，是要正确说明人民群众在历史上的地位和作用。因此本书开宗明义第一章就首先要向读者说明人民群众是创造太平天国历史的动力这一大宗旨。"依据这一理论，他指出："太平天国革命的动力是人民群众，太平天国的历史是由人民群众所创造的。太平天国的领导者和英雄们乃是在当时的历史的转折时期、在急剧转变社会冲突的时代、在革命战争当中从人民群众里面成长起来和锻炼出来的杰出的代表人物。当然，我们必须肯定太平天国那些领导者和英雄人物在太平天国革命当中所起的个人作用，他们代表了人民的利益和意志，站在历史斗争的前列，组织了千千万万人民群众，领导着人民群众把历史推向前进。但是，创造太平天国历史的动力，究竟还是人民。"⑤ 正是根据这一理论指导，罗尔纲研究了太平天国起义的时代背景、太平天国前期的胜利进军、太平天国反封建反侵略的纲领和政策、太

---

① 罗尔纲：《〈太平天国时期地主阶级的初步研究〉序》，《困学丛书》下卷，广西人民出版社1989年版，第681页。
② 同上书，第682页。
③ 茅家琦：《太平天国史研究的全面总结》，《近代史研究》1992年第5期。
④ 茅家琦：《放开视野，观察历史——就〈太平天国史〉的评价问题与吕实强先生商榷》，《近代史研究》2000年第1期。
⑤ 罗尔纲：《太平天国史》第1册，卷一序论，中华书局1991年版，第3—4页。

平天国内部的分裂、太平天国的失败以及太平天国革命的历史教训。肯定人民群众在历史上的作用，是马克思主义对于人类历史发展的核心观点之一。《太平天国史》序论完全接受了这一重要观点，这是罗尔纲晚年在太平天国历史研究中学习和运用马克思主义理论的重要证明。

其次，以撰写太平天国历史书的体裁变化为例。我国旧史，以《史记》、《汉书》为代表，创下纪传体的撰史体裁，二十四史一以贯之。罗尔纲认为太平天国国祚略等三国五代，今正史中三国五代皆有专史，独太平天国史尚付阙如。因此，为求中国旧日正史系统之完整，为求太平天国史在中国过去正史中应得之地位，他在1951年出版的第一部《太平天国史稿》用了纪传体体裁：本纪以系年月，列传以著人物，志则述典章经制，表则以佐纪传志之不逮。可以说完全是旧史体裁。到1955—1957年修订改写时，有了新的体会，认识到：正史体裁，本纪以记大事，列传以笺注本纪，表以标明繁琐的史事，志以记典章制度。但是这种体裁却有一个大的缺点，就是根本不可能做综合的叙述。鉴于此，1957年增订本增加序论，作为第一卷，以下仍然是本纪、表、志、列传。1991年版《太平天国史》在体裁上作了原则的修订，这一修订，充分体现了马克思主义理论对撰史体裁的指导意义。

从1958年起，罗尔纲在史稿基础上重新撰写《太平天国史》时，认真严肃思考撰史体裁问题。他学习了毛泽东有关批判继承历史遗产的观点，对如何处理纪传体有了新的认识。这个新认识主要表现在如何看待本纪和列传上。他认识到纪传体以人物为本位，突出个人，掩蔽人民群众，使读者发生英雄创造历史的错觉；本纪体裁专记帝王一人的统治，其目的是要体现出封建君主制的统摄万方、纲纪后代的特征，具有浓重的封建性。因此必须改变本纪和列传的写法，而且需要改变人物传记在全书中的比重。新的体裁将本纪取消，将洪秀全、洪天贵福的事迹归入列传，将本纪中的国家大事独立出来，设置纪年体裁，又将列传改为传，这就将纪传体的封建性取消了。这样新的体裁变为：序论、纪年、表、志、传。传只是全书五种体裁中的一种，这就把旧史体裁以人物为本位的纪传体性质改变了。罗尔纲把这种新的体裁称之为"多种体裁综合而成的综合体裁"。他认为，这一综合体裁具有三个特点：第一，增加序论，概括全书，不仅改变了纪传体"大纲要领,观者茫然"的大弊,而且能够担负起理论性阐述的任务;第二,取消本纪,剔除了纪传体以君主纲纪天下后世的浓重封建性;第三,将纪传体改为序论、纪年、表、志、传五部分,传只占全书1/5,在比重上和实质上对纪传体做了根本的改变。这样新的撰写体裁,就不能再看作是旧史的纪传体了。这一改变,是在马克思主义理论指导下完成的。应该说,这是罗尔纲先生在学习和运用马克思主义理论后,对我国正史撰写体裁革新的重大贡献。

最后,以罗尔纲先生最擅长的考证为例。其实,罗尔纲的全部研究工作,都是建立在辨伪、考信的基础上的。不管是太平天国历史,还是晚清兵制,还是金石拓片整理,还是《水浒传》研究,无一不是以辨伪、考信的考证工作为基础。他出版的《太平天国史论文集》共十集,包括辨伪集、订谬集、史事考、史料考、太平天国史丛考,等等,都是在做考据。刘大年先生曾经指出:"现在我们对那场农民革命运动一些重要史实,能够有比较准确的了解,在很大程度上要归功于这些考证所取得的成就。"①这是极为准确的评价。我们可以说,这是中国传统的考据学对他的影响。我们还可以进一步说,这也是马克思主义理论,辩证唯物主义和历史唯物主义的基本原理,对他的研究工作的影响。

考据学不为旧史学所专有,马克思主义历史学也离不开考据学,罗尔纲的辨伪、考信所取得的成就就是有力的证明。历史记载(特别是近代史)包罗万象,纷繁复杂,每个记录历史的人有不同的立场、观点和角度,如何从复杂多端的记载中找出历史的真相以及这些真相所反映的历史的本质,就需要马克思主义的解剖刀。如前所述,罗尔纲在学习和运用马克思主义立场、观点和方法研究太平天国历史的时候,他的主要工作是考据,他对太平天国历史研究的主要结论是从考据中得出来的。他考出太平天国的性质是反封建、反侵略,他对太平天国的纲领及其实施做了翔实的考证,他考出洪大全不是太平天国的领袖,他考出太平天国的政体是军师负责制,他考出太平天国的内讧及其失败的因由,他对李秀成自述的真伪做了长时间的考证,他考出李秀成写自述是实施苦肉缓兵计,是学蜀汉姜

---

① 《太平天国史序一》,载罗尔纲《太平天国史》卷一。

维伪降、劝曾国藩反清为帝,目的是复兴太平天国。他考证《水浒传》,考出罗贯中70回本是原本,100回本和120回本是"续加"和"盗改",从而得出70回本《水浒传》是一部反抗封建统治,宣扬农民起义的不朽名著,推翻了《水浒传》只反贪官,不反皇帝,是一部奴才传的错误论断。

祁龙威先生认为,罗尔纲是当代考证学的高峰。① 郭毅生先生认为,罗尔纲"继承了乾嘉学派的优长却又突破了旧考据方法的局限性"②。对于罗尔纲的考据,贾熟邨先生总结:他"已经不再是片面地、孤立地看问题,而是全面地、联系地看问题;不再是从现象看问题,而是从本质看问题;不再是'是则是,否则否'地看问题,而是从矛盾对立之中看问题;不再是静止地看问题,而是发展地看问题;不再是无视或掩盖阶级斗争,而是正视和揭露阶级斗争;不再是无视或蔑视群众,而是有群众观点和走群众路线。"③ 这连续几个"不再是"和"是",总结得很好,因为这一段话,正确地揭示了罗尔纲晚年的考据方法,是科学的,是辩证的,是接受了马克思主义世界观的指导的。说罗尔纲的考据方法,已经远迈前人,是符合史实的。

胡绳先生在祝贺罗尔纲85岁寿辰时说过:"乾嘉学派的考据工作只限于古文献中的文字的校订与诠释,而我们的历史考据则着眼于事实的真相。马克思主义对考据工作的指导作用在于分别轻重,使考据工作不致漫无边际地进行,为考据而考据,甚至钻入牛角尖。至于在弄清楚一件事实真相以后,把许多事实联系起来,阐明其因果关系和规律性,那就不是只靠考据所能做到的了。但一切论断必须以客观事实为依据,不能凭主观的任意的猜想,这是马克思主义史学所要遵守的原则。"④ 胡绳的话,是对罗尔纲学习和接受了马克思主义以后所作考据工作的客观评价。事实上,罗

---

① 祁龙威:《当代考证学的高峰》,《近代史研究》1998年第3期。
② 郭毅生:《永远的怀念》,转载贾熟邨、罗文起编《困学真知——历史学家罗尔纲》,南京大学出版社2001年版,第80页。
③ 贾熟邨:《罗尔纲》,载中国社会科学院科研局编《中国社会科学院学术大师治学录》,中国社会科学出版社1999年版,第738页。
④ 胡绳:《祝贺时的感想》,《近代史研究》祝贺罗尔纲85寿辰和从事学术工作60年专栏,1986年第6期。

先生自己多次强调考证工作必须得到唯物史观的指导,并且力图把考证工作与唯物史观相结合。① 1956 年秋,罗尔纲在完成《太平天国史论文集》第七集做总结时,才深切地体会到"做考据工作必须以马克思主义作指导,才能够发挥考据方法的效能"②。

罗尔纲曾经回顾自己学习马克思主义前、后做考据工作的情况和经验。他说:"今天检查我过去做的太平天国史事考据工作所用的方法,都是古老的乾嘉学派的考据方法。我是从时间、地点、人事等等方面提出证据来证明虚谬。这一种方法,从实际出发,依靠证据,实事求是地去鉴定史料或史事的真伪。但是,它却不能从全面的发展上去看问题,因此,在比较简单的事件上,是可以解决问题的,但遇到了复杂的事件,就往往受着一定的局限,不能深入。研究历史,要想深入去发掘历史事件的内容,非掌握马克思列宁主义的观点、立场不可。"③ 他举例说,20 世纪 40 年代,他研究太平天国的土地法、圣库制度、诸匠营与百工衙制度、乡官制度、妇女解放等等,是割裂开来,孤立地去看,只能考出一个个孤立的史事,看不出它们的内部联系。只有学习了马克思主义后,才懂得必须全面地、联系地看问题,再来考证,才考出《天朝田亩制度》,包括废除地主阶级土地占有制的土地法,废除私有财产的圣库制度,生产资料收归国有、工业归国营的诸匠营、百工衙制度,还有人民选举乡官的民主制度和妇女解放等等,其中"贯穿着一个反封建的纲领"④。

谈到考据,还有一个"史料即史学"的问题。20 世纪 80 年代初,有人问罗尔纲怎样看史学界有人轻视理论重视考据的倾向,罗尔纲立即回答"这是不对的"。他指出,考据只是历史研究的第一步,"历史研究是要找到历史发展的规律性,看出历史发展中的本质的东西,其目的是为了今天,为了明天,不是为历史而历史的。这种认为'史学就是史料学'的谬

---

① 祁龙威:《考证学与太平天国史研究——纪念罗尔纲先生》,引自贾熟邨、罗文起编《困学真知——历史学家罗尔纲》,南京大学出版社 2001 年版,第 191 页。
② 罗尔纲:《谈治学》,《困学丛书》上卷,第 108 页。
③ 罗尔纲:《〈太平天国史记载订谬集〉自序》,《困学丛书》下卷,第 789 页。
④ 罗尔纲:《谈治学》,《困学丛书》上卷,第 109 页。

说，不但大大违背马克思主义的历史科学，也不是中国古代史学家的做法"①。

当然，同样是用唯物史观作指导来做考证工作，可能得出不同的结论与解释，这在学术研究的过程中是正常的现象，正是这种同与不同的切磋，推动了学术的进步，这里不赘述。

罗尔纲一辈子研究太平天国，终生研究都在为太平天国的事业辩护，乃至面临巨大的政治压力也不后退；同时又以同样的兴趣和努力，探讨、研究一部表现了我国宋代底层劳动人民的小说《水浒传》，在在体现出他努力探讨我国底层劳动人民的生活和奋斗，探讨这种奋斗如何影响中国历史的走向。我以为，指出罗先生的巨大研究成果，受到了马克思主义的影响，是符合事实的。罗尔纲在接受马克思主义以后，写文章，做研究，不是言必称马克思，但他的研究旨趣，贯穿他的研究的思想指导的，是马克思的。据钟文典先生回忆，罗尔纲曾致函钟文典，要他指导青年看历史史料，要注意作者的资产阶级客观主义立场，要青年学者了解，同一事实，立场、观点不同，解释也就不同，谆谆告诫青年学者不要中毒。② 这样的告诫，正是罗尔纲自己学习了马克思主义理论后的心得。

罗尔纲一生追求学术事业，心存远大，脚踏实地，不务虚名，不慕官位，努力在学术研究上作出贡献。50 年代初，罗先生在南京一手创办了南京太平天国博物馆，当正式任命罗尔纲为馆长时，罗先生坚辞不就，宁愿接受范文澜所长之聘，到近代史所来做一名普通的研究员。后来，他担任过两届全国人民代表，两届全国政协委员，虽不能辞，遇到活动，却很不能适应，以致不再参加政协的活动。但对于学术研究，却始终追求，终身不悔。正是这种精神，造就了一代大学问家。范文澜先生说过做学问要有"富贵如浮云"的精神，罗尔纲以终生的学术追求，实践了这种精神。

罗先生常说做学问"要大处着眼，小处下手"，必须从打基础下功夫，由博入专，不可急功近效。罗先生直到辞世前，从事史学研究，终

---

① 罗尔纲：《〈太平天国史丛考乙集〉自序》，《困学丛书》下卷，第869、873 页。
② 钟文典：《师恩永存》，《近代史研究》1998 年第 3 期。

生乐此不疲。他做学问，宏博淹通，基础极为雄厚。罗先生在复一位研究中国文化史的青年的信中，强调"做学问'要大处着眼，小处下手'。能大处着眼，为学方不致流于繁琐，而有裨益于世。能小处下手，方不致流于空谈。所以千万不要求速效，要花三四十年读书，积累史料和增进知识的功夫，然后以三四十年做研究的功夫，断断乎必会有大成就的"①。他举英国人李约瑟为例，李约瑟本是一个外交官，抓住中国科技史这个题目，下了几十年的研究功夫，终于成就了《中国科学技术史》这部名著。其实，罗先生自己的例子，更有说服力。罗先生著《太平天国史》，如果从1937年《太平天国史纲》算起，前后经历了54年。他注李秀成自述，从青春注到白首，前后花了49年。他注意并研究《水浒传》，从20世纪20年代就开始，到1992年出版《水浒传原本和笔者研究》，前后花了近60年。

罗先生告诉一个研究太平天国史的青年，"必须从打基础下功夫，刻苦学习，刻苦钻研。学问的高峰是可以攀登的，但断不是急功近效所能达到的"②。他还在一封信中表示要"提倡一点我国治学朴质的作风，反对主观臆断、夸夸其谈的风气"③。罗先生做学问，从来是言必有据，没有材料，或者根据不足，就不说话，或不说满话。在研究历史问题，广泛收罗史料的过程中，他始终坚持一种打破沙锅璺（问）到底的精神，不弄清问题，决不罢手。一旦发现新的材料，必定重新审视自己以往的研究。

罗先生是史学研究的大师，在学术研究中却非常谦虚谨慎，不但坚持自己认为正确的地方，在发现自己的错误时立即改正。一次一个青年朋友写文章指出罗先生文章中的错误，罗先生认真审视自己的文章，发现的确是自己弄错了，马上写文章更正。他把文章寄给《安徽史学》编辑部，并附上一封信，建议"为百家争鸣提倡一种好风气——互相切磋、承认错误的好风气"。他在信中说："鄙见以为，提意见的同志应本学术为公、与人

---

① 罗尔纲：《复李乔》1984年12月1日，《近代史研究》1998年第3期。
② 罗尔纲：《复李敏》1982年9月24日，《近代史研究》1998年第3期。
③ 罗尔纲：《复饶任坤》1985年10月6日，《近代史研究》1998年第3期。

为善的态度，以和风煦日的文笔提出商榷的意见，而被提意见的同志则应以闻过则喜和有则改之、无则加勉的态度去接受批评。自古文人相轻，同行成仇。特别是那些自封为专家、权威之流，如有人提出正确意见，或考出真伪时，竟强辩不休，甚至结伙反对，使论问题则是非不明，考史料则真伪不辨。此种情况，于昔为烈，于今不绝。"罗先生建议编辑部在他的文章前加一段按语，指出他的错误，以便批评有的放矢。他强调说："承认错误是对人民负责的应有态度，而提意见的同志则应有与人为善的态度，为百家争鸣提倡一种好风气。"①

罗先生在学术研究中，一辈子都是坚持这种虚怀若谷的态度，这是一种真正的大家风范。只要有人指出他文章中的错误，他立即写信感谢，并且写文章公开改正。这种闻过则喜、有则改之、无则加勉的态度，在今天值得大大加以提倡。

罗尔纲先生少年离开广西贵县，到上海上学，后到胡适家帮助胡适工作兼做家庭教师。又随胡适到北京工作。抗战期间，辗转云南、四川，1949年后，先在南京工作，着手筹办太平天国博物馆，后长期任职于中国科学院近代史研究所（中国社会科学院近代史研究所的前身）。本人是后学晚辈，1964年8月才到近代史研究所报到。1988年9月担任副所长，1994年1月担任所长，2004年7月免职。在负责所里工作期间，每年都要到罗先生家里看望。1991年1月，罗先生90大寿，中国社会科学院胡绳院长来罗先生家里祝寿，献花，我陪同在侧。罗先生前一天知道了胡绳院长要来家里，异常兴奋，一夜未曾好好休息，早起不慎摔了一跤，头碰到暖气管上，出了血。我们到罗家时，罗先生头上还缠着纱布。胡绳院长来时，原本躺着的罗先生连忙坐起来。胡绳知道他因为兴奋摔跤，表示歉意，忙请他躺下。罗先生坚持坐起来说话。胡绳说些年轻时读过罗先生的书之类的话，仰慕罗先生在太平天国历史研究上的成就，表示中国社会科学院有罗先生这样的学者是中国社会科学院的光荣，祝愿罗先生健康长寿。有意思的是，胡绳是苏州人，说的是苏州口音，罗先生是贵县人，说的是很难懂的贵县话。两人的话，全靠在

---

① 罗尔纲：《致〈安徽史学〉编辑部》，1984年4月22日，《近代史研究》1998年第3期。

场的罗先生的女儿罗文起和女婿贾熟邨翻译，我也偶尔在旁插话。1997年，罗先生满了97岁，我和近代史研究所的同志们正在考虑为罗先生庆祝百岁生日。可惜，这个愿望没有实现，罗先生在那一年仙逝了。过了两年和三年，罗先生尊为领导的近代史研究所名誉所长刘大年、中国社会科学院院长胡绳也先后谢世了。

1999年6月28日，南京太平天国博物馆举办罗尔纲史学馆开馆暨罗尔纲铜像揭幕仪式。我陪同中共中央政治局委员、中国社会科学院院长李铁映前往出席。李铁映院长以《纪念罗尔纲　学习罗尔纲》为题发表了长篇演讲，肯定罗尔纲同志一生向往光明，追求真理；一生治学不苟且；一生坚持真理，胸怀坦荡；一生布衣，为学者典范。李铁映呼吁要大力提倡罗尔纲做学问"十年磨一剑"、"甘坐冷板凳"的精神，号召青年一代学者向他学习。[①]

罗尔纲先生的女公子罗文起女士，早已年逾古稀，担负了整理罗先生全部文稿的繁重任务。罗文起早年学农，数十年来在近代史研究所工作，一直是罗尔纲先生的助手，帮助罗先生整理文稿、查阅资料，充当罗先生文稿的第一读者。《罗尔纲全集》的文稿收集、整理和编辑工作自然由她承担，贾熟邨研究员从旁协助。罗文起在文稿整理大体告竣的时候，给我一个任务，要我为全集写序。我没有资格做这件事，实在不敢承担。无奈罗文起甚坚持，我只好勉为应命。

罗尔纲先生是我尊崇的前辈，是近代史研究所，也是国家的历史学大师。关于罗尔纲先生，许多学者已经说了很多景仰的话。我只讲一点别人说得不多的话，主要是强调说明罗先生在学术上取得巨大成就的思想渊源，说明马克思主义理论如何推动罗尔纲先生的学术进步。

1949年以前，罗尔纲出版的著作有12种，1950年以后出版的著作超过了30种。他于1954年进入近代史研究所，1955年以后出版的著作接近30种，编辑的历史文献等不在内。他进入近代史所时，已经53岁了。他努力学习马克思主义，在学习中把马克思主义与中国历史文化传统相结

---

① 李铁映：《纪念罗尔纲　学习罗尔纲——在南京罗尔纲史学馆开馆暨罗尔纲铜像揭幕仪式上的讲话》，《光明日报》1999年7月16日第7版。

合，在史学研究中多有开拓，多有创新。总结全文，我们可以概括地得出一个结论：马克思主义开拓了罗尔纲史学研究的新生命。

作为晚辈，我希望用这些话来祝贺《罗尔纲全集》的出版，也希望史学研究的后来者有所憬悟。不敢云序，学习心得而已矣。

2010 年 1 月 10 日完稿，11 月 4 日修订

（原载《近代史研究》2011 年第 1 期。《罗尔纲全集》
第一卷，社会科学文献出版社 2011 年版）

认识台湾历史的特点与对台工作的复杂性

对祖国而言，台湾的历史有他自己的历史特点。透过台湾历史的发展、演变，我们看到，今天台湾工作中的几乎所有问题，都可以在历史中找到原因。开展对台工作，不能不注意发现、研究这些原因，不能不注意研究台湾历史发展中的种种特点和特性。

如何理解台湾自古以来就是中国历史的一部分

台湾自古以来就是中国领土不可分割的一个组成部分，这是坚持一个中国立场的政治性的命题。在学术上怎么来论证、说明这个命题，还是需要下一番功夫的。换句话说，这个问题的认识在学术上还是有分歧的。

考古学者的意见，由于 4500 年前，或者 1 万年前，台湾海峡曾经几次与大陆直接连接，大陆先民很容易来到台湾。后来又有菲律宾、印尼等地的先民渡海来到台湾，是所谓南岛语系。又有学者认为，所谓南岛语系，也是中国大陆地区闽越先民形成的。后来由于海峡隔绝，台湾先民的原始状态保留了下来，形成了后来的番族。所以旧石器时期、新石器时期的考古遗物，大多与中国大陆地区的古文化相似或者相类。台湾岛上的早期住民，不管是来自大陆东南沿海的百越，还是南岛民族，都只有语言，没有发明文字。这些说明不了有文字形成的历史以来中国大陆对台湾的管辖，或者主权关系。

最早可能涉及台湾的历史记载，是战国初期成书的《尚书·禹贡》篇，《禹贡》是我国最早的地理书，它把全国分成九州，其中扬州北到淮河，东到海洋，海中有所谓"岛夷卉服"的说法，有学者认为，所谓"岛夷"，就是指台湾岛上的先住民。清代台湾府志编修时，编纂者高拱乾认为台湾最早出现在文献上，可从《尚书·禹贡》追溯起，这个说法，学术界分歧很大，一些学者表示怀疑。比较明确的记载是《三国志》。《三国志·孙权传》载，孙吴政权于黄龙二年（公元230年）派遣将军卫温和诸葛直率领一万官兵"浮海"抵达"夷洲"。他们到达夷洲后，因水土不服，疾疫流行，"士众疾疫死者十有八九"，不得不返回大陆。这是中国官方派军队登陆台岛的最早记载。此后不久沈莹著《临海水土志》（成书于公元264年至280年）说"夷洲在临海东南"，"土地无雪霜，草木不死"，"土地饶沃，既生五谷，又多鱼肉"，留下了世界上有关台湾情况的最早记述。多数学者根据《临海水土志》所描写的地理方位、种族特色，认为"夷州"就是台湾。也有些学者认为"夷州"可能是日本或冲绳。这次孙吴政权出兵登台，未能留下管理台湾的证据。

过了370年，《隋书·流求国传》记载隋朝大业三年和四年（公元607年和608年），隋炀帝派羽骑尉朱宽两次统兵前往流求（即台湾）。大业六年（610年），又派武贲中郎将陈棱和朝请大夫张镇州率兵万余人到达流求，当地土著居民"初见船舰，以为商旅"，相继前来贸易。这说明当时已常有大陆商人在台湾通商，所以当地居民看到船只才习以为常。这次派兵登台，也没有留下管理机构。多数学者认为，《隋书·流求国传》所说的流求指的是今日台湾。

又过了差不多400年，唐五代史书没有关于台湾的确切记载。这种情况到了宋代才发生变化。宋代时海峡两岸已经出现较多的往来和经济活动，福建泉州居民已有不少到澎湖定居，从事农业和渔业活动。南宋赵汝适著《诸蕃志》载："泉有海岛曰澎湖，隶晋江县。"泉是指泉州。这里已经明确了澎湖在建制上已经归福建省晋江县管辖了。知泉州郡汪大猷还在澎湖建房200间，"遣将分屯"，可见已经在那里驻军巡逻了。这是关于澎湖与福建隶属关系的最早记载。还有的记载说澎湖"宋时编户甚蕃"。可见，至少澎湖地区已正式纳入大宋版图。

到了元朝，迁居澎湖的汉人更多。他们在此建造茅屋，过着定居的生活。元朝初期，为了开发台湾，元朝把福建省会从福州迁到泉州，并在澎湖设置巡检司（荣孟源、陈孔立认为在1292—1294年，即元世祖至元二十九至三十一年；张崇根认为在1279—1281年之间，元世祖至元十六至十八年；许雪姬、戚嘉林认为在1281年，即元世祖至元十八年）。巡检司"职巡逻，专捕获"，捕捉罪犯，兼办盐课，虽然级别不高，属九品，但这是中央政府派驻台澎地区的第一个行政执法机构。自此以后，中央王朝开始派员管理台澎地区。这个时期，元朝政府多次派兵前往台湾招抚，但因语言不通和航海知识不足，无功而返。

明朝的海禁政策，导致东南沿海海盗盛行。海禁没有阻挡住闽粤汉人迁居台湾，商业贸易更加频繁。到澎湖、台湾的大陆人，包括贫苦的农民、往来贸易的商人以及从事海盗贸易的人。明朝万历、天启年间，颜思齐率众纵横台湾海峡，招徕泉州、漳州移民，对台湾进行大规模有组织的拓垦，被后世尊为"开台王"。天启五年（1625年）颜思齐病亡后，郑芝龙被推为首领，他以台湾为根据地，进行走私贸易活动，成为东南沿海一股强大的势力。有组织的汉人势力进入台湾，开始于颜思齐、郑芝龙。

在郑成功从荷兰东印度公司收复台湾以前，明朝政府未能在台湾设官治理。虽然如此，当时的中国人，以及当时来到台湾的外国人，都自然地认为台湾是中国的地方。理由如下：

1. 荷兰东印度公司占据台湾初期，在征税问题上与日本人发生争议。荷兰人向日本人指出："台湾土地不属于日本人，而是属于中国皇帝，中国皇帝将土地赐予东印度公司，作为我们向澎湖撤退的条件。"[①] 这里所说中国皇帝将土地赐予东印度公司不是事实，这只是地方官允许，地方官并未将这一要求上报皇帝批准。但这句话的前半段却说明，荷兰人是承认台湾原本是中国的土地。

2. 清朝顺治十九年（1662年），郑成功率大军攻占台湾赤嵌后包围了大员的热兰遮城，迫使荷兰人签约投降，结束了荷兰人在台湾长达38年的殖民统治。此前，郑成功以大明征讨大将军名义致函荷兰驻大员长官揆一，招降荷兰人，称：一、澎湖诸岛距离漳州诸岛不远，因此隶属漳州。同样，台湾邻近澎湖诸岛，台湾也应隶属中国。二、中国人自古即据有这些土地，并已开垦。三、以前荷兰人来此请求通商，在此并无寸土之地。郑成功的父亲郑芝龙出于友谊，暂借台湾给予荷兰人，此次率大军前来，

---

① 《巴达维亚城日记》第1册，第64页。转引自陈孔立主编《台湾史纲要》，第42页。

是收复故土。郑成功要求荷兰人投降，退出台湾全岛，拒绝任何其他解决方案。① 连横在《台湾通史》中也引用了郑成功1661年4月26日写给荷兰"总督"的信，称："台湾者，中国之土地也。久为贵国所据。今余既来索，则地当归我。珍瑶不急之物，悉听而归。"② 郑成功这时候是南明的臣子，他是以中国的名义收复故土的。收复以后，即在台湾设置一府二县。郑成功是在台湾建立中国行政机构的第一人。

3. 荷兰东印度公司占据台湾后，台湾岛上的中国人不断掀起反抗。荷兰人当时记载说："中国人对于我们来福尔摩沙，并不喜悦。他们在煽动'土人'""反抗公司"。③ 郭怀一在领导驱逐荷兰人的起义时说："各位受红毛虐待，不久将被迫害而死。如其等死，不如一战。胜了，台湾归中国人所有。失败了，也是一死。"这次起义失败后，在台湾的中国人驱逐荷兰人的决心并没有削弱，"华人含恨，遂汹汹欲动"④。

4. 明朝政府虽然未在台湾设官置守，但在管理上等同内地。如在贸易管理上，对台湾的鸡笼、淡水、北港等地与大陆沿海的港口同等对待。⑤ 当倭寇侵扰台湾时，明朝政府曾派兵前往驱逐。

5. 台湾的附属岛屿钓鱼列屿是中国领土，明朝以及明朝的属国琉球的记载是明确的。

从台湾历史演变中得出的一条基本结论：世界上没有任何人比中国人更早地发现、开发、认识台湾。台湾考古发掘早已证明，台湾有旧石器和新石器时期的文化遗存，生活在台湾的早期人大多是从中国大陆过去的，台湾史前文明与大陆文明具有同源性。由于闽粤地方人民逐渐移植、开发澎湖、台湾，宋元以来，中国历代中央政府就在澎湖设治，实施了管理澎湖、台湾的行政责任。17世纪初期，虽然台湾部分地区一度为荷兰人占领，但荷兰人明确认识到，台湾属于中国皇帝。就是说，17世纪初的西方

---

① C. E. S.：《被遗误之台湾》，周学普译，台湾经济史三集，台湾研究丛刊，第64—65页。
② 连横：《台湾通史》第一卷，商务印书馆1983年版，第17页。
③ 曹永和：《台湾早期历史研究》，第168、171页。
④ 连横：《台湾通史》第一卷，商务印书馆1983年版，第15、16页。
⑤ 参见曹永和《明郑时期以前之台湾》，黄富山、曹永和主编《台湾史论丛》第一集，台北众文图书公司1980年版，第49页。

占领者知道，中国皇帝是台湾的管理者，只有中国人有资格对台湾提出权利要求。其他人，不管是西方的荷兰人、西班牙人，还是后来的美国人、法国人，还是东方的日本人，都是窃据者，都是侵略者。清朝在康熙时期，彻底消灭南明小王朝，从明郑手里征服台湾，完成了国家的统一，建立了对台湾的有效统治。以后，海疆多事，边疆危机，外来的觊觎者每每打着占领台湾的主意，清朝统治者认识到加强台湾的管理和防务的紧迫性，于是将福建省的台湾府升格为省的建制，1885年宣布台湾建省，1888年完成与福建省的分治。虽然封建统治者一度认为台湾是化外之地，那只是表明台湾尚不及内地省份那样得到了较好的开发，文化政教尚有待加强推广的意思，并不表明台湾不是中国的领土。鉴于以上事实，我们有理由认为，台湾自古以来就是中国的一部分。所谓台湾400年历史是站不住脚的，说台湾建省与大陆只有十年的关系，是无知的说法。

1980年，"台独"学者史明在美国出版《台湾人四百年史》，1992年，史明又在台湾出版《台湾不是中国的一部分》。1996年，中国史学会和全国台湾研究会主持编写了由厦门大学台湾研究所陈孔立教授主编的《台湾史纲要》，就是意在驳斥史明的观点。

关于《开罗宣言》、《旧金山和约》所谓台湾归属问题

这个问题涉及台湾的地位问题。台湾地位本来不是一个问题，这是在开罗宣言、波茨坦公告以及战后的实践中早已解决了的问题。但是最近一些年来，"台独"势力鼓吹《开罗宣言》的法律"位阶"低于条约，认为《旧金山和约》没有明确台湾的归属，《开罗宣言》应该服从《旧金山和约》。今天台湾新版的高中历史教科书已经没有了《开罗宣言》的位置。

在《开罗宣言》发表60周年的时候，国台办召开过一次座谈会，我在会上作过一个发言。我那次发言的主要内容是：

开罗会议与中国有什么关系？第一，中国以第二次世界大战东方主战场的资格，获得了出席开罗三国首脑会议的权利，说明了中国国际地位的提高。在第二次世界大战期间，蒋介石作为中国首脑第一次出席三大国首脑的国际会议。这是近代中国第一次由首脑出面参与重大国际问题的处

理。第二，《开罗宣言》指出："我三大盟国此次进行战争之目的，在于制止及惩罚日本侵略"，"将坚持进行为获得日本无条件投降所必要之重大的长期作战"。这是对中国抗日战争的重大支持。中国人民正陷于日本侵略者的全面蹂躏之下，非常希望得到这样的国际支持。第三，《开罗宣言》明确指出："三国之宗旨在剥夺日本自 1914 年第一次世界大战开始以后在太平洋所夺得或占领之一切岛屿，在使日本所窃取于中国之领土，例如满洲、台湾、澎湖群岛等，归还中华民国。"中华民国当时在国际上代表中国。收回东北，是 1931 年以来全国人民的心愿；收回台湾、澎湖群岛，是 1895 年以来全国人民的心愿。三大国首脑关于满洲、台湾、澎湖群岛回归中国的决定，正式确定了中国领土主权完整不可分割的国际法原则。

在那个座谈会上，我还说到《开罗宣言》的历史地位不可动摇。

《开罗宣言》所确定的原则有两点：第一是以强大的对日作战的军事压力，迫使日本无条件投降；第二是迫使日本退出其以武力或贪欲所攫取之所有土地，包括自 1914 年第一次世界大战以来在太平洋所夺得或占领之一切岛屿，所窃取于中国之领土如满洲、台湾、澎湖群岛等，使朝鲜独立自由。这是当时三大国首脑（实际上包括苏联首脑斯大林的同意是四大国首脑）关于第二次世界大战结局所作出的最重要的政治决定。这也是有关人类社会历史前途的决定。

须知《开罗宣言》是当时的三大国首脑一致通过的，发表后，没有任何一个当事人表示异议。而且在两年后的 1945 年 7 月 26 日，美、英、中三国首脑在另一个重要文件即《波茨坦公告》中正式引用，随后苏联首脑斯大林也在这个文件上签字。这个文件的第八条明确载明："开罗宣言之条件，必将实施；而日本之主权，必将限于本州、北海道、九州、四国及吾人所决定其他小岛之内。"由《开罗宣言》所决定、《波茨坦公告》所肯定的这些条件，又在 1945 年 9 月 2 日的《日本投降条款》中再次得到确认。这个"投降条款"是由同盟国各国代表和日本国代表共同签署的。1972 年 9 月 29 日签署的《中日政府联合声明》中，日本政府再次声明"坚持遵循波茨坦公告第八条的立场"。这一系列重大的历史文件都以《开罗宣言》关于处分日本的决定为根据，怎么可以说《开罗宣言》是无效的，是没有法律效力的呢！"台独"势力鼓吹所谓《开罗宣言》法律位阶不够的政治谎言，是难以成立的。

1950年6月，朝鲜战争爆发，美国总统杜鲁门命令第七舰队进驻台湾海峡，阻止国共双方的相互进攻，"台湾未来地位的决定必须等太平洋安全的恢复，对日和约的签订或经由联合国的考虑"。此时，美国政府公开否决关于台湾归属的战时协议及美国自己在其中的承诺，企图剥夺中国收回失土的权利和对台湾的领土主权。美国政府官员及一些学者大造舆论，称"《开罗宣言》和《波茨坦公告》不具有约束力"、"中国接收台湾并非取得主权"。"台独"势力鹦鹉学舌，也就是这些根据。

1951年9月8日，在没有海峡两岸中国人参加的情况下，美、英等48国代表在旧金山签署《对日和约》，规定"日本放弃对台湾及澎湖列岛的一切权利、权利依据和要求"，但是未明确载明日本放弃的这些权利应该归属于谁，制造出所谓的"台湾地位未定论"。对此，周恩来总理昭告世人："《旧金山对日和约》由于没有中华人民共和国代表参加准备、拟定和签订，中央人民政府认为它是非法的、无效的，因而是绝对不能承认的。"台湾国民党当局也发表声明，"《旧金山对日和约》排除中华民国政府参加，故其对中华民国没有约束力"。试问：日本获得台湾、澎湖列岛的"权利根据"何在？还不是由于《马关条约》的签订，说明这种"权利根据"在于中国吗？放弃从中国获得的割让权利和"权利根据"，不就是还给中国嘛！如果联系到《开罗宣言》和《波茨坦公告》，怎么可以得出"台湾地位未定"的结论呢？！况且，《旧金山对日和约》还提到"日本放弃对千岛群岛及由于1905年9月5日朴茨茅斯条约所获得主权之库页岛一部分及其附近岛屿之一切权利、权利根据与要求"，并未直接言及归还苏联，从来没有人提出上述岛屿有什么"地位未定"问题。这说明：这里所谓放弃某地"一切权利、权利根据与要求"，与归还某地给原主，并无实质区别。实际上，由于1972年以后中美之间三个联合公报的签订，由于1972年中日复交的联合声明中日方表示坚持遵循波茨坦公告第八条的立场，所谓"台湾地位未定论"的谣传，早已灰飞烟灭了。

"台湾地位未定论"试图在国际法上造成一种幻觉，似乎台湾不是中国的领土。但是，回顾其出笼的经过，不难发现，它完全是美国出于政治、军事需要的某一个阶段对华政策的产物，以此制造"两个中国"、

"一中一台"、"台湾独立"。中美三个公报明确宣示，美国"承认世界上只有一个中国，台湾是中国的一部分，中华人民共和国政府是代表中国的唯一合法政府"。"台独"分子借"台湾地位未定论"来为"台独"开道，是根本站不住脚的。以今天的国际法知识，任何人都不能否定上述一系列国际文件所具有的国际法效力。在这个问题上，还要准备一旦国际上有什么风吹草动，"台独"势力搞什么花招。

关于台湾族群问题

台湾移民社会所产生的族群冲突是台湾社会的顽症。

台湾是一个典型的移民社会，千百年来，在开发台湾的过程中，为获取生存空间，闽粤移民与土著民族发生冲突。闽粤移民逐渐占据主导地位的过程中，漳州人、泉州人、客家人之间因经济利益、地方文化信仰等问题产生矛盾与冲突，引发大规模的械斗，积淀成强烈的分类意识与抗争心理。

台湾的地方官员认为，台岛"土性松脆，民俗浮嚣"，"好訾毁，喜斗轻生"，"三年一小反，五年一大反"。其实，台湾开发过程中的族群冲突是由台湾移民社会的结构决定的。在以地缘关系组合的社会群体中，移民间因经济利益、文化信仰等问题难免产生冲突，而清政府的管治力量十分薄弱，未能加以有效疏导，游民大量存在，无是生非，一哄而起，成为动乱之源。沿海民众中敢于渡台开垦者，大多具有冒险犯难的精神，在荒芜的台湾岛上必须披荆斩棘，与大自然顽强搏斗，同时又要与其他开垦者争水争地，以致民风强悍，好事轻生。

日据台湾50年，日本移民加军人达70万人。几百万台胞与日本人的斗争从未间断。从早期的"台湾民主国"的武装抗争，到台湾议会设置请愿运动。台湾光复后，200万大陆军公教人员迁居台湾，与台湾本省人为政治权力、经济资源的分配再次发生冲突，以至于今。

目前台湾有四大族群，即闽南、客家、外省人以及少数民族。虽然台湾已经发展为经济发达的资本主义社会，但以地缘区隔的社会群体结构牢不可破，族群间的分类冲突仍然十分剧烈，成为台湾社会的一大沉疴，严重制约着台湾社会各族群间的正常联系与交流。

由于过分地爱土爱乡，往往造成狭隘的地方主义，极端排外，阶级意识十分淡薄。每到选举来临，候选人总会打出"台南人选台南人"、"台东人选台东人"的旗号。长期以来，广大台胞经受了太多的压抑和挫折，同情弱者。台湾大小选战，候选人打到最后不是比理念，比政绩，而是跪地求饶，比谁最倒霉，谁最受苦，把自己装扮成最大的受难者。

移民社会产生的族群分裂，是一个社会问题。加上当政者处置不当，引导不当，加大了这种分裂。族群分裂，给包藏各种政治野心的政客留下了广大的活动空间。在这种活动空间里，族群分裂可能形成为对祖国的离心力。但是，另一方面，移民社会又蕴藏着对原乡的怀念。台湾的族群，不仅标举闽粤来历，而且标举河洛来历，把河洛看成原乡。就是在日据时期，台湾的文化人也没有忘记河洛。这就是中华民族的根，就是中国文化的根，就是台湾必须与祖国统一的历史和文化根据。河洛文化是台湾文化的源，台湾族群的不同文化差异，是台湾文化的流。台湾工作，必须注意这个文化特征。

关于台湾意识与"台独"意识

关于台湾意识和"台独"意识，这是两种不同的意识。在一个中国的前提下，站在台湾的角度观察历史、观察现实、观察世界，可以提出独特的观察角度，这就是台湾意识。从这个角度出发，香港有香港意识，澳门有澳门意识，内地各省也都可以有自己的观察角度，也都可以形成自己独特的意识。就是说，某地因地缘因素产生某种独特意识，是不必大惊小怪的，但是，某地的独特意识要服从于中国意识，如果这种独特意识超过了中国意识，就危险了。这是处理独特意识与中国意识的辩证法。

具有特殊意义的"台湾意识"起自于日据时期。那时候，生活在台湾的中国人，面临着"母国"（日本）和祖国（中国）的心理矛盾。即使那时"台湾意识"中的祖国意识，仍然反映了在台湾的中国人的中国意识。1949年后海峡两岸的长期隔离，国家统一未能及时实现，"台湾意识"有所增长。"台湾意识"与"台独意识"不能完全等同，也难以划出明确的界限。在今天，民进党和国民党都在标举"台湾意识"。民进党的"台湾意识"就是"台独意识"，国民党的"台湾意识"，一定意义上是模糊的"台独意识"。台湾工作在处理这个问题时，要非常慎重。马英九当了中国国民党主席和大选候选人以后，多次标举这种模糊的"台独意识"。2006年3月下旬，我在美国胡佛研究所听了马英九的演讲，他的演讲题目是：《国民党与台湾》。强调一下国民党与台湾的关系是可以理解的，但在国民党前把中国二字去掉了，适应了一些人要求把中国国民党改成台湾国民党的呼声，是一种模糊的"台独意识"。

中国幅员辽阔，历史上，除了儒家教化在各地占主导地位外，各地方的民间意识千差万别。台湾意识作为中国的一种地方意识，其核心就是爱土爱乡，渴望台湾稳定，经济发展，人民安居乐业，做台湾岛的主人。台湾由于孤处海外，与大陆有一条海峡相隔离，台湾意识具有典型的冒险性、反抗性。台胞坚信"三分靠天命，七分靠打拼，爱拼才会赢"。有清朝统治"遗弃"的经验，又遭日本帝国主义压榨50年，刚回到中华祖国，又由于当政者处置失当，发生二二八事件的流血冲突，广大台胞要求出头天的强烈愿望屡遭挫折，形成深深的悲情意识。在国民党统治的时代条件下，国民党垄断了台湾社会的主要政治资源，造成体制外力量的集结，这就是所谓党外时期的政治和宣传活动。悲情意识、本土意识、台湾意识、民主意识，甚至"台独"意识相结合，成为某些台籍政客的政治包装，往往能够左右台湾社会的舆论，形成一定的政治导向。

台湾的现代化集中于台北地区和高雄地区。国民党承袭了殖民遗产，加强对台湾西部地区、都市地区的投入，北部发展快于中南部、西部快于东部。两岸经贸交流使大资产阶级、中产阶级获利，中南部、东部地区的下层民众由于劳动密集型产业移往大陆，部分人失业，因此未蒙其益，先受其害，对两岸融合持消极态度，造成民进党的票仓。这也是台湾意识在台湾内部的反映。

"台独"意识则不然，它是一种分离意识。对于"台独"意识在历史上的形成，不能简单地看待。

最早的"台独"主张来自于郑成功的儿子郑经。郑成功的父亲郑芝龙是著名的海盗，换句话说，是著名的海上贸易集团的首领。郑芝龙看见大势不对，率先投降了清朝。郑成功反对他父亲的主张，不同意投降清朝。在清朝已经取代了明朝统治的情况下，郑成功的主张是于大节有亏的。他代表南明小朝廷收复台湾，也即是代表中国收复台湾，又是对国家有贡献的。但是他的儿子郑经却违背了父亲的意志，提出了"台湾独立"的口号。康熙年间，在施琅用武力攻打台湾之前，清朝廷曾多次派人前往台湾招抚郑经。郑经对清廷许诺的"八闽王及沿海各岛"不屑一顾，声称"东宁（指台湾）远在海外，非属版图之中，东连日本，南蹴吕宋，人民辐辏，商贾流通。王侯之贵，固吾所自有"。[①] 他还声称台湾"横绝大海，启国东宁"，"万世之基已立于不拔"。郑经在写给他舅舅的信中还说："能以外国之礼见待，互市通好，息兵安民，则甥亦不禅听从，不然未有定说，恐徒费往返耳。"[②] 在这里，郑经以台湾为"独立国家"，认为台湾"横绝大海"、"商贾流通"、"王侯之贵"都已具备。这些理由，也就是今天"台独"势力的基本理由。郑经要求比照朝鲜、琉球，向清朝纳贡称臣，遭到了康熙皇帝的坚决拒绝。于是，在康熙二十二年（1683年），命施琅统帅两万大军征台，一鼓而下，终于完成了台湾与祖国的统一。这是历史上第一次"台湾独立"，在以和平招抚方式无望以后，是以非和平的方式解决的。

1895年6月的"台湾民主国"，是在《马关条约》签订以后，清朝统治者无能保护台湾，日本占领者即将进入台湾的无奈情势下的产物，是台湾官绅不屈服日本占领的一种曲折的爱国表现。台湾民主国的年号取名"永清"是这种曲折表现的反映。日本用强大的武装完全占领台湾，结束了台湾民主国的命运。从这个角度说，也是以非和平的方式解决了"台湾独立"问题。

20世纪20—30年代台湾共产党主张的"台湾独立"，是一部分台湾人不屈服于日本在台湾的殖民统治，用发起"独立运动"来摆脱日本统治，为回归祖国创造必要条件的行动，是中华民族精神在那个历史条件下的曲折体现。但是，台湾共产党被台湾总督解散。这说明台湾总督府用国

[①] 《郑经复孔元章书》，载《康熙统一台湾档案史料选辑》，第70页。
[②] 《郑经复董班舍书》，第67页。

家强权制止了台湾共产党的"独立运动"。总督府使用强权,还是非和平方式。

1945年8月日本无条件投降时,部分日本驻台少壮军官和个别台湾青年主张"台独",则是感于台湾即将回归祖国的恐惧心理,用"台独"来加以抵抗的反映。鉴于当时台湾即将回归祖国的大势,台湾总督否决了这个意见。

二二八流血事件及以后国民党在台湾实施的白色恐怖,引起了新的"台独"主张和"台独"意识,是对国民党统治的反抗情绪。今天台湾的一些坚决主张统一和主张"台独"的精英人士,相当多人都是因为反对国民党暴政坐过牢的。

站在一个中国的立场上怎么看待历史上出现的"台独"意识和主张呢?郑经的台独主张是要批判的;1895年的"台湾民主国"、20世纪20—30年代台共的"台独"主张,是值得同情的;1945年的"台独"活动是要否定的;台湾光复以后的"台独"主张和"台独意识",有它值得同情的一面,但是由于对统治者的不满,用"台独"主张来加以反抗,是一种不能解决问题的行为。这种分离意识的滋长,不利于国家的统一和进步,是不值得鼓励的。至于20世纪80年代以后民进党的"台独"主张和"台独"运动及其"台独"纲领,尤其是民进党在台湾"执政"以后的"去中国化"、"文化台独"及其"台独"诉求(包括对岛内、对大陆、对国际社会),是用"台独"来抵制国家统一,是开倒车的反动意识和行为,中华人民共和国全国人民代表大会用《反分裂国家法》的国家大法来制裁在台湾可能出现的"独立"行为,是维护国家统一和国家利益的表现。

今天在处理"台独"问题时要注意,在20世纪60年代台湾经济开始起飞的时候,正是我们在搞"文化大革命"的时候。我们对"文化大革命"的批判和反思,对台湾当时的统派,带来了打击。我们在"文化大革命"以后实施改革开放方针,重新确立社会发展方向,带来了国家的巨大进步,也在一定意义上给外人以资本主义改革的印象。在海峡两岸长期隔绝,国民党在台湾的绝对的反共教育,以及国际共产主义运动处于低潮,都在一定程度上刺激了"台独"思想的增长。今后如何继续实施社会主义现代化建设，如何进一步完善社会主义市场经济体制，如何保证国有经济继续成为国家的主导经济，如何建设社会主义和谐社会，如何进一步缩小社会分配的差距和贫富差别、城乡差别，如何建设社会主义公平、正义和法制社会，全面提高人民收入水平，达到共同富裕，等等，党的十六大、十七大决定的正是这些重大问题。正确执行这些措施，都会加大对台湾人民的吸引力，都会压缩"台独"意识和势力的活动空间，从而促进国家的和平统一事业。

关于"中华民国"名号问题

目前存在于台湾的"中华民国"名号问题，是一个十分难以处理的"烫手山芋"，丢也丢不得，拿也拿不起。如何处理与拿捏，颇费斟酌。

1949年10月，中华人民共和国成立，准备一鼓而下台湾。但是由于美帝国主义发动朝鲜战争，派出第七舰队进入台湾海峡，阻碍了人民解放军解放台湾的步伐，解放台湾的计划被迫搁置。海峡两岸关系的最大特点，迄今为止，原则上、理论上，表现为国内战争尚未结束。这是我们坚持说不放弃使用武力实现祖国统一的基本理由。

中华人民共和国政府是代表中国的唯一合法政府，中华民国政府已不复存在。这是国内发生革命或战争后掌握主动权的一方通常的做法，符合国际惯例。中华人民共和国政府继承了中华民国政府管理的中国全部领土、人民和财产，包括台、澎、金、马在内，这在法理上，与1912年中华民国继承清朝政府管理的中国全部领土、人民和财产，性质是一样的。由于内战尚未结束，台湾当局继续打出"中华民国"旗号。中华人民共和国政府虽然合法地代表全中国的主权，但对中国的治理，暂时不及于占全国领土1/270的台湾。对于代表全中国的中华人民共和国政府来说，窃据台湾的"中华民国政府"是伪政府。这是符合中国历史传统的，也是符合国际法的，从国际法的角度说，一个主权国家不能同时存在两个中央政府。1972年联合国通过2758号决议以前，"中华民国政府"一直在联合国里占据了应该由新中国政府代表的合法席位。2758号决议通过以后，形势才发生根本变化。直到今天，承认中华人民共和国的国家有169个，表明世界上绝大部分主权国家都承认中华人民共和国；尽管如此，仍有24个国家承认台湾的"中华民国"，尽管这些国家非常小，在国际上不具有重要地位，而且由于台湾的金钱外交才得以维持。对于这种形势，我们要承认这是国内战争没有结束，台湾的伪中华民国政府还控制着中国一部分——台湾的治权的反映。从国内战争的角度说，只有大军南下，犁庭扫穴，才能彻底解决这个问题。

台湾在两蒋统治的时代，顶住国际压力，否定"两个中国"、"一中一台"、"台湾独立"、"台湾地位未定论"，坚持"中华民国"是代表中国的唯一合法政府，否定中华人民共和国政府的存在。这个"坚持"有两方面的象征意义：一、本着中国历史上"汉贼不两立"的传统，表示"一个中国"的存在；否定中华人民共和国政府，在一切国际组织（包括联合国）内实行"汉贼不两立"政策，有你无我，有我无你。二、表示中国内战没有结束，中国统一没有完成。

这两点象征意义，我们在中国统一没有完成的前提下，肯定它具有一定的积极意义。这个积极意义在于，"中华民国"虽然是伪政府，但他却坚持世界上只有"一个中国"的原则。然而，它也有消极意义，这就是，它的"一个中国"是"中华民国"，至今仍吸引了一些国家的承认。这个情况，与当年南明小朝廷时期台湾的处境极为相似。郑成功代表南明小朝廷驱逐荷兰，宣布台湾是中国的土地，这是它的积极意义；但是，南明小朝廷已经不能在中国实施统治，仅剩下台湾一岛，给郑经留下了拒绝投降清朝的口实，积极意义变成了消极意义。今天的国际现实，客观上肯定了"两个中国"即中华人民共和国和"中华民国"的存在。这为我们处理海峡两岸关系问题带来了困扰。台湾方面，国民党在台上的时候同意1992年海基会与海协会达成"一个中国，各自表述"，就是以"中华民国"的"合法性"存在为根据。我们今天承认"九二共识"，实际上也承认了这个事实。我们承认的"九二共识"，重点在"一个中国"，这个中国就是中华人民共和国；国民党当局承认的"九二共识"，重点在"一中各表"。这就是中华人民共和国和"中华民国"同时存在，"一个中国"有各自不同的含义。当然，民进党主政，连"九二共识"也不承认。他们坚持的是"中华民国在台湾"，是一边一国，最终目标是"台湾共和国"。

进入 90 年代以来，李登辉在台湾内部机制上下了很大功夫，力图走出国共内战的阴影，在台湾内部民意上造成在台湾的"中华民国"是独立主权国家的意向，在国际上造成"中华民国在台湾"是主权国家的形象。在国际诉求上进展不大（但在国际斗争空间上造成了某种气氛，对我形成了心理压力），在培养台湾民众的独立意识上取得相当成功。即使是统派，除了少数外，大多由于以往国民党在台湾实行彻底的反共教育，也都有着台湾是主权独立国家的意识。有的台湾学者尖锐指出：今天台湾，只有泛蓝和泛绿，没有统派和独派。所谓泛蓝和泛绿，实质上只剩下深绿和浅绿的区别了。即使明年国民党上台执政，他们能够打出的旗号，还是"中华民国在台湾"。

台湾地区领导人在台湾内部机制上的这些运作，多年来淡化了台湾地区人民对"一个中国"的认识，淡化并放弃了《国统纲领》提出的"统一中国"的长远目标，逐步形成了以台湾现存秩序就是"中华民国在台湾"的错误认识。这就是现在"执政"的民进党力求突破"中华民国"旗号的民意基础。在民进党看来，"中华民国在台湾"与"台湾共和国"其实没有什么两样。它的长远目标是追求"台湾共和国"，但是眼前也可以接受在台湾的"中华民国"。它之所以不断冲击在台湾的"中华民国"，还是不满足于"中华民国"。所谓"入联公投"就是这么回事。国民党搞"返联公投"，除了选战策略，也有维护在台湾的"中华民国"的意思。面对民进党和陈水扁的突破，我们的困难是，如果不在表面上维持"中华民国"的存在，无异承认"台湾共和国"；如果维持"中华民国"的局面，实际上肯定了"两个中国"。换句话说，在今天的台湾现实，如果国民党坚持"中华民国"，我们还要支持他；如果不支持，就给了民进党口实，就变成支持"台湾共和国"了。这是一个两难处境。再换一句话说，我们承认"九二共识"，默认了"一中各表"，实际上是很无奈的。因为，相对"台独"而言，"一中各表"是我们可以忍受的。而且，"一中各表"又有抵制"台独"的含义。这就是说，"九二共识"、"一中各表"有一定的积极意义，又有一定的消极意义。在看待这个问题上，我们要有清醒的头脑。

结束国内战争局面，无非是两种手段：战争解决问题，或者和平解决问题。《反分裂国家法》给出了实施非和平手段的最后底线。如果台湾当局（不管是民进党还是国民党）始终不越过这个底线，我们的对台工作能够坚持到什么时候？现在估计，如果民进党继续在台上，他可能不断冲击这个底线；如果明年马英九上台，他可能在明里不会冲击这个底线。不管是国民党还是民进党执政，如果因为种种国际因素或者两岸关系的制约，他们长期坚持"中华民国在台湾"，而不谋求"台湾共和国"，我们怎么办？这是需要从长计议、认真思考的。

党的十七大报告，关于海峡两岸关系，针对目前台湾局势讲了很好的意见，坚持了两岸和平发展的主题，在台湾反映很好，没有给陈水扁找到利用它来刺激选战的借口。我刚刚看到台湾一位研究大陆问题的专家杨开煌教授评论十七大对台战略的文章，标题是：从容不迫的十七大，副标题是柔性反独策略。他认为，十六大报告突出了促统的急迫性，十七大突出了柔性反独策略，是中国大陆拥有更多的自信和实力的表现。这个观察有他一定的道理。

十七大报告指出："坚持一个中国原则，是两岸关系和平发展的政治基础。尽管两岸尚未统一，但大陆和台湾同属一个中国的事实从未改变。中国是两岸同胞的共同家园，两岸同胞理应携手维护好、建设好我们的共同家园。台湾任何政党，只要承认两岸同属一个中国，我们都愿意同他们交流对话、协商谈判，什么问题都可以谈。我们郑重呼吁，在一个中国原则的基础上，协商正式结束两岸敌对状态，达成和平协议，构建两岸关系和平发展框架，开创两岸关系和平发展新局面。"报告还指出："当前，'台独'分裂势力加紧进行分裂活动，严重危害两岸关系和平发展。两岸同胞要共同反对和遏制'台独'分裂活动。中国主权和领土完整不容分割。任何涉及中国主权和领土完整的问题，必须由包括台湾同胞在内的全中国人民共同决定。我们愿以最大诚意、尽最大努力实现两岸和平统一，绝不允许任何人以任何名义任何方式把台湾从祖国分割出去。"这个报告指出了"一个中国，和平统一"的基本原则，要求牢牢把握两岸和平发展的主题，真诚为两岸同胞谋福祉、为台海地区谋和平，维护国家主权和领土完整，维护中华民族根本利益，同时要求坚决反对和遏制"台独"活动。这些对台的原则和方针，我都是拥护的。

但是，由于报告中提到"大陆和台湾同属一个中国的事实从未改变"，提到"台湾任何政党，只要承认两岸同属一个中国，我们都愿意同他们交流对话、协商谈判，什么问题都可以谈"。这就涉及所谓"九二共识"问题，涉及"中华民国"名号问题。如果台湾当局（不管是民进党还是国民党）明确认可"九二共识"，那就是认可一个中国，但是这个中国是"一中各表"。这就表明我们承认在台湾是存在"中华民国"的。拿"中华民国"和"台独"斗，是有一定意义的；拿"中华民国"和"中华人民共和国"斗，则是不能接受的。两难问题并未改变。

根据台湾与祖国大陆的历史经验，我想今后解决台湾问题可能有如下几种模式：

第一，康熙—施琅模式。解决台湾问题，除了牢牢把握和平发展的主题，一定要坚持中国主权和领土完整不容分割的原则，坚决反对台独，一定要有非和平的方式作为强有力的后盾，决不可掉以轻心。施琅出兵以前，清朝廷多次派人前往台湾招抚，所谓招抚，就是讲和，郑经不接受招抚，只有出兵才最终解决问题。这是历史的基本经验。历史尚未提供非和平方式的经验。《反分裂国家法》第八条："'台独'分裂势力以任何名义、任何方式造成台湾从中国分裂出去的事实，或者发生将会导致台湾从中国分裂出去的重大事变，或者和平统一的可能性完全丧失，国家得采取非和平方式及其他必要措施，捍卫国家主权和领土完整。"《反分裂国家法》给出了实施非和平方式的三个条件，但是，在我看来，这三个条件还是比较笼统，难以具体掌握，如何具体解释这些条件，还需要制定细则。需要明确认定什么叫法理上的、事实上的分裂行为，什么叫引起分裂的重大事变，什么叫和平统一的可能性完全丧失。这些概念或者定义丝毫不能含糊，不能出现模棱两可的解释。一旦出现符合上述概念、定义的分裂行为，就要毫不犹豫地采用非和平方式，以快刀斩乱麻的凌厉手段，一举解决台湾问题，完成国家统一。在我看来，民进党现在的做法，正在为采用非和平的方式创造条件。如果明年大选，还是民进党在台上，加上北京奥运会的举办，民进党当局可能会放手一搏。

如果实行非和平的方式，当然要打破一些坛坛罐罐，但为了国家统一，也只能在所不惜。打了再建设，可能发展速度更快。鉴于台湾发展的历史经验，采用非和平方式后，也要在台湾实行"一国两制"，给予台湾高度的自治。在这种模式下，台湾是否保留原有的军队，值得研究。

第二，《马关条约》模式。这个模式的基本点，就是把台湾割让给外国。在今天，以及可以预见的将来，这个模式大概不会出现。但是，出于历史的经验，我们不能绝对排除这种可能性。因此，我们的工作要建立在排除这种可能性的基础上。

第三，共管模式。这样的模式，尚无可以借鉴的历史经验。当年郑成功驱逐荷兰，荷兰人曾提出类似条件，郑成功不予考虑，未能实现。这样的模式，美国可能愿意接受。美国的国家利益，最好的是永远维持海峡两岸现在的局面，不统不独。但是在一定的条件下，可能会退而求其次，同意共管模式。美国和台湾都有人在谈论这种结局。在我看来，这样的局面可能不会出现。但是国际局势是非常诡谲的，国际利益是极为复杂的，要堵塞通向这种结局的道路，要有预防，要有紧急预案，要不断敲警钟。

第四，"一国两制，和平统一"模式。要实现这个模式，要准备出现许多麻烦和困难。十七大报告呼吁在一个中国原则的基础上，协商正式结束两岸敌对状态，达成和平协议，构建两岸关系和平发展框架，开创两岸关系和平发展新局面。要做到这一点，要花费很多时间和精力。

甲、在一定的国际国内背景下，台湾当局接受我们提出的一个中国基础，那事情比较好办，两岸经过利害权衡和谈判，可能达成"一国两制，和平统一"。在这个前提下，再来商定具体的统一程序。

乙、依据目前的形势判断，在最好的情形下，台湾当局也不会接受我们提出的一个中国基础。顶多他们可以接受"一中各表"。在"一中各表"的局势下，也可能通过艰苦谈判，达成结束两岸敌对状态，签订和平协议，构建两岸关系和平发展框架的愿望。但是如何实现实质统一，短期内难以实现。

丙、在"一中各表"难以突破的现实下，要完成国家统一，实行联邦制可能是一种容易为双方接受的方案。邓小平过去也说过，"一国两制"带有联邦制意义，但我们不用联邦制名义。不用联邦制名义能够解决统一问题固然很好，但是从和平统一的角度说，能够说服对方同意的统一办法，联邦制可能更现实一些。如果这一步我们不让，祖国统一的愿望就更要遥远，而且变数更多。利弊权衡，需要我们仔细斟酌。

实行联邦制，可能有几种形式。一种是：保留中华人民共和国和中华民国名号，另立双方同意的共同国号，以共同宪法作为新国家的宪法，主要是规定"一国两制"条款。

另一种是：撤销中华人民共和国国号和"中华民国"名号，经双方协商另立新的国号，在新的国号下，分成大陆地区和台湾地区，这就是一国两区。但是大陆是中国的主体，社会主义制度是中国的主体，中央政府只能设在大陆。在台湾地区，可以实行高度的自治，甚至可以区别于港澳，称之为特别自治区。

和平统一的模式，历史上没有先例。以上都是我一厢情愿的设想，也许还可以提出其他更好的方案。让我们创造条件实现"和平统一"的设想吧。

2007年11月28日于东厂胡同一号

（本文是为应邀在当代中国研究所国史讲座演讲准备的，那次演讲于2007年11月30日在当代中国研究所进行。《当代中国史研究》2008年第2期摘要报道了这次演讲。全文第一次发表在张海鹏著《书生议政　中国近现代史学者看台湾的历史与现实》，九州出版社2011年版）

海峡两岸关系发展趋势蠡测

序言

2008年5月,以马英九为代表的中国国民党上台执政,以承认"九二共识"这样积极的两岸政策,改善了两岸关系,使人们看到两岸政治关系可能改善的前景。两岸关系的整个形势发生了很大的变化。诸如两岸经贸关系的扩大,台湾国际地位的提升,叫了许多年的两岸三通终于得以实现,文化教育交流或者扩大,或者启动实施。ECFA正在紧锣密鼓地讨论,双方都希望在6月底以前能够签订。海峡两岸之间已经基本上形成和平、发展、交流的发展趋势。较之"台独"势力扩张的时期,这是令人欣慰的发展。我们乐于看到这种积极的发展趋势继续下去。

两岸政治关系上一个重大变化是,国民党及其执政团队接受了"一个中国"的政治前提。虽然有"一中各表",两岸对"一个中国"的解释各有不同,但是两岸同时接受"一个中国"还是有着强烈的象征意义。它至少是用"一个中国"的象征意义,取代了"台独"势力的"一边一国",排除了"台湾独立建国"的选项。这就为两岸之间的政治对话打下了一个好的前提。2005年胡锦涛与连战会谈达成的"两岸和平发展共同愿景",不仅在吴伯雄担任主席的中国国民党党纲中反映出来,也再次在2009年10月召开的中国国民党十八次全大会上进入国民党党纲。在这次大会上,马英九再次担任中国国民党主席。这表明国共两党在"和平发展"四个字上有了共同语言,初步形成了互信。如果这种"共同语言"和"互信"在台湾岛内各政党、各阶层以至底层民众中能够基本接受,在两岸执政党中间能够巩固、坚持和发展,那么,台海两岸关系当会有大的进步。

为什么讨论海峡两岸关系？

本次在香港讨论海峡两岸和台港关系为了什么？是为了探讨海峡两岸关系的走势，探讨近程目的如何和远程目的如何。从近程看，保持和平和稳定是首先要考虑的，就是不要打仗。60年来的两岸关系，都是在可能打仗的阴影下变化的，直到今天，军事对峙这个问题还没有解决，两岸之间的军事互信还建立不起来。可见，要不打仗并不是一个很简单的问题。去年11月，在台北举行两岸一甲子学术讨论会，一些记者围着出席会议的解放军退役中将、中国孙子兵法研究会名誉会长李际均问，大陆是否可以撤走瞄准台湾的飞弹，李际均回答很干脆：这个问题是谈判的结果，不是谈判的前提。他还说："导弹不是威胁，'台独'才是威胁，我们身上最大的'痛疽'就是两岸分裂，要防止外部势力拿这个'痛疽'以华治华、牵制中国。"[①] 前不久，"行政院"大陆委员会副主委赵建民在淡江大学演讲时表示："大陆对台湾永远是威胁。"[②] 这是台湾主管两岸关系的现职官员说的话。这样的说法，显然对缓和两岸局势没有帮助。

可见，解决不打仗问题不是一个简单的问题。着急也是不行的。为了不打仗，就要做很多工作，就要"先经后政"，加强两岸文化交流，加强人文往来，加强经济交流，不仅要签MOU（两岸金融监理合作备忘录），还要签ECFA（两岸经济合作架构协议），要互设银行办事处，互设旅游办事处，等等。"双英"电视辩论早已结束，舆论反映，马英九表现优于蔡英文。在岛内，签订ECFA，似乎已无悬念。这些都是好消息，有利于减少敌对，有利于推进两岸关系。这是值得充分肯定的。

以上这些，在讨论两岸关系时，都是必须探讨的问题。但是，讨论两岸关系，不应仅止于此。我的意见是，讨论两岸关系，如果不讨论国家统一问题，是没有意义的。探讨上述问题，如果不与国家统一问题结合起

---

① 中新社记者李佳佳、黄少华台北十一月十四日电，2009年11月15日 00：54，来源：中国新闻网。

② 中央社／台北31日电，2010.03.31 09：16 pm。

来，就不是以"一个中国"为前提，就会变成国与国之间的关系问题。站在"台独"立场，也是可以讨论上述那些关系问题的。当然，站在"台独"立场是不能就上述问题成功达成协议的，这是可以断言的。民进党执政八年的历史，已经证明这个论断的成立。

对两岸关系现实状况的观察

国家统一大业，是海峡两岸人民和政党必须面对的历史课题。大陆有一个声音，就是"和平统一，一国两制"。大陆人民期望用和平方式达成国家统一，期望用"一国两制"把两岸的人民团结起来，为中华民族的复兴积聚最大的能量，创造两岸人民、全体中国人更为美好的生活。

台湾有多个声音。马英九在竞选时提出过"终极统一"，受到民进党猛烈批评。马英九上台后，提出"三不"主张，即"不统、不独、不武"。民进党主张"台湾独立建国"。据估计，有1/3的民众倾向主张"台独"，主张"急统"、"急独"的民众都不太多，大多数民众主张"维持现状"。实际上，主张维持现状，我们可以理解为起码不赞成"台独"。因此，在台湾，反对"台独"的是多数人。这就使"和平统一"的国策，在两岸之间具有了民意基础。换句话说，"和平统一"的国策是以反"台独"为前提的，是反对"台独"势力的结果。"台独"就是战争，"台独"就没有和平。2005年3月全国人民代表大会通过的，作为国家大法的《反分裂国家法》，把"台独"的路堵死了。这与19世纪60年代的美国情况相似。19世纪60年代美国在南北战争期间不惜以60万人的牺牲打了一场统一战争，并制定了《反脱离联邦法》，立法原意在限制南方州奴隶主的分裂联邦国家的行为，维护美国国家的统一。华盛顿的林肯纪念馆为了纪念林肯，在林肯铜像背后的墙上刻上了林肯维护国家统一的功绩。《反分裂国家法》与《反脱离联邦法》具有同样的立法原意。

《反分裂国家法》以《中华人民共和国宪法》为法源依据，以国家专门法的形式，宣布一个中国的坚定原则，是对"台独"分裂势力的严正警告，是对台湾地区领导人的"台独"活动的严正警告，也是对台湾地区上台执政的任何领导人的执政原则的警告。以台湾专门法的形式，把一个中国的原则，把台湾是中国的一部分的原则规定下来，对活动在台湾政治舞台上的任何政党，特别是主张"台独"的政党划出了底线。遵守这个底线，在这个底线范围内活动，台海两岸关系就是和平的；越出这个底线，出现了以任何名义、任何方式造成台湾从中国分裂出去的事实，或者发生将会导致台湾从中国分裂出去的重大事变，或者和平统一的可能性完全丧失，就会在台海两岸关系上出现非和平的局面。是否出现非和平局面，其实主动权在"台独"势力，在台湾执政的政党。一些分析人士所说的"台独不独，中共不武"，大概就是这个意思。一旦出现非和平局面，"台独"势力、在台湾执政的政党的主动权就丧失了。那时候，《反分裂国家法》规定的国家意志就要执行，任何人为的因素都阻挡不了。

堵死了走向"台独"的路，才出现了2008年5月台湾政治局面的积极变化，才出现了今天两岸之间和平发展的景象，大大减少了军事对峙、一触即发的紧张局面。因此可以说，这个局面的形成，是摒弃"台独"选项的结果，是共同具有"一个中国"认知的结果。

这个"一个中国"认知，在大陆，是明确而又坚定的。在台湾，却是含糊、犹疑和动摇的。马英九最近接受《华盛顿邮报》记者访问，说大陆在口头上"搁置统一主张"，台湾则"克制'台独'诉求"，共同致力维护和平。说大陆和台湾共同致力于维护和平，大体上是可以的，但说大陆在口头上搁置统一主张，是不正确的观察。大陆从来没有放弃国家统一的主张。难怪国台办新闻发言人旋即用正面阐述的方式委婉地驳正了马英九的说法。暂时没有形成统一的条件，先要做许多工作来促成统一条件的形成，目的是促成国家的统一，这是从来不含糊的。倒是马英九说台湾在"克制""台独"诉求，可能诉说了他的心声，说明了他在摒弃"台独"上不坚决，他对台湾的"台独"立场仅止于"克制"，这是否说明马英九在"一个中国"主张上的犹疑与动摇呢。

前面提到马英九在"一个中国"认知上的犹疑和动摇。赵建民指出，台湾蓝绿阵营有共识，台湾与美国关系要优于两岸关系，因为美国是盟邦，台美关系是全面的，但台湾与大陆不会如此。赵建民表示，"政府"理解大陆对台湾永远是威胁，因此要让大陆永远想着经济。至于统一问题，两岸做生意与统一有什么关系？做生意不一定会结婚，反对党不赞成统一，不能就假设别人要统一。① 看起来，台湾当局的主意，是要大陆永远想着做生意，不要想统一。这是一种很幼稚的单向度人的单向度思考。

　　台湾岛内，蓝绿两个阵营势同水火。我们看"立法院"经常上演的肢体仗，竟然连陆生来台就读都要演出全武行，令人诧异。这种情况，说势同水火，恐不为过。但是，蓝绿两大阵营也不是全无共识，如前面提到的赵建民所说台美关系优于两岸关系，就是一个共识。还有一个共识，那就是李登辉发明的"中华民国在台湾"，永远维持现状。台湾当局坚持的"中华民国"，实际上还是"中华民国在台湾"，无论马英九在台上，还是陈水扁在台上。陈水扁虽然高调"独立建国"，他还是做不到。李登辉讥笑他没有宣布"台湾建国"，陈水扁强调做不到就是做不到，而且反唇相讥，你在台上怎么不做呢？这说明，"中华民国在台湾"是国、民两党的共识。"两国论"和"一边一国"，是李登辉和陈水扁的政治遗产。马英九没有公开赞成过"两国论"和"一边一国"，但在实际的公务中执行了"两国论"和"一边一国"的方针。本人去年秋冬之际，在台湾生活了一个半月，实际感受到了这一方针。② 马英九"三不"主张，"不独"，民进党不高兴，"不统"和"不武"，民进党完全可以接受。这当然也是共识。

　　观察两岸关系，如果从完全现实的角度看当前的两岸政治关系，我感觉到实际上还是存在着"一边一国"的状况。国民党当局并没有改变李登辉当年在康奈尔大学发明的"中华民国在台湾"的思想。这一思想在后来李登辉主导的"修宪"中多次明确地表达出来。

　　以上可见，在两岸统一解决以前，两岸秉持的"一个中国"是理念上的，不是事实上的。事实上，或者说，从务实管理上，两岸仍是"一边一国"。

　　马英九的两岸政策的着眼点，主要是拉抬台湾的经济。两岸的关系，

---

① 中央社／台北31日电，2010.03.31 09：16 pm。
② 各大学在致送演讲报酬时，助理都要求我在"非中华民国国民身份证"那一栏签字，那一栏恰恰是外国人填写的一栏。有时候，我只能在外国人那一栏填写中国国籍，令人啼笑皆非，分外难受。这种感受，本人在1992年、1997年是未曾见过的。可见民进党执政，不仅在意识形态上，在文化教育上，而且，在行政管理措施上，实际推行了"一边一国"的政策。按照"一个中国"的精神，当前台湾各单位制定的"非中华民国国民身份证持有者"对大陆合法来台居民作为外国人的规定需要修正。

是经济关系，他不愿意把政治扯进去。赵建民的演讲，在一定程度上反映了马英九的思想。他上台后，没有公开说过自己是中国人，没有公开说过中国应该统一。尽管他上台时，有人劝过他。如他在台大的老师胡佛教授，曾建议马英九这个自己曾经教过的学生："不要对两岸统一问题有所回避，两岸问题中共和国民党完全可以携手解决。"在胡佛看来，建立在所谓"台湾认同"基础上的两岸交流是否能够让两岸尽快走向统一，是值得担心的。[①] 曾在李登辉时代担任过"监察院长"的王作荣先生说："我觉得马英九应该公开主张统一，他主张的'不统不独不武'，并没有真正为台湾的未来策划。""我觉得他应该采取这样的策略：就是直接公开主张统一，声明不是为了意识形态，也不是为了大陆，而是为了台湾人民的利益，从长期看，统一对台湾是有利的。四年后你不选我当'总统'没关系，但我当了'总统'，我有这个权力，就执行我的理念，达到执政的目的。但他没有。"[②] 王作荣、胡佛这些真正爱台湾的人，他们的真知卓见，未能说服马英九。

国民党应当恢复《国家统一纲领》

1991年国民党执政时代通过的《国家统一纲领》，基本上还是一个应该沿用的纲领。那时候，李登辉上台不久，政治路线还基本上承续蒋经国时代。制定这个纲领至少有三方面的含义：第一方面，为了应对中共"一国两制，和平统一"以及"三通"的呼吁，把国家统一的目标放得很长远，既可以等待时局变化，又可以应付中共攻势；第二方面，制定这个纲领表明了中国国民党对国家统一的期望，这个纲领实际上排除了"台独"倾向，或者政治上走"台独"路线的可能性；第三方面，这个纲领，在那时的历史背景下，放弃了"汉贼不两立"的立场，承认大陆地区是一个政治实体。这一点看起来，似乎是一种善意，也为李登辉的"台独"立场埋下了伏笔。李登辉执政后期，政治上倒向"台独"，通过多次"修宪"，

[①] 凤凰资讯《港澳台》两岸三地转载2008年09月10日09：17环球时报报道。
[②] 凤凰资讯《港澳台》两岸三地转载2008年08月02日05：47南都网。

提出种种倾向"台独"的政治主张，实际上把由他自己主持制定的"国统纲领"搁浅了。2000年陈水扁执政，以"台独"为纲，并以"国家"名义，在2006年把"国统纲领"以"冻结"的形式废止了。从此"国统纲领"不再提起。

中国大陆一向反对"一中一台"，反对"两个中国"。台湾在国民党（两蒋）执政期间实际上也反对"一中一台"，反对"两个中国"。我以为，这个立场原则上是对的。反对"两个中国"，是20世纪50年代两岸分离的状况下必须提出的课题。时间过了60年，中华人民共和国和"中华民国""两个中国"同时并存而未能相互取代的事实，客观上至今没有改变。从"汉贼不两立"的立场出发，海峡两边的"两个中国"都反对"两个中国"。争论只是谁是"汉"，谁是"贼"。因此，我们可以说，在"两个中国"中的一个"中国"被消灭以前，在"一个中国"成为事实的过程结束以前，双方都默认了"两个中国"的现状。如果不默认这一点，海基会、海协会两只白手套还要它做什么呢？我们似乎可以这样说：两岸在立国原则上是互不承认对方，在现实考虑上是"互不否认对方"。

按照《中华民国宪法》的精神，按照当年"国统纲领"的精神，体现中华民国主权的统治区域应该包括大陆地区。李登辉"修宪"期间达成的中华民国统治区域不及于大陆的规定不符合《中华民国宪法》精神，"中华民国在台湾"的说法需要修正，说中华民国的有效统治区域在台湾是可以的，说"中华民国在台湾"则有"违宪"之嫌。

进入90年代以来，李登辉在台湾内部机制上下了很大功夫，力图走出国共内战的阴影，在台湾内部民意上造成在台湾的"中华民国"是独立主权国家的意向，在国际上造成"中华民国在台湾"是主权国家的形象，在培养台湾民众的"独立"意识上取得相当成功。即使是统派，除了少数外，大多由于以往国民党在台湾实行彻底的反共教育，也都有着台湾是主权独立国家的意识。前几年，有台湾学者尖锐指出：今天台湾，只有泛蓝和泛绿，没有统派和独派。所谓泛蓝和泛绿，在"中华民国在台湾"是主权国家的认知上，实质上只剩下深绿和浅绿的区别了。

1994年，在李登辉"宪政改革"主张操纵下，二届"国大"开展第三次修宪，强行通过了"总统直选"的原则规定，1996年执行。这表面上涉及"内阁制"到"总统制"行政体制的变化，实际上，借此改变，确立了"中华民国在台湾"的原则。"总统直选"增修条文规定："总统、副总统由中华民国自由地区全体人民直接选举之。""总统"从"委任"到直选的改变，改变了台湾是中国的一个省的形象，"总统"由台湾地区人民自由选出，与全中国人民无关。

1997年"修宪冻省"之举，是李登辉与民进党制衡宋楚瑜的重大的政治举措，但是它的核心在于告别"一个中国"，明确"中华民国在台湾"，是走向"台独"的重要过渡步骤。因此，恢复台湾省的建制，对于明确一个中国中的台湾地位，是必要之举。

2005年在陈水扁主持下，5月召开"任务型国大"，通过了废除"国民代表大会"等条文，从此"国大"作为文字停留在"宪法"上，"国大"的职权由其他机构代行了。这表面上是台湾地区民主的重大进步，实际上暗含了告别"一个中国"，进一步明确"中华民国在台湾"，同样是走向"台独"的重要过渡步骤。

"台独"是一步一步走的。并不是只有民进党党纲上载有"台独"，台湾实际政治生活和社会生活中，已经可以看出与两蒋时代不同的政治特征，把这些特征看成是"台独"步骤是可以的。

因此，恢复《国家统一纲领》，对落实马英九"不独"主张，是有利的。马英九的"不独"如果不仅仅是作为竞选口号，还要作为严肃的政治主张的话，就应当这样做。当然，如果恢复《国家统一纲领》，马英九就需要修订"不统"立场。实际上，马英九是主张"终极统一"的，但作为策略手段，他用"不统"做了表达。

改变"先经后政"的固定模式，谈经济也谈政治

马英九的任期已过了两年。"先经后政"的模式也走了两年。这是必要的。它对于缓和两岸关系的作用是明显的。"行政院"大陆委员会副主任委员赵建民强调要让大陆永远想着经济，认为统一问题，与做生意没有什么关系。这种讲法，幸好只是赵建民个人的想法，如果这个讲法是台湾当局领导人的宏观思维定式，那对于正确处理两岸关系绝对是不利的，其

前途必定要回到民进党执政的路线上去。为了避免这种前途，必须要打破"先经后政"的固定模式。在两岸关系的处理上，既要谈经济，也要谈政治。所谓谈政治，就是要讨论统一问题。

台生赴大陆，陆生来台，两岸互设银行办事处、互设旅游办事处，等等，就没有一点政治吗？恐怕也不尽然。也许眼前没有政治，将来也会衍生政治问题。谈政治是难以避免的。

签订 ECFA，固然不涉及政治，但是签订后，还是要把结束内战状态、签订和平协定提到日程上来。马英九当局应当挺起胸膛，为历史留下分明可辨的痕迹。

从理论上说，内战并未结束。内战的双方经过了 60 年的生息和发展，人事变迁，变化已经很大。今天，在两岸主政的是国共两党，国共两党正好是当年内战的两造。两岸人民也不希望再打，国共两党也不希望再打。因此，两岸之间择机签订和平协议，已经是势所必然。通过和平协议，宣布结束内战，规定内战双方在国家的地位。两岸通过签订和平协议，宣布内战结束，就宣告了通过和平方式解决国家统一问题的可能性。两岸执政党和社会精英应当把握时机，丧失时机，是要以历史教训为补偿的。

去年 11 月，我在台北出席两岸一甲子学术讨论会，提出了两岸共同举办纪念中国近代历史上八个重要事件的建议。这一建议已列入大会的共同结论。在此，本人愿意重提这个建议。

我看到，未来有八项大事值得两岸共同纪念：

1. 2011 年 10 月，是辛亥革命 100 周年；
2. 2015 年 8 月，是中国人民抗日战争暨世界反法西斯战争胜利 70 周年；
3. 2016 年 11 月，是孙中山诞辰 150 周年；
4. 2017 年 7 月，是卢沟桥事变 80 周年；
5. 2019 年 5 月，是五四运动爆发 100 周年；
6. 2020 年 8 月，是鸦片战争爆发 180 周年；
7. 2021 年 7 月，是中国共产党第一次全国代表大会召开 100 周年；
8. 2024 年 1 月，是中国国民党第一次全国代表大会召开 100 周年。

以上共列出八个年份发生的大事。这八件大事，都是中国近代历史上发生的大事，从鸦片战争到孙中山诞生，从辛亥革命到五四运动，从中国共产党到中国国民党的第一次全国代表大会，从卢沟桥事变到中国人民抗日战争的最后胜利，改变了自鸦片战争以来近代中国的历史进程，是近代中国发展到现代中国的最重要的几个标志，是所有中国人，包括海外华人基本上有共识的历史事件。

为了加强和扩大两岸学术文化交流，建议首先在辛亥革命100周年纪念上建立合作机制。还有一年多，就是辛亥革命100周年纪念。我建议，辛亥革命百周年纪念活动，可由中国共产党和中国国民党（也可考虑两岸其他党派）联合举办，共襄盛举。

辛亥革命百周年学术活动，以往在大陆都是由中国史学会和湖北省社会科学联合会联合主办。如果两岸合作，可否在上述两单位外，增加台湾的中国近代史研究会、香港的中国近代史研究会（或者还可以加上澳门的历史研究团体），共同举办。学术活动，当然以学术内容为主，也要体现一个中国原则，体现两岸和解、国共两党和解、中华民族团结向前看的精神，探讨辛亥革命在中国历史上，尤其是在近代中国历史上的作用和划时代意义。

如果这个合作模式成功，那么，2015年抗战胜利70周年的庆祝活动和学术讨论活动，可以照此精神办理。如果2011年和2015年两场重大纪念活动举办成功，对于推动两岸人民对辛亥革命和抗战胜利重大纪念的历史意义会形成共识，至少会消弭许多误会，会对拉近两岸人民的历史认识产生非常大的积极意义，会大大提升中华民族的向心力和凝聚力，对促进中华民族的伟大复兴和国家的统一形成积极的精神力量。

如果2011年和2015年两场重大纪念活动举办成功，就实际上形成了一个两岸合作举办重大历史纪念活动的合作机制，这种机制既是政治上的，也是学术上的，从历史认识入手，会极大地拉近两岸人民的距离。这两场纪念活动成功了，以下六场纪念活动也就容易成功了。其中，2016年11月孙中山诞辰150周年纪念、2017年7月卢沟桥事变80周年纪念、2019年5月五四运动爆发100周年纪念、2020年8月鸦片战争爆发180周年纪念，都是较为容易成功的。国共两党的第一次全国代表大会纪念，合作举办可能敏感性强一些，但是，在以上六次成功举办纪念活动后，这两次纪念活动成功的几率就加大了。

如果以上八次纪念活动基本成功，实际上两岸政治对话的基础就形成了。

文章写到这里，从网络上发现，台湾《联合报》5月15日报道，马英九在出席纪念中华民国建国100周年筹备委员会上明确表示，纪念辛亥革命事，两岸各干各的。看来，国共两党联合主办纪念辛亥革命大会，难以达成。这预示着海峡两岸政治接触的机会又要推后了。

总之，推动国家统一进程，是两岸之间最核心的议题。推动两岸之间的经济文化联系，也要推动两岸之间的政治联系，才能推动国家统一的进程。这是我此次发言的基本精神，请各位不吝指教。

2010年5月15日晚

（本文是为2010年6月初香港崇正总会和珠海书院在香港举办的"2010海峡两岸和港台关系学术讨论会"准备的，在6月1日的会议上作了主题发言。收录在张海鹏著《书生议政 中国近现代史学者看台湾的历史与现实》，九州出版社2011年版。那次会议期间，曾应香港凤凰卫视邀请，与国民党邱益进、民进党许信良等发表电视对谈）

辛亥革命为中国的进步打开了闸门

1911年10月10日由武昌首义开始的辛亥革命，到今年10月10日正好100周年。这是一个值得纪念的日子。武昌首义开始的辛亥革命历程，是历史的首创，它提供了此前的中国历史进程未曾提供的新鲜经验，值得我们去研究、去认识、去阐发。

辛亥革命冲破了封建专制的堤防

中国历史悠久，自秦统一中国以来，已经过了将近2300年。一部《二十四史》记录了1911年以前改朝换代、宫廷政变、杀杀砍砍的许多故事。但不管如何改朝换代，不管是统一还是分裂，始终是一人一姓的天下。秦末农民起义，陈胜、吴广发出了"王侯将相，宁有种乎？"这样的誓言。这固然是大胆的造反举动，但也只是争一个帝王的位置。楚汉相争，草莽出身的刘邦成为了汉代开国皇帝。元末农民战争，当了和尚的朱元璋力战群雄，开创了明朝天下。在世界历史上，中国是封建制度最为成熟的国家，也是封建社会延续时间最长的国家，在资本主义生产方式出现以前，冲破封建制度几乎是不可能的。

进入近代以来，情况有了变化。资本主义、帝国主义国家侵略了中国，使中国变成半殖民地半封建社会，国家的独立主权损伤极大；西方资本主义国家把它们的生产方式带进中国，欧风美雨冲击了中国的传统文化，西方资产阶级的社会政治学说逐渐传入中国，对国内封建统治阶级意识形态的冲击越来越大。太平天国运动借助西方基督教，发动了对清朝统治阶级的冲击，虽然提出了建立"新天新地新世界"的理想，要在地上建立"小天堂"，但这个新世界、小天堂仍然不能摆脱封建皇帝那一套，不能给中国指出新的出路。被人给予很高评价的洋务运动，也只是地主阶级的自救运动，不过是给千疮百孔的统治机器增加一点润滑剂而已，根本无法改变国家的面貌。戊戌维新主张君主立宪，试图把中国引上资本主义道路，也是近代中国一次思想解放运动，但是这次维新力图保住光绪皇帝的位子，还没有成功。义和团农民反帝爱国运动，是一次缺乏有力领导，且被清朝当局利用的运动，打出的口号是"扶清灭洋"，最终被帝国主义和清朝统治者联合绞杀。

辛亥革命以前所有的历史经验，从某种意义上说都还是在争夺皇位上打圈子，未能跳出这个怪圈。

孙中山先生领导的辛亥革命则不同，它是中国历史进入20世纪后发生的一次伟大革命，是20世纪中国第一个最具有重大历史意义的重大历史事件，还可以说是自秦统一以来中国历史最伟大的一次历史性转折。

孙中山在甲午战争的失败声中，放弃了以和平方式改良朝政的幻想，从成立兴中会开始就把革命的矛头对准了封建专制朝廷，对准了皇帝。孙中山说过，不管是满族人做皇帝，还是汉族人做皇帝，都要推翻它。推翻皇帝的武器就是民权主义，是资产阶级共和制度。

从历史发展规律来看，用资产阶级的共和制度代替封建地主阶级的君主专制制度，是历史的巨大进步。辛亥革命的最大意义在于，革命的发生动摇了中国人对两千年来似乎千古不变的封建专制——皇权统治的崇拜，用武装起义的方式掀倒了皇帝的宝座。中国历史上掀倒皇帝宝座的例子很多，每次掀倒后，又有新的皇帝重新登上那个宝座。辛亥革命则不同，它不是以拥立新皇帝为目的，而是推倒任何皇帝；不是以新皇朝代替旧皇朝，而是以新的社会制度代替旧的社会制度。武昌首义后，湖北军政府成立，随即发布文告，宣布"永久建立共和政体，与世界列强并峙于太平洋之上，而共享万国和平之福"。不久就颁布《中华民国鄂州约法》。《中华民国鄂州约法》以西方资产阶级三权分立原则构建了近代中国第一个民主共和制政权，是中国历史上第一部具有宪法性质的地区性资产阶级民主立法，为以后南京临时政府制定和颁布《中华民国临时约法》提供了范本。《中华民国临时约法》贯彻了主权在民、三权分立等近代西方资产阶级共和宪法的基本原则，具有鲜明的资产阶级民主色彩，是中华民国第一部具有宪法性质的国家根本大法。与清末新政时期清政府颁布的《钦定宪法大纲》相比，《中华民国临时约法》具有鲜明的民权宪法性质，人民的民主权利在此得到较为充分的肯定；与湖北军政府颁布的《中华民国鄂州约法》相比，《中华民国临时约法》则更具全国性意义，内容也更加系统完备。因此，《中华民国临时约法》在中国宪政史上具有特别重要的意义。用宪法代替封建专制，这是共和宪政最大的特点。尽管袁世凯和北洋政府破坏了《中华民国临时约法》，法制观念仍为民众所接受。

皇帝掀倒了，皇帝宝座废除了，人民接受了与中国传统政治完全不同的共和立宪观念，成立了共和国即中华民国，共和国的执政者只能在宪法的范围内活动，这是辛亥革命留给后人的最大遗产。从此以后，中国形成了一个新的观念：敢有帝制自为者，天下共击之。袁世凯称帝，张勋复辟，便是天下共击之的例子。政治鼎革，带来了社会经济、文化发展一系列的变化，带来了对外关系的一系列变化，影响了中国与世界的关系，也影响了中国与周边国家的关系。

辛亥革命虽然未能彻底铲除封建专制制度，但是推翻了皇帝宝座，就是在封建专制制度的根基上打上了一根很大的楔子，为此后的新民主主义革命奠定了很好的基础。

辛亥革命带来了20世纪中国思想大解放

辛亥革命这样的一次革命运动，这样的一次重大政治事件，以其本身的魅力影响了整个20世纪中国的历史进程，也带来了20世纪中国思想大解放。

用资产阶级的共和制度代替封建地主阶级的君主专制制度，是中国历史了不起的转折和成就，也是鸦片战争以来中国历史上最大的一次思想解放运动。辛亥革命开创了这样一个局面：中国人从此抛弃了对皇帝的信仰，不管这个皇帝姓爱新觉罗，还是姓袁，不管是满族皇帝，还是汉族皇帝！由此所带来的思想解放，是怎么形容也不过分的。

中华民国临时政府一成立，各种政党组织、群众团体公开成立，纷纷表达各个不同利益集团对时局的意见。这也是辛亥革命带来的一种思想解放。封建时代，中国政治一向反对结党，结党就是营私，结党就是对皇帝的不忠。"党人"往往是政敌攻击对方的有力话柄。不能结党是封建时代的特征。否定了封建皇帝，自然就要肯定结党的正当性。在时代的碰撞、打磨中，有两个政党逐渐成为社会大众关注的重心。这就是1921年召开第一次全国代表大会后正式成立的中国共产党，1924年召开第一次全国代表大会并加以改组后的中国国民党。国共两党的联合与斗争，国共两党力量在中国政治进程中此消彼长，成为此后半个世纪影响中国历史进程的基本内容。

辛亥革命提出中华民族概念，为团结各民族共同奋斗，形成中华民族凝聚力提供了基础概念。民族压迫、民族不平等，是封建统治者对少数民族所采用的政策。满族是以少数民族入主中原，采用的也是民族压迫、民族不平等政策。满族是少数民族，但它是以整个民族作为统治民族。孙中山的民族主义，是追求民族平等，反对民族压迫和民族不平等。当时反满，是反对满族作为统治阶级的特权，不是反对满族。孙中山在1912年元旦就任临时大总统时立即宣布："国家之本，在于人民。合汉、满、蒙、回、藏诸地为一国，即合汉、满、蒙、回、藏诸族为一人，是曰民族之统一。"这就是"五族共和"的主张。五族共和就是五族平等。民族平等，是孙中山民族主义的核心观念。随着五族共和主张的提出，中华民族新概念出现了。中华民族的概念规定了中国境内各民族是一律平等的。整个民国时期虽然没有实现民族平等，但五族共和的主张、中华民族的观念，为中华人民共和国建立以后实现真正的民族平等、民族区域自治，奠定了一定的思想基础。

辛亥革命提倡人民公仆的观念，这对于中国阶级社会以来的官场政治，是一大革命。孙中山就任临时大总统，自称人民公仆，确认以人民为本位。把大总统等同于人民的仆人，体现了人民至上的革命精神。孙中山曾以大总统名义发布通令，要求所有政府官员"皆系为民服务，官规具在，莫不负应尽之责任，而无特别之利益"。他还说过："国中之百官，上而总统，下而巡差，皆人民之公仆。"孙中山自己更是以身作则，廉洁自持，始终保持人民公仆形象。孙中山曾说："总统在职一天，就是国民的公仆，是为全国人民服务的。""总统离职以后，又回到人民的队伍里去，和老百姓一样。"这是一种伟大的公仆精神,也是孙中山、辛亥革命留给后人的珍贵的政治和精神遗产。

辛亥革命还扫除封建时代落后腐朽的生活方式,推动社会改良。清廷既倒,民国初建,孙中山以大总统名义颁布了一系列法令,推动人们思想的解放和社会的改良。除了大力发展实业,还包括男子限期剪辫、劝禁妇女缠足和禁烟、禁赌等命令。初等小学可以男女同校。废除"大人"、"老爷"等严格地反映封建时代身份与地位的等级观念称呼。废除跪拜、请安等礼节,代之以鞠躬和握手,显示了共和时代人与人之间的平等。禁止买卖人口,解放"贱民",给予"贱民"以国家公民应有的人权。保护华侨、禁绝贩卖"猪仔"。这些政策和措施的实行,对于扫除封建时代落后腐朽的生活方式,逐渐改变社会风习,形成新的社会风尚起到了积极的作用。

辛亥革命的失败开辟了新民主主义革命的道路

辛亥革命没有完成反帝反封建的历史任务,没有完成国家工业化和现代化,革命的成果也为袁世凯攫取。临时政府转移北京后,国家政治失序,文化复古,社会呈现一片混乱。"二次革命"失败后,武昌起义主要参加者蔡济民感叹"无量金钱无量血,可怜购得假共和"。孙中山经历几多周折,深感革命任务远未完成,他在1919年10月10日感叹道:"今日何日?正官僚得志,武人专横,政客捣乱,民不聊生之日也",他在临终时嘱咐:"革命尚未成功,同志仍需努力。"辛亥革命的结局,让先进的中国人不停思考:中国的出路在哪里?

皇帝虽然推倒了,封建根基却未动摇,人们的自由意志还是受到压抑,社会不能前进。这就是新文化运动发生的历史背景。《新青年》举起了新文化的旗帜,陈独秀、李大钊、胡适、鲁迅等新文化干将大声疾呼。新文化运动,就是要反对旧文化,反对以儒家为代表的传统文化。它提倡民主,反对专制;提倡科学,反对迷信;提倡新文学,反对旧文学;提倡白话文,反对文言文;提倡新道德,反对旧道德;等等。在新文化运动冲击下,西方社会政治思想理论都有了市场,自由主义、社会主义、马克思主义得以进一步传播。这些，对于封建意识形态是一次大的冲击，对中国思想界是一次大的解放。

巴黎和会击破了中国人"公理战胜强权"的美梦。中国是第一次世界大战的战胜国，被日本占领的德国租界地青岛和山东权益理应收回。主持巴黎和会的帝国主义者们根本不理睬中国人的愿望，不理睬所谓国际公法，强行将上述权益判归日本所有。这极大地激发了中国人的爱国热情，也使人们认识到，在帝国主义时代，就是强权战胜公理。中国要从半殖民地半封建社会解放出来，只有靠自己起来发动和坚持反帝反封建斗争，不能指望神仙和皇帝。

新文化运动、五四运动、马克思主义传播，就是中国共产党成立的历史背景，也是中国国民党在1924年改组的历史背景。改组后的中国国民党，按照第一次全国代表大会确定的路线，按照孙中山的主张，是有可能与中国共产党合作走上新民主主义革命道路的。但是由于孙中山过早地过世，由于中国国民党的领导者背叛第一次全国代表大会的路线，背叛孙中山的主张，实行彻底的反共政策，历史就把领导新民主主义革命的任务单独交给中国共产党人来完成了。

辛亥革命的成功和失败说明，中国旧式的民主主义革命已经走到头了，只有新式的民主主义革命才能推动历史的前进。中国共产党就是在这样的历史大背景中，义无反顾地肩负起这样的历史任务走上近代中国的历史大舞台。

中国共产党是辛亥革命的忠实继承者

一个有趣的现象是：1912年孙中山解除临时大总统的职位后，立即在各种场合大谈中国的社会主义发展前途问题。孙中山多次说过，他所主张的民生主义就是社会主义。1912年7月他在上海对中国社会党的长篇演说，通篇讲社会主义。更为有趣的是，在此后孙中山的经历中，差不多每遇到一次失败，就要谈一次社会主义。1924年在改组中国国民党的过程中，曾反复强调社会主义、共产主义是中国历史发展的归宿。我们从《孙中山全集》中可以读到这方面的许多论述。

孙中山遍游欧美，看到发达资本主义国家生产力发展，也看到那里劳资间的斗争状况和社会主义运动的兴起，希望在中国避免资本家专制的流弊。他说过："我希望看到人民大众的生活状况获得改善，而不愿帮助少数人去增殖他们的势力。"他在晚年提出耕者有其田、节制资本的主张，就是试图在中国探索非资本主义道路的可能性。孙中山的社会主义虽然与科学社会主义有本质区别，但他崇拜马克思和马克思主义，他的思想主张在一定程度上受到科学社会主义的影响，是肯定无疑的。他强调共产主义是人类的最高理想，共产主义是社会主义的上乘，民生主义就是社会主义，就是共产主义。他相信，中国社会将来也要发展到共产主义去。俄国十月革命后，孙中山主张"以俄为师"，甚至希望在中国不再建立英、美那样的资产阶级共和国，而是像苏俄那样的人民共和国。

辛亥革命的失败，推动孙中山去探索中国社会发展的新道路。我们说社会主义是中国历史的选择，并不单从中国共产党人这个角度而言，包括孙中山在内的一批与时俱进的革命者，都曾不同程度地考虑、宣传、呼吁过中国的社会主义发展前途问题。今日中国社会的发展，是百余年来尤其是辛亥革命以来千百万志士仁人奋斗的结果。

100年前，有关"振兴中华"的宏伟抱负，在孙中山的思想中有着充分的体现。孙中山具有非常丰富的社会改革和建设思想，他为中国社会的发展、为中国的现代化设计了蓝图。他在《建国方略》（《实业计划》是其中一部分）等著作中，提出了建筑北方大港、东方大港、南方大港的计划，提出了修筑10万英里铁路、铁路通到西藏以及100万英里碎石路的设想。他提出了在保证国家主权的前提下，借外资以发展国内实业的思想。他提出了"发展之权，操之在我则存，操之在人则亡"的思想，还提出了"欲使外国之资本主义以造成中国之社会主义"。他的这些计划和设想是非常超前的，那时的人们都笑话他是"孙大炮"，不切实际。孙中山在1924年说过："此刻实行革命，当然是要中国驾乎欧美之上，改造成世界上最新、最进步的国家。"这种理想是很崇高的。

孙中山的社会政治理想，在辛亥革命以后，不仅北洋军阀未能实现，国民党政府也未能实现。1949年新中国成立后，中国彻底摆脱了半殖民地半封建社会，才有条件实现孙中山提出的耕者有其田和节制资本的主张，才有可能开展大规模的现代化建设事业。美国著名中国近代史学者韦慕廷在其所著《孙中山——壮志未酬的爱国者》一书末章写下的最后一句话是："孙中山为中国谋求解放的梦想，只是在半个世纪后才逐步实现的"，确是正确的结论。毛泽东同志在1964年写道："中国大革命家，我们的先辈孙中山先生，在本世纪初期就说过，中国将要出现一个大跃进。他的这种预见，必将在几十年的时间内实现。"今天可以说，这个预见已经实现了！正如胡锦涛同志在"七一"重要讲话中指出的，90年来中国共产党团结带领人民完成和推进了三件大事：完成了新民主主义革命，实现了民族独立、人民解放；完成了社会主义革命，确立了社会主义基本制度；进行了改革开放新的伟大革命，开创、坚持、发展了中国特色社会主义。这三件大事，"从根本上改变了中国人民和中华民族的前途命运，不可逆转地结束了近代以后中国内忧外患、积贫积弱的悲惨命运，不可逆转地开启了中华民族不断发展壮大、走向伟大复兴的历史进军，使具有5000多年文明历史的中国面貌焕然一新，中华民族伟大复兴展现出前所未有的光明前景。"

中国今天的经济总量已经跃居世界第二，我们所开创的中国特色社会主义事业，所取得的发展成就，是孙中山和辛亥革命先辈们难以想象的，已经大大超越了他们的理想。可见，中国共产党不仅继承了孙中山和辛亥革命先辈们的事业，而且大大发展了他们的理想、他们的事业。正是从这个意义上说，中国共产党是辛亥革命的忠实继承者。

（本文是应人民日报理论部约稿撰写的，发表在2011年9月26日《人民日报》理论版。各大网站普遍转载。本文发表时署名为中国社会科学院学部委员、山东大学特聘一级教授）

试论刘大年的中国近代史研究

刘大年（1915—1999年）是著名马克思主义史家，也是中国近代史学科的拓荒者。他旧学功底深厚，且精研马克思主义理论，与范文澜、胡绳等学人一道，以唯物史观为指导，在近代史园地筚路蓝缕开拓耕耘，孜孜不倦，老而弥笃，著述丰厚，成就斐然。他的研究理论与方法，以及诸多富有创见的学术观点，深刻地影响了大陆学界的近代史研究，为科学的中国近代史学科体系奠定了基础。

一 研究历史，突出时代主题

某种意义上来说，刘大年与范文澜颇有相似之处：都曾以"追踪乾嘉诸老"为职志，是民族危亡促使其转变为革命者；都曾历经民族战争血与火的磨炼，有过出生入死的革命经历。刘大年85岁时曾赋诗《小照漫题》："早岁从戎荷大戟，中年乙部伐雄王。凡人亦许不知老，我笑老愁伦勃朗。"[①] 此诗可以看作他人生的写照。由投笔从戎至卸甲治学，是他一生的两大转折；战士与学者两种角色，在他身上得到了完整统一。

刘大年早年更多接受的是旧式传统教育，一度将"国学"视为安身立命之本。是中国革命的伟大实践，促使他踏入近代史研究领域。马克思主义史学本具有极强的实践性，其活力源泉在于介入现实，并体现时代精神。诚如翦伯赞所言："不是为了说明历史而研究历史，反之，是为了改变历史而研究历史。"[②] 因而刘大年的近代史研究，从课题选择到表达的内

[①] 刘大年手稿，作于1999年8月，刘潞提供。
[②] 翦伯赞：《历史哲学教程》，东北新华书店辽东分店1948年版，第4页。

容形式，都体现出相当强烈的使命感和深切的现实关怀。其主要著述，无不高度呼应时代主题，服务于建立现代民族国家的革命事业。中国近代史本为新兴学科，存在诸多空白。刘大年以其对现实的敏锐感知，对时代精神的准确把握，在美国侵华史、台湾史、抗日战争史等分支领域均有前驱先路的开拓之功。

刘大年由驰骋沙场到潜心史学，转折即在于《美国侵华简史》的问世。这本著作虽然仅是篇幅不大的小册子，却有着非同一般的意义：它不仅是刘大年近代史研究的起点，奠定了他在中国近代史学界的地位；且由此开拓了中国近代史一个新的专题研究领域。

涉足中国近代史研究，刘大年自己坦言"当时也是一种革命斗争的需要"①。作为一个扛枪的正规八路军战士，刘大年在冀南抗战前线数度出生入死。1943年冀南遭受严重夏荒，时为冀南党委领导的王任重决定让刘大年去接受轮训。是年7月，刘大年上太行途中遭遇日军，跳崖引起肺部破裂大出血。②养伤期间，他坚持读书、看报，并着重阅读了范文澜的《汉奸刽子手曾国藩的一生》，从而产生研究中国近代史的念头。1946年，刘大年调任北方大学教务处副处长、工学院副主任，与时任北方大学校长的范文澜结识。1947年，中共与美国走向对抗已然不可避免，此前长期从事宣传工作而锻炼出来的政治敏感性，使刘大年意识到美国侵华史所具有的政治意义与学术意义。他向范文澜表露研究美国侵华史的意向。恰在此时，范氏接到中央宣传部的一个电报，要他聚集人才，继续进行历史研究，③范氏历来重视帝国主义侵华史研究，所著《中国近代史》上编第一分册即振笔直书近代以来列强侵华史实，因而对刘大年的研究计划"热心支持"④。

此前，中国史学界对英、日侵华史已经有较多研究，而对美国侵华历史的研究几乎尚为空白。中美关系史研究，最早可追溯至20世纪20年代。在1921年11月至1922年2月举行的华盛顿会议上，美国打着保持中

---

① 刘大年1980年在日本东京大学交流会上的自我介绍记录稿。
② 详见刘大年《我亲历的抗日战争与研究》，中央文献出版社2000年版，第75—87、92页。
③ 刘大年：《史料和历史科学·序》，人民出版社1987年版，第3页。
④ 张振鹍：《回忆范老与帝国主义侵华史研究》，《近代史研究》1994年第1期。

国独立和完整的旗号，谋求"门户开放"、"机会均等"，赢得不少国人的好感。陈震异撰写《太平洋会议与中美俄同盟》一书（北京大学出版社1921年版），视美国为中国盟友且寄予厚望。此后有蔡元培的《中美外交史》（上海商务印书馆1928年版），唐庆增的《中美外交史》（上海商务印书馆1929年版），蔡恭晟的《中美关系纪要》（上海中华书局1930年版），李抱宏的《中美外交关系》（南京独立出版社1946年版）。这些著述在论及中美关系时，往往正面肯定美国近代以来对中国的友好与援助，对近代以来美国侵华史实多有粉饰。这自然与美国侵略手段的隐蔽性有莫大的关系。自1908年始，美国以庚款为津贴兴办了遍布中国的学校、医院、慈善机构、文化出版机构、宗教团体，受其资助而赴美留学的知识分子对美国大有好感。不可否认，太平洋战争后，美国成为中国抗日的最重要盟国，既是为自身的最大利益，也为中国的抗日战争作出了很大的贡献。当时中国的知识界，从自己国家利益的角度感受到了这一点，是可以理解的；但在社会上，却弥漫着亲美、崇美、恐美的气氛，从学术上就不可能出现"美国侵华史"这样的专题领域。

范文澜给刘大年指点了资料线索。最重要的有两部书：一部是《李文忠公全集》，另一部为王芸生的《六十年来中国与日本》。[①] 资料收集大体齐备后，刘大年全力以赴投入写作，1947年秋即完成《美国侵华简史》（以下称《简史》）初稿。这在当时无疑是引人注目的成果。《简史》初稿完成后，历经周扬、陈伯达、田家英等人审阅，获得鼓励与肯定。田家英还特地与主管档案人员联系，让刘大年阅读当时尚属机密的赫尔利在延安与毛泽东的谈话记录。[②]《简史》最初的版本是1949年8月华北大学内部发行本，可能主要用于授课，流行范围有限；[③] 其次是由北京新华书店于1949年11月初版（10000册）、1950年3月再版（10000册）的新华时事丛刊本，内容与华北大学自印本相同，"只是为眉目清醒计，加上一些小

[①] 刘大年1980年在日本东京大学交流会上的自我介绍记录稿。
[②] 刘大年：《田家英与学术界》，《毛泽东和他的秘书田家英》，中央文献出版社1989年版，第156—157页。
[③] 华北大学史地系当时开设有"美国侵华史"课程。据《华北三年以来的大学教育》，《人民日报》1948年12月31日第4版。

标题"①。

《美国侵华简史》的传播及其影响与当时的政治形势密切关联。1949年8月2日，美国驻华大使司徒雷登返美。8月5日，美国政府发表《美国与中国的关系》白皮书，同时发表了美国国务卿艾奇逊致总统杜鲁门的信。8月19日，《人民日报》发表《美国白皮书内容摘要》，谴责美国白皮书关于中美关系的历史叙述颠倒是非。与此同时，新华社从8月14日至9月16日间连续发表《丢掉幻想，准备斗争》等六篇评论，揭露美国对华政策的帝国主义本质。主持《人民日报》工作的胡乔木从一位编辑的手中看到了华北大学自印的《简史》，决定从8月26日至10月6日在《人民日报》连载《简史》。由于高度契合了现实政治宣传的需要，《简史》迅即风行全国，新华时事丛刊本《简史》共印行2万册，远远供不应求，各地只得纷纷翻印。截至1951年1月北京六版和其他地区1950年十二月出版数字的统计，全国范围累计印数达238800册，②可以想见当时洛阳纸贵的盛况，亦可以想见它在反美宣传中所起的重要作用。

《美国侵华简史》是一本仅90页，不到8万字的小册子。作者站在爱国主义立场，扼要叙述了美国侵华的历史过程，揭发了美国"帮助"中国的假面具，文笔犀利，富于感染力。作者开宗明义说明："美国在世界资本主义国家中，是比较后起的一个国家。它又是一个资源丰富得天独厚的国家，首先着重在国内的经营，然后才加强其对海外的扩张。这两个因素，规定了美国侵略中国的过程。"③根据这个过程，全书分为四章：1. 追随或通过别国向中国侵略（1840—1905年）；2. 逐渐走上独立侵略中国（1905—1917年）；3. 争夺中国霸权（1917—1945年）；4. 进行独占中国（1945年以后）。这种结构模式为美国侵华史的研究奠定了一个初步框架。

诚然，以今天的眼光观之，刘著《简史》无疑受到当时的政治氛围的影响，带有明显的时代烙印，其中一些论断夹杂着革命情感替代理性分析的因素。虽然存在诸多局限，但刘著《简史》毕竟"是从革命根据地走

---

① 李光霖：《评刘大年著美国侵华史》，《新建设》1950年第3卷第5期，第67页。
② 王大白：《评六种美帝侵华史》，《人民日报》1951年3月25日第6版。
③ 刘大年：《美国侵华简史》，新华书店1949年版，第3页。

出来的学者在观察、研究中美关系时写的第一本书"①。从政治意义上来说，它揭露了美帝国主义侵略中国的历史渊源，因具有一定学术底蕴而起到了一般政治宣传品无法比拟的作用；就学术价值而论，它意味着马克思主义中国近代史研究一个新的专题领域的开创，在当时产生了相当大的政治影响与学术影响。不少报刊发表对《简史》的书评，《简史》带动了一批新的美国侵华史书的出版，②其中，有的竟是《简史》的抄袭或缩写；另一些严肃的学术文章也常常引用刘著文字作为权威论断。③宋云彬著《高中本国近代史》中特别指出："课本对于美国侵华史实叙述得很不够，希望教师根据刘大年的美国侵华史，于授课时，随时加以补充。"④刘著《美国侵华简史》的影响由此可窥一斑。

建国初人们迫切需要一部材料丰富、论证有力的美国侵华史著作，政治形势的发展无疑为美国侵华史研究的进一步深入提供了强大驱动力，刘大年建国后第一件事就是对《简史》加以丰富扩充。此时撰著条件较建国前大为改善。至1951年4月，刘大年将《简史》修订成近17万字的《美国侵华史》，是年8月由人民出版社出版。此次修订又得到范文澜的大力帮助，同时得近代史研究所同人"沈自敏、丁名楠两同志帮助搜集材料，勘正错误，并由沈自敏同志最后校对一遍"⑤。此书"对于揭露美国的侵略面貌，澄清当时存在的一些糊涂观念，发扬爱国主义，进行爱国主义教

---

① 张海鹏：《战士型的学者，学者型的战士——记刘大年的学术生涯》，《刘大年集》，中国社会科学出版社2000年版，第475页。胡华此前曾撰有《美帝国主义侵华史略》（冀中新华出版社1947年版），但难称学术著作。

② 截至1951年2月，又有7部美国侵华史著作相继问世：1. 钦本立著《美帝经济侵华史》（世界知识社1950年初版，1951年修订四版）；2. 汪敏之著《美国侵华小史》（三联书店1950年初版）；3. 北京师范大学工会历史系小组编著《美帝侵略中国史话》（《光明日报》1950年初版）；4. 王春著《美国侵华史话》（工人出版社1951年初版）；5. 施瑛编著《美帝侵华演义》（通联书店1951年初版）；6. 宣谛之著《美帝侵华一百年》（世界知识社1950年版）；7. 谢牧编著《美帝侵华政策的百年总结》（潮锋出版社1951年初版）。这些著作的史料和观点无不以刘著《简史》为依据。

③ 如徐幼慈《美国军事侵华的三个阶段》（《光明日报》1950年11月3日第4版）、丁易《美帝帮助满清扼杀了太平天国运动》（《光明日报》1950年11月18日增刊）、尚钺《甲午战争中美帝帮助日本侵略中朝的检讨和教训》（《光明日报》1950年11月18日增刊）、袁震《美国人华尔帮助满清屠杀中国人民的血债》（《进步日报》1950年12月5日）等文章均为严格意义的学术论文，亦均将刘著《简史》的一些论述引为权威论断。

④ 宋云彬：《高中本国近代史》，人民教育出版社1951年版，第95页。

⑤ 《美国侵华史·修改说明》，人民出版社1951年版，第1页。

育，起了很大的作用"①。在当时就颇获好评，贾逸君认为："这本书是在许多美帝侵华史著作中最好的一本。"②

《美国侵华史》在《简史》基础上，吸收李光霖、王大白等人的批评意见，不仅篇幅大为扩充，材料更加丰富，而且史实进一步得以订正，体例更为完善。《简史》的论述截至1948年，《美国侵华史》则将抗美援朝运动的现实亦囊括其中，已可谓一部颇具规模的学术专著。就在北京初版的同年，苏联外国作品出版局印行了《美国侵华史》的俄文译本，奥夫钦尼科夫在《真理报》发表书评《叙述美国侵略中国的几本书》，予刘著《美国侵华史》以高度评价。③ 此前"苏联《历史问题》杂志也曾发表长篇评论"。在当时全面学习苏联的政治氛围中，苏联学者的揄扬和推介无疑扩大了《美国侵华史》的影响。朝鲜、捷克斯洛伐克和民主德国相继出版译本。苏联《大百科全书》第二版第21卷（中国卷）历史部分刊有记录。1953年，苏联科学院决定授予刘大年和华罗庚两人斯大林奖金。华是由于《堆垒素数论》，刘则是《美国侵华史》一书。因斯大林去世，授奖之事不了了之。④

毋庸讳言，由于属草创时期的著作，加之现实形势的迫切要求使作者难以从容精雕细琢，种种缺陷在所难免。当时学界对此亦有直截了当的批评。⑤ 刘大年对这些批评虚心接受，表示此书很不完善，"不仅材料贫乏，并且某些史实也有错误，显然远远不能满足读者起码的要求"⑥，如果严格要求则"是一部陋书"，希望读者能够"严格提出批评"，以期"能集中更多的意见写出一部比较合用的美国侵华史"。⑦

1954年12月，《美国侵华史》经过修改增订后由人民出版社再版，

---

① 戴逸：《刘大年同志与中国历史研究》，《近代史研究》1995年第5期。
② 贾逸君：《中学本国近代史教学参考资料和书目简介》，《历史教学》1952年3月号。
③ 《奥夫钦尼科夫在苏联〈真理报〉上撰文评介胡绳等关于美国侵华史的三部著作》，《人民日报》1952年5月22日第3版。
④ 刘大年：《华罗庚、夏鼐二同志回想录》，《光明日报》1985年7月7日第3版。
⑤ 参见王大白《评六种美国侵华史》，《人民日报》1951年3月25日第6版；李光霖：《评刘大年著美国侵华史》，《新建设》1950年第3卷第5期；季用：《几种美帝侵华史和补充材料》，《大公报》1950年11月16日第6版。
⑥ 刘大年：《美国侵华史·修改说明》，人民出版社1951年8月版，第1页。
⑦ 刘大年：《答复李光霖先生》，《新建设》1950年第3卷第5期。

主要增加了抗美援朝的内容，篇幅增至 24.1 万字。但其他内容改动甚少。因此，《光明日报》1955 年 1 月 13 日发表的题为《对刘著"美国侵华史"的一些商榷》还是以 1951 年版《美国侵华史》为批评之标本。①在对刘著《美国侵华史》的评论文章中，时为人民出版社副社长的曾彦修的书评最为尖锐。此文寄往《历史研究》编辑部，原稿已无法找到，内容只能大略从刘大年的回应文章《关于曾彦修同志对〈美国侵华史〉的评论》中窥知。

曾彦修的书评，如果去除那些政治批判的偏激言词，亦有一定的学术含蕴。曾氏指出，刘著《美国侵华史》对近代以来美国侵略中国的历史缺少在详实资料基础上的历史主义的分析，这种批评应该说是切中肯綮的。刘大年也坦言，《美国侵华史》的根本性缺点在于"某些说明解释不是恰如其分，有的地方便没有能够把美国侵华活动的真实地位和作用讲清楚。因此，这些地方的叙述是没有说服力的或者是不合于历史主义的"②。

作为一个严肃学者，这次论争对刘大年触动很大，他进而着手对《美国侵华史》加以修改，且拟定了修改要点："《美国侵华史》修改几点：一、不只是美国侵略，加上其他国的侵略；二、美国不只有侵略，中美人民有友谊；三、美国的侵略是渐进的，不是处处是主要的，最初甚至是温和的；四、已经被指出的错误。"③

在刘大年所存写作卡片中，有一张录有"一八六七年十月十七日，总批奏：美使蒲安臣处事和平，能知中外大体。充中国使臣，出使西洋，试

---

① 金王和：《对刘著"美国侵华史"的一些商榷》，《光明日报》1955 年 1 月 13 日第 3 版。
② 刘大年：《关于曾彦修同志对〈美国侵华史〉的评论》，未刊。曾彦修从政治角度提出批评，认为《美国侵华史》"甚至'在全书中却一点也不顾到'党的政策和毛主席的指示"。对于曾彦修带有政治批判性的批评，刘大年亦征引党的政策、毛泽东的指示为理论依据，从政治层面加以回应和辩驳。曾彦修与刘大年在当时学术界均颇负影响，批评与回应的两篇文章都相当尖锐。刘大年曾写信给中宣部部长陆定一："《历史研究》编辑部转给我曾彦修同志作的《评刘大年著〈美国侵华史〉》一文，我读了以后写了一篇答复的稿子。我写的稿子中有的地方涉及党的政策和当前的实际斗争，希望您能翻阅一下，给予指示。为了便于查看，把我的稿子连同曾彦修同志的文章一并送去。敬礼！刘大年 一月十七 又，两篇稿子都已投寄《历史研究》，编辑部商定由尹达同志负责处理。"这次论争最后请范文澜、田家英仲裁，田家英表示同意范文澜的意见，即暂不公开发表他们的文章，而邀集一些人进行讨论。这两篇文章最后均未刊发。而范、田二人所主张的约集学者进行讨论，迄今未见任何资料。
③ 刘大年手稿，刘潞提供。

办一年（穆宗卷二一四，页三二）。说明此时美国侵华尚非露骨，如英法等。这是和他的国内资本主义发展有关的。写入侵华史内。其他同样事件亦应叙述，以改变片面的叙述。改的关键之一，至要。对李（鸿章）、张之洞不要苛责或简单称为走狗，要用毛主席所讲的精神看历史人物，有缺点有优点"[1]。另一张卡片载："要有一段相当字数讲日美关系的历史特殊性"，"全部叙述要联系当时形势，眼光要开阔，不要死限于历史，要有现在的评论，是一本现在的书"。另外搜得刘大年修改1954年版《美国侵华史》的手稿，在原书上修改的笔迹密密麻麻，很多段落重新写过，论述更为平允、全面。从这些修改要点及实际修改情况看，刘大年在一定程度上接受了曾彦修学术方面的批评意见，对原来著作简单化的倾向有所纠正。但由于1957年的反右运动及其后接连不断的政治运动，《美国侵华史》的修订终于搁置，未竟其功。

《美国侵华史》从学术上讲，奠立了新中国成立之时马克思主义历史学者研究中美关系史的基础。本书和范文澜1947年在华北新华书店出版的《中国近代史》上编第一分册、胡绳1948年在香港出版的《帝国主义与中国政治》一起，在总的方向上体现了革命性和科学性的结合，是中国的马克思主义者在中国近代史这一崭新学科上所作出的奠基性的贡献，是标志中国马克思主义史学大踏步进入中国历史学领域的代表性著作。

刘大年还是台湾史研究的拓荒者。他与丁名楠、余绳武合著的《台湾历史概述》1956年由北京三联书店出版，这是新中国台湾史研究的滥觞。是著在严谨的历史论述中，为反对美国控制台湾、分裂中国提供历史学支持。

1949年新中国成立后，美国将控制台湾及台湾海峡作为遏制新中国的重要筹码。朝鲜战争爆发后，美国迅即派遣第七舰队侵入台湾海峡，派第13、20航空队在台湾建立军事基地，并组织"军事援助顾问团"进驻台湾。同时为蒋介石集团提供巨额军事援助和经济援助。1953年9月美蒋签订"军事协调谅解协定"；1954年12月8日，签订"共同防御条约"，企

---

[1] 刘大年手稿，刘潞提供。

图将台湾置于美国的"保护"之下。①自然引起中国人民的严重抗议。

研究台湾史可以说是美国侵华史研究的接续。1951年刘大年发表《1874年美国与日本合作进攻台湾的经过》，论证日美勾结侵略台湾，指出参加侵略的有美国"军事指挥人员"、美国"军舰和装运军队的商船"、大批美国"军火"，"可能还有一批美国雇佣兵"。②1955年发表《台湾一千七百年的历史》，论证台湾自古以来即为中国领土。《台湾历史概述》则是在美国的对台野心日益膨胀的历史背景下产生的历史著作。

《台湾历史概述》的论述平实而有分寸，力求所论持之有故。作者以唯物史观为指导，强调阶级分析法，但却未做僵化理解与运用。如此书对台湾巡抚刘铭传经略台湾的功绩不乏肯定之词："刘铭传在台湾的各种建设中，起了积极的作用，他所兴办的有些建设项目，在全国且属创举。""拿台湾与内地作一比较，可以看出它现在不仅在国防上是一个重要的省份，在经济、文化上也是一个先进的省份。"③这种评论，体现了实事求是的治史精神。

《台湾历史概述》篇幅仅5万余字，却开台湾史研究之先声。该书出版高度契合了现实政治主题，兼具学术性与通俗性，在当时产生了较大反响，④后被授予中国科学院学术奖金，且于1962年、1978年两次再版。紧随此书之后，不少大陆学者为配合台湾问题上的斗争，纷纷进行台湾史研究。⑤

"中年乙部伐雄王"。无论是《美国侵华史》，还是《台湾历史概述》，都是刘大年中年之作。这两本书的主旨，都是从学术上探讨美国侵略中国的历史，在政治上起到了谴责美帝国主义的作用。

目前，抗日战争史已经成为中国近代史学科中一个相当繁荣的分支领

---

① 谢显益：《中国外交史》（中华人民共和国时期1949—1979），河南人民出版社1998年版，第135—138页。
② 刘大年：《1874年美国和日本合作进攻台湾的经过》，《新建设》1951年第5卷第3期。
③ 《台湾历史概述》，三联书店1956年版，第51页。
④ 林增平、林言椒主编：高等学校文科教学参考书《中国近代史研究入门》，河南人民出版社1990年版，第185—186页。
⑤ 钟安西、赵一顺：《台湾史研究的历史脉络》，《中国社会科学院院报》2005年3月22日第2版。

域。事实上，在20世纪80年代之初，抗日战争史仅为中共党史、中国革命史的一个组成部分，并未获得相对独立的学术地位。而这个变化，与刘大年对抗日战争史研究的开拓与推动密不可分。

刘大年年近古稀之时转而对抗日战争史研究投入极大的精力，自有其深刻的动因。其一，刘大年成长于抗日战争的洪流之中，对那段峥嵘岁月具有刻骨铭心的深厚感情。无论是荷戟从戎参与创造抗日战争的历史，还是晚年以学者的冷静与理性重新审视、研究抗日战争史，爱国主义始终是其根本的出发点和归宿。其二，深切的现实关怀。1982年日本文部省下令修改历史教科书，对这一军国主义复活的征兆，国人缺乏应有的警觉，是他倾注心力于抗日战争史研究的直接动因。[①] 他希望通过抗日战争研究，还原那段悲壮的历史，"增进对抗日战争中体现的中华民族凝聚力、爱国主义传统的认识，增进对中国人民敢于反抗强敌、顶天立地气概的认识，也必将增进人们对现代化旅程胜利前途和应当如何有所作为的认识"[②]。

1987年，刘大年在《近代史研究》第5期发表《抗日战争与中国历史》一文，从整体上奠定了抗日战争研究的框架。1989年2月20日，他作为全国人大常委在七届全国人大常委会第六次会议上，就日本当局在侵华战争性质问题上的倒退作了义正词严的发言，曾吸引国内外视听。日本报纸迅速转载这个发言，苏联、法国、美国报纸、通讯社纷纷发表评论，谴责日本当局的行径。此后他陆续撰写多篇有关抗日战争的论文，分别收入《刘大年史学论文选集》和《抗日战争时代》两书，最后集中收入《我亲历的抗日战争与研究》下编"抗战研究"。刘大年的抗日战争史研究，始终坚持"照唯物论思考"，对抗日战争时期这一纷繁复杂的历史进行高屋建瓴的宏观把握，对学界的抗战史研究有着引导性作用。刘大年认为："抗日战争的历史和整部中国历史一样必须成为科学的客观研究的对象。我们必须把抗日战争的研究建立在坚实的科学基础上，提高它的科学性。……对于叙述历史，我们主张客观的历史是怎么样，写出来的历史也

---

① 针对教科书事件，刘大年迅速在近代史所召开讨论会，并第一个发言；他还要求张振鹍、邹念之着手翻译部分日文资料，为驳斥谬说作准备。据采访张振鹍、王玉璞记录。

② 刘大年：《我亲历的抗日战争与研究》，第301页。

必须是怎么样。"这就要求，在研究抗日战争历史时，一是必须以事实为根据，二是必须具体问题具体分析。他认为："中国抗日战争特有的格局，它的复杂性，无论从哪方面来看，都是发挥历史唯物论的思想力量最好的和令人最饶科学兴味的场所。善于探索者尽可以去开发，去掘进"；只有"照唯物论思考，从社会物质生活矛盾出发，减少精神束缚"，才能还原历史真实。①无庸讳言，抗日战争与现实生活联系异常切近，研究者的政治立场倾向与历史研究极易纠结在一起，国际国内学界对抗战历史的认识存在着相当的分歧。胡乔木坦言："对这段历史的认识还有许多不够深刻的地方。"②刘大年对史学"求真"的大力张扬，所针对的正是既有抗战史研究存在种种不足：在人物评论中看重人物的自我表白甚于客观事实，在事实评述中偏于局部而失于全局。或顾虑降低共产党的地位、作用，或顾虑降低国民党的地位、作用，如此一来，自然影响学术研究的客观真实。其中正面战场与敌后战场的作用、国民党和共产党的领导作用两问题争议尤大。

刘大年认为，正确认识这些问题，首先要认识抗日战争时期历史的特别复杂性。抗日战争首先是民族战争，同时也是人民战争；其间错综着民族矛盾与阶级矛盾；抗日战争既是一场民族解放战争，又是一场与国内民主革命相结合、相伴随的战争；既有正面战场，又有敌后战场。只有以历史事实为依据，坚持具体问题具体分析，才可能将研究推向深入。在对抗日战争一些关键问题的总体认识上，刘大年提出了不少具有突破性、影响深远的观点。

1995年刘大年为"中国抗日战争史丛书"所写的"总序"中提出："抗日战争爆发前，国家权力基本上掌握在蒋介石、国民党及其各派系手里。有蒋介石、国民党的参加，才有了全民族的抗战。否则全民族的抗战就无从实现，一时实现了也无法坚持下去。抗战期间蒋介石虽然没有放弃反共，也没有放弃抗战。从民族战争的角度看，蒋介石、国民党在抗战中

---

① 刘大年：《照唯物论思考》，《抗日战争研究》1996年第2期。
② 胡乔木：《致中国抗日战争史学会成立大会的信——代发刊辞》，《抗日战争研究》1991年第1期。

的重要地位和作用,应该得到客观、全面的理解。"对于"蒋介石、国民党参加抗战"的意义和作用作如此评价,在大陆学术界可谓前所未有。①

在1991年提交沈阳纪念"九·一八"事变60周年国际学术讨论会的论文中,刘大年更明确提出:蒋介石"消极抗日也还是抗日。退出抗日阵线是他的阶级利益所不允许可的。他主观上希望抗日、反共两个第一,然而实际行动上办不到。结果他实行的还是抗日第一、反共第二"。这种新颖的观点当时令与会者有"石破天惊"之感。②

此前,台湾学者极力贬低中共敌后战场,大陆学界亦对正面战场之作用极力淡化。1995年,刘大年在纪念抗日战争胜利50周年学术讨论会开幕式上所作报告中指出,"抗日战争的特异之处是蒋介石政权控制的正面战场与共产党领导的敌后解放区战场两个战场并存。它们互相依托组合起来与敌人角胜"。"两个战场的存在来自于国共合作,来自于抗日民族统一战线。""两个战场的存在和运动、变化,是决定抗日战争面貌和结局的关键。日军由胜利推进转向失败,国民党和共产党的力量朝相反的方向行走,这两个过程、两种演变的实现,是从两个战场上开始和完成的。"因此两个战场的地位和作用均不应看轻。③

抗日战争的领导权问题有一定敏感性。刘大年1996年发表《照唯物论思考》一文,专设"国民党、共产党两个领导中心并存"一节,④对领导权问题作了深刻辩证的分析。他指出,国民党与共产党在抗日战争中的领导权,是由抗战前两个敌对政治实体的关系嬗变而来的。说国民党、蒋政权发挥了领导作用,是因为它掌握着民族战争所必需的、国际国内承认的统一政权,它指挥200万军队,担负着正面战场的作战任务。它虽然积极反共,在抗日问题上严重动摇,但到底把抗日坚持下来了。说共产党发挥了领导作用,是因为它坚持了抗日统一战线,使民族战争所必需的国内

---

① 据张振鹍先生回忆,此"总序"写成后,有关领导机关曾要求刘大年将这段话删掉,他坚决拒绝。据张振鹍《刘大年与抗日战争研究》,未刊稿。
② 张振鹍:《刘大年与抗日战争研究》,未刊稿。
③ 刘大年:《抗日战争的几个问题》,《光明日报》1995年9月11日第5版。
④ 刘大年非常珍视此文。据张振鹍先生回忆,刘大年曾将此文请胡绳看过,胡绳在"关于国民党、共产党两个中心并存"一节批注"有深意存焉"。据张振鹍《刘大年与抗日战争研究》,未刊稿。

团结能够维持下来，指挥八路军、新四军，担负着敌后战场的作战任务。它们所处的地位不同，能够起作用的方面不一样，也不表现为某种平衡，而又都是不可缺少的。在抗日战争这个整体大局中，国民党、共产党都起着领导作用。这个作用，都是全局性的，不是局部的、暂时的。双方这种都是全局性的领导作用，不是由于它们存在某种形式的共同领导或与之相反的分开领导来实现的，它们的领导作用是在又统一、又矛盾的斗争中实现的。在这个又统一、又斗争的过程中，国共力量的消长发生着变化，总的趋势，是人民的力量、共产党的力量逐渐增强，并且历史性地改变了国内政治力量的对比。这是对抗日战争中国民党、共产党的领导地位和作用的最终说明。①

刘大年的这些观点，置诸当时的认知背景下，就可以明确看到，较之以前一些简单说法，显然更具科学性，也更加符合历史的真实；即便今天看来，仍会感到寓意深远。这是一个八路军老战士、一个马克思主义历史学家在他晚年的学术生涯中所达到的一个新境界。其论述中心是蒋介石、国民党、国民政府对抗战的态度及其在抗战中的地位、作用问题，而这在相当长时间内具有政治敏感性，被研究者刻意回避。刘大年以其"非则言非，是则言是"的历史学家的"求真"精神，突入敏感区，在抗战史研究中大力弘扬摒弃成见、实事求是的学风，为抗日战争研究奠定学术基础。

刘大年1990年开始呼吁：要编写一部全面系统的抗日战争史，"要充分汲取中国、日本和世界各地研究这段历史的成果，在科学上具有权威性代表性"②。他主持撰著的《中国复兴枢纽》以"求真"为旨归，抱定"我们这一辈人有责任搞一本科学的抗日战争史"③之信念，"八年间的基

---

① 关于刘大年对抗日战争研究的基本观点，张海鹏曾经有概括与论证，参见张海鹏《战士型的学者，学者型的战士——记刘大年的学术生涯》，载《刘大年集》，"附录"；又见张海鹏《刘大年与抗日战争史研究》，载《东厂论史录》，广东人民出版社1998年版，第158—174页。关于抗日战争中两个领导中心并存的观点，张海鹏曾多加阐发。参见张海鹏《走向民族复兴的重要标志——论抗日战争胜利的历史意义》，《抗日战争研究》2005年第3期；《伟大的爱国者张学良·序》，载张友坤《伟大的爱国者张学良》，东北大学出版社2006年版；《中国抗日战争领导权问题的思考》，《中国社会科学报》2010年9月2日第7版。
② 刘大年：《编写一部全面系统的抗日战争史》，《人民日报》1990年3月5日第6版。
③ 2010年1月15日采访张振鹍先生记录。

本事实力求都有记载，力求做到信而有征"①。此书无论是史料的比对，语言的推敲，还是史论的提炼，都达到了相当的高度。

在胡乔木、刘大年的大力推动下，中国抗日战争史学会于1991年1月23日成立，《抗日战争研究》亦于是年9月创刊，引起国内国际的广泛关注。海外华人多视之为莫大之盛举。美籍华裔史家唐德刚1992年春节来函："抗日战争史学会在先生领导下，必成将来世界史中之显学。"②

中国抗日战争史学会成立后，连续主办了三次大型国际学术讨论会：1991年9月在沈阳召开的"九·一八事变60周年国际学术讨论会"、1993年1月在北京召开的"第二届近百年中日关系史国际学术讨论会"、1997年7月在卢沟桥中国人民抗日战争纪念馆召开的"七七事变60周年国际学术讨论会"。刘大年担任这三次国际学术讨论会组织委员会主席。国际学术讨论会的成功召开，进一步推动了抗日战争史研究的繁荣发展。抗战史研究状况自此有了根本改观："发表的论文、出版的著作、研究者的队伍，都达到空前的规模；研究的水平和质量大大提高。"③

二 为建设中国近代史学科体系而探讨

中国近代历史，千头万绪，研究中国近代史，究竟研究什么？刘大年认为，首先要研究中国近代历史上最基本的东西，这就是构成近代中国历史的最基本的内容。他认为，按照毛泽东的归纳，帝国主义侵略中国，反对中国独立，反对中国发展资本主义的历史，就是中国的近代史。又说，帝国主义与中国封建主义相结合，把中国变为半殖民地和殖民地的过程，就是中国人民反抗帝国主义及其走狗的过程。刘大年发表的文章，具体涉及太平天国、义和团、戊戌变法、辛亥革命、孙中山、抗日战争等问题。这些研究，把马克思主义、历史唯物主义的基本观点与近代中国的历史进程结合起来，探讨中国近代史的基本问题，探讨近代中国历史上的阶级、

---

① 刘大年、白介夫主编：《中国复兴枢纽：抗日战争的八年》，北京出版社1997年版，第10页。
② 《唐德刚来函》，《刘大年来往书信选》（下），中央文献出版社2006年版，第601页。
③ 张海鹏：《刘大年与抗日战争史研究》，《东厂论史录》，第173页。

阶级关系和阶级斗争，已然涉及了中国近代史的科学体系问题，体现了对中国近代史学科体系的系统探讨。

建构科学的中国近代史学科体系，首先必须提到历史分期，以及依据什么理论进行分期。刘大年认为："自鸦片战争起到中华人民共和国成立以前的110年，都是半殖民地半封建社会，都是中国的近代。"① 1961年再次撰文提出："这里说的近代，是指从鸦片战争到1949年中华人民共和国成立的我国民主革命时期。"② 1964年在向外国历史学家介绍中国历史科学时进一步明确指出："五四前后既然社会制度相同，革命任务、革命性质相同，我们就只能把它们看作是同一个历史时代"；"中华人民共和国成立以后，历史前进到了一个崭新的时代。十几年前的'现代'，已经很快为今天的'现代'所代替。时至今日，我们再用'近代'去概括鸦片战争至五四运动的历史，用'现代'概括五四直至中华人民共和国以后的历史，显然是非常不合理了"。③ 并撰文强调"中国近代史一般是指整个中国旧民主主义和新民主主义革命时期的历史"④。1964年他在中共中央高级党校讲授中国近代史时，对1949年下限说作了详细分析。⑤

刘大年认为，考察中国近代史分期的标志不外乎三个方面：从阶级斗争来划分；从近代社会的主要矛盾变化来划分；从外国侵入后社会经济的发展变化来划分。而这三者应当是统一的，不是互相排斥或彼此平列的关系。"一定的社会经济产生相应的社会力量。阶级斗争、阶级关系的演变，归根结底是由社会经济变革所引起的。从来也没有与社会经济相隔绝的政治运动、阶级斗争"；而中国近代史上的主要矛盾的阶段性，"当然就是阶级斗争、革命运动的高潮低落、外国侵略和国内斗争为主为次的转换、革命动力从农民战争到资产阶级革命的发展，在反侵略斗争中地主阶级的不同态度等等变化的阶段性"。⑥

---

① 刘大年：《中国近代史研究中的几个问题》，《刘大年史学论文选集》，人民出版社1987年版，第247页。
② 刘大年：《我们要熟悉中国近代史》，《人民日报》1961年2月21日第7版。
③ 刘大年：《回答日本历史学者的问题》，《刘大年史学论文选集》，第494—495页。
④ 《中国近代史上的人民群众》，《历史研究》1964年第1期。
⑤ 刘大年：《中国近代史讲稿》，中共中央高级党校教研室1964年5月编印。
⑥ 刘大年：《中国近代史研究中的几个问题》，《历史研究》1959年第10期。

在对中国近代史的总体把握上，刘大年的主张似乎与胡绳相近，若细加考察，不难发现二者差异之所在。实际上，刘大年的分期构想可谓吸收了分期讨论中各家之言，并融入了自己的判断和思考。

首先，他将清政府组织的中日、中法战争与义和团运动并列为民族战争，强调这一时期中外民族矛盾的主体地位。从刘大年的理论分析看来，基本上肯定了清政府在与列强的民族战争中具有积极的、正义的一面。

其次，他在坚持以反帝反封建作为近代史演进脉络主线的同时，将近代以来的经济变动、尤其是资本主义发展历程也置于相当重要的地位。他在范文澜《中国近代史的分期问题》的文章打印稿上批注有："全文中看不出社会生活的变化。总起来是没有社会经济。一、不能说明生产力的发展。……以矛盾的阶段作为分期阶段，不能说明生产力发展的阶段。"[①] 有鉴于此，他特别重视对社会经济生活的分析，指出：中国出现资本主义后，才有早期的资产阶级和工人阶级，从而为新的社会运动奠定基础。这实质上强调了资本主义的发展推动中国由封建社会向近代工业社会转型，已经涉及中国的近代化历程问题。

实际上，刘大年对资本主义、资产阶级研究的重视由来已久。1953年1月，近代史研究所设立经济史组，刘大年任组长，并将近代资产阶级作为研究中心内容。[②] 这在当时无疑具有开创意义。1955年他起草的《社会科学学部报告》就着重提出："关于中国资本主义的发生与发展的历史、中国资产阶级领导中国革命的思想、策略及其历史作用"，"应作为专题深入地研究"。[③] 20世纪50—60年代，他与严中平、巫宝三、汪敬虞、孙冶方等经济史或经济学的研究者书信往还，曾提议"写资本家千人传"[④]。1954年3、4月间，刘大年在办理顾颉刚调动之事时，曾在武汉逗留一周，

---

① 刘大年手稿，刘潞先生提供。
② 按照当时的分工，钱宏负责"中国资产阶级的发生"、"中国资产阶级与小资产阶级的关系"，董其昉负责"中国资产阶级的构成"，樊百川负责"中国资产阶级与农民阶级"，张玮瑛负责"中国资产阶级在工业方面的活动"，谢璇造负责"中国资产阶级与帝国主义和垄断资本主义的关系"，李瑚负责"中国资产阶级在商业银行、运输方面的活动"。据李瑚《本所十年大事简记》（手写稿），第7—8页。
③ 《社会科学学部报告》，刘大年起草（1955年5月21日改写稿），刘潞提供。
④ 《米暂沉来函》，《刘大年来往书信选》（上），第251页。

专门听当时武汉军区副政委原新四军政治部副主任郑位三讲武汉的资本家、近代工业情况。郑位三对武汉地区工商业情况很熟悉,他希望近代史所有人去研究武汉的工商业,于是致信范文澜。由于只是口述,武汉工商业的情况后来没有整理,但刘大年对此事一直念念不忘。① 1964年4月3日成立"近代中国社会历史调查工作委员会",杨东莼为主任,刘大年、黎澍为副主任,主要根据刘大年的建议,进行"民族资产阶级调查"、"买办阶级调查"、"江浙财阀调查"、"商会调查"。② 1958年他撰文明确指出:"中日战争后的再一次割地狂潮,使中国面临着瓜分危险,而民族工业又正显露其活力。挽救民族危亡,发展资本主义,成了社会生活提出的两个最根本、最迫切的问题。"③ 1981年刘大年率先提出中国近代史研究应从经济史突破,拉开了近代史研究内容拓展的序幕。④ 这绝非心血来潮,而是他长期积累深思熟虑的结果。

学科体系的成熟,其标志即为反映这一体系、具有典范意义的权威著作的产生。"三次革命高潮"体系作为20世纪50年代分期讨论的主要成果,对于此后中国近代史研究及中国近代史著作的编纂都有极为重要的指导意义。刘大年主持编纂的《中国史稿》第四册及《中国近代史稿》体现了"三次革命高潮体系"的基本精神,同时力图克服其片面性,并有所完善和补充,为中国近代通史体系作出了可贵的探索。平心而论,从学科体系建设的角度看,《中国史稿》的框架比胡绳的《中国近代史提纲》所勾画的框架更为全面,体现了较高的科学性。

中国科学院近代史研究所成立后,在深入专题研究的基础上编纂一部《中国近代史》就成为全所上下数十年孜孜以求的目标。范文澜、刘大年最初擘画的实际上是一部完整的多卷本《中国近代通史》。刘大年在1957年1月5日全所大会报告中说:"我们要从更多的材料,把近代史中若干问题,弄得更清楚、更深入。……今天开始写的近代史,为了期望把它写

---

① 转引自黄仁国《非则言非,是则言是的实事求是精神》,《史学史研究》2007年第2期。
② 近代史所档案:《关于开展近代社会调查的资料》、《1964年全国近代现代史工作会议资料》。
③ 刘大年:《戊戌变法六十年》,《人民日报》1958年9月29日第7版。
④ 刘大年:《中国近代史研究从何处突破?》,《光明日报》1981年2月17日第4版。

好，就是经过十年的时间也无不可。"① 1957年9月，为写好多卷本的《中国近代史》，近代史研究所把原来的三个组打乱，重新组建近代史组全力以赴进行，由刘大年任组长主持其事。但1959年郭沫若主编的《中国史稿》第四册（1840—1919）分配由近代史所承担，刘大年主持，多卷本《中国近代通史》的撰著计划不得不暂时搁置。当时近代史所人员将多卷本《中国近代史》称为"大书"，而将《中国史稿》第四册称为"小书"，以示区分。近代史研究所的主要研究力量都参与编写《中国史稿》。② 历时近两年，《中国史稿》第四册于1962年10月由人民出版社出版。

1971年4月，刘大年与郭沫若讨论《中国史稿》继续写作问题。之后，《中国史稿》第四分册的修改及范文澜著《中国近代史》下册的编写工作均由刘大年负责。刘大年约集丁名楠、钱宏、余绳武、樊百川、张振鹍、龙盛运、刘仁达、金宗英等研究人员，开始从事《中国史稿》近代史部分的扩大编撰工作。与此同时，刘大年还着手主持范文澜著《中国近代史》下册的编写。1976年，刘大年在郭沫若召集的《中国史稿》编写工作会议上提出，《中国史稿》中国近代史部分分量比较大，希望能够独立出版，得到郭的同意，此后，《中国史稿》近代部分被称为《中国近代史稿》，计划共出5册。1978年8月，《中国近代史稿》第一册由人民出版社出版。1984年6月，《中国近代史稿》第二、三册出版，但仍只写到1901年。范文澜、刘大年及近代史所同人为之努力数十年的中国近代通史著作终未竟全功。

刘大年为编纂《中国史稿》第四册及《中国近代史稿》1—3册，从宏观理论体系的提出、指导思想的确立、结构框架的设计，到对初稿逐字逐句的修改以至重写，倾注了相当多的心血。《中国史稿》的基本理论体系体现了刘大年1959年发表的《中国近代史研究中的几个问题》一文的观点，且与1954—1957年中国近代史分期问题的讨论密切相关。这一框架基本按照"三次革命高潮"分期，同范文澜的分期观点有相当的

---

① 金毓黻：《静晤室日记》第10卷，辽沈书社1993年版，第7370页。
② 《中国史稿》第4册"编辑工作说明"，人民出版社1962年版。

差异。①

事实上，刘大年在《中国史稿》第四册的理论架构上融入了自己独到的探索、思考，对"三次革命高潮"体系又有所发展与完善。他对以往包括范文澜著《中国近代史》在内的中国近代通史体例著作偏重政治、忽略社会经济文化的缺陷有着明晰的体认，因而《中国史稿》第四册力图克服片面性，将社会、经济、文化以及边疆、少数民族等内容均纳入论述的范围。在他看来，1840—1919年近代中国80年的历史，明显地表现为鸦片战争至太平天国失败、1864年至戊戌变法与义和团运动失败，以及1901年至五四运动爆发三个不同时期，每个时期内帝国主义、中国社会各阶级的关系、他们的矛盾斗争各有特点。其中社会经济状况、阶级斗争、意识形态是统一的，在历史论述中均应给予其应有的位置。因此，《中国史稿》、《中国近代史稿》根据历史演变的时间顺序讲述事件：不止讲政治事件，也讲经济基础的变迁、社会文化思潮的流变；不止讲汉族地区的历史，也讲国内各民族斗争、边疆沿革。

尤为值得注意的是，对阶级分析法的辩证运用，使此书尽可能避免了以阶级阵营分敌我、论是非的简单化趋向。刘大年认为，"统治阶级、地主阶级里面有很多派别和集团，有区别，不尽相同。……说清楚这些问题才深刻，不要回避它"。"对清政府要给以恰如其分的估价，不要重复辛亥革命时期革命派的论调，因为他们要推翻它，把它说得很坏。……清朝在中国历史上曾经起过积极作用。"② "中国近代的革命运动与反动统治表现了历史运动两个方向的对立，并非表现历史分成了对立的两块，彼此无关。两个对立方向是同一历史过程的两面。没有反对革命的一面，就没有革命的一面。我们不能只讲革命的一面，不讲反革命的一面。"③ 因而此书并未忽视统治阶级的活动，对于"反革命"一方的历史亦给予了相当的叙述比重；对统治者维护国家民族利益的举措给予了客观中允的评价。

---

① 范文澜认为没有必要统一于一种说法，对刘大年的做法表示支持。参见刘大年《范文澜历史论文选集·序》，中国社会科学出版社1979年版，第15页。
② 近代史所档案：《内部简讯》第2期，1961年3月1日，中国社会科学院近代史研究所藏。
③ 刘大年：《田家英与学术界》，董边等编：《毛泽东和他的秘书田家英》，中央文献出版社1990年版，第159页。

与此同时，此书力求避免人物的标签化、脸谱化，而强调揭示其发展变化过程。刘大年强调："就是同一个人，前后也可能有变化，也要具体分析"；"不得志的中小官吏一般倾向于反侵略，但是一旦有了职权以后又发生变化；翁同龢在中日战争中主战，但他比李鸿章更亲俄"；"人物不要讲得很死，如恭亲王前后就有不同"。① 这些意见体现了历史主义精神，在20世纪60年代显得难能可贵。

《中国史稿》第四册体现了刘大年的史学思想：其一，历史运动是一个整体运动，社会生产、经济生活是这个整体的核心与基础。《中国史稿》注重综合政治、经济、文化各个领域的状况，着力于发掘政治事件的经济根源，显示出对历史唯物论的深刻体会；其二，历史运动的动力来自于社会内部的矛盾对抗，在着力状写阶级斗争的同时，必须对社会结构的变化作深刻的探索；其三，写中国历史必须注意到中国的特殊性，而不能生搬硬套马克思主义理论。他认为，民族矛盾与阶级矛盾相互影响，相互作用，在很大程度上决定了近代中国的总体面貌。二者紧密相连，难以分出孰轻孰重，在进行历史论述时应该兼顾这两种矛盾，而不能陷于顾此失彼之境。《中国史稿》第四册的这些认识及编纂方法，是对建国以来中国近代史学科研究成果的概括和升华，"给中国近代史搭起了一个新的架子，有些地方作出了可喜的概括"②，实际上为中国近代通史的编纂奠定了一个具有一定科学性的初步框架。

《中国史稿》第四册力求反映近代史的全貌。书中从整体分析政治、经济、文化、边疆少数民族四部分所占分量，可列表如下：

	共计	政治、军事	经济	思想文化	边疆少数民族
页数	240	165	35	24	16
比例%	100	68.7	14.6	10	6.7

可以看出，政治史、革命史为主干，同时将经济、思想文化、边疆少

---

① 近代史所档案：《内部简讯》第2期，1961年3月1日。
② 张海鹏：《战士型的学者，学者型的战士》，《刘大年集》，第476页。

数民族扭结其中，均有比较充分的反映，《中国史稿》所构建的理论体系容纳历史内容的全面与均衡，在20世纪60年代实为难能可贵。而且，对于统治层的活动如洋务运动、清末新政、预备立宪等均给予了一定的位置。对于两次鸦片战争、中日战争、中法战争这些由清政府主导的涉外民族战争，刘大年有较为公允的评价。他明确指出：写这几次中外民族战争时，"不要使阶级矛盾超过民族矛盾。现在讲分期问题的，常把这两次战争放在很不重要的地位，这是不对的。在我们的书中，要把这几次战争突出来摆在适当的地位上"①。就这个框架看来，虽然蕴涵着"三次革命高潮"的基本精神，但却明显体现了突破"革命史"框架的意图。

刘大年的这一构想颇有新意，他曾对一位国外来访的学者讲，他主持编著的著作将包括该历史时期的基础和上层建筑，与当时通行的着重谈政治事件的史书有别。② 20世纪60年代《中国史稿》作为指定的高校教材，印数很多，影响亦相当大。丁守和回忆，"田家英要我参加第5册（按：即《中国史稿》第5册）的写作，就曾提到要参考此书"③。林言椒认为，"60年代影响最大的，我看恐怕就是郭沫若主编、实际上是刘大年写的《中国史稿》第四册和翦伯赞的《中国史纲要》第四册。尽管当时同类书已出了不少，但这两部书章节清晰，立论严谨，简明扼要，适于作为大学教材使用，而且对于边疆和少数民族问题也都涉及到了，这是我们过去重视不够的"④。实际上，此后我国高等学校历史系编写或者使用的中国近代史教材，大体参照过这个框架。这个体系已经具有相当的前瞻性，与以前的近代史体系相比，已然有了重大的进步。《中国近代史稿》与《中国史稿》第4册相较，基本框架及基本观点都没有大的区别，但史实大为丰富，克服了原书"有骨头无血肉"的缺憾，且每一时期均有总评。这两部书对中国近代通史体系作出了较为成功的探索。即以今天的眼光看来，其积极意义仍不可抹杀。

---

① 近代史所档案：《内部简讯》第2期，1961年3月1日。
② 王庆成：《忆刘大年同志对近代史学科建设的贡献》，《近代史研究》2000年第6期。
③ 丁守和：《怀念刘大年同志》，《近代史研究》2000年第6期。
④ 《学习祖国历史 建设精神文明》，《读书》1982年第11期。

三 以马克思主义为指导的史学理论研究

新时期以来，史学思潮风云变幻，马克思主义指导地位受到挑战。马克思主义史家面临着两大任务：其一，肃清附加于马克思主义名号之下的种种谬说，恢复马克思主义的本来面貌；其二，纠正淡化马克思主义理论乃至摆脱唯物史观指导的倾向，在坚持其固有内涵的基础上不断丰富、发展马克思主义。刘大年认为，中国近代史研究的突破必须着眼于理论的创新，"新资料有限，而新眼光新认识提高无穷。我们在资料上应当达到超越前人，因为新出的资料多了，前人未见的我们也见到了。但是做到了这一步顶多也不过同前人一样。要使学术水准提高，就必须掌握创造性运用马克思主义。资料与理论谁也不可缺少。要前进还要在理论上努力"①。事实上，刘大年不为种种潮流所左右，始终不渝地坚持唯物史观，并为之作出了新的探索；同时对史学的理论方法进行探讨，其成果泽及后来的中国近代史研究者。

刘大年在"文化大革命"中通读《马克思恩格斯全集》，某些篇章曾反复诵读，具有相当坚实的理论基础。有鉴于"文化大革命"期间理论的混乱，在史学研究领域，对马克思主义理论的糟蹋令人痛心，他在"文化大革命"后撰写了很多关于历史理论的文章，对历史唯物主义在史学研究中的运用，以及历史学自身的理论，多所阐发，一些文章引发了热烈争鸣。这些文章大多收入1987年出版的《刘大年史学论文选集》，且排在文集首位，所占篇幅也较多。他在《弁言》中坦言：

> 1979年以后写的一些文稿，有两种截然不同的评价。一种认为代表了某种倾向，而且是"有力的代表者"，意存奖饰。一种认为划框框，定调子，难以接受。这表明我们的学术界百家争鸣，思想活跃。至于我自己，只不过是按照现有的认识去说话。不求鸣高，不问时

---

① 刘大年手稿，刘潞提供。

尚，不作违心之论，枉己殉人。①

此中所指即为这些历史理论文章，具体涉及历史研究的指导思想和对象问题、历史科学的任务问题和时代使命问题，历史动力问题，历史学理论的建设问题。

这些史学理论文章也使很多史家得到鼓舞。林甘泉认为："书（按：指《刘大年史学论文选集》）中许多篇章，我认为对于今天史学界的思想状况和理论状况来说，很有针对性，也可以说有指导意义。……就坚持马克思主义理论指导这一点来说，就足以使许多同志得到鼓舞。"② 胡思庸言："伏案一气读了两篇（《历史研究的指导思想问题》、《历史前进的动力问题》），不觉已是夜阑人静……孤灯对卷，如闻空谷足音。"③ 项观奇亦对刘大年的战斗精神深表钦佩，认为他在坚持着一种倾向，是一个有力的代表。④ 戴逸曾说："我感觉到，他在这方面下的功夫是很大的，阐发的一些理论相当透彻，并且有明确的针对性，表现了他在理论方面的成熟，也表现了一位历史学家的远见卓识。"⑤

中国和世界的历史学各有其科学成分。但是历史学是否以及怎样成为一门科学，至今不无争议。历史唯物主义给历史学奠定了科学基础，但它并不能代替历史学理论。他的史学理论探索即由此而生发，并对历史学理论的一系列关键问题都有明确看法。刘大年关于马克思主义历史学理论的基本观点和思想概括如下：

（一）关于历史研究的指导思想。新时期以来，在各种现代科学的渗透之下，在种种新思潮的冲击之下，唯物史观的指导地位受到质疑。刘大年认为，历史研究离不开一定的指导思想。所谓"无偏无党，浩然中立"，不过是表明他拒绝某种思想，而选择另外的思想。历史学要想成为科学，不能脱离马克思主义的哲学指导。在他看来，历史唯物主义作为一个科学

---

① 刘大年：《刘大年史学论文选集·弁言》，第1页。
② 《林甘泉来函》，《刘大年来往书信选》（下），第490页。
③ 《胡思庸来函》，《刘大年来往书信选》（下），第493页。
④ 《项观奇来函》，《刘大年来往书信选》（下），第474页。
⑤ 戴逸：《刘大年同志与中国历史研究》，《近代史研究》1995年第5期。

理论体系，是以人类社会生活里的基本事实，即以生活资料的谋得方式为出发点。其基本内涵有二：1. 人们依赖一定的生产力并结成相应的关系进行解决衣食住行所需的物质资料的生产，以开始对历史的创造，其他一切创造都起源于和最终依赖于这个创造的存在和继续；2. 社会生活中经济、政治、意识形态是相互联系、不可分割的。人们的社会关系同时表现为经济、政治和意识形态的关系。它是一个统一的社会关系客观体系。人们对历史的创造受到物质生活环境条件的制约。因此，从人的思想活动来说明历史是漂浮无根的。

（二）关于历史研究的对象。在1985年发表的《论历史研究的对象》这一长文中，刘大年强调："与一定的生产力相联系的、以生产关系为中心的社会关系、社会联系及其运动变迁，这就是历史研究的对象"，换言之，阶级和阶级矛盾是阶级社会历史的"枢纽"。此文提交第16届国际历史科学大会，作者下了很大的功夫。对于"人事"说、社会说、结构说、文化说、综合说、规律说等种种关于历史研究对象的主张均作了具体分析，旁征博引，体现出对于西方史学理论相当程度的了解。刘大年这一论述更重要的是针对"凡过去的一切都是研究对象"的观点，他明确指出："'一切'都成为研究对象了，实际就取消历史科学研究的对象了。"[1]

（三）历史前进的动力问题。刘大年认为，在私有制社会，生产力是历史前进的最终动力，阶级斗争则是直接动力。二者不是互相排斥的关系，而是紧密联系，又各立门户。生产力与生产关系的矛盾运动，生产方式的变化和发展，决定整个社会的变化和发展。在私有制历史上，这种变化和发展，是通过阶级矛盾与对抗来实现的。因此，说阶级斗争推动历史前进，是对问题的直接回答。这种观点不同于"历史是由个人创造的"那种空洞的观点，而是指出了个人活动是由一定社会关系、环境决定的，它会使人认识到社会历史过程，最终也是自然历史过程。[2] 他对于"合力

---

[1] 刘大年：《历史研究的对象问题》，《刘大年史学论文选集》，第30页。
[2] 参见刘大年《关于历史前进的动力问题——在太平天国学术讨论会上的发言》（《近代史研究》1979年第1期）、《异化与历史动力问题》（《哲学研究》1984年第4期）。

论"明确表示不能认同,1987年发表《说"合力"》,引起热烈争鸣。①

(四)历史发展的规律问题。刘大年认为,历史学之所以成为一门科学,就在于它有规律可循。所谓规律,要从事物的重复性表现出来,重复性及其演变所在,就是规律所在。论及现象背后的本质,无不处在重复中。中国近代史中的帝国主义、封建阶级、人民大众的状况,每一次重大事变、社会变动的过程,就是它们间的斗争、它们的性格、相互关系重复表演与发展的过程。历史运动方向并不随着权力人物的意志愿望改变,人们的意志只有在与重复性所表现出来的客观规律相适合时才能起作用。中国近代史著作,必须揭示这种运动规律。②

(五)研究历史必须实践性与科学性统一。"但现实生活中,革命性与科学性往往不统一。因此,掌握马克思主义不是一句话就能说得清的。""学术研究不是靠热情和主观意愿,而是靠事实和对事实的了解。历史研究一定要强调联系现实,科学研究要建立在充实的史料根据上,这样才能发挥史料的作用,也是联系现实最基本的一种途径。历史类比、影射根本不是历史。也不能把历史解释政治任务(原文如此)。讲历史,总要回到现实之中。一个是不能不联系现实,一个是不能勉强联系现实,牵强附会"。马克思主义史学必须与现实联系,否则"就是'沙龙'马克思主义",但不宜提历史研究为政治服务,"要还历史以真实面目。脱离现实,违反历史,只能让人们造成混乱"。

刘大年在1997年接受采访时再次强调,马克思主义"尽管个别理论过时了",但整个体系是科学体系。以之作为历史研究的指导,才能有真正意义的历史科学。③他的史学理论亦为国外学者所关注。1992年,俄罗斯东方文献出版社用俄文出版了刘大年《历史科学问题》一书,向俄国学术界系统展现其史学理论研究成果。在对唯物史观加以阐述、对史学理论加以探索的同时,刘大年积极倡导学界的史学理论研究。在1983年发表

---

① 商榷文章主要有郑宏卫:《历史的动力与合力:兼评刘大年的〈说"合力"〉》,《学术研究》1988年第3期;吴廷嘉:《合力辩:兼与刘大年同志商榷》,《历史研究》1988年第3期;刘尊武:《论恩格斯的历史"合力"思想及其意义:兼与刘大年同志商榷》,《江西大学学报》1988年第3期。
② 刘大年:《面向新世纪 漫谈历史规律问题》,《史学史研究》2003年第3期。
③ 1997年9月1日采访刘大年录音记录《历史学研究中的几个问题》。

《当前历史研究的时代使命问题》一文中,他认为"马克思主义历史学理论的研究,是历史学本身的基本建设,也是历史学论述社会主义前途的重要部分",并明确指出:"马克思主义历史学理论不等于历史唯物主义,辩证唯物主义与历史唯物主义,是马克思主义历史学理论的基础,但是不能代替后者,正像马克思主义哲学不能代替任何一门自然科学的理论和方法论一样。"[1] 1985年发表《论历史学理论研究》,围绕生产力与生产关系、经济基础与上层建筑对历史本体论加以探讨,进一步倡导历史学具体的理论研究。[2]

据张椿年回忆,《史学理论研究》这本刊物,从酝酿到问世都得到了刘大年的支持。当时中国社会科学院一些学者向刘大年请教,计划办一个专门的史学理论刊物,刘大年完全赞同。[3] 1986年5月6日在安徽举行的全国历史学理论讨论会上,他提出推进历史学理论发展的三条建议:制定长远规划,切实办好史学理论讨论会;重点翻译介绍一批国外史学理论书籍;出版一个专门的马克思主义旗帜鲜明的史学理论刊物。[4] 经刘大年登高一呼,出版一个史学理论刊物就有了更为广泛的群众基础。在筹备过程中,刘大年多次了解筹备进展情况。海外学者对于中国马克思主义史学的研究及评价,亦引起刘大年极大的关注。他与德国学者罗梅君有联系,对罗所著《政治与科学之间的历史编纂》这一研究马克思主义史学的著作甚感兴趣,并托项观奇寄来一本。[5] 概而言之,刘大年对史学理论的重视和贡献在老一代史家中是相当突出的。

有学者认为,"'文革'后史学界唯物史观派的内部冲突基本上是在黎澍与刘大年之间展开的"[6]。将新时期以来的刘大年、黎澍两人学术观点的分歧描述为非此即彼的根本对立,似有简单化之嫌。无需讳言,刘、黎二人学术思想上存在某种分歧,如果不加分析片面强调这种分歧,二者似乎

---

[1] 刘大年:《当前历史研究的时代使命问题》,《近代史研究》1983年第3期。
[2] 刘大年:《论历史学理论研究》,《近代史研究》1985年第4期。
[3] 张椿年:《中国史学界的骄傲》,《近代史研究》1995年第4期。
[4] 刘大年:《欲登高,必自卑》,《史学理论》1987年第1期。
[5] 据刘大年所藏未刊书信,刘潞提供。
[6] 王学典:《80年代的"新启蒙"与黎澍》,《20世纪中国史学评论》,山东人民出版社2002年版,第382页。

壁垒分明，势难两立。如此把握80年代以来中国史学界的思潮，好像简单明了，却不甚准确。

对于黎澍关于"历史创造者"的基本观点，刘大年有不同看法。回溯新中国建立以来的学术史，关于"历史创造者"问题实质上有过三次论争：1. 20世纪60年代初围绕"历史主义"而展开论争，其实质是如何看待封建社会历史的创造者；2. 十一届三中全会后围绕"历史动力"问题而展开论争，"农民战争是封建历史发展的真正动力"受到质疑；3. 黎澍撰文对"人民群众是历史的创造者"这个更一般的命题提出质疑，引发论争。三次论争的焦点在于：剥削者、压迫者作为一个阶级是否参与了历史的创造及其在历史创造中所处的地位。刘大年在20世纪60年代的论争中无疑站在以范文澜、翦伯赞为代表的"历史主义"阵营，所撰《论康熙》一文鲜明地表述了他在此问题上的立场；在"历史动力"问题论争中曾撰写《关于历史前进的动力问题》，[1] 强调阶级斗争在变革历史进程中的作用。而对于"历史创造者"问题，他实际上写过两篇相关文章：1964年作《中国近代史上的人民群众》，强调"历史前进的方向是由人民群众决定的，不是由反动统治者决定的"[2]。1983年发表《历史上的群众与领袖问题》，明确表示"人民创造自己的历史，就包括那些起了推动历史前进作用的英雄人物们的创造"[3]。在他看来，"人民群众是历史的创造者"针对以往史学研究中的英雄史观和帝王将相创造历史的旧史观而提出，其主旨应该在于说明：创造历史、决定历史前进方向的人主要的不是少数统治者、杰出人物，而是普通人民群众，这里并不排斥英雄人物在历史创造中的作用。

刘大年没有直接参与针对"历史创造者"问题的论争，但这一论争无疑对他有相当大的触动，且引发了他的理论思考。胡思庸撰写《历史的创造与历史的动力》与黎澍商榷，并致信刘大年，刘在回信中表达了自己的看法："马克思主义的社会科学研究，在追求革命真知。既求知，就不能

---

[1] 刘大年：《关于历史前进的动力问题》，《近代史研究》1979年第1期。
[2] 刘大年：《中国近代史上的人民群众》，《历史研究》1964年第1期。
[3] 刘大年：《历史上的群众与领袖问题》（原载《哲学研究》1983年第9期），《刘大年史学论文选集》，第137页。

墨守旧闻，食古不化。反之，也不能赶时髦，看风色行情著文立说"①，显而易见对黎澍观点持保留态度。

黎澍去世后，刘大年借怀念黎澍之机，公开表明了他的观点：

> 第一，历史是人或人们创造的，这不能算作对问题的回答。因为一般谈历史，本来说的是人类社会的历史。古今中外从来没有人说它不是由人自己创造的。物以类聚，人以群分，问题在于他们究竟怎样创造了自己的历史。第二，现在争论的双方，都并非无懈可击。反驳文章指出了黎文若干弱点，但限于如何解释马克思主义著作等具体问题，没有能够对其核心部分展开相反论证。所以这种驳难，并不足以使对立面相形见绌，或者失去存在的理由。第三，人民群众是否历史的创造者，这样来进行争论，答案就只能直接归结为是或否，机械而单一。其实事实比这远为复杂。把问题改换为人民群众如何或怎样创造了历史，讨论就会掘进一层，增加深度和广度。"如何"或"怎样"的问题解决了，"是否"问题也就切实解决了。第四，不少研究者不赞成黎文论点，而又不能有力地驳倒它，说明了这样一个事实：以前大家讲人民群众是历史创造者，是把它看作一个科学定论的。至于为什么，却很少认真思考。论证当然也有，现在看来，那些论证或者片面，或者不深入充分。相反的意见一经提出，始而愕然，继而僵持不下。僵局不会长久保持，分歧将推动各种不同观点的研究，彼此竞赛，最后的结果无论哪一方被肯定，哪一方被否定，或是出现第三种结论，都是科学上的前进。这个事实，正好指出了黎文新观点的意义。②

此后，在1994年发表的《光大范文澜的科学业绩》一文中，刘大年再次重申了自己的观点。③ 从刘大年的已刊、未刊文字来看，他对于"历

---

① 《刘大年来往书信选》（下），第432页。
② 刘大年：《怀念黎澍同志》，《近代史研究》1989年第2期。
③ 刘大年：《光大范文澜的科学业绩》，《近代史研究》1994年第1期。

史创造者"问题有其独到思考。他对于黎澍以"人们自己创造自己的历史"代替"人民群众是历史的创造者"表示异议，认为由这个角度切入思考并不能从学理上解决问题，而应该转换考察的角度。进而提出从"人民群众怎样创造历史"的角度来思考。

这里有三点值得注意：其一，刘大年没有直接参与论战，关键在于他对于黎澍引发论战的深层用意是了然于胸的：过去以僵化、教条的态度对待"人民群众是历史的创造者"这一命题，在"文化大革命"中更将这种僵化推到极致，导致非历史主义思潮恶性膨胀，将"劳动群众"作为历史的唯一创造者，将剥削阶级的历史作用完全抹杀，而对下层人民的自发斗争片面拔高。黎澍通过强调"杰出人物也是历史的创造者"而拨乱反正，所针对的正是这个"唯一"，无疑有益于克服以往史学研究的片面性与教条主义。正是在这个意义上，刘大年与黎澍心意相通，甚至表示钦佩之意："勇于探索，不断革新自己的看法，是黎澍学术研究的一个特点。……舍弃陈说——不管是多么权威的陈说，探求新知，是科学研究本来的品格。凡是追求科学者总要保持这种品格。黎澍为此锲而不舍，直到最后。'烈士暮年，壮心不已'，那是一种难得的气概。"①

其二，黎澍提出这一命题，诚如王学典所言，不是或不完全是一个学术命题，而基本上是一个意识形态命题，②其"社会"意义远大于"学术"意义。他提出以"人们自己创造自己的历史"代替"人民群众是历史的创造者"，亦值得商榷。因为人们提出某种理论命题，归根结底在于它具有某种解释功能，历史创造者问题之价值，恰在于对不同的人们在历史发展中的地位出发来对他们作出价值评判。其实，如果不作僵化理解，"人民群众是历史的创造者"本为马克思主义唯物史观的题中应有之义。中国的马克思主义者很早就对此有所体会，如革命先驱李大钊曾写道："民众的势力，是现代社会上一切构造的唯一基础"；"社会发展是联合以图进步的人民造成"。③毛泽东在《论联合政府》中指出："人民，只有人

---

① 刘大年：《怀念黎澍同志》，《近代史研究》1989年第2期。
② 王学典：《80年代的"新启蒙"与黎澍》，《20世纪中国史学评论》，第400页。
③ 《李大钊选集》，人民出版社1978年版，第223页。

民，才是创造世界历史的动力"；① 刘少奇曾说过："只有人民群众，才是历史的真正创造者，真正的历史是人民的历史。"② 1956年邓小平在《关于修改党的章程的报告》中指出："马克思主义向来认为，归根结底地说来，历史是人民群众创造的。……人民群众的觉悟性、积极性、创造性愈是发展，工人阶级的事业就愈是发展。"③ 实际上，唯物史观派的史学，其最大贡献便是将关注的焦点转向下层人民群众的生活，着力描述群众的经济、社会生活及其反抗斗争，使史学真正在实践层面摆脱精英史学的窠臼。

其三，刘大年提出转换思考的角度，由此生发了一个重要的史学思想。在1988年致姜涛函中，刘大年再次提到"历史创造者"问题："不久前学术界讨论人民群众是否创造历史问题，不同意见相持不下。我想如果不把'题珠'或'题眼'放在'是否'上，而改为放在'如何'或'怎样'上，问题可能容易说清楚一些。道理很明显，'如何'、'怎样'的问题解决了，'是否'问题也就真正解决了。"在指导姜涛的博士论文时刘大年强调，讲人口变化是否影响历史运动还远远不够，更应着重论述人口变化如何或怎样影响历史运动。"'是否'影响自然应当讲，但重点应摆在'如何'或'怎样'上。只有在这方面根据确凿事实讲出一些道理，论文才有意思。这应该是文章的精魄所在，也是表现全文思想性、理论性的部分。"④

刘大年这一史学思想实有深意存焉，非大识力者不能及此。在他看来，历史现象极为复杂，很难以简单的两极予以界定，非此即彼、二元对立的思维模式必然导致认识的简单武断，亦此亦彼可能才是历史认识的常态。历史认知问题，如果单纯从"是否"的角度进行争论，非"是"即"否"，并不能展现问题的复杂性。"是否"之争往往涉及纯粹理论思辨的宏观问题，而史学究其实质仍是一门以实证为主的学问，它主要通过感性事实本身来说明世界，同哲学这样的思维科学有着严格的区别。"事实胜

---

① 《论联合政府》，《毛泽东选集》第3卷，人民出版社2008年版，第1031页。
② 《刘少奇选集》（上），人民出版社1981年版，第350页。
③ 《邓小平文选》第1卷，人民出版社1989年版，第217—218页。
④ 《刘大年来往书信选》（下），第478—479页。

于雄辩"可能才是史学的本质特征。将历史中人与事的真实面相加以具体描绘刻画,即着眼于"如何"、"怎样",更有说服力,反过来可以为"是否"之争提供具体研究的支持。

刘大年下如此大功夫研究史学理论,自有其深刻考虑。1990年8月27日,刘大年在接待日本友人井上清时说:

> 我研究计划里要写一部中国近代史,已经出了三册,还应该再写两本,我把它放下了。我感到这些书别人也可以写。最近十年来,我写的文章主要是讲要坚持马克思主义。有的朋友对我讲,一部书写不完很可惜。我认为,如果在宣传马克思主义方面做得少更可惜。我宁可不写那部书,还是要写我认识到的、应该讲的那些马克思主义的道理。总结到一条,中国还是要走社会主义道路。马克思主义是科学,不是宗教。如果有人一定要把马克思主义比做宗教,那我就像个和尚,一辈子就念这一本经了。①

1999年9月24日,刘大年去世前仅两个月,他在"中国社会科学50周年"学术报告会上,作了《与同志们交流》的报告,语重心长地提醒中国社会科学院年轻一代的学者,要注重马克思主义理论对社会科学研究的指导作用。这篇演讲收在《刘大年集》里,用作代前言,编者将题目改作《马克思主义哲学社会科学的历史使命》。这是他最后一次对公众讲话,可以说,这篇演讲是刘大年赠给中国社会科学院青年学者们的临终遗言。

四 与时俱进的创新精神

刘大年的学术研究,注意追踪中国近代史研究的前进步伐,具有与时俱进的创新精神。他晚年曾有"马恩责我开生面"诗句,此句化自王夫之

---

① 王玉璞整理:《接待井上清简报》(五),原件存刘潞家。

自题画像的堂联"六经责我开生面,七尺从天乞活埋"。①王夫之此联表明了他凛然大义的崇高气节以及对中华传统文化继往开来的历史责任感;"马恩责我开生面"则真切体现了刘大年在新的时代背景下,继承、发展马克思主义史学的使命感。

刘大年的中国近代史研究,在研究课题的选择、研究方法和学术观点的运用上,坚持开放进取,博采众家之长而能融会贯通。在他的论文中,经常引征国外某些著名学者的思想理论,描述国外研究的状况。《国外中国史研究》等反映国际学术动态性的刊物,是他常读不辍的书籍。他随时阅读国外报道,为了论证或便于自己阐述某种观点,经常引用国外著名政治家、学者或者重要报章社论的最新见解,以及经济发展数字。他一再指出,对于西方史学理论的探索"应当受到鼓励"②,"要了解、熟悉国外不同流派的学说、观点"③,"国外历史学凡属好的传统,不管来自何方,我们同样也要知道和加以研究"④。1986年他在致田汝康的信中特别提及:"西方讲历史哲学的书,不乏精粹之作,如不久前出版的恩斯特·卡西尔《人论》、科林伍德《历史的观念》等便是。我希望多读一些,多了解一些。对马克思主义理论、对中国传统、对西方非马克思主义著作,都必须正确看待,我们才能前进。"⑤1988年,在中国史学会第四次代表大会上,他提交的发言《鄙弃抱残守缺,勇敢坚持真理》,表明的就是他对学术思潮的基本态度。

第二次世界大战以后,科学技术迅猛发展,西方史学界兴起"技术中心论"、"技术决定论",主张利用最新自然科学技术来研究历史。这种理论在20世纪80年代初的中国史学界得到了一定回应,一些学者倡议将系统论、控制论、信息论等引进史学研究,并期望以之为主导,克服"史学危机"。刘大年密切关注西方史学动态,敏锐地注意到这股潮流。在1983年发表的《关于

---

① 刘大年曾做《遣怀》诗云:"船山学术旧难跻,借尔高言觅径蹊,不拟孤山闲放鹤,鹁鸪恰恰向人啼"(1983年9月26日),表达对王夫之的钦慕之情。见刘大年手稿。
② 刘大年:《历史研究的指导思想问题》,《刘大年史学论文选集》,第3页。
③ 刘大年:《"欲登高,必自卑"》,《史学理论》1987年第1期。
④ 刘大年:《历史学理论的建设问题》,《刘大年史学论文选集》,第201页。
⑤ 刘大年:《致田汝康》,《刘大年来往书信选》(下),第437页。

历史研究的指导思想问题》一文中，刘大年指出，历史唯物主义整个学说体系不但建筑在人类社会历史知识的基础上，也建筑在自然科学成就的基础上，但是马克思从来不认为可以将自然科学方法为指导来研究社会历史。①

刘大年对"技术决定论"旗帜鲜明地批评，并不意味着排斥自然科学方法。他认为，"自然科学的一切成就我们必须充分注意，一切科学的方法我们都应当采用"。在他看来，如果限于将自然科学的方法作为研究手段在历史研究中加以运用，那将促进学术健康发展，有其积极意义。

20 世纪 80 年代初，他关于历史前进动力问题的文章，引起史学界的关注，引发讨论。有青年学者运用从国外引进的"三论"来批驳他。他在 1987 年发表《说"合力"》一文来回答，用相当专业的术语描述现代自然科学最新发展成就来为自己辩护。自然科学的那些术语，并不是研究人文社会科学的人们一眼就可以看懂的。②

重视经济史本是马克思主义史学题中应有之义，但在政治主导的年代，新中国史学界总体偏重重大的事件、战争、人物的活动，对于经济史研究有所忽视，经济史研究依然是近代史研究中的薄弱环节。刘大年在 1981 年即明确提出，中国近代史研究应该从加强近代经济史研究加以突破。这在后来被证明是极有远见的呼吁，打破了近代史研究多年的沉闷局面。这固然首先得益于他对历史唯物主义的深刻体认，但也可以看到西方年鉴学派、结构主义史学思想的影响。③

十一届三中全会后，思想解放大潮冲击着几乎所有领域。中国近代史研究领域，胡绳以"三次革命高潮"为标志的理论体系受到李时岳"四个阶梯论"强有力的挑战。刘大年接受国内有关近代化问题的研究成果，

---

① 刘大年：《历史研究的指导思想问题》，《刘大年史学论文选集》，第 22 页。原载《世界历史》1983 年第 4 期，原标题为《关于历史研究的指导思想问题》。

② 张海鹏按：我当年曾向大年先生请教，文章中那些自然科学最新研究领域的动向，他是怎么了解的？他告诉我，他从北方大学时期担任工学院负责人，在罗致自然科学家方面颇费精力，1950 年后在中国科学院工作，与许多自然科学家联系紧密，了解他们的研究志趣。而且他一贯注意自然科学领域的最新进展。为了准确起见，他曾与 80 年代在自然科学不同领域的头面人物多次通过电话，才能写出自然科学家看来并不外行的话。与他争鸣的年轻学者，尽管不同意他的观点，但对他对自然科学领域最新成果的概括，不能置一词。

③ 刘大年：《中国近代史研究从何处突破？》，《刘大年史学论文选集》，第 273—274 页。

引进近代化视角,对既有的"革命体系"作出了与时俱进的调适、改造,大大增强了其解释力。

刘大年对《从鸦片战争到五四运动》的评论文字公开发表者仅有《评戊戌变法》一文。① 书信中提及,誉之为"历史学方面第一流科学著述,不止是中国近代史的杰作"②。而在《从鸦片战争到五四运动》书本上的批注,则不乏观点相左之处。例如,对于胡著论述中法战争的一节,刘大年批道:"如此看来,似乎清政府主要只有投降的一面,而且投降得顺利没有什么阻碍。这不能说明为什么徐、唐、岑(按:即徐延旭、唐炯、岑毓英)等出关布防,而且战争还是打起来了。事实上存在两种势力的斗争,有民族矛盾。"③ 对于胡著关于慈禧反对维新的原因分析,刘大年认为将之完全归结为光绪与慈禧的权力斗争"未免缩小了这场斗争的'救亡图存'的社会意义","权力斗争是亡国危机使之激化"。刘大年对胡著批注甚多,无法一一列举。就基本观点分歧而论,主要在于:刘大年认为胡著弱化了中外民族矛盾而突出了阶级矛盾,对封建统治者与列强的矛盾淡化处理是其偏失,在阶级分析中对封建统治者内部的矛盾分析亦显不够。这一评析应该说是相当中肯的。

对于李时岳提出的"四个阶梯论",刘大年提出"不可以把辛亥革命同洋务运动放在一条历史轨道上去评价"。④ 而对于李时岳的"两个趋向论",刘大年进行了自己的思考。1996年,他在郭世佑《纪念李时岳》一文旁边注:"有没有主导的占统治地位的趋势。第一,两种趋势是否同等,有无不相称的,对称是否尊重历史?第二,近代社会的本质是什么,基本矛盾是什么,如果对称,当做何表述。"⑤ 此后他对此又有所生发:"中国近代历史上存在着一个特殊的矛盾现象:在民族遭受压迫和民族工业出现上存在着虽不相等却是明显的两个走向、两条路线。一条是急剧的下降线,半殖民地半封建统治秩序不断加深,中国最后被推到了接近亡国的险

---

① 《近代史研究》1982年第4期。
② 《致谢文孙》,《刘大年来往书信选》(上),第322页。
③ 刘大年未刊稿,刘潞提供。
④ 刘大年:《孙中山——伟大的爱国主义者与民主主义者》,《近代史研究》1981年第3期。
⑤ 刘大年手稿。

境。一条是曲折而微弱的上升线,上一个世纪六七十年代中国近代工业出现,本世纪初短暂地显现出一个小小的浪潮,尽管也只限于轻工业。这个浪潮在第一次世界大战结束,帝国主义再次加紧控制以后成为过去,但是直到日本发动全面侵华战争,民族工业也仍多少保持增长倾向。民族工业是新生事物,给中国前景带来了光明。也就是伴随着它,中国出现了新的社会力量,出现了民族资产阶级、工人阶级、近代知识分子。"[1] "帝国主义与封建势力相结合,把中国推进了黑暗深渊,民族工业、新的社会力量出现,给中国前景带来了光明。"[2]

在这里,刘大年实际上明确将近代民族资产阶级的发生发展作为挽救"沉沦"的上升力量。当然这并不意味着抹杀近代人民群众的反帝反封建斗争作为上升力量和进步主线的意义。[3] 不难看出,刘大年已然纠正以往过于强调阶级斗争的偏失,对于发展生产力的重要性多有强调,对于阶级斗争与生产力的发展之关系有了更为深刻的辩证认识。[4]这段文字中,近代化被赋予了与革命相提并论的意义,实际上包含了刘大年晚年"两个基本问题论"的意蕴。

刘大年对中国近代史主题的阐述,最早可追溯至1958年,他撰文提出:在半殖民地半封建的中国,"挽救民族危亡,发展资本主义,成了社会生活提出的两个最根本、最迫切的问题"[5]。他在20世纪50年代对近代经济史、近代资本主义发展史的强调,虽然未曾标示"近代化"概念,实际上已然涉及近代化历程的问题。1985年发表的《论历史研究的对象》指出:"帝国主义侵略下,面临被瓜分、灭亡的半殖民地的中国,人民为了生存下去,一要推翻帝国主义及其代理人封建阶级的统治,二要发展资

---

[1] 刘大年:《中国近代史的两条线》,《刘大年集》,第31页。
[2] 刘大年:《方法论问题》,《近代史研究》1997年第1期。
[3] 林华国认为,承认"两种趋向论",必定意味着淡化乃至抹杀反帝反封建斗争的意义。窃以为值得商榷。参见林华国《中国近代史研究中两种历史观的论争》,《近代历史纵横谈》,北京大学出版社2005年版,第22—23页。
[4] 刘大年认为,"毛泽东思想理论中最大的缺陷是缺少发展生产的理论,许多地方都是强调生产关系,强调分配,而主要是强调平均主义,在这个关键问题上,缺少马克思主义,缺少唯物,表现了中国传统文化的极大弱点"。参见刘大年手稿。
[5] 刘大年:《戊戌变法六十年》,《人民日报》1958年9月29日第7版。

本主义，求得民族、国家的前进，二者缺一不可"；"二者也许可以作些折中调和，但也必有主有次，不会半斤八两"。① 1990年，刘大年在"近代中国与世界"国际学术讨论会上作题为《中国近代化的道路与世界的关系》的报告，明确阐述了近代化问题："近代世界的基本特点不是别的，就是工业化，也就是通常所说的近代化。适应世界潮流，走向近代化，是中国社会发展的必然趋势"；"中国是否有能力自立于世界民族之林，如何自立于世界民族之林，其核心，就是中国社会能否走向近代化，在当今世界上自荣自立的问题"，"中国民族独立，民主革命完成之日，也就是中国近代化扫清了前进道路上的障碍，独立自主迈开第一步之时"。② 此文实际指出了研究中国近代化问题的基本原则：近代中国走向以工业化为特点的近代化是历史必然趋势，但因中国的国情，走资本主义道路以实现近代化行不通。民族民主革命以获取独立是近代化的必要前提。

此后，刘大年继续思考并阐释近代史的两个主题及其相互关系。1991年他明确归纳："20世纪初期的中国，最基本的实际情况、最尖锐的社会矛盾，一是民族不独立，要求在外国侵略压迫下解放出来，一是社会生产落后，要求工业化、近代化。两个问题内容不一样，又密切联系在一起。"③ 1995年8月15日发表的《民族的胜利，人民的胜利》一文，其中明确提出："中国近代历史上有两个基本问题：第一，民族不独立；第二，社会未能工业化、近代化。前者是外国侵略者造成的，后者是封建统治者造成的。"④ 在《抗日战争与中国近代史基本问题》一文中，刘大年对此做了进一步阐述："民族独立与近代化，不是各自孤立的，它们紧密地联结在一起。没有民族独立，不能实现近代化；没有近代化，政治、经济、文化永远落后，不能实现真正的民族独立。中国人民百折不回追求民族独立，最终目的仍在追求国家的近代化。"⑤ 1996年发表《中国近代历史运动的主题》指出："110年的历史运动是什么？我以为基本的运动是民族

---

① 刘大年：《历史研究的对象问题》，《刘大年史学论文选集》，第96页。
② 刘大年：《中国近代化的道路与世界的关系》，《瞭望》1990年第22期。
③ 刘大年：《孙中山对中国国情的认识》，《真理的追求》1991年第10期。
④ 刘大年：《民族的胜利，人民的胜利》，《人民日报》1995年8月15日第9版。
⑤ 刘大年：《抗日战争与中国近代史基本问题》，《我亲历的抗日战争与研究》，第354—355页。

运动。中国近代民族运动的内容有两项,一是要求民族独立,二是要求中国近代化。"① 1996年11月,刘大年在"孙中山与中国近代化"国际学术讨论会上致开幕词,对"民族独立"与"近代化"的关系做了辩证分析:近代化与民族独立"两个问题内容不一样,不能互相代替,但又息息相关,不能分离";民族资产阶级、工人阶级、近代知识分子"这些新的社会力量,各自凭着自己的作用,再加上占人口最大多数的农民群众,才构成了争取民族独立和打开中国近代化前进的最后支柱。这些新的社会力量,一般说,和民族工业的出现与存在直接间接或多或少是相联系的"②。在这个角度看,考察近代化的进程无疑极有意义,革命与近代化这两个审视中国近代史的视角在此得以整合。

在1997年发表的《方法论问题》中,刘大年进一步阐述了两大基本问题之相互关系:"民族独立与近代化,是两件事,不能互相替代。民族独立不能替代近代化,近代化也不能替代民族独立。它们紧密地联结在一起,不是各自孤立的。没有民族独立,不能实现近代化;没有近代化,政治、经济、文化永远落后,不能实现真正的民族独立。中国人民百折不回追求民族独立,最终目的仍在追求国家的近代化。"但是,"人们无法来实现两任务同时并举,或者毕其功于一役",因而"中国的近代化要从解决民族独立问题来突破难关"。③

在刘大年生前定稿的最后一部学术著作《评近代经学》中,再次强调"中国近代社会的基本问题、主要矛盾斗争,一是民族丧失独立,要求从帝国主义侵略压迫下解放出来;二是社会生产落后,要求实现工业化、现代化"。刘大年在晚年以极大精力撰述《评近代经学》,绝非突发"思古之幽情",亦非偿还青春之宿愿,而是从近代经学切入研究近代社会历史,重新思考、清理传统与现代化的关系这一宏大命题。他指出:"一般地说,不彻底清理与批判古老的、主要是反映停滞社会生活的传统,便无所谓发展创新,更谈不到现代化。今天中国的现代化不是在脱离传统文化与周边

---

① 刘大年:《中国近代历史运动的主题》,《近代史研究》1996年第6期。
② 刘大年:《关于研究孙中山与中国近代化问题》,《文汇报》1996年11月13日第10版。
③ 刘大年:《方法论问题》,《近代史研究》1997年第1期。

环境条件绝缘的状态中进行的，它必定要碰到辩论传统文化的根基与彻底清理、批判其中阻碍发展更新的废弃物的问题。"① 不难看出，《评近代经学》包含着对国家民族前途命运的探索，而近代化与民族独立仍然是论述的核心问题。

　　刘大年对"两个基本问题"的论述，相对于此前认为近代中国只有一个民族独立问题的观点，是一个很大的进步与转变。有学者指出，"两个基本问题"的言说体系，对于近代史上"民族独立"与"现代化"这两大任务，"虽分了时间上的先后，却全然未作主次的分野"，这是"前辈大家的一种智慧"。② "两个基本问题"论同胡绳晚年对近代史主题的归纳相当接近，若细绎其微妙差异，则刘大年没有如胡绳那样强调近代中国不同阶级对于近代化追求的本质区别。在其论述中，洋务派的近代化举措、民族资本主义的发生发展，在促使"新的社会力量"产生这一意义上，都应肯定其价值。所以，19世纪六七十年代洋务运动中中国近代工业的出现，被纳入了"曲折而微弱的上升线"。"两个基本问题"论被学术界普遍认为是对于中国近代史主题的辩证、完整的表述，体现了刘大年对于"革命"与"近代化"两种中国近代史解释视角在新的认识基础上的整合，确切地说，体现了他引入近代化视角以调整、完善其理论体系的努力。由于论述精辟，涵盖全面，加之刘大年在学术界的崇高地位，"两个基本问题论"已然深刻影响了、并将继续影响着中国近代史学界的学术研究。

五　结语

　　作为中国近代史研究领域的拓荒者，刘大年的名字与中国近代史学科体系建设紧密相连。在中国近代史的研究实践中，刘大年力图将中国作为研究、叙述的主体，通过将马克思主义普遍原理与中国历史实际相结合，进而构建立足于中国语境的中国近代史研究体系。诚然，建国后的一段时间，因

---

① 刘大年：《评近代经学》，《刘大年集》，第324页。
② 徐秀丽：《中国近代史研究中的"革命史范式"与"现代化范式"》，《中国社会科学院院报》2006年5月30日第7版。

政治原因，国内近代史学界缺乏与国际学术的交流，某种程度陷入故步自封之境。新时期以来，刘大年亦展现了其开放的气度，他倡导、支持西方史学理论研究，追踪近代史的研究前沿，吸收先进学术成果，大力弘扬实事求是的学风；他反对亦步亦趋地追随西方思潮，而努力追求立足于中国独特的问题意识与西方学界进行平等的交流与对话。可堪欣慰的是，他同其他前辈学人一起创建的学统并未中断，在西潮汹涌的今天，相当多的学者仍然以扎实的研究工作为中国近代史学科体系的完善与发展添砖加瓦。

如果说他兼具战士与学者的双重品质的话，那么建国前作为与主流近代史解释体系针锋相对的挑战者，他更多地显示了战士的一面；建国初期百端待举，他为推进学科体系完善与发展而不懈努力，这时主要体现的是作为建设者的一面；随着"左"倾政治日益挤压学术研究的空间，甚而危及史学本身的存在，他也有过迷惘，但很快拨开雾障，以隐忍坚韧的方式进行抵制，战士的一面再度凸显；新时期以来，随着拨乱反正、思想解放方针的确立，学科的建设与发展成为首要任务，他又着重展现了学者的一面。战士与学者两种角色意识虽在不同时期展现的程度有别，却并非根本矛盾、对立的关系，而在他身上得到了较为和谐的统一。从根本上来说，对他最为准确的定位应该是爱国主义者、民族主义者、共产主义者，也是中国近代史研究园地创榛辟莽的开拓者。

同时应该看到，刘大年对马克思主义怀着终生不渝的信仰，马克思主义唯物史观始终是他所铺设的近代中国历史画卷的底色。在经历"文化大革命"、经历苏东剧变之后，他对马克思主义的信仰反而更为坚定。这种执著源于以一种大历史的眼光，对近代以来中国与世界的关系的深刻洞察。通过透析近代中国与世界的复杂关系，他坚定地相信中国经由革命斗争获取独立、走向现代化这一历史选择的正确性。

如今，中国近代史研究无论从深度还是广度都有了相当可观的掘进。但是，刘大年与同时代学人运用唯物史观基本理论研究中国近代史，对近代中国的基本认识具有超越时代的意义，其方法与路向值得后来者继承、弘扬。

（本文是与赵庆云博士合作撰写的。发表在《历史研究》2011年第3期）

19世纪中日两国早期现代化比较研究

序言

中国和日本两国，大体上从19世纪60—90年代，迈出了早期现代化的步伐。两国发展的结局却大不相同。研究这种不同产生的原因，很有意义。本文将从这方面做一些宏观的探讨。

一般来说，中国在19世纪发生的早期现代化过程，学术界称作洋务运动，或者洋务新政、洋务自强。日本则称作明治维新。无论是洋务运动，还是明治维新，都是一个过程。

据有的学者统计，大体上从19世纪60—90年代，在中国，洋务派总共兴办了大约60个近代企业，总投资大概5300万两银子。其中军事工业21个，投资3700多万两。以30年计算，平均每年2个，每个投资170余万两。如果再加上在洋务派影响下和特别批准下，以官督商办名义兴办的民族资本主义近代企业，也不过共有120余个，合计投资约5800万两，平均每年4个，每个投资不及200万两。[①] 由于各个学者占有的资料不一样，估计的不完全一样，但大体上只在这个数字上下，不会超出很远。这样的数字实际上是一个很小的数字，所以有一些人反对使用洋务运动这个提法，道理就在这里，因为它没有成为一个运动，不是中央政府统一号令全国办起来的。

如果拿中国的洋务新政和日本的明治维新来做一个比较就会非常清楚。日本的明治维新比洋务运动稍晚几年，1868年明治元年才开始宣布维

---

① 樊百川：《清季的洋务新政》第1卷，上海书店2003年版，第22页。

新，中国从1861年开始。但实际上，日本的明治维新所形成的资本主义的改革，所引进的西方资本主义的生产企业、生产方式和政治制度，成效显著。据有人统计，从1868年到1892年，日本总共建成了5600多个公司，总投资资本达到2.89亿日元，平均每年设立225个公司，每个公司资本差不多1100万日元，大概折合中国的银两700多万两。[①] 所以日本明治维新期间，1892年前在洋务企业这方面的成就和中国当时相比，中国方面可以说是小巫见大巫了。实际上，两国的发展水平，不在一个层次上，也不在一个社会发展阶段上。

洋务新政与明治维新的宏观比较

不同在哪里？在于日本是由天皇为首的明治政府主动在全国推行，中国只是由地方上的几个大员，包括曾国藩、李鸿章、左宗棠以及其他对洋务有兴趣的总督或者巡抚，在他们的辖区办理。当时中国还大量存在顽固派，他们对于建立新式海陆军、建立近代军事工业、开办民用工矿交通运输业，对于学习西学，无不加以反对。像曾国藩、李鸿章、左宗棠他们给皇帝很多奏折，要求办这个或者办那个事，另外一些大臣则持反对意见。慈禧太后占据统治地位，两边的意见都听，两边都支持，看两派互相攻击，对两派皆有运用之妙，她是"居中驾驭"，重在长期保持自己的统治权力。李鸿章在私下抱怨，京城里的一些人，眼光狭窄。说日本国由其君主一人主持，臣民一心并力，财力人力不断增进。中国朝廷里朝议夕变，早作晚辍，前途怎样，很难预计。不知道是否能等到"嗣皇帝（指光绪帝）亲政"而不发生严重变故。[②] 这充分说明：洋务新政不是中国中央政府推行的一个举国一致的行动。

日本在明治维新初期，明治政府为了集中政府权力，成立了专门负责引进、移植和发展资本主义企业的中央机构。这些中央机构，都以"激进

[①] 高桥龟吉：《明治大正产业发达史》，第24页，转引自樊百川《清季的洋务新政》第1卷，上海书店2003年版，第22页。

[②] 李鸿章：《复鲍华潭中丞》，《李文忠公全书》朋僚函稿，第15卷。

改革派"人士执掌。1869年日本明治政府成立了民部省（相当于民政部）、大藏省（相当于财政部）[①]、工部省（相当于工业部），1873年成立内务省，1881年成立农商务省。在这些中央机构的推动下，提出了"殖产兴业"的发展资本主义生产企业的方针。这一方针从1870年到1885年，连续不断地执行了15年。在这一方针下，日本全力发展资本主义工业企业，包括交通运输和通信业、钢铁业、机械制造和化学工业、采矿业、纺织业、食品业、银行业；在农业方面，实施"劝农政策"，大力发展资本主义近代农业、畜牧业，大批引进西方专业人才，大力吸收近代西学知识，全面移植西方资本主义生产方式，推动了日本社会向资本主义社会转化。

反观中国，在洋务新政时期，除了按照《北京条约》要求，在中央成立总理各国事务衙门，以处理大量外交事务外，中央和各省政府机构原封未动，未能建立任何一个推动资本主义改革、引进西方学术和技术以及机器设备的专门机构，没有一个机构来设计、制定有关推动洋务新政的方针政策。洋务新政期间，引进一些西方军事企业和民用企业，招聘若干技术人才，以求"自强"，以求"富国强兵"，提出"中体西用"思想等等，都是出自推动洋务新政的地方督抚，未能成为举国一致的政策与指导思想。洋务新政与明治维新的结果大异其趣，就是必然的了。

类似于明治维新初期的新的中央机构建立与调整，以及推进维新事业的法律、政策的起草，清政府要到它的晚期，即20世纪初期，才逐步提上日程，1903年起陆续建立商部（后改为农工商部）、度支部（相当于财政部）、巡警部等中央机构，直到1906年，中央机构改革，才有了外务部、吏部、民政部、度支部、礼部、学部、陆军部、法部、农工商部、邮传部等较为完整的机构框架。1903年以后才制定《著作权律》、《公司律》、《破产律》、《商会简明章程》、《矿产简明章程》、《铁路简明章程》等。这些较之日本整整晚了30年。

明治政府在1871年派出了最有影响力的大臣（右大臣岩仓具视为首）

[①] 明治政府推进资本主义改革的中央机构成立和变动情况，参见万峰《日本资本主义史研究》，湖南人民出版社1984年版，第87—88页。

组成庞大的代表团（100多人）到欧西国家考察。考察时间近两年，足迹遍及美、英、法、德、俄等十多个西方国家。这个代表团在考察期间，除了预先设想的废除不平等条约毫无进展外，对欧美资本主义社会的政治、经济、军事、文化和教育诸方面均有很大的收获。代表团此次考察的基本结论是：日本必须学习和赶上西方国家，发展资本主义要学习英国，建设军事要学习德国，强调以俄国和德国为日本"文明开化"的基准。[①] 这个代表团回国后，在推动日本社会向资本主义转化方面起到了重要作用。中国呢？清政府直到30多年后，在1905年才派出五大臣出国考察政治。一年多以后，考察大臣写出了政治改革的方案，这个方案不为慈禧太后全部接受，成立内阁制搁浅。终有清之世，也没有派出过以亲王或内阁大臣领衔的代表团，对西方国家的经济、社会制度进行考察。

在发展资本主义企业的方向方面，中日之间也有着本质的区别。在中国，洋务新政初期引进的军事工业，全部是官办，此后开设的民用工业项目，大多是官督商办，也有官办，民办企业极难生长。清政府没有提出促进民营企业的任何政策，毋宁是处处在压制它。李鸿章控制的官督商办企业上海机器织布局—华盛纺织总厂的经历就是一个典型的例子。主持机器织布局的郑观应在1881年请求李鸿章给予织布局专利权，要求在10—15年内，"通商各口无论华人、洋人均不得于限内另自纺织"[②]。李鸿章依据这个请求上奏清廷，同意"酌定十年内只准华商附股搭办，不准另行设局"[③]。这就是说，10年内不准各地商人另建纺织厂，压制了商人建厂参与竞争的积极性。织布局火焚后，重建的华盛纺织总厂，李鸿章又同意主持华盛纺织总厂事务的盛宣怀在总理各国事务衙门立案，要求全国"无论官办、商办，即以现办纱机40万锭子，布机5000张为额，十年之内，不准续添"[④]。李鸿章、盛宣怀主持的官督商办企业就这样取得了垄断地位。在官督商办企业这样的专利权政策垄断下，民办企业很难在纺织企业中一

[①] 参考万峰《日本近代史》，中国社会科学出版社1981年版，第91—95页。
[②] 郑观应：《禀北洋大臣李傅相为织布局请给独造权限并免纳子口税事》，《盛世危言》卷7，第9页。
[③] 李鸿章：《试办上海织布局折》，《李文忠公全集》奏稿，卷43，第44页。
[④] 李鸿章：《推广机器织布局折》，《李文忠公全集》奏稿，卷78，第12页

展身手了。轮船招商局与洋商签订的"齐价合同"也同样限制了民办轮船公司的成长。

日本实行了两个并举：引进资本主义企业与引进资本主义经济制度并举，举办官办企业与鼓励民营企业并举。明治维新初期，日本引进、移植西方资本主义生产企业同时，也引进、移植西方资本主义的经济制度，包括公司制度、银行制度、货币制度、公债和保险制度；明治初期为了倡导资本主义的生产方式，也大量举办了官办企业，其中陆军省主办的军工企业占了主导地位，据统计，到1884年，陆军省所属军工企业的职工人数，是工部省所属工厂人数的9倍，马力则是3.5倍。① 在开办官办企业的同时，明治政府也重视发展民营企业。

清政府把民间资金吸引到官督商办企业里来加以控制，设法阻止民营企业的发展。日本政府却尽量地鼓励推动民间办企业。民间资本不足，明治政府设法调动资金来支持民间举办各种企业。1872年开始成立国立银行，到1979年这种银行增至153家。② 国家还改革货币制度，实行公债和保险业务，银行发行货币，大大促进了资金的融通。国家发放"劝业贷款"，发放"劝业基金"和"创业基金"，为各种民间商人提供发展资本主义企业的资金，大大缓解了"殖产兴业"中的资金困难。据统计，1870—1885年度，日本政府发放的"兴业费"达到2970万日元。同一时期，通过政府机构向私人企业和个人放款80万日元，向国立银行和私立银行放款2900万日元，向旧官僚和特权商人放款310万日元。其中向三菱公司一家就放款186万日元。③ 所以日本的资本主义企业像雨后春笋般很快地成长起来。尤其是在19世纪80年代，日本政府为了改变国营企业过多造成财政亏损的状况，在相当程度上改变了企业发展的方向。1880年11月，明治政府颁布了"处理"国营企业的条例，确定了廉价"处理"国营工矿企业的方针。除了保留部分军工等企业外，在实施过程中，日本政府将大部分国营企业廉价处理给各类资本家。有些企业，实际上等于无

---

① 万峰：《日本资本主义史研究》，第109页。
② 同上书，第117页。
③ 万峰：《日本近代史》，第150—151页。

偿转让。中国学者万峰认为,这些措施,相当程度上壮大了私人资本的力量,促进了日本资本主义的成长。[①] 日本学者依田憙家认为:"这一事件对日本的资本主义发展和近代国家的确立有着划时代的意义。"[②] 像三井、三菱、川崎等一大批"政商",逐渐发展成为后来日本社会的大财阀。在中国大量是官办,其次是官督商办,商人有钱,但他不敢办公司,所以在官办的名义下或者在官督商办或者官商合办的名义下来办一些公司,力量很小。纯粹商办的企业很少,而且资金也很少,缺乏资金融通的渠道,企业风雨飘摇。纯粹商办的企业面对几方面的竞争,既面对洋商的竞争,也面对官办企业的竞争,面对官督商办企业的竞争,很难生长起来。所以,直至清末,中国未能打破半殖民地半封建社会形态,未能突破前资本主义的生产方式,未能出现资本主义企业蓬勃发展的局面。

　　日本在明治初期,虽然推翻了幕府统治,但国内还面临许多严重的政治和经济方面的问题。在岩仓具视、伊藤博文等大臣的推动下,1872年完成"废藩置县",彻底取消了封建领主的统治,瓦解了封建幕藩体制下的土地所有制;旧的藩主退出中央政权,不仅实现了全国政令统一,也实现了中央集权专制统治体制。随着"废藩置县"的完成,又逐步改革封建等级制度,取消了武士阶层的特权,大体上实现了士农工商"四民平等";1871年制定了《户籍法》,1872年编制了全国统一的户籍。[③] 与此同时,明治政府推行"文明开化"方针,1870年制定日本第一个《大中小学规则》,1871年成立文部省,1872年文部省颁布《学制》,全面推动教育改革,以小学为基础,普及国民教育。1873年明治政府进行了土地租税的改革,逐渐改变封建领主的土地所有制为地主的土地所有制,土地可以自由买卖,农民的人身获得自由。[④] 以上这些改革,为推行资本主义经济制度改革准备了前提,扫除了资本主义发展的政治、经济障碍,开拓了全国统一的市场,也为工业发展准备了有一定知识基础的劳动者后备军。所有这些改革,不仅涉及政治制度,而且涉及社会经济结构,涉及学术、文化和

---

① 万峰:《日本近代史》,第162页。
② 依田憙家:《日中两国近代史比较研究》,卞立强等译,上海远东出版社2004年版,第50页。
③ 依田憙家:《简明日本通史》,卞立强等译,上海远东出版社2004年版,第215页。
④ 参考万峰《日本近代史》,第三章。

教育的制度。通过所有改革，加上随后的明治宪法体制的建立，日本社会已经脱胎换骨，不仅在社会经济结构上，而且在社会政治结构上，变成了一个资本主义社会，并且发展为军国主义、帝国主义国家。这些改革，在中国完全没有触及。教育制度的改革，中国在20世纪初才提上日程。至于土地制度的改革，不仅有清一代未能提出，甚至民国时期也未能实现。

日本办理明治维新的大臣，像伊藤博文他们都是在外国留过学，有的具有西方学历，对于西方资本主义生活方式、生产方式都有相当的了解。但是在中国的大臣当中，没有一个人懂得洋文，直到19世纪70年代，甚至没有一个大臣到外国去考察过，所以对于西方资本主义社会经济制度这些东西基本不懂。他们虽然办了企业，所用的方法完全是传统的封建社会的官办企业的方法，这样洋务新政的成就很难突破旧的体制。

中国大臣的困惑

这里有一个故事，是清政府大臣面临的困惑。

1884年6月，中国驻日本公使黎庶昌给皇帝上了一道《敬陈管见折》，请总理衙门转奏。总理衙门碍于战情紧张（中法战争发生观音桥事变），又碍于折中建议有关修火车、派亲王出国考察等事项不宜上闻，原折退回，并未送达朝廷。

黎庶昌有感自1877年1月随郭嵩焘在伦敦赴任以来，清廷"遣使八年，出洋诸公从未有将中外情形统筹入告者"[1]，他自己"奉使东西两洋，已逾八载，闻见所接，思虑所等，何忍缄默不言"[2]，于是专折敬陈管见。可见，这篇折子实际上是一个有关西方国家社会政治的考察报告，针对中国社会提出了自己的政策建议。《敬陈管见折》表明一个从封闭环境中走向世界的中国人，面对中国和世界事务所作的思考。

《敬陈管见折》提出了有关改革内政的六条建议：一、水师宜急练大支，二、火车宜及早兴办，三、京师宜修治街道，四、公使宜优赐召见，

---

[1] 黎庶昌：《敬陈管见折》编后记，见《拙尊园丛稿》卷5，第6页。
[2] 黎庶昌：《敬陈管见折》，见《拙尊园丛稿》。

五、商务宜重加保护，六、度支宜预筹出入。所谓水师练大支，指的是建立海军部，编练海军舰队（至少百艘），保卫中国海疆。所谓火车宜及早兴办，是指赶紧修建京津铁路，建成时，"銮驾亲临一观，是非得失自不可掩，然后明诏各省，逐渐仿行"。折中说：他曾经"在西洋目击欧土铁路，其多类似珠丝瓜络"，这些铁路，在1870年普法战争中、1879年俄土之战中都发挥了重要作用，都未听说因为有火车而发生诱敌深入之事。限于篇幅，其他几条不再解释。①

这六条建议，是中国最早的外交官提出的中国现代化计划。无论是办水师、修铁路、治京师、礼公使，还是发展工商、统筹度支，都要求朝廷统一办理，号令全国。办水师、治京师、礼公使，只有朝廷才能办。修铁路，要求"明诏各省，逐渐仿行"；发展工商，要求"经办大员通盘计划"，"朝廷权力明示扶持"；预筹度支，要求"饬令各省分款核计，预约大纲"，"汇候朝廷处分"，"颁示简明章程"。显然，这个建议的真实用意，是要动员朝廷权威，全面推行"洋务新政"。那时候，顽固派反对"以夷变夏"，搬出"恪守祖宗成法"的招牌，谁也不敢反对。保守派人士如大学士倭仁主张"以忠信为甲胄，以礼义为干橹"，就是不能学习西方。果如李鸿章所说，修铁路"无人敢主持"，"两宫亦不能定此大计"②。洋务派的"整军经武"活动，日本政治家伊藤博文也看出"皆是空言"，"此事直不可虑"③。清廷对洋务派的活动尚在观察之中，并无迹象显示，"洋务新政"已成为举国一致的国策。黎庶昌正是看到了"洋务新政"只是"各省枝节而为之，徒有开办虚名"的现实，试图鼓动清廷改弦更辙，全力推行。这是《敬陈管见折》的大胆和过人之处。这个建议较清廷在1901年被迫宣布全面推行"新政"，早了18年，其不被重视，是可以预期的。

在黎庶昌看来，"轮船、火车、电报、信局、自来水火、电器等公司之设，实辟天地来未有之奇，而裨益于民生日用者甚巨，虽有圣智，亦莫

---

① 参见张海鹏《追求集——近代中国历史进程的探索》，社会科学文献出版社1998年版，第137—149页。
② 李鸿章：《复郭筠仙星使》，光绪三年六月初一日，《李文忠公全集·朋僚函稿》卷17，第12—13页。
③ 《军机处奏》，光绪十二年正月初六日，附件，载《清光绪朝中日交涉史料》卷10，第2页。

之能违矣"①。"使孔子而生今世也者,其于火车、汽船、电报、机器之属,亦必择善而从矣。"② 又说:"向令孟子居今日而治洋务,吾知并西人茶会、音乐、舞蹈而亦不非之,特不崇效之耳。"③ 在他看来,纵令孔、孟等圣人在今日,也是要学西法的。这所谓西法,当然包括"上下议院之法":"凡事皆由上下议院商定,国王签押而行之,君民一体,颇与三代大同。"④ 既然西方的"上下议院之法",与几千年来令人景仰的中国"三代"政治有"大同"之处,难道不应当学习吗?可见,黎庶昌对西方的政治制度是向往的。

这个奏折最重要的建议是在结尾提出的:他建议皇太后、皇上"特遣一二亲贵大臣驰赴欧洲一游,经历美国、日本而归,综揽全球,虚心访察,必有谦然知我内政之不足者。臣愚以为莫如醇亲王最宜矣。如此不特目前醇亲王辅佐枢廷,处事必归至当,即异日皇上亲裁大政,顾问亦有折中。自强之本质在于是"。这是一段很重要的议论,一个很大胆的建议:洋务新政只有统于朝廷,才是自强的本质。驻英公使曾纪泽读后曾评论道:"修治京师道路及请醇邸出洋两层,弟怀之已久而未敢发。台端先我言之,曷胜快慰。假定朝廷嘉采,硕划实见施行,则中国之富强,可以计日而待。倘再因循粉饰,意见纷歧,则杞人之忧,方未已也。"⑤ 可见,这两个早期外交官观察欧洲后的意见是一致的。

这个故事说明,在中国,清朝政府对于建铁路、办工商之类颇多疑虑,熟悉外情的大臣的建议,不大可能上达朝廷。这是中国那些想推行现代化计划的大臣们的困惑。这也是中日两国早期现代化起步的根本区别。

从历史发展阶段上比较中日两国的早期现代化进程

洋务新政和明治维新的最大差距是什么?最大的差距在于明治政府明

---

① 黎庶昌:《与莫芷升书》,《拙尊园丛稿》卷6,第2页。
② 黎庶昌:《儒学本论序》,《拙尊园丛稿》卷5,第13页。
③ 同上。
④ 《与莫芷升书》,《拙尊园丛稿》卷6,第1页。
⑤ 《曾袭侯函》,《拙尊园丛稿》卷5,第7页。

确认识到改革的目标是走向西方式的资本主义，洋务新政的领导者完全没有这种认识。

这是因为，洋务新政和明治维新发生的时代背景不完全相同，中日两国社会经济发展的阶段不完全相同。

中国和日本学者多有拿中国的洋务新政和日本的明治维新相比较的。日本学者依田憙家著《日中两国近代史比较研究》（卞立强、严立贤等中译，上海远东出版社2004年版），比较、研究了中日两国的近代化问题，特别对中国的洋务运动和日本的明治维新，从各个方面——从政治、经济、文化思想，从两国对近代国家的认识、从两国的产业政策、近代化过程中的文化形态、从两国的儒学、从两国的经济观等方面，做了相当全面的比较。依田氏通过比较提出了鸦片战争以后，中国是向着分裂的方向走，日本是向着统一的方向走，向着统一方向走的日本形成了统一的国内市场，向着分裂的方向走的中国未能形成统一的国内市场。他认为这是中日两国近代化向着不同方向发展的基本原因。[①] 这是一个重要的见解，尽管其中不乏可以讨论的地方，例如，关于统一市场的问题。但是，依田氏在比较的时候，忽视了中日两国经济社会发展处在不同阶段的特点。

指出这一点的是日本另一著名历史学家井上清。井上清在他的研究中指出了洋务运动和明治维新比较，双方进行改革的主体的阶级性质和历史阶段不同，两者实际上不可放在一起进行比较；洋务运动和德川幕府的改革性质相同，可以放在一起比较。[②] 我非常认同这个意见。井上清的这个见解，在他早年的著作中，就已有明确的表述。他写道："将幕府末期的中国和日本来比较，不但外部的世界史的条件，对日本有利，对中国不利，并且在民族的经济文化及政治力量的集中发展上，日本也赛过中国，就造成两国地位在不久以后的决定性的差别。"[③]

明治维新以后的日本，由于全国统一市场的形成，高度统一的中央集权制度也逐渐形成了，号令齐一，易于推行。中国虽然也是高度中央集

[①] 依田憙家：《日中两国近代史比较研究》，卞立强等译，上海远东出版社2004年版，第19—21页。
[②] 井上清：《中国的洋务运动与日本的明治维新》，李薇译，《近代史研究》1985年第1期。
[③] 井上清：《日本现代史》第一卷明治维新，吕明译，三联书店1956年版，第211页。

权，但是国家大，保守力量强，不能突破"夷夏之防"，难以作出学习西方的决策。中国和日本虽然先后沦为半殖民地半封建社会，但最重要的是，明治政府一开始就抱着废除不平等条约的目的，寻求与列强交涉，并且逐渐形成了（特别是通过岩仓具视考察团）发展资本主义的基本思路，从政治、经济、社会、文化教育多个方面采取了发展资本主义的诸多措施。

中国在两次鸦片战争中遭到列强痛击，被迫签订了一系列不平等条约，却没有痛定思痛，另辟新路。1860 年 11 月，《北京条约》签订后，曾经占领京师的英法联军随后撤出北京，没有借战胜之威一举推翻清朝的统治，这使奕䜣等大臣大喜过望，深感"非始愿所能料及"①。奕䜣在给咸丰皇帝的报告中，反复申说，强化这个认识。他说："自换约以后，该夷退回天津，纷纷南驶，而所请尚执条约为据，是该夷并不利我土地人民，犹可以信义笼络，驯服其性，自图振兴，似与前代之事稍异。"② 可见，清朝统治者对于英法等列强没有乘占领北京之机取代清朝廷的统治地位，是颇为感激的。通过太平天国起义和第二次鸦片战争，他们总结出的基本认识，是英国、俄国的侵略是"肢体之患"，而"发捻交乘"才是"心腹之害"。③《北京条约》以后，清朝廷除了按照列强要求，成立总理各国事务衙门外，在政府机构上没有采取除旧布新的任何新措施，所谓洋务新政，也只是各地督抚为之，各地建立起一批军事工业，最初的目的只是为了镇压人民的造反。最早主张实行洋务新政的两江总督、钦差大臣督办江南军务曾国藩 1861 年给皇帝的奏折说："购买外洋船炮，则为今日救时之第一要务。……可以剿发捻，可以勤远略。"④ 历史证明，清政府始终把镇压人民的反抗放在第一位，把"勤远略"即反抗列强侵略放在第二位。对于列强侵略，他们抱着"外须和戎"⑤的态度，对于不平等条约，他们本着

---

① 《咸丰朝筹办夷务始末》，第 69 卷，第 9 页。
② 《咸丰朝筹办夷务始末》，第 71 卷，第 18 页。
③ 同上书，第 18 页。
④ 曾国藩：《复陈购买外洋船炮折》，《曾文正公全集·奏稿》第 17 卷，第 10—11 页。
⑤ 李鸿章：《李文忠公全集·朋僚函稿》第 19 卷，第 43 页。

"守定和议，绝无更改"①的方针。终清之世，清政府都没有向列强提出过废除不平等条约的要求。中国人提出废约主张是到了20世纪20年代才有的。从这一点上说，中国的洋务新政不能与日本的明治维新相比，恰恰可以与幕府末期的改革相比。

与日本德川幕府末期的改革相比较，中国的洋务新政则颇多相似之处。第一是改革背景大体相同，第二是改革主体的阶级性质相同，第三是改革内容大致相同。

日本在1853年面临美国的"黑船"事件，随后与美国等列强签订一系列不平等条约。国内有农民起义发生（尽管规模较小），同时出现"尊王攘夷"运动，幕府政权面临挑战。这时候，幕府为了维持自己的统治地位，试图加强以幕府为中心的旧的藩政体制，遇到各方面反抗，很难成功。各大强藩不服从幕府统治，努力加强藩的实力。"黑船"事件后，幕府和萨摩藩、长州藩等大藩在已有的工场手工业基础上，从西方国家引进近代企业，首先且主要是军事工业，如1853年在江户设立洋枪洋炮制作所，试造洋式军舰；1854年在长崎设立海军传习所，请荷兰海军军官讲授轮船驾驶和海军学；1857年在长崎建设制铁厂；1862年将江户的"蛮书调所"改名为"洋学所"，按照西洋大学校规，开设荷、英、法、德、俄语教学，以及天文、地理、物理、化学、数学、医学、机器等学科，培养懂得西洋知识的人才；1863年开始创建用西式步、骑、炮三个兵种的新式陆军。萨摩藩、长州藩、肥前藩也都开始了洋枪洋炮和舰船的制造，从外国进口汽船，开办了洋学设施。1857年盛冈藩建筑洋式高炉，炼铁成功。1867年，萨摩藩在鹿儿岛建设了以机器作动力的纺织所，请英国技师指导。②到1868年，属于重工业性质的新式手工业工厂（包括机械、造船、军工和冶金等）已有30多个。③

幕府末期建设的新式军事工业，引进的西方机器生产，规模可能比中国洋务新政时期略小一点，但它的反应是迅速的，新式机器的引进，新式

---

① 曾国藩：《复陈津案各情片》，《曾文正公全集·奏稿》第29卷，第49页。
② 参考井上清《日本现代史》第1卷，第二章第五目天保改革及其后果，第99—118页，以及井上清：《中国的洋务运动与日本的明治维新》，李薇译，《近代史研究》1985年第1期。
③ 转引自万峰《日本近代史》，第51页。

学校的举办，在1861年前大体已具备。中国都在1861年以后才出现。与幕府时期比较，对于列强侵略的反应，中国是迟钝的。对于西方科学知识的学习和追求，日本是积极的，中国是被动的。江户的"洋学所"，仅英文、法文班学生，1866年就有300人。① 清政府1862年在北京开设同文馆（外语学校），培养外语人才，第一年只有英文班，就读学生10人。② 到1885年，同文馆学生才录取了108名。③ 所以有差别，是中日两国的文化背景不同所致。

日本幕府末期的改革，是为了强化幕府的统治，强化幕藩体制。但是它的改革，也有一定的积极意义。井上清评价说：幕府末期的日本，自天保改革以来，"刚在政治上开始活跃的武士、地主、商人出身的改革派中间阶层，就随着封建制度危机的加深，作为所谓尊王攘夷的志士，发展了全国性的团结，掌握了民族的与国家的统一的主导权"④。

中国的洋务新政，当时就称作"自强新政"，它是在外国侵略和太平天国起义双重打击下，谋求"自强"的新政，是封建阶级的统治者谋求自救的措施。李鸿章的"裱糊匠"说法，最能说明问题。他晚年对人说："我办了一辈子的事，练兵也，海军也，都是纸糊的老虎，何尝能实在放手办理？不过勉强涂饰，虚有其表，不揭破犹可敷衍一时。如一间破屋，由裱糊匠东补西贴，居然成一净室。虽明知为纸片糊裱，然究竟决不定里面是何等材料。即有小小风雨，打成几个窟窿，随时补葺，亦可支吾对付。乃必欲爽手扯破，又未预备何种修葺材料，何种改造方式，自然真相破露，不可收拾。但裱糊匠又何术能负其责？"⑤ 清政府是一间破屋，"自强"新政只是裱糊破屋，洋务派大臣不过是裱糊匠而已。他们没有想过，把破屋推倒，彻底更新。如果这样，他们就是新社会的建筑师，而不是旧社会的裱糊匠了。洋务派主观上要做"裱糊匠"，他们引进西方的科学技术、生产方式，就是引进了封建生产关系中不能容纳的社会生产力，这就

---

① 井上清：《中国的洋务运动与日本的明治维新》，李薇译，《近代史研究》1985年第1期。
② 引自樊百川《清季的洋务新政》第1卷，第591页。
③ 同上书，第594页。
④ 井上清：《日本现代史》第1卷，第118页。
⑤ 吴永：《庚子西狩丛谈》，第107—108页。

必然会破坏旧的生产关系，促进新的生产关系的出现。洋务新政为资本主义近代工业在中国的出现，造成了一些客观的条件。这是中国洋务新政客观上产生的进步作用。

结语

对19世纪中日两国早期现代化进行比较研究，是要研究遭受西方列强侵略的国家，在东方的半殖民地半封建社会里，所谓后发展中国家，如何赶上现代化的潮流，在何种历史条件下，能赶上现代化潮流。通过以上研究，我们看到，中国的洋务新政，大体上可以与日本幕府末期的改革相比较，改革主体、改革内容大体相近；改革效果，中国尚不及日本。尽管两国都具有早期现代化的特征，但与真正的现代化进程相比较，还有距离。洋务新政与明治维新，实际上是不同历史发展阶段上的产物，难以做真切的比较。尽管明治维新算不算真正的资产阶级革命，日本和中国学者都有不同见解，但明治维新以后，明治政府逐渐采取一系列政策措施，对日本社会进行了资本主义改造，这些改造刺激了日本社会自由民权运动的发生，推动了日本社会向资产阶级宪政国家的转变。自由民权运动的目的虽然没有达到，却促进了日本产业政策向自由资本主义方向转换，大量国有企业廉价处理给民营企业是一个标志。这个转换，标志着日本资本主义社会的形成。可见，落后国家，后发展中国家，甚至遭受过西方国家侵略的半殖民地半封建国家，只有转换国家体制，才可能全力推进资本主义的产业政策和文化政策，才可能赶上现代化的潮流。中国在19世纪内完全不具备这样的条件，所以只能在半殖民地半封建社会的泥淖中越陷越深，在现代化的道路上很难有大的步伐。

（本文是为2010年8月在阿姆斯特丹召开的第21届国际历史科学大会准备的，曾在"中国、日本、印度现代化比较研究"分会场摘要宣读。以中国社会科学院学部委员、山东大学特聘一级教授名义发表于《徐州师范大学学报》2012年第4期）

大国兴衰给中国提供什么样的历史教训

一　600年来中国历史发展的轨迹

（一）1405年郑和下西洋以来的中国历史

从公元1405年（明永乐三年）开始的郑和下西洋，到2005年，恰好600年。郑和第七次下西洋结束是在1433年（明宣德八年），到现在还不到600年。这600年里，无论东方、西方，无论中国和世界，都发生了翻天覆地的变化。从600年前开始，世界告别了古代，进入了它的近代和现代的历史进程。在这个历史进程中，世界从封建社会走进了资本主义社会，部分国家进入了社会主义社会。总起来说，在600年的大部分时间里，西方各主要国家产生和发展了资本主义的生产方式和资本主义的政治制度，开启了世界现代化的进程；东方各国以中国和印度为代表，抵挡不住西方资本主义、殖民主义列强的进攻，沦为他们的殖民地和半殖民地。

600年前，正是中国明朝的永乐三年。这一年，明朝政府组成了以三宝太监郑和为首的远洋船队，开始了下西洋的行程。从公元1405—1433年（明永乐三年—明宣德八年）期间，三保太监郑和所率规模最大、组织最完备的船队七次下西洋，船队中各类船只近300艘（其中大船64艘，长44丈、宽18丈），最多载人二万八千人，最远航程曾穿过波涛汹涌的印度洋到达东非、波斯湾和红河口。七下西洋历时28年之久，"涉沧溟十余万里"，遍及亚非30多个国家和地区。

从历史记录看，这是世界史上规模最大的远洋航行，此后半个多世纪，才有哥伦布的"地理大发现"（1493年），哥伦布不过只有一支小小的船队。但是当哥伦布航行时，大洋上已经看不到中国船队的踪迹。1519

年麦哲伦环海航行，也只有 5 只船的船队。郑和下西洋，是那个时代世界远洋史上的奇迹，也是中国远洋史上的绝响。从郑和下西洋到哥伦布"地理大发现"，正是中国历史发展的转折时期，也是欧洲历史发展的转折时期。由于资本主义生产力发生、发展的躁动，"地理大发现"启动了早期欧洲列强寻找海外殖民地的热情。15 世纪末，印度新航线的发现，促进了欧洲人的东来。葡萄牙人、西班牙人、荷兰人带着火枪先后来到亚洲，并且到达中国的南海。这时候，距离郑和下西洋，不过一个世纪。

16 世纪中叶（1553 年），广东香山县所属的豪境澳（后称澳门）为葡萄牙人租住，是中国历史进程由盛转衰的一个标志。明朝末年、清朝初年，由于政治和边境安全的原因，实行了严厉的禁海政策，所谓"片帆不许入海"，把中国和世界隔离开来。16—19 世纪，正是欧洲资本主义发生发展的时候，资产阶级革命、工业革命，此起彼伏，资本主义如日方升。中国却反而落后了。17—18 世纪之间，中国清朝虽有所谓康乾盛世，但是比较起来，总体上是在走下坡路。

中国历史上，西汉有所谓文景之治，唐代有所谓贞观之治，清代有所谓康乾盛世。这些都是我国历史所歌颂的盛世，或者清平之世。文景之治，成就了汉武帝的文治武功。贞观之治，形成了唐代历史全方位对外开放。康乾盛世，养活了全国 3 亿人口，奠定了中国今日的地理版图。

今日学者所津津乐道的是康乾盛世时期中国的 GDP 居世界首位。据外国学者估计，1750 年中国手工业产值占世界工业产值的 32%。康乾盛世在中国历史上的地位是不可低估的。但是，如果横向比较，看看那时的欧洲，我们会感觉到中国在世界历史发展总体轨迹上落后了。中国的进步是在小农经济基础上的进步。欧洲的进步则是逐渐摆脱小农经济，迈入资本主义的工业革命时代。1890 年中国工业产值只占世界的 6.2%，欧洲占 62%。

在 18 世纪，1793 年，大清乾隆五十八年，英国派出使节马嘎尔尼前来中国朝拜乾隆皇帝，请求通商。这时候正是清朝鼎盛的时期，乾隆皇帝复信英国国王，表示"中国之大，无奇不有，原不借外夷以通有无"，拒绝了英国通商的请求。汉唐以来，中国与东西各洋商贸往来的历史惯例，在这时候中断了。这个中断，是可惜的，它不仅是中断了英国的通商要求，实际上是中断了与西方正在上升期的、正在发展中的资本主义生产方式的接触，从而导致此后半个世纪中英发生战争以后，道光皇帝还是不知道英国位于何方，朝野上下对西洋世界一片茫然。

从16世纪到20世纪，在世界上先后崛起的九个大国中，每一个都曾经侵略过中国。葡萄牙刚才已经提到了。17世纪上半叶，荷兰、西班牙先后占领台湾南部和北部，在那里实行殖民统治。19世纪中叶以后，英国、法国、美国、俄国、德国、西班牙、葡萄牙、日本、意大利等国，都曾侵略过中国。中国的土地被割让，包括香港、台湾，也包括东北、西北大约150万平方公里国土被割让给沙皇俄国。中国的首都三次被外国武装力量占领（北京2次，南京1次），中国的大城市上海、广州、天津、汉口，都曾被外国侵略军占领。有16个以上的城市设置了外国租界，从北到南，沿海有五块租界地，在租界地上可以驻扎外国军队。《辛丑和约》规定了北京使馆区和北京至渤海（包括天津）等12处地方驻扎外国军队。中国变成了半殖民地半封建国家。20世纪30—40年代，日本全面侵略中国，战火燃遍全国，日本几乎占领半个中国，中国的东北等大片地方变成了日本的殖民地。近代中国这些血迹斑斑的历史，中外史籍都有明确的记载，这里就不赘言了。

（二）中国的复兴之路

自意大利文艺复兴开始，到18世纪末，英国开始工业革命，欧洲资本主义发展到上升期，差不多花了4个世纪。到19世纪末，英国称霸世界的历史就结束了。20世纪是美国称霸世界的世纪。欧洲从资本主义萌芽到资产阶级革命，到工业革命，到太阳从英国升起和坠落，再到美国称霸全球，总共花了大约600年时间。在差不多相同的时间里，中国的变化则是由强到弱，由世界最先进的文明到落后于世界，变成为西方列强的逐鹿之所，在20世纪初，中国沦落到谷底。经过一个世纪，特别是最近半个多世纪的奋斗，中国找到了社会主义的发展方向，用社会主义现代化作为动力，用社会主义市场经济作为基本的经济结构形式，吸取了西方资本主义的技术手段和市场运作模式，坚持了社会主义的政治方向，中国终于摆脱了数百年来社会经济发展向下滑落到谷底的苦境，呈现出向上发展的趋势。

到 2000 年我国国内生产总值（GDP）首次超过 1 万亿美元；按照联合国统计，2005 年达到 2.3 万亿美元，2006 年是 2.7 万亿美元，2008 年 4.3 万亿美元，2010 年是 5.8 万亿美元。人均 GDP 从 2000 年的 900 美元，到 2005 年是 1700 美元，2006 年超过 2000 美元，2010 年超过 4500 美元。我国的总体经济实力与美国的差距在缩小，2000 年相当于美国的 1/8，2006 年缩小到 1/5，2010 年更缩小到 1/2.5。整体经济实力已经走在了世界的前列，超过日本，仅次于美国。[①] 中国可以宣布进入小康社会，这说明我们总体上可以向数百年来困扰中国人的贫穷告别了；"神舟"号试验飞船升空，载人宇宙飞行取得成功，绕月计划正待实施，飞向火星也在计划之中。中国首台千万亿次超级计算机系统"天河一号"雄居第一。这些都说明在高科技领域，在宇宙太空事业中，我们也可以在核俱乐部里与人一争雄长了。加上香港、澳门的回归，标志着中华复兴的趋势已经呈现在眼前了。从三保太监第一次下西洋到现在是 600 年；从葡萄牙人东来到闽粤沿海一带，将近 500 年；从英国发动的鸦片战争算起，已是 170 年；从孙中山第一次提出振兴中华的口号，到中国人为救亡图存而奋斗，到提出社会主义现代化的目标，也不过 100 多年。在这 600 年里，中国历史发展进程走过了一个倒马鞍形，也就是英文字母的 U 字形，即从强盛转向衰弱，再从衰弱的谷底翻过身来，开始向上升的趋势发展。现在看来，这个历史发展趋势已经很明朗了。中国作为一个历史悠久的大国，正在大踏步地走上复兴之路。

在国家的复兴之路上，我们还有一点距离，那就是台湾问题。台湾作为祖国的一部分，在法理上是没有问题的，但在实际管辖上，还未能解决问题。台湾正式回归祖国之日，将是中华复兴的重要指标。

正是在这样的历史背景下，国外在谈论中国威胁论，中国人也希望像大国一样崛起。所以，这时候，回顾一下 600 年来世界大国崛起的经验教训，看看中国应该走什么样的道路，是有意义的。

---

① 《"十一五"经济社会发展成就系列报告之一：新发展　新跨越　新篇章》，中国统计信息网 2011—03—01 10：00：00。

二 600年来大国兴衰的历史演变

（一）15—17世纪的葡萄牙、西班牙和荷兰

这里所谓大国，不是指它的国家大小、人口多少，而是指它在世界上曾经发挥过的作用。

葡萄牙是位于欧洲西南部面临海洋的一个小国，国土面积不过9万平方公里，人口不过千万。但是它在15—16世纪之间，曾经是一个发挥过重要影响的世界大国。这与它的地理条件有关，也与它的国内政治条件有关。中世纪的西欧，是基督教的世界，政教统一，有许多政治实体，都是教皇分封的领地，没有国家和民族的观念。葡萄牙是西欧最早形成的民族国家，13世纪就形成了基本明确的国家界限。由于生存压力，利用面临大海的条件，发展海外探险和商业活动，形成了重商主义的观念。民族国家的统一，便利于通过国家的力量，推进海外探险和商业活动，追逐海外的商业利润。葡萄牙国王把海外扩张定为国策，凭着强大的武力，大力推动。葡萄牙在海外开辟了数十处商站，控制了东西方之间的海上商路，建立了以经济掠夺为中心的殖民帝国。

葡萄牙称霸世界的时间不长。1580年，葡萄牙被西班牙吞并。虽然在1640年获得独立，但是葡萄牙还是衰落了。究其原因，葡萄牙国土狭小，没有建立国内市场，没有国内经济发展的基础。海上贸易和掠夺，盈利很多，养成了国内贪懒的习性。长期出国征战和探险，大量精英死在海外，继续海外探险后劲不足。

西班牙是葡萄牙的邻国，也是三面临海的半岛型国家，人民富有海上冒险的传统。15世纪末，经过长期的民族战争，摆脱了阿拉伯人的统治，成立了独立的民族国家。西班牙国王积极支持海外扩张，投入巨资推动了哥伦布的远征。为了维持海上霸权，西班牙建立了号称"无敌舰队"的强大海军，在海外开辟了广大的殖民地。

西班牙帝国维持到16世纪末，在继起的荷兰、英国和法国的竞争下，萎靡不振，终于退出了强国的行列。

继西班牙而起的荷兰，曾称雄于17世纪。其实荷兰长期为西班牙统

治。荷兰所处的地方是尼德兰。尼德兰与葡萄牙、西班牙不同的是，那里较早出现了封建制度的解体和资本主义因素，资产阶级在逐渐形成。16世纪下半叶，尼德兰的资产阶级领导了反抗西班牙统治的民族独立战争，1581年荷兰宣布独立，1609年，西班牙被迫与荷兰休战，承认了荷兰共和国的独立。这可以说是世界上第一次成功的资产阶级革命，历史书上称之为尼德兰革命。

荷兰也是一个小国，领土面积比葡萄牙还小。那里资本主义生产方式发展较早，封建专制力量较弱。荷兰独立后，充分利用国家优势，发展海洋实力，建立强大的海军和庞大的海上运输船队，在17世纪，几乎垄断了全球的海上贸易，牢牢掌握着海上商业霸权。人口不足200万的荷兰，在1600年，海船总数已经超过了1万艘，17世纪上半叶，有商船1.6万艘，占到欧洲商船总吨位的3/4，号称"海上马车夫"。

17世纪，欧洲各国之间经常爆发战争，荷兰则较少卷入战争，国内政治平稳，经济得到正常发展。加上海上贸易发达，商业繁荣，城市兴旺，阿姆斯特丹成为全欧商贸中心。在高峰期，荷兰资本积累高于欧洲各国资本总和，对外投资比英国多出15倍。荷兰造船业在欧洲长期具有领先地位。17世纪末，英国使用的船只1/4在荷兰制造。俄国彼得大帝曾两次到荷兰学习造船技术。

在繁荣的商业贸易中，荷兰发展了成熟的金融业，建立了现代金融机构——银行，形成了第一个现代意义的资本市场。荷兰在金融业务上的经验，得到了后期的发达国家的仿效。

荷兰在17世纪下半叶开始逐渐走下坡路。由于国内政治体制不顺，国内经济基础薄弱，长期海上称霸养成骄傲情绪和轻敌思想，海军和商船投入不够，在新一轮的竞争中丧失了竞争力，荷兰的霸权地位在18世纪被后起的英国夺去了。

（二）18—19世纪的英国和法国

英国在15世纪建立专制的都铎王朝。专制王朝在国家统一的过程中发挥了重要作用。都铎王朝通过推行重商主义壮大了国家的实力，1688年打败了西班牙的"无敌舰队"，标志着英国的崛起。虽然专制王朝在进行海外扩张、建立英帝国方面起了重要作用，但是英国还是发生了推翻专制王朝的革命，这对于英国此后的资本主义发展和它的进一步崛起，起了很重要的作用。

此后，英国取代了荷兰的海上霸权地位，建立了庞大的殖民帝国，率先开始了工业革命，到19世纪40年代，英国成为世界上第一个完成工业革命的国家。1848年，英国铁的产量占世界总量的一半，煤占到2/3，棉布达1/2以上，铁路超过1万公里，贸易额占世界总量的20%—25%。到19世纪末，英国的工业霸权才被美国超过。20世纪的两次世界大战，都被英国赶上了。英国的国际地位才大幅衰落。

法国起步比英国晚。直到17—18世纪之间，国内政局才稳定下来。法国形成了欧洲最强大的专制王权。它运用专制王权推行重商主义，很快成为欧洲大陆最强大的国家。1789年法国发生了资产阶级大革命，推翻了路易十六的专制王朝。法国大革命具有世界历史意义，马克思说法国革命"反映了当时整个世界的要求"[①]。列宁说过："整个19世纪，即给予全人类以文明和文化的世纪，都是在法国革命的标志下度过的。"[②] 法国革命影响了一个世纪的世界历史进程。法国大革命后建立的国家是共和制。但到19世纪初，法国又出现了拿破仑的帝国，使法国的历史发生了曲折。法国的工业革命也比英国晚，整体水平也落后于英国。两次世界大战，法国遭受失败。战时戴高乐将军领导了"自由法国"斗争，战后坚持独立的外交政策，使法国保住了自己的国际地位。

（三）19—20世纪的德国与日本

德国和日本差不多同时在19世纪下半叶崛起，迅速发展起来，尤其是军国主义得到迅速发展，成为世界性强国。

德国在17世纪有360个邦国，政治不能统一，经济难以发展。19世纪初，德意志各邦发起改革。1870—1871年普法战争之后，方才完成统一，以普鲁士为核心，建立起德意志帝国。德国建国不过30年，就迅速

[①] 马克思：《资产阶级和反革命》，《马克思恩格斯文集》第2卷，第74页。
[②] 列宁：《关于用自由平等口号欺骗人民》，《列宁全集》第二版，第36卷，第354页。

赶上了英国。20世纪初，德国的工业生产占全世界的16%，英国却降到14%，显然，德国超过了英国。英国在经济上采用自由经济理论，让"看不见的手"发生作用。德国由铁血首相俾斯麦采用国家干预手段指导工业化，使钢铁、煤炭、铁路、化工等产业迅速跃居世界前列。但是德国的统一是在封建容克地主集团主持下进行的，德国的工业化使国民经济大规模军事化，终于导致了德国发动第一次世界大战，并在战争中走向失败。20世纪30年代，德国并未吸取失败教训。希特勒德国继续执行旧的军事扩张路线，发动了第二次世界大战，给人类造成巨大灾难，德国人民也付出了巨大代价。第二次世界大战后，德国终于吸取教训，与宿敌法国改善关系，向波兰等被侵略国家道歉和赔偿，赢得了世界的原谅。今天的德国在经济总量上仍居于世界前列。

在上述国家中，日本是唯一的东方国家。在明朝时期，日本曾向中国进贡。历史上，日本一向是向中国学习，吸收中国的文化。17世纪初，日本确立了德川幕府的统治，是一个以武士为基础的封建国家。国内有267个藩，长期实行锁国政策，经济文化落后。

鸦片战争以后过了11年，1853年一支美国舰队闯入了日本江户湾，要求幕府开关。1854年，日本与美国签订了《日美亲善条约》，同意开国。随后，英国、俄国、荷兰、法国、葡萄牙、普鲁士、意大利等国也与日本签订了类似条约。条约中有不平等条款，损害了日本国家主权。日本也成了一个半殖民地国家。

外国侵略和国内幕藩政治的腐败，导致了国内社会危机，农民起义不断。以武士为基础的改革派发起尊王攘夷运动，随后又发展成为倒幕开港运动。1868年1月，倒幕成功，宣布废除幕府，成立天皇政府。由此导致了明治维新的重要举措。这时候，日本还没有资产阶级，武士改革派推动了明治维新这样一场资产阶级革命性的改革。

明治维新后，日本很快引进资本主义生产方式，经济得到很快发展。到第一次世界大战前后，日本已经完成了工业革命，成了一个资本主义工业国。

日本由于资产阶级力量不强，明治政权也不是资产阶级民主主义的政府，封建性很强。明治元年，天皇就发出了"开疆拓土，布国威于四方"

的号召。沿着这条道路，日本迅速发展成为军国主义国家。日本把侵略邻国即朝鲜和中国作为它的基本国策。1894年前后，日本一方面与西方列强谈判废除不平等条约，同时向朝鲜和中国发动了侵略战争。这就是甲午战争。战争的结果，签订了《马关条约》，名义上，中国被迫解除与朝鲜的宗藩关系，承认朝鲜的独立，实际上实现了日本对朝鲜的控制。这一措施为日本控制朝鲜半岛、进一步侵略中国打下了基础。《马关条约》除了规定日本取得在中国的各项权利外，还从中国割让了台湾、澎湖列岛和辽东半岛。日本取得辽东，俄国觉得威胁了自己，联合法国和德国进行干涉，日本被迫放弃辽东，但是以中国政府赔偿3000万两白银了结；此外，日本还从中国得到了2亿两白银的战争赔款。2亿3千万两白银，相当于3亿5千万日元，这笔庞大收入，大大滋养了日本的资本主义，武装了军国主义的战争机器，滋长了它称霸亚洲的野心，使日本挤进帝国主义行列。日本前外务卿井上馨说："在这笔赔款以前，日本财政部门根本料想不到会有好几亿的日元。全部收入只有8千万日元。所以，一想到现在有3亿5千万日元滚滚而来，无论政府和私人顿觉无比地富裕。"[①] 3亿5千万日元用在哪里呢？据记载：7900万用来抵补战争经费，2亿用来扩充军备，380万用来建设钢铁厂、扩充铁路和电报电话事业（仅八藩制铁所，花了60万日元），2000万充作皇室费用，5000万用作水雷、教育和灾害准备金。另外，日本政府还拿这笔钱在1897年作为实行金本位制的准备金。在这个基础上，日本又取得了1904—1905年在中国东北进行的日俄战争的胜利。1910年吞并了朝鲜半岛，在那里实行了殖民统治。1928年，日本确定了以朝鲜为跳板侵略中国大陆的政策。1931年发动九一八事变，占领我国东北，1937年发动了全面侵略中国的战争，试图建立"大东亚共荣圈"，在中国人民和世界人民斗争面前，落得失败的下场。

（四）20世纪的苏联与美国

20世纪的苏联和美国，在二战以后的冷战时期，曾经是称霸世界的两个超级大国。后来苏联崩溃了，只剩下一个超级大国就是美国。

[①] 引自丁名楠等《帝国主义侵华史》，人民出版社1987年版，第369页。

苏联是在俄国十月革命产生的无产阶级专政的社会主义国家。俄共（布）的领导人列宁是开创者，在粉碎了外国干涉、国内局势稳定后，1922年正式成立苏联。1925年列宁逝世后，领导人是斯大林。苏联的前身俄国并不是一个发达的资本主义国家。苏联是按照马克思列宁主义的原则建立在俄国落后的基础上的。苏联的建立不仅改变了俄国的历史，也改变了世界的历史。苏联在社会主义建设上取得了伟大的成就。十月革命后不过20年，苏联完成了工业革命，建立了强大的工业基础特别是军事工业基础。1937年，苏联的工业已占到欧洲第一位，世界第五位。正是有这样的经济实力，苏联不仅打垮了德国法西斯，而且在战后成为第一流的政治强国。斯大林逝世后，赫鲁晓夫执政11年，勃列日涅夫执政18年，到戈尔巴乔夫执政后没几年，戈尔巴乔夫背离了马克思列宁主义，背离了社会主义，导致了苏联的崩溃。苏联崩溃有多方面原因，主要的有：政治经济体制僵滞，党的领导松懈，改革走偏了方向，输出革命、干涉兄弟国家事务，淡化了意识形态，等等。苏联解体后，俄国整体实力一落千丈，已不能与美国相抗衡了。

美国在1776年独立后，经过近一个半世纪的发展，到19世纪末，完成了工业化，经济发展程度已跃居世界第一位。20世纪里，在两次世界大战期间，美国虽然参战，但战争基本上不在美国本土，美国发了战争财。第二次世界大战结束，美国的经济、军事、科技都登上了世界的顶峰。美国在原子能、电子计算机、分子生物学等方面，引领了世界的第三次工业革命。二战后美国成为与苏联并列的政治强国。美国建立了世界上最强大的海军和空军，世界各地分布着他的数百个军事基地，它的战略核力量远优于苏联，是世界第一号军事强国。

由于发动朝鲜战争、越南战争和入侵古巴的失利，民族解放运动、不结盟运动的风起云涌，显示了社会主义国家和进步势力对美国的牵制，美国在20世纪70年代后开始丧失在世界上的绝对优势。美国在世界国民生产总值中所占的比重也从二战初期的40%，降至25%左右。20世纪后半期，美国抓住机遇，进行了产业结构调整，发展了信息技术、生命科学和材料科学为核心的高科技，提高了劳动生产率，经济发展速度超过了其他资本主义国家。

2001年"9·11"后,美国政府以此为借口推行"单边主义"。布什政府开始执行"先发制人"战略。2002年9月,美国政府公开宣布:"不允许任何一个敌对军事强国崛起","不允许任何外国势力像在冷战时代一样挑战美国的力量"。2003年,美国在没有任何证据的情况下,绕过联合国发动了对伊拉克的进攻,至今仍未了结。美国的穷兵黩武,可能是他从巅峰状态下跌的开始,这一点还有待观察。

三　大国兴衰的历史原因

我们要研究一下,在近代历史上,这些新兴的大国何以兴,何以衰。看看这些兴衰的历史能够给我们提供什么教训。

第一,民族独立和国家统一,是国家兴盛的第一位原因。

葡萄牙在15世纪称霸,西班牙在16世纪称霸,荷兰在17世纪称霸,都是先赢得民族独立和国家统一。没有这个前提条件,是不能提什么称霸的。葡萄牙、西班牙都是摆脱了阿拉伯人的统治,形成民族国家的。荷兰则是摆脱了西班牙的统治后,才有了发展资本主义的条件的。英、法的崛起,也是从建立民族国家开始的。德国从前分成300多个邦,无法发展统一的经济事业,1871年实现国家统一后,建立德意志帝国,以国家力量来推动经济发展,才迅速赶了上来。日本也是同样。推翻幕府统治,以天皇来统一国家,引进资本主义,得到迅速发展。北美十三州原是英国殖民地,1776年宣布独立,与英国打了几年仗,到1783年,英国才正式承认美国独立。1861—1865年,美国又发生南北战争,主张分裂的南方势力失败,国家统一得以维护,美国的资本主义才迅速发展起来。苏联是另一类型的大国,它是人类历史上第一个社会主义国家。十月革命后,经过内战,经过反对外国干涉的斗争,到1922年成立苏维埃社会主义共和国联盟,社会主义事业才兴盛发达起来。

第二,通过革命或革命性的变革,或者国内战争,或者国内无战争又很少卷入外国的战争,建立国内稳定的政治环境。

通过革命或革命性变革,建立新的社会制度,为发展经济提供稳定的社会政治环境,典型的例子是英国和法国。

人们在谈到英国崛起的时候，总是津津乐道英国的和平变革。其实英国哪里只是光有和平，没有斗争呢。说英国近代只有和平，没有斗争，说轻了，是对历史的无知；说重了，是有意掩盖历史真实。在英国资产阶级革命过程中，发生了1640—1660年的暴力革命，1648年英国议会以克伦威尔为首的议会军取得了对国王军队的胜利，1649年国王查理一世被送上断头台。斯图亚特王朝复辟以后，发生英国历史上所谓的"光荣革命"。"光荣革命"虽是和平的，但它是暴力基础上的和平。没有暴力，哪来的和平。坚持王权的国王詹姆士二世用血腥手段镇压了辉格党的武装反叛；议会不得不邀请荷兰执政的威廉率兵进入英国，詹姆士二世被迫出逃。威廉是詹姆士二世的女婿。詹姆士出逃后，威廉和他的妻子（詹姆士的女儿）共同登上王位。新国王不得不接受议会的条件。所谓"和平"是被斗争逼出来的。人们夸夸其谈英国的"光荣革命"、英国的和平。为什么看不到和平背后的暴力和斗争呢？说到英国革命，人们往往只讲1640年发生的英国资产阶级革命，实际上，从以上的事实看，从1640年查理一世挑起与议会的战争，到杀掉查理一世的头，再到1688年詹姆士二世出逃的所谓"光荣革命"，都应该看作英国的资产阶级革命。[①] 此后，英国资产阶级的政治制度就转趋稳定地发展了。新的社会政治制度的建立，为英国生产力的发展扫清了道路，过了一个多世纪，在英国血腥的资本主义原始积累的基础上，发生了影响世界历史进程的工业革命。

法国大革命是众所周知的例子，这里就不再赘言了。

通过国内战争建立稳定的社会政治环境，德国和日本是典型的例子。德国不是以革命的形式完成统一的。它是以普鲁士王国通过王朝战争的道路，实现统一的。1864年普鲁士王国战胜了丹麦，1866年战胜了奥地利，1871年战胜了法国，完成了德意志帝国的统一。日本是以武士改革派发起的倒幕战争取得胜利，才出现了明治维新的"殖产兴业"局面。

[①] 马克思对英国资产阶级革命和法国革命的评价是一样的，马克思说："1648年革命和1789年革命，并不是英国的革命和法国的革命，这是欧洲范围的革命。……它们宣告了欧洲新社会的政治制度。……这两次革命不仅反映了它们发生的地区即英法两国的要求，而且在更大的程度上反映了当时整个世界的要求。"见马克思《资产阶级与反革命》，《马克思恩格斯文集》第2卷，人民出版社2009年版，第74页。

第三类例子，是国内比较安定，没有战争行为，又很少卷入与外国的战争，也为国内提供了稳定的政治社会环境。荷兰是国内无战争行为的例子。17世纪，欧洲各国都卷入战争，或者国与国之间的战争。荷兰国内相对比较稳定。17世纪欧洲的30年战争，荷兰虽然卷入，但荷兰本着"商业是荷兰政府最大的政治"的原则从事外交活动，荷兰成为30年战争中获益最大的国家。美国除了独立战争和南北战争以外，国内无战争行为。20世纪的两次世界大战，美国参战很晚，而且，两次世界大战都与美国本土无关，国内基本上没有受到战争的创伤。两次世界大战中，美国都发了战争财。这些给美国资本主义的发展创造了条件。

第三，着力发展经济，完成工业革命过程。

着力发展经济，是这些国家崛起的基本原因。葡萄牙、西班牙、荷兰处在商业资本主义时代，它们发展经济的主要形式是从事商业活动，特别是海外商业活动。英国不仅发展商业和航海业，而且在国内的农业、制造业、交通、服务业等经济部门都有较好的发展，而且最早实现工业革命。德国和日本，都改变自由经济，利用国家杠杆，大力推动国内经济发展，努力赶超先进国家。德国在钢铁工业、电力工业、化学工业方面，都走在世界前列。美国是一个移民国家，没有封建传统的束缚。资本主义工商业得到顺利发展。19世纪下半叶发起西部大开发，建立起西部资本主义农业区，促进东部工业区快速发展。苏联也是集中力量发展经济。列宁在十月革命后几个月就指出，社会主义革命，无产阶级在夺取政权后，要把创造高于资本主义的劳动生产力，作为根本任务提到首要地位。1925年12月，俄共（布）十四大决定开始大规模工业化建设。1928年到1937年顺利完成了两个五年计划。这是在社会主义制度下，依靠国家力量大力推进有计划的经济建设的首创。正是两个五年计划的实施，打下了国家的经济基础，成为战胜德国法西斯的强大物质力量。到1940年，苏联年产1800万吨钢、1.6亿吨煤、3100万吨石油、483亿度电，基本上实现了工业化，工业总产值超过德国、英国、法国，居欧洲第一位；在世界范围内，仅次于美国。

第四，眼睛向外，建立有利于经济发展的世界市场。

世界各大国的发展，没有一个是只把眼睛放在国内的。它们都在寻求有利于自己经济发展的世界市场，几乎无一例外。葡萄牙、西班牙、荷兰都是首先寻求海外市场，发展海外商业贸易活动。英国更是全盘借鉴荷兰的商业经验，发展成为世界上第一大工业国和第一大贸易国。1870年，英国在世界贸易中已占到24.5%。这些大国都力图在世界上建立自己的商业网络和贸易市场。16—17世纪之间，葡萄牙从本土到印度的果阿—澳门—日本长崎—巴西，形成了遍及全球的贸易网络。日本在幕府统治时期实行闭关锁国政策，拒绝开放，经济发展十分落后。明治维新后，推行"文明开化"、"脱亚入欧"，全盘吸收欧美经验，引进资本主义的一系列制度，使日本迅速走上了工业化的道路。

第五，在国外，掠夺殖民地，在国内，实行圈地运动，建立资本主义的原始积累。获得战争赔款也是一个原因。

资本主义列强之所以成为大国，掠夺海外殖民地养肥自己是一个重大原因。葡萄牙、西班牙、荷兰是小国，它们称霸时，殖民地遍及全世界。今天世界上，讲葡语、西班牙语、法语的国家甚多，讲英语的国家更多，这基本上都是殖民地时期形成的。葡萄牙人在非洲建立了殖民地，并且越过了非洲的好望角，进入印度，到达中国南海和日本，推向大西洋，在美洲建立了大片殖民地，一度垄断了世界的香料、黄金、食糖贸易。葡萄牙是最早从事黑人贸易的国家，在非洲和欧洲之间，在非洲和美洲之间，葡萄牙从黑奴贩卖中获取了暴利。16世纪内，葡萄牙从非洲掠夺黄金270吨以上。在统治巴西的300年里，葡萄牙掠夺黄金总值6亿美元，还有3亿美元的钻石。

西班牙也从殖民地获得巨大利益。除大洋洲外，世界各大洲都有西班牙的领土。非洲的突尼斯，亚洲的菲律宾，拉丁美洲除了巴西，都是西班牙的殖民地。在拉丁美洲，把2500万平方公里的土地纳入了西班牙帝国的版图。西班牙在美洲从印第安人那里掠夺了大量黄金。16世纪上半叶，西班牙每年从美洲运回本土的黄金有2900公斤，白银3万多公斤。在占领拉美的300年期间，西班牙从那里掠夺黄金数百万公斤，白银上亿公斤。

荷兰在海外也建立了强大的殖民帝国。荷兰成立的东印度公司，主要经营亚洲的殖民活动，首先抢占了葡萄牙的殖民地印度尼西亚，也曾一度占领我国领土台湾。西印度公司主要经营非洲和美洲的殖民活动。这两个公司在海外抢占的殖民地，比荷兰本土大60倍。西印度公司在非洲和美洲殖民地主要从事黑奴贩卖活动。1621—1734年西印度公司总共贩卖黑奴46万人。18世纪初，荷兰贩卖奴隶总额占到世界奴隶贸易额的一半左右。

英国在"光荣革命"以后的两个多世纪中，参与了全面的殖民战争和殖民掠夺，建立了庞大的殖民帝国——号称"日不落国"。虽然18世纪北美13个殖民地的独立，给了英国殖民体系以打击，但是英国丝毫也没有放松对世界各地殖民地的掠夺。我们仅以1840年英国发动对华侵略的鸦片战争以前的历史为例。在亚洲，17世纪，英国东印度公司占领了印度的马德拉斯、孟买和加尔各答，18世纪中叶英国出兵占领孟加拉国，此后又数次发动对印度的殖民战争，到19世纪30年代，除中部、北部若干土邦外，整个印度成为英国的殖民地。印度从此成为英国侵略亚洲各国的后方基地。英国用来打开中国大门的特殊商品鸦片，主要产地就是印度的孟加拉国。1824年，英国又把马来亚的槟榔屿、马六甲和新加坡合并为海峡殖民地。北美的加拿大和大洋洲的澳大利亚在18世纪就成了英国的殖民地。澳大利亚西南的新西兰，也在1839年接受了英国的统治。19世纪初，英国还取得了西非洲的冈比亚、塞拉勒窝内和黄金海岸等地以及南非的开普殖民地。粗略统计，19世纪前期，英国拥有的殖民地领土为200多万平方公里，人口达1亿，掌握了资本主义世界的霸权。

19世纪中叶开始，英国或者独自，或者联合其他资本主义大国，多次对中国发动侵略战争，在中国取得广泛的利权和势力范围。它运用东印度公司，运用鸦片走私，运用炮舰政策，在中国取得了巨大的利益。英国殖民主义者在印度强行输入资本主义生产方式以及对印度的掠夺，马克思当年在《不列颠在印度的统治》和《不列颠在印度的统治的未来结果》两篇文章里讲得很多。在这两篇文章里，马克思第一次用唯物史观并联系无产阶级革命的前景考察了殖民主义问题，严厉鞭挞了英国殖民政策，深刻揭露了英国殖民者对印度的统治给印度人民带来的巨大灾难，揭穿了资产阶级文明的真面目。他指出，如果资产阶级文明"在故乡还装出一副体面的样子，而在殖民地它就丝毫不加掩饰了"，它的"极端伪善和它的野蛮本性就赤裸裸地呈现在我们面前"①。印度是英国海外财富的最大来源。据记载，仅1757—1815年间，英国东印度公司从印度攫取的财富达10亿英镑。20世纪初担任过英印总督的寇松说过："只要我们统治印度，我们就是世界第一；如果我们失去印度，我们将降成三流国家。"②

英国从海外殖民地掠夺了多少财富，至今未能做出可靠的统计。

法国和德国也在海外建立了殖民地。日本是后来者，在掠夺殖民地方面，也不择手段。它不仅占领了我国的台湾长达50年，而且把清朝的藩属国琉球强行收为己有，成为日本的冲绳县。它还吞并了朝鲜半岛。通过日俄战争取得了日本四岛以外的其他领土。通过发动九一八事变，占领了我国东北广袤的土地。

美国在1776年独立时，只有北美13州。独立后，美国利用战争等强制手段向西部扩充兼并，把富饶的大片土地攫为己有，大体上形成今天的美国领土。在19世纪末美国经济已经超过英国。1898年通过美西战争，取得了菲律宾作为自己的殖民地。从表面上看，美国的殖民地是比较少的。但是美国在1823年发表"门罗宣言"，反对欧洲列强把美洲独立国家当作殖民地，实际上是把美洲当作美国的后院；1899年针对列强在中国划分势力范围，强调在中国门户开放、机会均等。20世纪是美国的世纪。美国已经不在乎占领多少殖民地了，它从全世界收获他的政治、经济利益。

在国外掠夺殖民地，在国内实行圈地运动，资本主义的原始积累就是这样形成的。圈地运动在欧洲各国是普遍现象，其中英国比较典型。15—16世纪、18—19世纪，英国历史上的血腥的圈地运动，使农民陷于极端悲惨的境地。为此，在16世纪，英国多次爆发农民起义。19世纪，英国资产阶级取得决定性胜利，议会通过立法，使圈地合法化，国家机器强迫农民服从圈地法案。原来，英国的资本主义农业的发展，以及工业化中劳动后备军的提拱，是建立在血腥的暴力基础上的。马克思评论道："从15世纪最后30多年到18世纪末，伴随着对人民的暴力剥夺的是一连串的掠

---

① 马克思：《不列颠在印度统治的未来结果》，《马克思恩格斯文集》第2卷，人民出版社2009年版，第690页。

② 肯尼斯·摩根主编：《牛津英国通史》，商务印书馆1993年版，第523页。

夺、残暴行为和人民的苦难","被暴力剥夺了土地、被驱逐出来而变成了流浪者的农村居民，由于这些古怪的恐怖的法律，通过鞭打、烙印、酷刑，被迫习惯于雇佣劳动制度所必需的纪律"。①

这里还要补充一句，获得战争赔款，也是一些强国资本主义原始积累的重要来源。举几个例子。1871年普法战争结束，德国从法国获得战争赔款50亿法郎。这笔钱对于推动德国国内市场的活跃，起了重要作用。尤其是从法国割取阿尔萨斯—洛林，使德国增加了150万人口和丰富的铁矿资源，构成了德国工业发展的重要基地。日本从中国夺取2亿3千万两白银，奠定了日本帝国主义的经济基础，前面已经讲过了。1901年同列强签订《辛丑条约》，中国赔偿各国近10亿两白银。英国、法国、德国、俄国、日本、美国等都从中分得大量赃银。

第六，重视科技和教育。

一个国家要实现工业化、现代化，离开了国民的文化素养的提高，是达不到目的的。工业化、现代化要靠科技和教育的大量投入。重视教育和科技，几乎是上述大国的普遍现象。

16—17世纪，西班牙、荷兰重视教育，大学发达，图书馆藏书丰富，重要著述很多。德国非常注重教育，普及教育的程度高于其他国家。英国和法国都通过制定法律，建立现代教育制度。在德国，大学毕业生比商人和企业主受到更大的尊重。德国首相俾斯麦把普法战争的胜利归功于小学教师。有人认为，德国最大的本钱是智力。在第二次工业革命的推动下，德国开办了大量职业学校、工学院和高等商业学校，培养了许多高层次的企业管理人员、科技人员和有知识的熟练工人。日本是后发的现代化国家，用发展近代教育，来开发民智。1872年明治政府颁布《学制》，从此坚持推行义务教育。实行义务教育的大国，英国在1870年，日本在1872年，法国在1882年，美国在1918年，德国在1919年。日本的小学入学率，1908年就已达到97.8%。苏联建国后，也首先在国内实行了义务教育制度。

---

① 马克思：《资本论》第1卷，《马克思恩格斯文集》第5卷，人民出版社2009年版，第836、846页。

美国也一直重视教育。1958年美国通过了《国防教育法》，决定全国范围内由联邦政府直接拨款支持教育，这为美国在20世纪60年代进行教育改革提供了前提。美国在高等教育方面，一直处于世界领先地位。美国高等学校总数、在校生总人数、高等院校毕业生总人数以及它们在全国总人口的比例，在世界上都是首屈一指。美国在科技投入上也极其巨大，据记载，1999年，美国政府和私人机构的研发投入达到2500亿美元，超过了日本、德国、英国、意大利和加拿大的总和。当然，美国的科技力量广泛服务于它的军事需要。美国还利用它的超级大国的资源优势，吸引全世界各国的优秀人才。据统计，1960—1987年，共有82.5万专业人才移居美国，其中绝大多数是第三世界的科学家和工程师。又有一个数字：1995年美国科学和工程项目的工作人员1200万人，72%出生在发展中国家。

这些国家的衰败，也可以列出几条。

第一，体制呆滞，不适应经济进一步发展的要求。

西班牙、荷兰都有这种情形。16世纪西班牙称霸海上时，国内还是封建专制，不懂得市场经济规律，阻碍了经济的发展，也抑制了资本主义因素的生长。它的霸业不能持久与此有关。荷兰虽已是资产阶级专政，但政治体制并未理顺，中央的权力结构叠床架屋，中央和地方权力未能明晰区分，导致效率低下，在激烈的国际竞争中，未能有效运作。政治的无能，使荷兰的国际竞争走了下坡路。法国在1789年大革命之后，国内政治体制长期得不到稳定。法国革命虽然促进了资本主义的发展，但政治体制多变。拿破仑当政，成为帝国，拿破仑失败后又恢复了君主制。整个19世纪，法国从君主制到君主立宪制，再到共和制、帝国制，又回到共和制，循环往复，极不稳定。这种多变的政治体制，显然阻碍了法国在世界上发挥影响，也阻碍了法国经济的发展。

英国也有这种情形。英国是第一次工业革命的带头羊，但是在第二次工业革命中落后了。电力、化学、石油、电器、汽车等工业都落后于德国和美国，失去了发展机遇。英国长期实行"自由经济"政策。但在面对实行国家干预和指导的国家时，他的自由经济政策就会碰壁，影响它的经济进一步发展。

苏联崩溃，失去世界大国地位，在一定意义上也与国内政治体制和经济体制僵滞有关。第二次世界大战后,斯大林错误地分析了世界形势,认为资本主义总危机在战后进入了新阶段,因而对国内提出的改革建议置若罔闻;对西方社会出现的新科技革命采取了否定和抵制的态度,使得苏联在计算机科学方面与西方拉开了距离,丧失了发展机遇。对于苏联高度集中的政治和经济体制,20世纪60—70年代的苏联也想改革,但收效不大,经济难以持续发展,加上其他因素,使苏联走向崩溃。

第二,国土狭小,没有国内工业基础或者国内市场。

葡萄牙、西班牙、荷兰都有这个问题。他们没有国内工业基础和国内市场,单靠海外贸易,很难持久。当其他更有实力的国家发展起来后,这些国家很难与之竞争。所以它们的霸权地位,不能延续到18世纪,更不要说18世纪以后了。

第三,殖民帝国庞大,治理困难。

英国是一个典型。大英帝国全盛时期,殖民地遍及全球,实在无力东西兼顾。印度作为"帝国王冠上最珍贵的宝石",英国费尽心机,也难以平息印度人民的反抗烈火。维持庞大的殖民帝国,需要有强大的军事力量。1914年英帝国总面积达到3380万平方公里,人口4亿,面积比英国本土大130倍。到英国国力衰弱时,这个庞大的帝国就使英国背上了沉重的包袱。世界大战,英国无力保护殖民地的安全。第一次世界大战后,英国的殖民体系开始瓦解。第二次世界大战后,英国的殖民体系完全瓦解了。英国的大国地位也就失去了。

第四,穷兵黩武,发动和参与不义的战争。

西班牙、法国拿破仑时期以及德国、日本都是著名的例子。16世纪西班牙的"无敌舰队"横行海上,到处发动战争,消耗了国力,大国地位难以保持。法国在拿破仑时期也是穷兵黩武,企图称霸欧洲。19世纪初,法国发动征服英国的战争,在海上遭到失败,接着又发动征服奥地利、德国的战争获胜,1812年在对俄远征中失败。穷兵黩武,消耗了法国的国力,阻碍了法国经济的发展。

英国参与了两次世界大战。第一次世界大战,英军伤亡80万人,军费造成财政赤字剧增,从美国的债权国变成美国的债务国,不仅丧失了伦敦的世界金融中心地位,也丧失了海上的霸主地位。第二次世界大战,英军伤亡30万，约50%的英国商船被摧毁。多年积累的黄金、美元储备和海外资产消耗殆尽，欠美国的债款就达210多亿元。英国实际上破产了。

德国更是两次世界大战的发动者。两次大战的结果都是投降。与全世界为敌，得到这样的结果是必然的。日本在战争中发了横财，也在侵略战争中走向了末路。发动不义的侵略战争必然失败，这是历史的必然结论。日本在战败后被美国占领。由于美国的世界战略，美国又回头支持了日本。今天日本虽然又发展成为一个世界经济大国，但它在政治上的举动受到全世界的监视，它否认侵略战争罪责，受到全世界的谴责。

第五，骄奢淫逸，缺乏进取精神。

葡萄牙、西班牙、英国都有这种情形。葡萄牙在海外的暴富，使葡萄牙贵族养成了奢靡之风，挥霍和享受成为社会风尚，一般平民也养成了好逸恶劳的作风。这样的环境使葡萄牙人缺乏进取精神，它的海上称霸坚持不了多少时间。葡萄牙的情形与西班牙，也是同样的。英国丧失霸主地位，与此也有关。殖民地的丰硕回报，在英国养成了一个食利阶层，贵族绅士都是这样的食利阶层。企业家缺乏进取精神。第二次工业革命中英国落后，与缺乏这种精神有关，落后的企业不思改造也与缺乏这种精神有关。在19世纪末，恩格斯就指出过这种情形。他说，英国民族沙文主义的狂妄自大，在商业上也有表现。英国的工厂主要求客户说英国话，德国工厂主说客户一样的语言，结果把英国的市场都占领了。

第六，我行我素，不顾世界上多数国家的反对，单边主义，以统一世界为职志。

20世纪是美国的世纪。美国参加了两次世界大战，不但没有受到损失，反而从战争中获利。二战后，美国与原苏联是两个超级大国。苏联崩溃后，今天的世界只有美国一个超级大国。可以说，这个超级大国的综合国力，超过了以往所有大国综合国力的总和。美国在二战后一二十年时间，几乎可以看成一个绝对的超级大国。到20世纪70年代，美国人感到已经不能为所欲为了。1971年7月6日，美国总统尼克松第一次公开承认美国处在相对衰落之中。他认为，国际战略格局已发生变化，不仅仅有两个超级大国，而是有美国、西欧、苏联、中国和日本五大力量中心。当然，美国作为今天唯一的超级大国，其走向衰落的过程将是很长的。

美国一向以世界领袖自居。它要充当世界警察，它要把自己的政治制度、思想观念强加于世界。20世纪下半叶，世界上发生的战争，大多数都与美国相关。今天美国在世界130个国家和地区驻扎了40万军队。最近十来年，打伊拉克，打南斯拉夫，打科索沃，打阿富汗，虽然联合国反对，它仍然为所欲为。它还在前东欧国家策划"颜色革命"，在亚太地区强化美日韩同盟，制造朝鲜半岛不安定局面，现在又在中东地区煽动所谓"茉莉花革命"。不断地侵略扩张，需要庞大的军费。当年的越南战争，打了八年，美国共支付1110亿美元，相当于现在的5000亿美元。维持已经占领的阿富汗和伊拉克，每月将近50亿美元。2003年，美国国会通过2004年度国防开支法案，达到3680亿美元，还不包括阿富汗和伊拉克的军事开支。2004年美国的财政赤字高达4130亿美元。布什总统2007年向国会提出的2008年财政年度政府报告，预计2008年财政支出2.9亿美元，军费7165亿美元，占总开支的24.7%，军费中，有2351亿美元将用于2007—2008年两年在伊拉克、阿富汗的军事行动。这样庞大的军费开支对于美国，也是难以持久的。现在在阿富汗、伊拉克长期驻兵已经维持不下去。众议院已经否决了布什总统增兵伊拉克的计划。美国人民反战热情很高。阿富汗、伊拉克尚且如此，美国还能再打一次朝鲜或者越南战争吗？布什给奥巴马总统留下了一个烂摊子，难以收拾。2008年秋后，又碰到金融危机，至今，美国国内就业率还没有提高，经济复苏还有待观察。美国的相对衰落，现在已经是不争的事实。

四 中国从大国兴衰中学到什么

（一）中国要做什么样的大国

从经济总量上看，中国今天已占世界前几名，似乎已经是一个大国。最近十年每年经济发展都以10%的比例在增长，国内外都在谈论中国将成为世界大国。十年前，日本、美国媒体就在大力鼓噪中国威胁论。国内外都在估计中国的年成长比例将会延续多少年。有人估计中国的这种高速增长还会延续二三十年。如果这样，到21世纪中期，中国的经济总量将会超过日本，甚至美国，人均GDP将可能达到中等发达国家水平。如果正常发展，政局稳定，社会稳定，完成这样一个发展要求将是可能的。中国成为一个世界性的政治经济大国是可能的。

问题是：中国将成为一个什么样的大国？

中国要像欧美资本主义大国那样做侵略、掠夺殖民地、瓜分势力范围以自肥的大国吗？

中国要像帝国主义国家那样做依靠发动战争以欺凌弱小国家，要靠穷兵黩武来积累财富分配世界资源的大国吗？

中国要像苏联那样成为社会帝国主义那样的大国吗？

显然，上面三种大国都不应该成为中国发展的选项。

中国现在只是在建设全面小康社会。从人均GDP来说，中国距离中等发达国家还很远，现在在世界上的排名在110名之后。中国国内还有2000万贫困人口没有脱贫。中部和西部地区还比较落后。中国国内的各种矛盾还很多，贫富差距很大。我们今后十年、二十年的工作任务还很重。我认为，中国目前还不需要津津乐道地谈论做大国的问题。即使到本世纪中叶，人均GDP达到了中等发达国家的水平，距离发达国家还很远，我们永远不要自满，永远不要做称霸世界的大国。毛主席当年说"深挖洞，广积粮，不称霸"，确是我国发展的长远战略。我们不要做西方列强在世界上做过的那些坏事。中国要对人类作贡献，不能用损人利己的方式，不能用侵略、掠夺、压榨别国的方式，不需要用战争的方式。据报载，一位退休的印度外交官在北京参加为三亚金砖五国暖身的国际会议时说："摆在中国面前的两大选择：一是遵循19—20世纪列强走过的道路，只顾增强自己的实力而不关心其后果对其他国家有何影响；二是和其他国家联合起来，铸造一个所有国家都能共同合作与结成伙伴的新国际秩序。"[①] 中国要富，要带动世界一起富。君子爱财，取之有道。在国内是如此，在国外也是如此。只有这样，世界才会安宁。世界安宁了，中国才能获得发展的环境。中国是一个960万平方公里的世界大国，中国获得了和平发展的环境，中国国内稳定，就是对和谐世界的巨大影响，就是对世界的贡献。

---

① 谭中：《40%人类的正义可引领新秩序》，《环球时报》第14版，2011年4月15日。

(二) 中国的发展需要从大国的兴衰中学到什么历史教训?

发展中的中国能够从大国兴衰的历史教训中吸取什么? 我认为,有些发展经验,我们是可以借鉴的;有些是不能借鉴的;另一些,是要靠我们自己创造的,他们没有给我们提供任何东西。

哪些是可以借鉴的呢? 第一,反对外国侵略争取民族独立,创造走向工业化、现代化的政治前提。许多西方大国都有这样的经历,我们也是这样做的。这样的历史经验值得肯定。第二,在发展经济的过程中,用法律和制度努力保证国家和社会的稳定。第三,抓住机遇,实现工业革命。西方社会迄今为止,经历过的所谓三次工业革命,我们都要努力追赶,努力实现。在未来,如果我们能够抓住生态、能源、环境和生命工程引发的新一轮工业革命,我们还将获得很大的发展机会。第四,注重教育和科技的投入,给经济发展不断注入新的动力,努力做到发展的可持续性。我国十二五期间教育投入将达到 GDP 的 4%,与发达国家还有距离,甚至比印度还少,我们还有增加的空间。

哪些是不能借鉴的呢? 第一,建立殖民体系,掠夺、压榨殖民地,历史证明这是西方发展中最可耻的一面,是人类社会的历史教训,我们的发展不可能走这条路;现时世界也不容许走这条路。第二,用战争、侵略的方式来剥夺别国发展的条件和机会,往往造成世界历史的倒退,造成已有生产力的破坏。侵略的、非正义的战争是人类历史上的怪物。我们的发展中不能容许这样的怪物继续存在。第三,欧洲特别是英国出现过的剥夺农民、农村、农业的圈地运动,用这样的强制的不人道的办法来为工业革命提供劳动后备军,我们的发展中不能采用。我们要用工业反哺农业、城市支援农村的办法缩小城乡差距;用免去农业税的办法减轻农民负担;用在农村彻底实现义务教育的办法,来提高农业劳动力的知识水平;用农业现代化示范的办法,吸引农民采用新的科学技术提高产量;用发展经济、发展城市与乡镇的办法吸引农村劳动力;等等。

哪些是要靠我们自己来创造的呢? 中国特色的社会主义现代化,社会主义市场经济的经验,是以往任何国家都不曾提供过的,这要靠我们自己来创造。将近 60 年来,我们在经济制度上经历了计划经济和社会主义市场经济两个阶段，改革开放以来，经过了一个世代，在发展经济方面已经积累了比较丰富的经验。应该说，摸着石头过河的阶段已经过去了。社会主义市场经济体系业已初步建立起来。但是，在社会主义市场经济体系这个总的概念中，如何从制度上、法律上、价值观上把社会主义和市场经济这两个本来对立的概念，从内涵上结合起来，恐怕还需要在实践中积累经验，也需要及时在理论上加以总结。现在国内外都在热烈讨论所谓中国模式，或者中国道路。这是一项理论和实践相结合的创造性劳动。中国人在总结中国模式、中国道路方面的确要下一番功夫。

市场经济，是西方国家组织社会经济的成功的经验。市场经济是经济生活、资源配置的运作手段。但是，"看不见的手"也不能认为是唯一的手段。市场经济手段与国家干预适当地结合，会使经济运转更好。社会主义方向，是马克思主义理论指导的，用共产主义世界观武装的共产党人的方向，是苏联和我们自己的经验检验过的，也是西方国家未曾做过的。但是苏联和我们过去在社会主义建设中排斥了市场经济手段，证明是对经济发展不利的。现在我们要把市场经济和社会主义方向结合起来。应该看到，市场经济与社会主义之间也存在相互排斥的一面。利用市场经济对于社会主义建设的有利方面，限制其消极方面，不能让市场经济像野马一样毫无顾忌地自由驰骋，要给市场经济带上笼头。贫穷不是社会主义，贫富悬殊也不是社会主义。革命目的不是要造就无产者，是要让社会更加公正，分配更加公平，消灭贫穷与贫富过度的差别，达到共同富裕的目的。今年的"两会"讨论的就是这些问题，这是当前中国社会面临的大问题，是值得深入探讨和解决的。我对此抱有极大的期待。

实现社会经济的高速增长，实现国民生活的同步提高，让人民群众都能享受经济增长带来的好处，尽可能满足人民群众物质文化生活的需要，这是我们建设社会主义的目的。因此，在市场经济和社会主义相结合上做文章，包括科学发展观，包括社会主义和谐社会理论，包括正确处理公平和效率的关系，在当前尤其要注意处理好生产和分配的关系，都是在处理市场经济和社会主义的关系问题，这是我们今后努力的方向。这两者的结合是大文章，做好了，将是我们对世界、对人类的重大贡献。

我们是共产党人，我们是共产主义者。像任何好的社会制度都不能强行推向世界一样，社会主义制度，共产主义理想，也不能输出。我们社会主义建设的成功，要靠我们自己努力，要把国内建设好，要发展自己的国内市场，要利用世界的贸易体系与各国广泛交流，互利互惠，共同发展。既不能用战争手段来谋取利益，也不能用战争手段来推销我们的制度。我们自己建设好了，就是一个榜样。就会吸引世界各国人民走向社会主义、共产主义的方向。

（本文作于2007年2月。2011年3月6日在北京正略读书会演讲，还在几所大学给研究生做过演讲。2011年5月4日《北京青年报》C4版原声讲堂摘要刊出。中央党校《理论视野》2012年第3、4期摘要发表，署名中国社会科学院学部委员、山东大学特聘一级教授）

深入钻研马列主义,提高宏观史学研究水平

——张海鹏研究员访谈录

李卫民导语:中国近代史的研究,一直受到重视。但是,大陆学者对中国近代史领域里宏观问题的研究,仍然亟待加强。对于中国近代史的学科体系、解释模式、理论渗透等方面的问题,还应该继续深入研讨,特别值得注意的是,大陆学者在宏观史学研究方面的缺失,会让在这方面素有特长的美国学者的优势愈加明显,美国学者在中国近代史领域里的话语权,也会越来越强大。

张海鹏研究员多年来关注宏观问题的研究,这方面的多次论战,他积极参与,研究成果在海内外有很大影响。在多年的研究实践中,海鹏先生关注社会变化和学界动态,在研究中注重马克思主义原理的运用,也坚持不发空论,让研究结论都有充足的史料支撑,他的很多论点被研究者广泛接受,并促进了相关研究的深化。

此次海鹏先生接受本刊采访,呼吁加强宏观史学研究,对促进当前中国近代史的研究,意义重大。

李:我读了您的不少论著,感到理解您的史学成就的一大关键,是应该看到,您自 80 年代开始,就一直是中国史学界的掌舵者,因此,您介入了很多的论争,与相当多的历史学者的研究特点不同,您的研究成果中,有较浓的烟火味儿。您同意我的看法么?

张:你提到掌舵者,我不敢当。这只能是你的一种体会,我尊重你的意见,但是,我不是以掌舵人的身份来工作的。上世纪 80 年代,我只是中国社会科学院近代史研究所一名普通研究人员,我是怀着对中国近代史学术发展方向的强烈责任感参加学术争鸣的。如此而已。过誉之论,吾不

敢受也。

现代中国社会的发展催生了中国近代史研究

我想先谈一个你在提纲中问到的问题，近代史所是否是主要进行微观研究，宏观的理论性问题是不是较少涉及。我觉得，用这样的结论来概括近代史所的学风，似乎不够准确。近代史所是新中国成立之后最早成立的一家人文社科研究机构。1949 年之前，中央研究院是没有这样的机构的。1949 年之前，按照当时的社会风气，研究近代史不认为是一门学问，那时候，"书不读三代以下"，只有研究先秦才被认为是学问，研究唐宋也不一定就被承认为一门学问，近代史就更谈不上是学问。1949 年之前的学术界，就是弥漫着这样一种风气。台湾地区，在 1949 年之后，中央研究院在很长时间内还保留着这样一种看法。中央研究院近代史所是在 1955 年开始进行筹备，1965 年才正式建所的。中央研究院原来有史语所，里面有历史、语言、考古等几个方向，他们认为，他们那里才是真正的学问，近代史所不是真正的学问。新中国成立之后，有了一些改变，这个改变，我理解，也是源于 1949 年之前。

1949 年之前，在 30 年代、40 年代，怎样正确认识中国近代史，已经成为不同的政党、不同的思想流派的人们争论的一个焦点。1949 年 10 月，中华人民共和国政府成立，11 月，政务院就决定成立中国科学院，1950 年初就开始运作，当时，中国科学院连办公地点都没有，就在东厂胡同一号办公，可能有半年之久，后来，政务院给他们拨了房子，在中南海的北门，就是文津街，一直到改革开放之后，在 1979 年，科学院才搬到三里河。从 1950 年到 1979 年，他们都是在文津街那个地方。中国科学院成立的时候，准备成立历史方面的研究所，建立的第一个历史研究所就是近代史研究所，现在的（中国社会科学院）历史研究所是在 1954 年成立的，考古所是在原来史语所的基础上建立的，它的挂牌时间比近代史所要晚几个月。

照我看，1949 年之前，有关中国近代史的著作，有两本书是值得注意的。一本就是蒋廷黻 1938 年写的《中国近代史》，这部书是在汉口写的，在长沙出版。蒋廷黻原来是清华大学教授，但是在抗战前，他已经在国民政府做官了。当时，南京被日军占领，国民政府迁往重庆，蒋廷黻在汉口等待新的任命，无事可干，就写了这本书。蒋廷黻当时身边没有参考资料，他原来在清华大学教授中国近代史，所以，他把授课的心得写成了这部书。这部书，是代表当时国民政府指导下的主流意识形态对中国近代史的认识。这部书出版之后，很快就在延安引起了中共方面的重视，很快就有两本书出版。一本是张闻天主持的《中国现代革命史》，这部书没有署张闻天的名字，但是我们后来考证，这是张闻天主持下写出来的，接着，就是范文澜的《中国近代史》上编第一分册，在我看来，这两本书都是针对蒋廷黻的《中国近代史》而作的。范文澜的这部近代史，全书没有注释，得仔细看，主要看他的基本观点，他偶尔也引用了蒋廷黻的话，是作为批判的靶子来引用的。所以，怎样看待中国近代史，是怎样把握中国历史发展方向的重大问题。一本蒋廷黻的书，一本范文澜的书，在1949年前的中国近代史读物中，是具有典型意义的。

中华人民共和国的成立促使中国近代史成为国际性学科

新中国成立之后，很快就成立近代史所，可以从两个不同的方向来说明。一个是以美国为代表的西方国家，一个是我们自己的需要。新中国建立伊始，美国人开始考虑，中共为什么能够在中国这块土地上革命成功，这样，他必须考虑中共革命的历史背景，这个背景，就应该从晚清的历史说起。在美国国内，以哈佛大学教授费正清为首，集聚了很多人才，开始研究中国近代史。在1949年之后，研究中国近代史，在美国成为一种学术风气。

当时，中美之间没有外交关系，他们不能直接来中国搜集资料，所以，他们设置了两个据点，一个是台湾，一个是香港，在台湾，就是中央研究院近代史所，他们通过美国的福特基金会，给了中研院近代史所很多资助，来开展中国近代史研究，研究中国的历史背景。香港，他们在那里建立了一个"大学生研究中心"，据我所知，这实际上是美国的中央情报局（CIA）开设的一个窗口。"大学生研究中心"的主要任务，就是就近搜集关于中国的各种情报，包括各种报纸、公开出版的书籍，"大学生研究中心"现在还在，但是性质变了，1979年1月1日中美建交之后，这个中心的任务就停止了。建交后，情况有了改变，"大学生研究中心"就停办了，所谓"停办"，是中央情报局不办了，送给了香港中文大学，现在还在，任务就有变化了，但是，这个中心对研究者仍然很有用，因为它搜集了很多1949年至1979年之间，中国大陆的各种报纸，各种书籍，还有各种公开的、不公开的资料，很多不公开的资料他们也能搜集到，美国人极有办法，包括我们的中央红头文件都能搞到。2006年，我在去胡佛研究所看蒋介石日记时，他们请我看了不少东西，其中有绝密的中共文件，包括六四时候的文件。我很奇怪，他们怎么能拿到这么多东西？！

从1949年开始，美国学术界掀起了一个中国近代史研究的风气。很多著作都是在这以后出版的。他这是在研究中国，认识中国共产党的历史，认识中华人民共和国成立的背景。从这个角度来说，台湾的中央研究院近代史所成立之后，他们的研究方向，和我们这个近代史所，几乎是一致的，这在五六十年代、70年代，甚至80年代，都是这样，都是研究晚清的历史，我们这里是在70年代转入民国史研究，他们是从80年代开始民国史研究。我们大量的书都是在从不同角度阐述清朝的历史，主要是鸦片战争之后的晚清史。

新中国的成立，是中国近代史研究勃兴的最大的历史背景。当时，我们研究所在研究晚清史，台湾中研院近史所也在研究晚清史，美国的费正清等人在哈佛大学也在研究晚清时期的中国历史，著作很多，包括日本在内，都在不约而同地做这个工作，都是要认识今天中国的历史背景，他们要回答，中华人民共和国是从哪里来的，中国共产党是从哪里来的，中国国民党是从哪里来的，清朝是怎么被推翻的，历史的道路是怎么走过来的。这是美国的一个重点，在这方面，欧洲国家比美国要落后一点。我在十年前访问英国的一所大学，就此问过一个教授，为什么美国集中了那么多的人在研究中国历史，而欧洲学术界投入的力量却有些不够，他对我说，这是欧美之间有一个分工，战略分工，欧洲学术界较多研究苏联，美国学术界的较多力量研究中国。

这是一个大的历史背景，这个历史背景，可能很少有人分析过，很少有人讲过。

中国社科院近代史所主要从事实证研究

从这个角度来看，我们成立近代史所，也是要关注近代中国历史发展的由来，关注近代中国的发展方向、发展道路。为什么中国共产党领导的新民主主义革命成功了？为什么中国国民党那么大一个政党，曾经拥有庞大的国家机器，却在新民主主义革命中败北，偏安台湾一隅？为什么帝国主义各国侵略中国，在中国瓜分势力范围，在中国驻扎军队，却不能灭亡中国？为什么在中国历史上，人民大众没有政治地位，在新民主主义革命后，工农大众成为新中国的领导力量？这些是我们要从历史研究中回答的问题。

关于微观问题研究，抑或宏观问题研究，我的看法是，一个研究机构只能是多数人关注微观问题，少数人思考宏观问题。所谓微观问题，就是实证研究，历史学如果不是建立在实证研究的基础之上，所得出的成果，会引人质疑的。实证研究，是要从大量的史料当中论证出你的结论。其他学术领域，有时灵机一动，或者有了灵感，就可能有了突破，历史学最辛苦，必须广泛地引证史料，才能形成某种看法。实证研究是近代史所的一个特点，建所以来，一直就是这样。1979年我们开始办《近代史研究》，从创刊我就参加，后来的四五年，我一直是兼职编辑，1984年、1985年之后，我才离开了《近代史研究》编辑部。《近代史研究》一直提倡实证研究。

但是，近代史所从来没有忽视宏观研究。近代史所的领导人，从范文澜、刘大年、黎澍诸位先生，都是很关注宏观问题的，他们在涉及中国近代史研究中的许多重大问题，发表过不少宏文谠论，引起学术界广泛的关注。范文澜1958年在《历史研究》发表《反对放空炮》，反对大话、空话，针对的是当时"史学革命"中的错误方向。刘大年发表的《论历史学理论研究》、《论历史研究的对象》，就是历史学研究领域重要的宏观研究论著。他的《论康熙》，不仅是微观研究，也是宏观研究，在清史研究的指导方向上，被人奉为圭臬。我本人也倾注了很多心力来关注中国近代史领域里的宏观问题。2008年出版的《张海鹏集》，那里面汇聚的都是我对于近代史领域里的宏观问题的思考。此外，还有蒋大椿，搞唯物史观研究。当然，从总体来看，实证研究是近代史所的基本方向。

从某种意义上来说，近代史所与历史所比较，历史所也一直是实证研究，他们不仅是所领导，也有一些研究人员，在关注宏观问题，像今年已经80岁的林甘泉，从50年代开始就一直关注宏观问题。作为一个国家开办的研究所，不可能把所有的人都调去研究宏观问题，也没有这个必要。

当前的历史学界对宏观研究有所忽视

但是，现在又有另外一个现象。不仅是我们研究所，而是整个历史学界，都有一种现象，就是对理论的冷漠、冷淡、淡漠，说重一些是轻视。自20世纪50年代以来，学术界的争论，数历史学界的争论做得最好，当时中国古代史领域有所谓"五朵金花"，近代史研究领域里，争论也很多呀，1954年《历史研究》创刊号，发表了胡绳的文章，推动了关于近代史分期问题的讨论，此后连续好几年，很多学者加入了这次讨论。关于资本主义萌芽研究，这既涉及到古代史，也涉及到近代史，关于社会形态，关于社会发展规律，关于半殖民地半封建社会研究，关于洋务运动，长期争论，洋务运动在80年代又进行了很长时间的争论。延续50年代近代史分期问题的研究，到了80年代又出现了中国近代史发展线索的讨论，这个讨论轰轰烈烈，我也参与其中。大家争论得面红耳赤，彼此之间的观点不尽相同，这是很正常的现象。我认为这是非常好的现象，这是近代史学界百家争鸣的好现象。

到90年代初，争论还有，但是，到了90年代中期，关于中国近代史领域里的宏观问题的争论，就很少见了。我在1998年发表了一篇关于中国近代史的分期的文章，提出了关于"沉沦"与"上升"方面的一些观点，这些观点实际上是在80年代观点的基础上，重新思考、论证，但是，这时已经很少有人来和我辩驳了，讨论开展不起来了。90年代之后，关于中国近代史的发展规律问题，关于中国近代史的转折问题，关于中国近代史学科体系问题，我发表过文章，在我看来，都是就80年代那些争论的问题继续进行展开，但是，没能引起讨论。直到今天，我们的学术界对宏观问题显得有一些淡然。我想，不仅在近代史领域里是这样，在历史学的其他领域里也是这样。如，关于"封建"问题的讨论，虽然开展了一些，也是不能引起学者们广泛的兴趣。

后现代史观是微观研究盛行的一大原因

所以会如此，照我看，与后现代史观的影响有关。后现代史观，就是反对从宏观角度来探讨历史，他们是要用精细的研究来解构宏大叙事。后现代理论是在西方形成的，它有一个好处，它强调一个一个具体而微的小问题，它不管什么大的背景，不管历史发展规律，就是只关注一件事情，把这件事情讲清楚，它的好处是把与此事有关的史料全搜集在一起来分析，而超出这件事情之外，更大的历史背景，它不关心。

我感到，对后现代主义，我们不能完全否定，但是，如果历史研究只有后现代这一种方法，那历史研究真有可能被解构了。我们对历史发展规律的认识、对历史发展重大特点的认识、对历史发展的重大背景的认识，就会淹没在许许多多的所谓的精细研究之中了。所谓宏大叙事，不是建基于沙滩上的空洞说教，而是建基于史料累积基础上的宏观认识，是要探讨历史发展的道路、方向、规律。今天的学术界，有所谓碎片化研究的现象。比如说，有学者已经指出，现在的社会史研究，大都是在研究吃喝拉撒睡，都是很小的事情。这种现象是值得注意的。近代史所李长莉曾经发表文章，反对碎片化研究，南开大学的王先明也有文章，认为碎片化要不得。我们不是不能研究细小的问题，但是，在探讨的时候，要把细小的问题同大的历史背景结合起来，要不然，就很难说明，为什么在这样大的历史背景下，产生这样的问题。社会生活是极其复杂的，社会现象是极其纷繁的。研究历史上的社会生活，就是要从复杂和纷繁中理出头绪，看看历史为什么发展到这个方向，而不是另外的方向。这就是建基于史料累积上的宏大叙事。解构这种宏大叙事，把历史学者的眼光局限于，或者引导到日常生活的细故研究，就会掩蔽人们对历史发展方向的认识和警觉。

现在，有人研究北京的水，北京的污物处理问题，还有人研究人力车夫。这些问题不是不能研究。但是，要把它放在一定的时代背景之下来看，才真能显出研究这些问题的必要性。一味关注细故，对我们观察历史发展的过程，历史发展的特点，历史的转折，没有好处。如果从这个角度来说，台湾中央研究院近代史所，比我们更厉害。前些年，我几次去台北南港，和那里的著名学者来讨论这些问题，像张玉法、陈三井、吕芳上、陈永发，就是现任所长黄克武，我没有和他谈过，当然，黄是晚辈了，他是张朋园的学生。张玉法、陈三井他们这些人，对中研院近史所最近的学术研究不是很满意，但是，他们不在位，也就不多发表意见。他们研究所过去研究晚清史，我们可以和他们对话，后来他们研究民国史，我们还是可以对话。但是，现在中研院近史所的研究项目，有些碎片化了，我们很难找到比较集中的话题了。

2005 年，我主持的《中国近代通史》已经快做完了，2007 年正式出版。2005 年，我在中研院近史所作报告，透露了《中国近代通史》的编纂进程，对于一些写作设想，也做了阐述。张玉法先生听了，特意来找我，对我说，"你们已经占了先机了"。他说他在当所长的时候，一直想推动这个事情，但是推动不起来。他说，近史所的首任所长郭廷以先生，也有这样的想法，但是没有做出来，在这个领域里，你们做出来了，话语权，你们就掌握了，我们这里，做的全是很琐碎的研究。

宏观史学研究亟待加强

这些，都可以说是对重大题目，包括宏观问题和重大理论问题的冷淡，在海峡两岸都是这样。我个人今天还是有孤军奋战的感觉。我有一个学生在做学术史研究，我和他合作了一篇研究胡绳的中国近代史研究的论文，2008 年在《历史研究》发表了。我们最近又合作了一篇《试论刘大年的中国近代史研究》，2011 年《历史研究》第 1 期要发表。我写这些文章，就是想告诉读者，中国近代史领域里，除了大量的实证问题之外，还有许多重要的理论问题。我在 80 年代的时候，参加中国近代史发展线索的讨论，那时，我的情绪很饱满，但是，在 90 年代之后，我也写了好几篇文章，没有回应，感到孤寂。学术探讨，就是要彼此争辩、反驳，当然不能感情用事。别人的反驳就要促使你思考，他反驳我，他的理由有哪些，需要思考，他的思考也会促进我进一步深入思考。这样就能推动学术的进步。我感到学术界太冷漠。有朋友对我说，你是学术界的领导，我们都是跟着你走。但是，很多问题，还没有得到解决，还需要讨论。这说明，大家对宏观问题，或者说对马克思主义理论问题，对历史唯物主义，很冷淡。我认为，不能要求历史学界的每一个学者都思考宏观理论问题，但是，应该有一些人在思考这些问题。

多年来，我一直在呼吁，我给社科院写过内部报告，希望能够重视培养一些战略思想家。这种战略思想家，就是天文地理，古今中外，无不通晓，特别是他能够提出一些重大的战略思想。但是，大量的学者，还是应该成为"书呆子"，就是要专门读书，要深入各种各样的专题当中去，展开研究。这两类人，国家都是需要的。如果都是书呆子，都是搞专题研究，当国家需要一些战略思想的时候，让谁拿出来呢？战略思想好像是很空洞，但是，它是建立在大量的实证研究基础上的宏观的思考。我的这个意见被中央人才工作协调小组办公室、中组部人才工作局收入《专家意见建议》中，供有关领导人参考。

宏观研究需要理论和人生阅历方面的雄厚积累

李：宏观研究难度较大，不易为功，这方面的研究成果，也容易被人抓住把柄。辛辛苦苦搞出的宏观研究成果，既有可能被一些人认为是在理论上、逻辑上有欠缺，也可能还会遭遇到"史料功夫不扎实"的讥讽，两头不讨好，这也影响到了大家的积极性。

张：宏观研究，让年轻的人去做，可能是有困难的。哲学社会科学领域里的成才规律，和自然科学不太一样。数学、物理学，有些很年轻的人，就可能有较大的成就。我们现在发射神舟飞船，指挥部里的人，都很年轻。这说明，自然科学领域里，老一辈人的接力棒已经到了年轻人手中。这当然是令人高兴的。

但是，人文社科领域里的情况，可能不大一样。年轻人主要还是应该积累知识，除了积累书本知识，还应该积累社会知识。研究天下大事，应该增加自身阅历，要增加人生阅历、社会阅历。宏观研究，应该是在中年以后。40岁之前，还是应该在实证研究上打下比较扎实的基础。

就我自己来说，我的第一篇宏观研究文章，是在1984年公开发表的，那一年，我45岁。当然，我经过了"文化大革命"十年的那些日子，我是在40岁才开始搞史学研究的。"文化大革命"前后13年，我没有看书，没有条件做研究，但是，那个时候也是我积累社会阅历的时代。我在甘肃张掖农村"四清"八个月，在山东黄县（今龙口市）大吕家公社于口大队劳动锻炼七个月，在河南信阳"五七干校"三个年头，这些活动，增长了我的阅历，在甘肃、山东、河南有四五个年头，这些经验，对于我认识中国的农村，是很有好处的。在近代史研究中，我再研究近代农民战争、近代农村问题，心里就有底了。社会阅历，对历史学者来说，是很重要的。

宏观问题，战略问题，对年轻人来说，有一定难度，但是，在年轻的时候，也应该有这方面的兴趣。研究宏观问题，需要看很多书，特别是要看很多马列主义的原著，其他的一些著名社会科学家的著作，也要看。有了这方面的积累，到了一定时候，你就能够在这方面开辟自己的领域，你写出来的东西，就会很有底蕴，不会让人感到都是空话，即使是宏观的东西，你有大量的知识做基础，能够找出足以支撑你的结论的中外历史史实，那就可以取信于人了。宏观的东西，既要以材料取胜，更重要的是，要在材料中建立起一种规律性的东西，这样，也就可以对重大问题，发表方向性、倾向性的意见。年轻学者不适宜做宏观研究，但是，应该有这方面的准备。增加社会阅历，多读理论书籍，就是这方面的准备。

社会需要能够进行宏观研究的战略思想家。

精读马列原著是提高宏观研究水平的一大前提

李：这就涉及对待马克思主义的问题了。马克思主义是智慧的宝库，但是，在中国已经盛行半个多世纪了，新起的学者想另辟蹊径，往往对马克思主义的著作有所冷淡。不知您对此有何看法？

张：马列主义的经典著作，不是只要看三四十年，而是要看一百年。

新千年到来的时候，英国人、欧洲人评选千年有影响的思想家，马克思排名第一，2009年，德国大量发行《资本论》，当然，这与资本主义的金融危机有关系。这就说明，马克思主义对重大的历史、现实问题的研究，至今还能够给人以启迪。马克思的《共产党宣言》、《资本论》、《政治经济学批判》，恩格斯的《家庭、私有制和国家的起源》、《路德维希·费尔巴哈和德国古典哲学的终结》、《德国农民战争》，列宁的《帝国主义是资本主义的最高阶段》、《唯物主义与经验批判主义》，毛泽东的《实践论》、《矛盾论》、《关于正确处理人民内部矛盾》、《中国革命和中国共产党》、《新民主主义论》等等，都是一些经典著作。不管从事什么研究，历史研究，经济学研究，社会学研究，哲学研究，这些著作都应该看。这些能够给予我们开启认识未来知识的钥匙。马克思、恩格斯写了《共产党宣言》，今天再写一本，不可能了，恩格斯《英国工人阶级状况》、《家庭、私有制和国家的起源》，今天再重写一本，不太可能了，无法超越。他们的书，他们的方法，他们的某些精辟的论点，对我们观察中国历史问题、现实问题的时候，是有启迪的。马克思主义的著作，作为辩证唯物主义和历史唯物主义的世界观和方法论，是我们认识世界、观察社会、解读历史的解剖刀。

邓小平同志说，读马列要精，要管用的。毛泽东，最早他看过《共产党宣言》、考茨基的《阶级斗争》，这是在1919年、1920年经常看的书，在延安，他也看了很多马列的书。对于革命家，读马列不一定要很多，看其中最经典、最重要的部分就可以了，但是，学问家不同，读马列要多读。时代不同了，前人讲过的话，我们可以重新审视它，他在那个历史背景之下说那样的话，有没有道理，讲得周不周到。马克思主义的基本观点，主要是指它的世界观和方法论，人人都可以用的，也是有用的。年轻一代的历史学者，还是要多读一些马列主义的书。

列宁的《帝国主义论》，很多人说这部书已经过时了。在今天来看，是不是这样呢？列宁说，帝国主义是资本主义的垂死的、腐朽的阶段，这些结论，当然可以继续研究，但是，列宁对自由资本主义到垄断资本主义即帝国主义的一系列论证，写得很深刻，对于今天观察世界，还是很有意义的。美国今天不是帝国主义吗？它可能不再有19世纪帝国主义的特征了，但是，基本特征还是有的，它为所欲为，做世界警察，东方西方都要插手，1989年它把巴拿马的诺列加抓到美国审判，诺列加可能有劣迹，但是，毕竟巴拿马是一个主权国家，根据国际法，不能这样来抓人。此外，伊拉克战争，这不是帝国主义，这是什么？今天，从国际政治来说，从国家关系来说，我们是要和美国搞好关系，但是，学者对帝国主义的研究，要有正确认识。列宁分析资本主义和帝国主义的方法，你是很难否定的。学术研究和对外宣传，不能成为一回事。

向范文澜、刘大年学习，推动马克思主义中国化

李：对于学习马克思主义，还有一种很有趣的意见。南京大学中文系的周勋初教授曾经评价范文澜老先生，"范文澜《中国通史简编》修订本是以马克思主义观点为指导思想而编写的历史著作。相对于王、陈、吕、邓等传统文史学家，范文澜被称为'新史学家'。其实，范文澜与陈寅恪是同时代的人，都是属于第一代的学者。（周所指的第一代学者，是指王国维、陈寅恪、吕思勉、邓之诚、岑仲勉、向达、范文澜）我很喜欢读范文澜的书，他观点明确，说好说坏，绝不含糊，而且看法每与他人不同。别看他是中国共产党内地位最高的老学者，实际上他在评价前人时，每持儒家的观点，这只要看他对李白、杜甫、王维的批评即可明白。他对文学艺术很内行，常有一些精辟的见解，对人有启发"（《师门问学录》，凤凰出版社2004年版，第64页）。您对周先生的看法有何评价。

张：抱歉，周教授的大作我没有读过。可以肯定的是，范老的传统学问的根基是非常深厚的。他的经学功夫很深，年轻的时候做过《文心雕龙疏》，后来出版《文心雕龙注》，这是古典文学领域里的必读书。他在延安所做的经学演讲，毛主席也要来听。但是，他是在用马克思主义的观点来思考、观察经学，和传统的经学家是不一样的。他的老师是黄侃，范老是1917年在北大史学门毕业的。比范老晚一辈的刘大年，也是这样。刘大年有非常扎实的经学基础，国学知识，很多古书可以背诵，刘去延安途中，还想的是国学这套祖宗立国的根本千万别丢了，到了延安，读了《共产党宣言》，接受了马克思主义，又读了哲学的、政治经济学的、外国历

史的种种新书，才如梦初醒，盲目崇拜孔学的观念，就不知不觉烟消云散了，认识到只有马克思主义能够救中国。刘大年先生晚年主要从事抗日战争史研究，但是，他的最后一篇文章是《评近代经学》，这部书对经学在近代的历史命运有很深刻的点评，是用马克思主义的观点来写作的。他的文章中，马克思主义词汇并不多见，主要是运用马克思主义的方法。

这实际上涉及了马克思主义中国化的问题。马克思主义的理论、方法，与中国传统的文化、学术，应该结合起来，我们不能说空话。我们近代史所偏重于实证研究与范老有关系，范老自50年代起就是提倡坐冷板凳、吃冷猪头肉。后来有人把范老的意思概括成"板凳要坐十年冷，文章不写一句空"。有人说，这副对联是范老写的。不对。这副对联是南京大学的一位教授概括范老的意思写成的。这副对联的表述，不严谨。板凳要坐十年冷，十年之后还坐不坐？文章不写一句空，有些太绝对了。范老的意思是，你们做学问，不要想着急于成名，要塌下心来读书。读书人就要坐冷板凳。在近代史所做学问，不要有当官的思想，要当官，你们就出去，不要在近代史所，我在近代史所就是最大的官，也不过就相当于部队里的连长，这有什么意思？在这里，就是要好好读书，他还说过，"要等富贵如浮云"，追求富贵，就很难做好学问了。近代史所就是在范老的影响之下，形成了重实证的传统，大家在搞研究的时候，都会反复搜罗史料，核实史料出处，少让人家挑出毛病来。

重视史料，这是我们传统史学的一些看家本事，我们并不是要把乾嘉考据全部否定，其中的一些基本方法论，我们还是应该掌握的。乾嘉考据着眼于具体的东西，马克思主义着眼于事物的联系。《罗尔纲全集》马上就要出版，罗的女儿一定要我来写全集的序。我写了一篇，2011年要在《近代史研究》第1期发表。罗先生以考据见长，是在胡适手下训练出来的，但是，他在接受了马克思主义之后，他的考据和没有学习马克思主义时比，大不一样，他就能把许多具体的事物联系起来思考，这就是唯物史观方法论的基本点，过去的考据，都是一个一个具体问题的考据，学习了马克思主义，就明白了要联系起来思考。50年代罗先生对太平天国历史作出的一系列考据，不是一时一事的考据，而是对太平天国的诸多事实联系起来思考，在这一思考下作出的考据就不一样了，它对于揭示太平天国政治的本质，就有新意了。

中国的学者，当然要掌握中国的传统文化，但是，不能满足于这一点。列宁有一篇文章《论青年团的任务》，里面有一句话，"共产主义是从人类知识的总和中产生出来的"，"必须善于汲取人类的全部知识"，毛泽东也说过，从孔夫子到孙中山，我们都要总结。这是对待传统文化的经典论断。奴隶社会被封建社会所取代，封建社会被资本主义所取代，取代可以说是一种方向，但是，封建社会、资本主义社会的出现，又是历史的进步，它在进步的过程当中，都会产生一些对人类社会进步有益的东西，这些文化遗产，我们不能抛弃。我们中国传统的学问，当然应该掌握。

在与海外学者的争论中坚持己见

李：您的高见让我有了很多新的想法。说到对中国近代史的宏观评价，大陆很多学者的见解，有不少让人感到不满足。但是，一些海外学者，比如朱昌峻先生，他在评价李鸿章的时候，提出的观点是，虽然李鸿章和北洋海军在甲午惨败，但是，不能因此就否定李鸿章，他说，如果没有李鸿章，清政府将更加脆弱。这种观点，这种推论模式，我认为，与大陆学者相比，没有显示出更多的高明之处。当然，这是不是因为，评价李鸿章是一个很难的课题。

张：朱昌峻先生曾经来过近代史所，我接待过他。从学术观点上来说，中外学术界之间，存在着一些差异，是正常的。中国学术界内部，对一些问题，也有很多的分歧。但是，毕竟是学术问题，还是应该有共同的地方。费正清，是美国老一辈的中国历史研究专家，他们的看法与我们有很多不同，但是，也有相同的地方，他和我们最大的相同之处，就是认为，"革命"是中国近代史的基调，晚清历史上，主宰着历史发展的，是"革命"两个字。这就是他和我们一致的地方。他解释，为什么有中华人民共和国的成立，为什么中国共产党会成功，因为从晚清开始，就一直弥漫着革命的气氛。中国共产党就是在这个气氛中产生出来的。

至于对洋务运动和李鸿章的评价，这是在中外学术界之间，分歧最大的一个问题。对李鸿章，说他好话的有，骂他的人也有，我曾经见人说过，翻遍《李鸿章全集》，我看不出李鸿章的一个缺点，说他好到了无以复加的程度。这样说，就绝对了。其实，骂李鸿章，并不是今天的历史学家才有的，只要看一看《光绪朝东华录》、《清季外交史料》，看看那里面的奏折，骂李鸿章的人，多的是。当然，李鸿章也骂别人，他骂张之洞也骂得很凶。李鸿章在推动洋务运动，引进西学，他还是起了作用的。我个人对李鸿章持一种批判态度。当然，这也不意味着，我就认定李鸿章做的所有的事都是坏事，他也做过一些正确的事情。李鸿章的贪污问题，这也是评价李鸿章的一大关键。我看到的，俄国人公布的档案，俄国人在书里面说，对李鸿章的贿赂就有呀。1896年，尼古拉二世加冕礼，俄国人邀请李鸿章到俄国去，为了签订《中俄密约》，要修建中东铁路，人家就贿赂了李鸿章。俄国财政大臣维特给李鸿章专门在华俄道胜银行开了账户，好像是两百万卢布，但是，李鸿章没有全部拿到，拿了几十万卢布，后来，他的账户被俄国人给卡了。这是在俄国财政部的档案里有的。他还在上海开办了华盛纺织总厂，这不是官办的，而是他以大臣的名义办的私人企业。李鸿章在引进西方的文化、产业的时候，是起了一定作用，但是，他又限制了民族资本主义的发展。就像华盛纺织总厂，他专门下令，十年之内，上海附近不允许再办纺织厂，他的做法，限制了民族资本家发挥作用，用今天的话说，叫阻碍了民企发展。后来，张之洞在武昌办织布局，他突破的人，第一个就是李鸿章，你不是不让民间办织布厂么，我这里就叫湖北官织布局，我是官办，不是民办，他用这样的名义来和李鸿章作斗争。李鸿章的做法，确实是阻碍了民族资本主义的发展。所以，他的作用是两面的。

对李鸿章，把清政府在外交、对外关系上的失误，全推在他身上，这也不对。当时，最高统治者是西太后，还是西太后当家，他还是要向西太后报告。但是，李作为主管外交的大臣，他应该负什么责任呢？他应该为国家利益去拼、去争么。中法战争先不说了，那是打了胜仗还要去找人家签和约，他对法国也不了解，知识也不够，那是19世纪80年代嘛。甲午战争时候不一样了，1895年，签订条约，当时人家日本人就知道，和他谈，有好结果，点名让他来，前面派出的人，人家不见，说是资格不够，要让李鸿章来。我们现在从史料里，可以明显地看到，李鸿章离开北京之前,向光绪皇帝要了一个权,就是割让土地,他就是要明白地去割让土地,问光绪帝同意不同意,如果不同意,我就不去了,给我这个权,我就去。这一点,在谈判过程中,也可以看出来。最有意思的是,辛丑议和当中,可以有一些事情作为对比。八国联军打进来的时候,俄国军队单独占领东北,议和的时候,有人提出来把它放在一起谈,俄国坚决不同意,要分开谈。中国坚持要求俄国从东北撤兵,订了三年撤兵计划,俄国提出了很多苛刻的条件。这里有一个人物,就是中国驻莫斯科的公使杨儒,我觉得可以把杨儒同李鸿章做一下对比。杨儒和俄国外交部在莫斯科谈判,他就不接受在东北谈判的条约,认为这损害了中国的利益,俄方一直压杨儒,同时,俄国也找李鸿章谈,李鸿章给杨儒打电报,让杨儒签字,说皇帝都同意了,你就签字吧,但是,杨儒还是不同意,他要看到皇帝的谕旨才相信,杨儒在1900年的冬天在莫斯科大街上摔死了。他当时在从俄国外交部谈判回到使馆,路上结冰很厚,所乘三轮车翻车,不幸遇难,在这之前,他一直不签字。最后签字的,还是李鸿章。别的不能对比,这里,杨儒和李鸿章,完全可以做一对比。一方是,知道条约损害中国利益,坚决不签字,另一方的态度则是,算了,签了就过去了。当然,中国确实很落后,综合国力不强,最高统治者慈禧太后在那里管事,但是,你作为一个大臣,你的本分是什么,你怎样争取国家利益,这里,表现还是不一样的,像杨儒那样,李鸿章的地位比他高,但是,李鸿章让他签字,他就不签,杨儒确实不简单,敢和李鸿章争。杨儒这个近代中国的外交官,是值得表彰的。

重视宏观研究,增强中国学术界的话语权

李:从宏观研究而论,美国学者好像特别能够提出一些理论性很强的框架、结论,像黄宗智、彭慕兰,像费正清,他的著作,也是有很明确的理论架构的。我们这里宏观研究的水平还不够高,在学术实践当中,美国学者的话语权就更强一些。

张:费正清是视野很开阔的战略思想家。他在研究近代中国历史时,提出冲击反应模式,后来又有人反对,认为应从中国内部找原因。要求从

中国内部找原因，这是有合理性的，但是，如果没有外来侵略，内部的反应是怎么产生的呀？要想彻底否定冲击反应模式，是不容易的。这种模式的提出，是有一种宏观战略思想模式为基础的。

我们的学者在宏观战略思考方面，确实还有欠缺。我还是提倡年轻的学者应该关注宏观问题、关注战略问题，培养对于宏观理论思考的兴趣。美国人是善于提出新的思想模式的。不仅仅是在历史学领域，在社会科学的各个领域，美国人都是很善于提出新的思想模式。过去，恩格斯说过，德国的学者特别喜欢建立各种各样的体系。现在是美国人，他们不仅掌握了经济霸权，还掌握了学术话语霸权。最近，在国际关系领域里，原来的七国集团，后来变成了二十国集团，但是，美国人又提出一个中美国（CHIMARICAN），把英文的中国和美国两个单词拼在一起，组成了一个新的概念。他们经常提出新的概念、新的模式，这是美国人的一个特点。我觉得，我们中国学者应该赶上去，我们应该有自己的话语权，要提出中国人自己的概念、模式。青年学者应该有理论兴趣，如果大家都是钻进具体问题里去研究，就不容易突破了。要读大量的理论书籍，要认真思考，这里说的思考，是指大量实证研究基础上的思考，以便提出一些新的东西。

青年学者除了精读马列书籍，还要多读西方社科理论的代表作，都要拿来读，拿来比较，要把中国的历史与现实、中国和外国的历史相比较，提出我们自己的看法，这是很需要的。当然，中国学者在宏观理论方面，也做了不少努力。单就中国近代史研究领域来说，胡绳先生在1954年提出的"三次革命高涨"（学术界通称"三次革命高潮"），就是一个很重要的理论概念，影响了学术研究数十年。20世纪80年代，李时岳先生提出了"沉沦与上升"模式，我在1998年发表了文章，隔了将近20年，我回应了李时岳，我不完全赞成他的观点。关于他提出的"沉沦与上升"模式，赞成的人很多，我一直在思考，后来有了一些心得，写成了文章，我的想法是在李时岳的结论的基础上，又前进了一步。李在世的时候，我们认识，但不是很熟，他好像有些回避我。他是有思考能力的，"沉沦与上升"模式，是对中国近代史的一种解释模式，我发展了他的理论，现在，有不少人接受了我的观点。但是，总的来看，中国学者提出的判断模式，还很不够，还需要继续努力。

研究视角的变化能够推动中国近现代史研究的深化

李：现在，晚清史和民国史的研究，好像不像以前那么兴盛了。晚清史好像尤其有衰落的迹象，民国史研究好像也过了极盛期了。现在，很多学者开始关注中华人民共和国史。在某些领域，当资料用了一段时间以后，研究的瓶颈就出现了。您对这种现象，有何看法？

张：我觉得，由近代史研究向现代史研究转移，这是一种自然现象。中华人民共和国成立已经60年了，也应该好好研究了。有些研究者把他的研究兴趣向下转移，这也是正常的现象。美国研究中国近代史的学者，也在做这种转移的工作。中央研究院近代史所也出现了转移的迹象。

说晚清史、民国史已经没有什么研究余地了，我并不认同。我认为，民国史在今天仍然是一个有待开垦的领域。晚清史，也是一个有待于深入研究的领域。80年代以来，我们经常有一些学者批评革命史研究模式，有一定道理。我们以前在做革命史研究的时候，比较多的是从革命史角度来着眼，太平天国、义和团、辛亥革命、五四运动，以前研究得比较多，但是，现在研究这些题目的时候，还可以从清政府的角度来着手，探讨一下当时义和团兴起的时候，辛亥革命出现的时候，清政府在做些什么，为什么导致有这些重大事件出来，这些地方还大有研究的必要。我现在指导的一个博士生，就正研究宣统朝是怎样应对辛亥革命的。我在山东大学还带着一个博士生，他做的是清政府怎样应对义和团运动，从义和团角度来研究，已经不容易说出新的话来了，但是，从清政府的角度来考察，还有出新的可能。

其实，晚清的很多史料，我们还都没怎么用，包括《谕折汇存》、《平定粤匪方略》，这些史料，我们有多少人好好利用过？我在1988年发表的《湘军在安庆战役中获胜的原因探析》，我写的时候，就是本着这个思想，就是要从清朝的角度来研究。我从《平定粤匪方略》，从曾国藩、胡林翼的集子当中，看他的作为，分析他们如何对待天平天国，如何对待李秀成、陈玉成。清军在安庆战役中获胜了，原因是什么？从《平定粤匪方略》中，可以总结出曾国藩、胡林翼的长处，也能看出太平天国存在的问题,他的失败的必然性在哪里。认识历史,总是要从这一面看,也要从那一面看。所以,我说,晚清史研究还大有可为,很多问题还没有深入进去。我在 30 年前编过一本史料《武昌首义档案资料选编》,这是从湖北省博物馆挖掘的,编了三本,30 年过去了,又有多少人利用过这些史料呢?这其实是非常珍贵的原始档案。晚清的很多史料都已经公布了,但是,还缺乏深入的研究,晚清史研究的范围是很宽的。

从另外一方面来说,我们以前是从革命者的角度来探讨中国近代史,在今天,中华人民共和国建立过了 60 年,从前的革命者变成了执政者。如果从执政者的角度来看待历史的话,又会有什么新的看法呢?怎样维护社会稳定?今天的社会也有很多突发性的问题,甚至有的乡镇,暴动都有啊,这在历史上也是一样的呀,我们就要总结历史经验,看看那时的统治者是怎样处理这些问题的?太平天国是怎么起来的,太平天国起事的时候,地方官都在那里压着,不往上报,等到洪秀全在金田起义了,占领了广西的永安,冲出桂林,朝廷才知道,原来还有个洪秀全,派军队镇压,已经镇压不住了。今天,我们的社会还要面临许多社会矛盾,利益纠纷,干群关系,贪污腐败,还有"西化"、"分化",等等,党和政府,各级干部,还要做许多细致的工作,要面对群众,要把矛盾化解。这里就有历史经验可以吸取。辛亥革命也是这样,孙中山原来也只是很小的力量,为什么控制不住?从社会治理者的角度来说,研究清朝历史,还有不少可以做的题目。

我的专题研究主要是力图在大背景之下探讨微观问题

李:最后我们谈谈您吧。您能不能结合您在这 30 多年来的学术实践,特别是您在宏观研究方面的探索,给同行提一些建议。宏观研究难度是很大的,要想取信于人,那是很不容易的。

张:这应该与我的个人经历结合起来谈。我 1988 年担任近代史所副所长,1994 年担任所长,2004 年 7 月卸任,前后 16 年,这 16 年,是从 49 岁到 65 岁,应该是我做研究的另一个青春岁月,黄金时期。但是,我的主要精力都花在了治所上面。这 16 年期间,我的文章都是在假期写的,白天根本没时间坐下来看书、写作。我是 1988 年上任，第二年就遇上了天安门事件，1990 年、1991 年，是清查、整顿。当时，王庆成所长不在国内。所里的学术工作，只有我一个人在管。

说实话，我个人原来是有意在专题研究上多下些功夫，但是，我实在没有时间。其实，我对很多题目感兴趣，像刚才所说的李鸿章研究，但是，没有时间做。后来还是搞了几个题目。

像辛亥革命时期湖北军政府的谋略处，许多研究武昌起义的论著都在讲，胡绳同志的《从鸦片战争到五四运动》，里面专门有一节是讲谋略处。我考证了谋略处的问题，否定了谋略处的存在。他那部书 90 年代末在人民出版社再版，他要我写一篇书评，这篇书评除了正面肯定胡绳著作的大气和理论贡献外，还指出了书中若干具体学术失误。这篇书评曾送请胡绳先生过目。书评在《光明日报》登出时，我批评胡绳的话，都被删掉了。后来全文在《中共党史研究》上发表，经过争取，批评胡绳的话还是登出了。这篇考证谋略处的文章，我是运用乾嘉考据的方法来研讨的。胡绳知道以后，要了文章去看。

关于黄兴与武昌首义关系的文章，也值得提出来说。我研究了黄兴对武昌首义的态度后，对黄兴是采取批评的态度，是在爱护的前提之下的批评态度。前些年，湖南方面曾经策划拍摄关于黄兴的电视剧，找到了我，要我说几句话。我当时就说，我要批评黄兴几句，你们肯定不会用，后来，播出时果然没有用。实际上，我的话是符合历史实际的。我在 1991 年 11 月，接到台湾政治大学的邀请，去参加一个关于黄兴与近代中国的学术研讨会。在这之前，我对黄兴没有多少研究。我翻阅了湖南社科院编的《黄兴集》，这里面有黄兴写给别人的信，他说武昌起义前夕，湖北派了人到香港去见他，请他回来，黄兴给别人的信中说，我三天没有见他。我就抓住这个"三天没有见他"展开研究与分析。武昌方面要起义了，他们都是基层军官和士兵，没有一个众望所归的领袖人物，起义的组织者感觉自己号召力不够，他们要请中国同盟会的领导人黄兴、宋教仁到武昌来，领导他们，发动起义。来香港联络的，是同盟会云南主盟人吕天民，黄兴的熟人，但是，黄兴三天没有见他。黄在 4·27 黄花岗起义之后，情绪十分低落，他当时对革命的前景已经有些失望了，想搞暗杀，对武装起义的成功，不抱有什么希望了，他认为武昌没有能力来发动起义。武昌的来人，反复给他说，武昌起义很快就要发生了，你不去也要发生，去了，你就可以掌握先机。黄兴是两湖学堂出身的人，对武昌情形还是有一些了解的。他同意前往，但又没有马上动身，他想带些钱去武昌，不想空手去，他和南洋、美国联系，但是，到了第18天，人家也没有给他寄钱，他离开香港经过上海到达武昌，这时，武昌起义已经发生，黎元洪已经做了军政府的都督，黎元洪授予他大将军。黄兴把武昌起义的功勋让给了黎元洪，自己失去了掌握武昌首义领袖地位的时机。如果黄兴早来一些，他成了军政府的都督，这之后的革命形势，还会有更好的发展。这是一个具体事件，我由此探讨了黄兴的起义战略、中国同盟会的起义战略、孙中山的起义战略。黄兴1903年组建华兴会，就提出了"雄踞一省，与各省纷起"的起义战略，就是湖南先起来，其他各省再支持他，这样来发动反清起义。这样的战略，有一定道理。孙中山发动的起义，都在边境，广东、广西、云南，在边境发动起义，事实证明不足以造成对清政府的致命威胁，不足以颠覆清政府的政权。同盟会内一部分人不同意孙中山的意见，1910年在上海搞了个同盟会中部总会，宋教仁在上海主持，当时，武昌也派人去找宋教仁，宋教仁也不认为武昌有这个能力，宋在上海办《民立报》，他一天一篇社论。革命家在革命就要爆发的时候，你是坐在房间里写社论，还是立即投入到革命洪流当中去？宋教仁不来，黄兴也不来，结果领导权落到了黎元洪手中。这篇文章，在台湾政治大学发表时，政治大学历史系林能士教授作为评论人点评，说我的文章，无懈可击。我这篇文章，既有微观研究，又有宏观研究，从细小的问题，上升到孙中山、黄兴、中国同盟会的起义战略，探讨晚清革命战略的问题。

关于皖南事变的文章，是因为要参加在美国哥伦比亚大学举办的一个纪念抗战胜利五十周年的会议准备的。当时，是我、杨天石、杨奎松应邀去了。写之前，我找杨奎松讨论，请他提出写作方面的建议。杨奎松拿出他的一篇未发表的文章，是关于皖南事变的，说可以利用这篇文章与会。我此前对皖南事变无研究，从头做起，时间不够。我仔细研究了他的文章，在他的文章的基础上，形成了我的文章，但是，我的观点与杨不一样，不仅观点不一样，我还重新搜集、补充了史料。在文章发表时，我向杨奎松致谢。杨看到后说，致谢的话是多余的，你的文章是你自己写的。在这篇文章当中，我也写了一些看似细小的东西，像皖南事变前线给延安的电报，发报是在几点，延安回应是在几点，我写了细节，有人说细节是关键，我认为，关键时候的细节才是关键，不是所有的细节都是关键。我的结论和杨奎松不一样，而且，我引用了他在其他地方发表的观点，对他的提法作出了不同的解释。我的文章主要是讲皖南事变的善后，结论是，国民党对共产党是军事上要严，政治上要宽，共产党对国民党是反过来，政治上取攻势，军事上取守势。国民党消灭了新四军主力，讨了便宜，但政治上在全国很被动，所以对共产党政治上宽；共产党丢了新四军主力，政治上斗争很主动，针锋相对，但也注意不放弃团结抗日的旗帜，不要和国民党破裂。在哥伦比亚大学研讨的时候，主持人做会议综述，对这个观点很推重，认为以前没有人提出过这样的观点。

我也写过其他一些文章，我的这些专题研究文章，都是从细小的部分入手，上升到比较宏观的境界上去。今年8月（2010年），我去阿姆斯特丹参加国际历史科学大会，提供了一篇文章，是关于洋务运动的，我这里讲的，和国内外学者讲的，都不一样。中国学者、日本学者，常常把洋务运动和日本的明治维新相比较，我的这篇文章里提出，洋务运动不应该和明治维新相比较，而应该和明治维新之前的幕府后期的改革相比较，洋务运动的历史发展阶段，和明治维新的历史发展阶段，不是一个阶段，明治维新是资本主义改革，维新期间，明治政府提出过一系列有利于资本主义发展的举措，这些洋务运动都没有。明治维新是在1868年开始，但是，1862年到1867年，江户幕府已经开始了改革，引进的西方的枪炮，请来的工程师，比洋务时期还是要多一些，所以，我说，洋务运动只能和幕府时期的改革相比较，这是在一个历史阶段上。这篇文章，也是宏观与微观相结合的。我应该多写一些，我也有兴趣多写一些，但是，我没有时间。

我从事宏观研究是在回应现实的挑战

关于我的宏观研究文章，有一点值得一说。日本的狭间直树教授曾经对我说，你们中国学者的有些文章，很不好懂，文章作者说他的文章是针对一些学者的观点而作的，但是读了这些文章，却不知道他究竟针对谁。由于"文化大革命"的影响，80年代之后，学者写文章争辩，是不点名的，"文化大革命"之前，是点名的。我对狭间说，我的文章，如果针对不同意见，都是点名的，我都是直呼其名，包括胡绳、李时岳、胡滨。

我之所以要思考一些宏观理论问题，主要是我作为近代史所的所长，应该关注宏观问题，特别是在近代史领域里的各种挑战性的问题，我有责任回应这些挑战。我也常在想，作为近代史所所长，我应该怎样回应这些挑战。改革开放之后，我们国家的发展，取得了很多成就，我认为，改革开放之后，形成了新的经济基础，形成了新的利益格局。现在，党和国家的政策，强调两个毫不动摇，毫不动摇地发展公有制经济，毫不动摇地发展民营经济，民营经济的出现，是我们国家经济基础的一大变化。民营经济的力量，比1949年之前，比洋务运动时期，那不知大了多少倍。我的一个外甥，就是一个民营企业家，他在我湖北老家开了纺织厂，三万纱锭，这在晚清、民国初期，都是很大的纱厂。经济基础发生了变化，在这同时，西方国家的意识形态也更多地进入了中国，这是好事，但是，也会带来新的问题。所以，现在思想、文化领域是"多元、多样、多变"。我觉得，我自己应该自觉去维护马克思主义、历史唯物主义指导下的中国近代史研究的正确方向。

应当客观、公正地探讨近代史的研究模式

我并不是无条件地肯定我们过去的研究，包括范老的研究，刘大年就曾经写文章批评过范老，一代学者有一代学者的任务，每一代学者的历史背景都不一样，但是，基本的东西、核心的东西还是应该维护的。所以，关于"革命史模式"、"现代化模式"等等，我都有一些说法，这些见解都是基于怎样正确阐述中国近代史的发展方向，如果仅仅用"现代化模式"来进行阐释近代史，那么就会产生一些问题，就会对"革命是中国近代史发展的道路"，提出一些否定性的意见。费正清都不否认，我们还怎么能够否认？所以，我认为，在近代史研究中，现代化模式，不是一个全面解释中国近代历史的最好的模式。要把革命史模式和现代化模式，结合

起来，产生我们新的模式。

我并不认为，革命史模式是对以前我们的中国近代史研究的最好概括，但是，又找不到别的概念，姑且这么用了。其实，从范老的《中国近代史》到刘大年的《中国近代史》，他们之间是有区别的，刘大年先生对范文澜先生的《中国近代史》是有批评的。范老的《中国近代史》中，革命史的气氛更多一些。大年认为，不能光有革命史、政治史，他还提倡经济史研究，还主张加强思想史、边疆少数民族历史研究，这些都是综合、统一的中国历史过程不能分割的一部分。这些都是在纠正范老在那个时代写书的时候的观点。当然时代不同，各时代提出的任务也不尽相同。我是更赞成刘大年先生的一些看法。在现在的条件下，坚持我们原来的那些应该坚持的东西，修正过去的缺点、失误，更多地加强学术性，是新的历史时期对中国近代史学科提出的任务。每个时代的学者都有各自的任务，我们今天也要尽到自己的责任。当然，我的努力是否成功，我自己无法评价，我只是在努力去做。

坚持实事求是，写好论战文章

李：您太谦虚了。您的很多宏观理论文章，影响还是很大的，有很多同行接受了您的结论。这些精辟见解，应该都是呕心沥血的结果，您能回顾一下研究、写作这方面论文的过程么？

张：我当然是尽自己最大的努力来做的。我1984年发表的关于"两个过程"的文章，那是回应近代史研究当中的诸多争论的，包括李时岳、胡滨，上海，包括北京，也包括《历史研究》编辑部本身，当时，《历史研究》有一个内部刊物，我看到了，我对他们对于中国近代史研究现状的概括，有一些不同意见。近代史所的一些老同志，现在很多人都去世了，当时，他们都很支持我，希望我写一篇回应文章。我写那篇文章，就是针对当时学术界的一些争论状况，提出我的一些解释意见。写出来以后，请大年先生看了，所里在1983年年底召开了全所大会，让我做报告。消息传到《历史研究》编辑部，那时，编辑部的主编还是黎澍同志，他也是我的老领导。《历史研究》给我打电话，问我要这篇文章。他们要删一部分，我不同意，最后，《历史研究》全文刊出了。结果，下一期，他们就组织了一篇文章来批评。我的文章是1984年第4期发表，第5期就有了批评文章。这，我并不见怪。

我的一些见解，是在回应当时学术界的看法，但是，也有一些看法，是对我们以前的说法的修正。以前，我们对"工业救国"、"教育救国"等等，都是采取批判态度。我没有采用这种说法。我的说法是，"那些终生真诚地从事于实业建设、科学活动、教育事业的先贤们，都曾经为振兴祖国尽到了中华儿女的一份责任"。我认为，这样说服力就比较强了。我的那篇文章，主要是坚持传统观点，但是，我并不是全盘接受传统观点，是做了一些修订。同时也在回应李时岳的上升说、四个阶梯说，以及其他的一些观点。还好，他们编《历史研究》50周年文选，还是把这篇文章收入了，这也就是说，他们把我这篇文章，作为那个时代的一个学派的代表性论文，是当时中国近代史发展线索争论的一个重要参与者。

我在写其他文章的时候，也是贯穿着这样的思想，坚持说理，要有史料支撑，不要搞绝对化。你坚持传统观点也好，坚持现代化观点也好，都只是给别的学者一个商榷的方向。讨论问题，绝不是以势压人，我当时也只是一个普通研究者。我一直在努力这样做。

"告别革命"说站不住脚

我后来写过一篇批评李泽厚、刘再复"告别革命"观点的文章。他们两位，我都认识，李是哲学所的，刘是文学所的，李的年龄比我大，刘的年龄比我还要小。他们在那本书里面，批评胡绳、刘大年，认为要告别革命，我就写了书评。整篇文章，我觉得写得还可以，但是，文章的最后一句，刘再复很生气，在海外不断骂我。我一概没有回应。现在想起来，那句话也可以不那样说。原话是："既然拿了人家的讲座教授、客座教授，总要为人家的'分化'、'西化'出点主意。和平演变，不就是不要剧烈手段么？发明出一个能够'解构'革命的理论，以便'消解'中国人的革命意识形态，便是最好的贡献了。"这句话我至今并不以为有什么错，但有点冲了。我批评告别革命说，也是用了很多史料来论证，我举了好几个例子，英国 1640 年资产阶级革命，1789 年法国大革命都说到。有人说，中国资产阶级政党中没有资本家，怎么能说是资产阶级革命？我说，英国、法国，这些国家的资产阶级革命的领导人，哪个是资本家？但是，它代表了资本家的利益，他的行动符合资本主义发展的倾向。说辛亥革命是资产阶级革命，并不是说，孙中山就是资本家。他们的行动符合资本主义发展方向，这种方向，在当时是进步的。我举这些例子，都是试图从道理上说服对方，但是，对这些内容，他并没有回应。

刘再复对上面举出的这几句话颇为耿耿，在香港《明报月刊》上发文章，对我施以攻击，说张海鹏在近代史所的会议上批李泽厚、刘再复。我从未在近代史所的会议上批过他们。我从来都是写文章，公开发表，所里的会议，是内部事务，不会讲这些话。在社会上召开的学术讨论会，我或许对这些言论做过分析。在所里，我也从不把自己的观点强加给别的学者。

中国社科院近代史所是实力雄厚的专业研究机构

李：您刚才说到了近代史所学派。您认为，能够说近代史所已经形成了一个众所公认的学派么？刘志琴先生曾说，近代史所的有些研究，已经被边缘化了。

张：近代史所，是否自成一派，这需要学术界去判断。我不会妄下断语。

你所说刘志琴的话，我没有听到过。她说近代史所过去发表文章少的话，我是听到过的。近代史所去年纪念建所 60 周年，编了一本《回望一甲子》的书中，她提到一件事，说学部领导对近代史所不满意，认为近代史所这么多人，"文化大革命"前有一年只写一两篇文章，"而且没有什么社会反响"，著作也不多，要进行调查。我认为这种指责不符合事实，是片面的。所里已经编了 60 年来的文章目录，我从这本目录里，找到了所里研究人员在 1958 年到 1965 年之间发表的文章，没有哪一年是一两篇的，最少的 1961 年、1962 年是 6 篇，多的时候是 18 篇，而且，大多数是在《历史研究》、《新建设》、《人民日报》上发表，不能说影响小。举例：1958 年 18 篇，作者除了范文澜、刘大年外，还有王忠、蔡美彪、龙盛运、李瑚、刘仁达、李明仁、王可风、刘桂五等，其中13篇发表在《历史研究》，有2篇发表在《人民日报》和《光明日报》；1959年9篇，作者包括刘大年、钱宏、丁名楠、王忠、赵金钰等，其中6篇发表在《历史研究》，1篇在《新建设》；1960年8篇，作者有刘大年、黎澍、丁名楠、俞旦初、刘明奎等，其中5篇发表在《历史研究》，有3篇分别发表在《人民日报》、《工人日报》、《新建设》；1961年6篇，全部发表在《历史研究》，作者包括范文澜、刘大年、谢璉造、余绳武、蔡美彪；1962年有9篇，其中5篇在《历史研究》，2篇在《新建设》，作者包括刘大年、从翰香、蔡美彪、沈元、樊百川、刘桂五、荣孟源、王忠等；1963年8篇，其中7篇在《历史研究》，作者有刘大年、沈元、罗尔纲、喻松青、王忠、从翰香、龙盛运等；1964年8篇，其中7篇在《历史研究》，一篇在《未定稿》，作者有刘大年、赵金钰、蔡美彪、罗尔纲、丁守和、张侠等；1965年8篇，其中5篇在《历史研究》，1篇在《人民日报》，作者有刘大年、曲跻武、张允侯、蔡美彪、章伯锋、王忠、丁名楠。此外，1958年到1965年，近代史所研究人员出版论著、译著、资料类工具书，包括丁名楠等撰写的《帝国主义侵华史》、刘大年主持的《中国史稿》第四册在内共有33种，范文澜的《中国通史简编》、《中国近代史》上册未统计在内。上述统计是不完全的，还有些资料未能收集齐全。至此，可以作出判断：刘志琴同志的这些说法，没有实证的资料作支撑。今天近代史所学者们发表的论文、出版的专著，当然比"文化大革命"前多的不成比例了。但是拿在《历史研究》发表文章的比例来看，未必比得上"文化大革命"前的。

近代史所，作为国家设立的一个研究所，在全国学术界来说，始终是一支重要力量。十几年前，戴逸先生有过一篇文章，说近代史研究领域，太平天国史代表人物是谁，义和团史代表人物是谁，辛亥革命史研究的代表人物是谁，等等，这些领域的代表人物都不在近代史所。我认为，这种说法，不是全面的估计，只是蜻蜓点水。从综合研究力量来看，国内外任何一个研究中国近代史的单位，都难以与中国社会科学院近代史所相抗衡。在90年代的时候，高校曾经很困难，我们的条件要好一些，那时候在广东、上海开会，我们所里一次都可以派去十个以上的学者出席，最多的时候，可以派去十四五个。这是任何单位都办不到的。又如，有关辛亥革命史学术讨论会，我们一次可以提交十篇以上论文，这是其他研究机构都做不到的。这就是一种综合能力的表现。2007年我们有《中国近代通史》的出版，10卷本，550万字，很多朋友都跟我讲，他们做不出来，只有近代史所做得出来。这么大的项目，我们主要是靠本所力量完成。范老那时候，就想写这样的书，大年也有这个心愿，但是，条件不具备，没有搞成，现在，我觉得条件具备，一批中青年学者成长起来了。

我刚当了副所长，就向院里提出来，要鼓励自己的学者搞各自的专题研究，我们过去都是做集体项目，现在应该改一改了，那时，院里的负责人并不赞成，仍然强调集体项目。在所里，我始终坚持这么做。专题研究有成就了，对于通史这样的大项目，就容易做了。这就说明，近代史所的综合研究力量强。在某个具体问题上，可能成就最高的学者不在近代史所，但是，综合实力，我们这里最强。

在80年代时，我担任政治史研究室副主任，那时，有些所内专家提出，每个研究方向，都要有人把关，我认为，没有这个必要，我们应该抓重点领域。国内这么多人，每个领域都站岗，不一定每个领域都能拔尖，要在重点领域培养高层次人才。茅海建从军科院来近代史所，那时，所里没有人做鸦片战争，但是，我认为这是一个重要项目，茅海建一来，我就给他说，请他做鸦片战争史，他也有这方面的研究基础。

一个研究所，要想成为国际知名的研究所，要有几个条件，一是有人才，拔尖的研究人才，第二个，要有好的图书馆，我们一直花好多精力来建设图书馆，第三个，要有代表性的学术刊物，第四，要有活跃的学术气氛和对外学术交流。我在这些方面，都曾花很多精力去经营。这些不是今天的主要话题，就不说了。

这次就说这些。谢谢你的采访！

（这是一篇采访稿。2011年初，接受山西社科院《晋阳学刊》编辑李卫民博士以中国近代史研究中的宏观话题采访，采访稿经我本人改定。原载《晋阳学刊》2011年第3期。收入本集时，删去了关于我的介绍部分）

后　记

　　中国社会科学院学部主席团决定为学部委员、荣誉学部委员出版专题文集。我很拥护，也很高兴。

　　2006年8月，中国社会科学院正式成立学部，我有幸成为第一批学部委员。这既是一种荣誉，也是一种压力。这一年，我已经67岁了。在这一压力推动下，我继续在中国近代史研究领域耕耘、耙梳。

　　收在这部专题文集里的20篇论文，加上附录一篇采访稿，总共21篇，都是2006年以后的产物。其中，2篇是2007年写作的，4篇是2008年写作的，14篇是2009年以后撰写的。这当然不是这个时期写作的全部。文章排序按照发表或者出版先后。其中，只有关于台湾问题的两篇，曾收入2011年1月出版的《书生议政　中国近现代史学者看台湾的历史与现实》一书中，其他各篇都是第一次收入文集。除了三篇是与我的学生赵庆云博士合写，其余各篇都是我自己执笔。我想，这大概符合中国社会科学院学部主席团有关出版学部委员、荣誉学部委员专题文集的要求。

　　除了以上各篇文章，我还和陶文钊共同主编了一本《台湾简史》（2010年出版）、一本《台湾史稿》（两卷本，也许2013年1月出版）。我另主持了马克思主义理论研究与建设工程委托编写的大学教材《中国近代史》（2012年出版）。这些也是我成为学部委员以后做的工作。

　　收入这本专题文集的文章，由于写作的时空环境不一，在几篇学术评论性的文章里，难免有重复现象，请读者谅解。

　　这本专题文集，是我对中国历史学，特别是对中国近代史的若干宏观思考，故题名为《中国近代史基本问题研究》。这是我向中国社会科学院，向中国社会科学院学部，向山东大学，向史学界的朋友们作出的一次汇报。成绩菲薄，不足言劳。我已经迈入74岁，来日无多，创作力减退，尽管我仍希望老有所为，但是毕竟风光不再了。

如果能得到读者不吝指教，鞭策，我将万分感谢！

感谢中国社会科学院学部主席团的支持！感谢中国社会科学出版社编辑同志的认真，使文中减少了错误。

张海鹏
2012 年 5 月 17 日
于北京东厂胡同一号